DAS METAVERSE

Und wie es alles revolutionieren wird

von

Matthew Ball

Verlag Franz Vahlen München

Matthew Ball ist CEO von EpyllionCo. Er war von 2016 bis 2018 Global Head of Strategy bei Amazon Studios und hat u. a. für die *New York Times*, *The Economist* und Bloomberg geschrieben. Seine im Selbstverlag erschienenen Essays über das Metaverse wurden millionenfach gelesen und von Führungskräften bei Epic Games, Facebook, Tencent und Coinbase zitiert. Matthew Ball teilt seine Zeit zwischen Toronto, New York City und Miami auf.

Die Originalausgabe erschien 2022 unter dem Titel
„THE METAVERSE: And How It Will Revolutionize Everything".
This translation published under licence with the original publisher
Liveright Publishing Corporation, a division of W.W. Norton & Company.

Copyright © 2022 by Matthew Ball

Dem Verlag ist es ein Anliegen, Personen jeden Geschlechts zu berücksichtigen und zu würdigen. Wenn wir in diesem Buch das generische Maskulinum verwenden, dann sind damit ausdrücklich und ohne Wertung alle Geschlechter gemeint.

ISBN Print: 978 3 8006 6939 4
ISBN ePDF: 978 3 8006 6940 0
ISBN ePub 978 3 8006 6941 7

© 2022 Verlag Franz Vahlen GmbH, Wilhelmstr. 9, 80801 München
Satz: Fotosatz Buck
Zweikirchener Str. 7, 84036 Kumhausen
Druck und Bindung: Beltz Grafische Betriebe GmbH
Am Fliegerhorst 8, 99947 Bad Langensalza
Umschlaggestaltung: Ralph Zimmermann – Bureau Parapluie
Bildnachweise: © allween-depositphotos.com

chbeck.de/nachhaltig

Gedruckt auf säurefreiem, alterungsbeständigem Papier
(hergestellt aus chlorfrei gebleichtem Zellstoff)

Matthew Ball
DAS METAVERSE

„Nachdenklich, fesselnd und relevant. Wie auch immer wir uns das Metaverse vorstellen, die Fragen, die Matthew Ball in diesem Buch aufwirft, werden unsere gemeinsame Zukunft weithin prägen, sowohl online als auch offline."

Phil Spencer, CEO Microsoft Gaming

Dieses Buch „vermittelt ein klares und fundiertes Bild davon, was das Metaverse sein und wie sowie warum es entstehen wird. Matthew Ball liefert uns eine zutiefst aufschlussreiche Analyse der Schlüsseltechnologien, die uns unweigerlich das Metaverse bescheren werden, und der Art und Weise, wie das Metaverse das Leben auf globaler Ebene verändern und gleichzeitig Werte in Höhe von mehreren Billionen Dollar schaffen wird."

John Riccitiello, CEO Unity Technologies
und ehe. CEO Electronic Arts

Für Rosie, Elise und Hillary

Inhaltsverzeichnis

Einführung 11

ERSTER TEIL: WAS IST DAS METAVERSE?

Kapitel 1: Eine kurze Geschichte der Zukunft. 19
    Das Programm ist optimistischer als der Stift 22
    Der anstehende Kampf um die Kontrolle des Metaverse
    (und um Sie) 28

Kapitel 2: Verwirrung und Ungewissheit 33
    Verwirrung als notwendiges Merkmal der Disruption. 37

Kapitel 3: Eine Definition (endlich) 43
    Virtuelle Welten. 43
    3D 46
    In Echtzeit gerendert 49
    Interoperables Netz 50
    Massiv skaliert 55
    Persistenz. 57
    Synchron 61
    Unbegrenzte Anzahl von Benutzern und individuelle
        Anwesenheit 66
    Was in dieser Definition fehlt 70

Kapitel 4: Das nächste Internet 73
    Warum Videospiele die treibende Kraft des nächsten
        Internets sind 76

TEIL II: AUFBAU DES METAVERSE

Kapitel 5: Vernetzung 83
    Bandbreite 84
    Latenzzeit 90

Kapitel 6: Datenverarbeitung 99
    Zwei Seiten desselben Problems. 103
    Träume vom dezentralen Rechnen 109

Kapitel 7: Maschinen für virtuelle Welten.................. 113
   Spiele-Engines.. 115
   Integrierte Plattformen für virtuelle Welten............... 118
   Viele virtuelle Plattformen und Engines, nicht viele
      Metaversen...................................... 123

Kapitel 8: Interoperabilität........................... 131
   Interoperabilität ist ein Spektrum 135
   Einführung gemeinsamer 3D-Formate und
      Austauschverfahren............................... 144

Kapitel 9: Hardware.................................. 151
   Die schwierigste technologische Herausforderung unserer Zeit 156
   Jenseits von Headsets................................ 160
   Die Hardware um uns herum 164
   Lang lebe das Smartphone?........................... 167
   Hardware als Gateway 171

Kapitel 10: Zahlungsschienen......................... 173
   Die wichtigsten US-Zahlungssysteme heute............... 176
   Die 30 %-Norm...................................... 181
   Der Aufstieg von Steam............................... 185
   Von Pac-Man zum iPod.............................. 191
   Hohe Kosten und umgeleitete Gewinne................. 195
   Beschränkte Margen auf den Plattformen
      der virtuellen Welt 198
   Disruptive Technologien stoppen....................... 200
   Die Blockchain blockieren............................. 206
   Digital first erfordert zunächst Physical first 208
   Neue Zahlungsschienen............................... 211

Kapitel 11: Blockchains............................... 213
   Blockchains, Bitcoin und Ethereum..................... 215
   Die Entwicklung von Android.......................... 218
   DApps.. 219
   NFTs... 222
   Spiele auf der Blockchain............................. 227
   Dezentralisierte autonome Organisationen 230
   Hindernisse... 234
   Was man von Blockchains und dem Metaverse
      halten könnte 235

DRITTER TEIL: WIE DAS METAVERSE ALLES REVOLUTIONIEREN WIRD

Kapitel 12: Wann wird das Metaverse kommen? 243
    Ein iPhone 12 im Jahr 2008?. 246
    Eine kritische Masse an funktionierenden Einzelteilen 248
    Die nächsten Wachstumstreiber. 251

Kapitel 13: Meta-Businesses 253
    Bildung 253
    Lifestyle. 257
    Unterhaltung. 258
    Sex und Sexarbeit 263
    Mode und Werbung. 264
    Industrie 268

Kapitel 14: Gewinner und Verlierer im Metaverse. 271
    Der wirtschaftliche Wert des Metaverse 271
    Wie die heutigen Tech-Giganten für das Metaverse
        positioniert sind 275
    Warum Vertrauen wichtiger denn je ist 284

Kapitel 15: Die Gesellschaft im Metaverse 291
    Die Verwaltung des Metaversums 296
    Mehrere nationale Metaversen 302

Fazit: Zuschauer, wir alle 305

Danksagung 311

Endnoten 313

Index. 325

Einführung

Technologien produzieren häufig Überraschungen, die niemand vorhersagen kann. Aber die größten und fantastischsten Entwicklungen werden oft schon Jahrzehnte im Voraus erwartet. In den 1930er-Jahren begann Vannevar Bush, damals Präsident der Carnegie Institution of Washington, mit der Arbeit an einem hypothetischen elektromechanischen Gerät, das alle Bücher, Aufzeichnungen und Mitteilungen speichern und sie mechanisch durch Schlüsselwort-Assoziationen miteinander verknüpfen sollte, anstatt mit herkömmlichen, meist hierarchischen Speichermodellen. Trotz des enormen Umfangs seines Archivs betonte Bush, dass dieses „Memex" (kurz für „memory extender") „mit außerordentlicher Geschwindigkeit und Flexibilität" konsultiert werden könnte.

In den Jahren nach dieser frühen Forschung wurde Bush zu einem der einflussreichsten Ingenieure und Wissenschaftsadministratoren in der amerikanischen Geschichte. Von 1939 bis 1941 war er stellvertretender Vorsitzender und zeitweise auch Vorsitzender des National Advisory Committee for Aeronautics, der Vorgängerbehörde der NASA. In dieser Position überredete Bush Präsident Franklin D. Roosevelt zur Gründung des Office of Scientific Research and Development (OSRD), einer neuen Bundesbehörde, die von Bush geleitet und direkt dem Präsidenten unterstellt werden sollte. Der Behörde wurden nahezu unbegrenzte Mittel zur Verfügung gestellt, in erster Linie für geheime Projekte, die den Vereinigten Staaten bei ihren Bemühungen im Zweiten Weltkrieg helfen sollten.

Nur vier Monate nach der Gründung der OSRD genehmigte Präsident Roosevelt nach einem Treffen mit Bush und Vizepräsident Henry A. Wallace das als Manhattan-Projekt bekannte Atombombenprogramm. Zur Verwaltung des Manhattan-Projektes schuf Roosevelt eine Gruppe führender Politiker, die aus ihm selbst, Bush, Wallace, Verteidigungsminister Henry L. Stimson, dem Stabschef der Armee, General George C. Marshall, und James B. Conant bestand, der eine zuvor von Bush geleitete Unterabteilung des OSRD leitete. Außerdem sollte der Uran-Ausschuss (später S-1 Executive Committee genannt) Bush direkt unterstellt werden.

Nach dem Kriegsende 1945 und zwei Jahre vor seinem Ausscheiden aus dem Amt des Direktors des OSRD schrieb Bush zwei berühmte Essays. Der Erste, „Science, the Endless Frontier", war direkt an den

Präsidenten gerichtet. Darin forderte Bush eine Aufstockung der staatlichen Investitionen in Wissenschaft und Technologie, anstatt sie in Friedenszeiten zu reduzieren, sowie die Gründung der National Science Foundation. Der zweite Aufsatz mit dem Titel „As We May Think" erschien in der Zeitschrift *The Atlantic* und stellte Bushs Vision des Memex öffentlich dar.

In den Jahren, die auf seine Aufsätze folgten, zog sich Bush aus den öffentlichen Ämtern und der Öffentlichkeit zurück. Doch schon bald begannen seine verschiedenen Beiträge zu Fragen der Regierung, Wissenschaft und Gesellschaft zu fruchten. Ab den 1960er-Jahren finanzierte die US-Regierung eine Reihe von Projekten innerhalb des Verteidigungsministeriums in Zusammenarbeit mit einem Netzwerk von externen Forschern, Universitäten und anderen nichtstaatlichen Einrichtungen, die gemeinsam die Grundlagen des Internets entwickelten. Bushs Memex beeinflusste dabei die Entstehung und Entwicklung von „Hypertext", einem der grundlegenden Konzepte des World Wide Web, das in der Regel in der HyperText Markup Language (HTML) geschrieben ist und es den Benutzern ermöglicht, durch Anklicken eines bestimmten Textes sofort auf eine nahezu unendliche Menge von Online-Inhalten zuzugreifen. Zwanzig Jahre später richtete die US-Bundesregierung die Internet Engineering Task Force ein, um die technische Entwicklung der Internet Protocol Suite zu steuern, und gründete mithilfe des Verteidigungsministeriums das World Wide Web Consortium, das sich unter anderem um die Weiterentwicklung von HTML kümmert.

Während der technische Fortschritt in der Regel außerhalb des Blickfelds der Öffentlichkeit stattfindet, bietet Science-Fiction der Öffentlichkeit oft den klarsten Blick in die Zukunft. 1968 besaßen weniger als 10 % der amerikanischen Haushalte einen Farbfernseher, doch der zweiterfolgreichste Film des Jahres, *2001: Odyssee im Weltraum*, stellte sich eine Zukunft vor, in der die Menschheit diese kühlschrankgroßen Geräte zu untersetzerdünnen Bildschirmen komprimiert hatte und sie träge beim Frühstück nutzt. Wer den Film heute sieht, wird diese Geräte sofort mit iPads vergleichen. Wie üblich, dauert es länger, bis eine erdachte Technologie wie Bushs Memex den Weg in die breite Masse findet: iPads erschienen in den Geschäften viereinhalb Jahrzehnte nach der Veröffentlichung von Stanley Kubricks bahnbrechendem Film und mehr als ein Jahrzehnt nach der Zeit, in der dieser futuristische Film spielte.

Im Jahr 2021 waren Tablets alltäglich geworden, und die Raumfahrt rückte in greifbare Nähe. Den ganzen Sommer über waren die konkurrierenden Bemühungen der Milliardäre Richard Branson, Elon Musk und Jeff Bezos im Gange, um den zivilen Verkehr in eine niedrigere Umlaufbahn zu bringen und eine Ära der Weltraumaufzüge und der interplanetaren Kolonisierung einzuleiten. Es war jedoch ein anderes,

Jahrzehnte altes Science-Fiction-Konzept, das Metaverse, das darauf hinzuweisen schien, dass die Zukunft wirklich angekommen war.

Im Juli 2021 sagte der Gründer und CEO von Facebook, Mark Zuckerberg: „In dem nächsten Kapitel unseres Unternehmens werden wir uns von einem Unternehmen, das in erster Linie als soziales Medium wahrgenommen wird, zu einem Unternehmen des Metaversums wandeln. Und natürlich trägt die gesamte Arbeit, die wir in und mit den Apps leisten, die die Menschen heute nutzen, direkt zu dieser Vision bei.[1] Kurz darauf kündigte Zuckerberg öffentlich eine Abteilung in seinem Unternehmen an, die sich auf das Metaverse konzentriert, und ernannte den Leiter der Facebook Reality Labs – einer Abteilung, die an verschiedenen futuristischen Projekten wie Oculus VR (virtuelle Realität), AR-Brillen (erweiterte Realität) und Brain-to-Machine-Schnittstellen arbeitet – zum Chief Technology Officer. Im Oktober 2021 verkündete Zuckerberg, dass Facebook seinen Namen in Meta Platforms* ändern würde, der den Wandel zu diesem „Metaverse" widerspiegeln sollte. Zur Überraschung vieler Facebook-Aktionäre erklärte Zuckerberg ebenfalls, dass seine Investitionen in das Metaverse von über 10 Milliarden Dollar allein im Jahr 2021 das Betriebsergebnis belasten werden, wobei gleichzeitig davor gewarnt wurde, dass diese Investitionen noch mehrere Jahre lang steigen werden.

Zuckerbergs kühne Äußerungen erregten zwar größte Aufmerksamkeit, aber viele seiner Kolleg:innen und Konkurrenten hatten in den Monaten zuvor schon ähnliche Initiativen gestartet und vergleichbare Ankündigungen gemacht. Im Mai 2021 sprach der CEO von Microsoft, Satya Nadella, von einem von Microsoft geführten „Unternehmens-Metaverse". Ebenso hatte Jensen Huang, CEO und Gründer des Computer- und Halbleiterriesen Nvidia, den Investoren mitgeteilt, dass „die Wirtschaft im Metaverse … größer sein [wird] als die Wirtschaft in der physischen Welt"** und dass die Plattformen und Prozessoren seines Unternehmens dabei im Mittelpunkt stehen werden.[2] Im vierten Quartal 2020 und im ersten Quartal 2021 erlebte die Spieleindustrie mit Unity Technologies und Roblox Corporation zwei ihrer bisher größten Börsengänge, die beide ihre Unternehmensgeschichte und ihre Ambitionen in Metaverse-bezogene Narrative verpackten.

Für den Rest des Jahres 2021 wurde der Begriff „Metaverse" fast zu einer Pointe, da jedes Unternehmen und seine Führungskräfte sich zu überschlagen schienen, um ihn als etwas zu erwähnen, das ihr Unter-

---

*   Aus Gründen der Klarheit wird in diesem Buch Meta Platforms als Facebook bezeichnet. Das Metaverse und seine verschiedenen Plattformen zu erklären und gleichzeitig einen frühen Marktführer im Metaverse zu diskutieren, der Meta Platforms heißt, würde wahrscheinlich nur Verwirrung stiften.

** Im Jahr 2021 betrug das weltweite BIP etwa 96 Billionen US-Dollar.

nehmen profitabler, ihre Kunden glücklicher und ihre Konkurrenten weniger bedrohlich machen würde. Vor dem Börsengang von Roblox im Oktober 2020 tauchte der Begriff „Metaverse" nur fünfmal in den Unterlagen der US-Börsenaufsichtsbehörde auf.[3] Ein Jahr später wurde er bereits mehr als 260 Mal erwähnt. Im selben Jahr verzeichnete Bloomberg, ein Softwareunternehmen, das Finanzdaten und -informationen für Investoren bereitstellt, mehr als tausend Berichte, in denen das Wort „Metaverse vorkam. Im gesamten Jahrzehnt davor waren es nur sieben.

Das Interesse am Metaverse war dabei nicht auf westliche Nationen und Unternehmen beschränkt. Im Mai 2021 beschrieb Chinas größtes Unternehmen, der Internet-Gaming-Riese Tencent, öffentlich seine Vision des Metaverse und nannte es „Hyper Digital Reality". Nur einen Tag später gab das südkoreanische Ministerium für Wissenschaft und IKT (Informations- und Kommunikationstechnologie) „Die (südkoreanische) Metaverse-Allianz" bekannt, die über 450 Unternehmen umfasst, darunter SK Telecom, Woori Bank und Hyundai Motor. Anfang August schloss der südkoreanische Spielegigant Krafton, Hersteller von *PlayerUnknown's Battlegrounds* (auch bekannt als PUBG), seinen Börsengang, den zweitgrößten in der Geschichte des Landes, ab. Die Investmentbanker von Krafton stellten sicher, dass sie den potenziellen Anlegern mitteilten, dass das Unternehmen auch im Metaverse weltweit führend sein würde. In den folgenden Monaten begannen sowohl der chinesische Internetriese Alibaba als auch ByteDance, die Muttergesellschaft des sozialen Netzwerks TikTok, verschiedene Metaverse-Marken zu registrieren und VR- und 3D-bezogene Start-ups zu erwerben. Krafton verpflichtete sich unterdessen öffentlich, ein „PUBG-Metaverse" zu starten.

Das Metaverse hat mehr als nur die Fantasie der Techno-Kapitalisten und Science-Fiction-Fans angefeuert. Nicht lange, nachdem Tencent seine Vision der hyperdigitalen Realität öffentlich vorgestellt hatte, begann die Kommunistische Partei Chinas (KPC) mit dem bisher schärfsten Durchgreifen gegen die heimische Spieleindustrie. Zu den neuen Maßnahmen gehörte ein Verbot für Minderjährige, von Montag bis Donnerstag Videospiele zu spielen, und eine Begrenzung der Spielzeit von 20 bis 21 Uhr am Freitag-, Samstag- und Sonntagabend – mit anderen Worten: es war für einen Minderjährigen unmöglich, mehr als drei Stunden pro Woche ein Videospiel zu spielen. Darüber hinaus würden Unternehmen wie Tencent ihre Gesichtserkennungssoftware und die nationale ID eines Spielers verwenden, um regelmäßig sicherzustellen, dass diese Regeln nicht von einem Spieler umgangen werden, der sich das Gerät eines älteren Nutzers ausleiht. Tencent sagte außerdem 15 Milliarden Dollar für „nachhaltige soziale Werte" zu, die sich laut *Bloomberg* auf „Bereiche wie die Erhöhung des Einkommens der Armen, die Verbesserung der medizinischen Versorgung, die Förderung der wirtschaftlichen Effizienz in ländlichen Gebieten und die Subventionierung von Bildungsprogrammen" konzentrieren würden.[4] Alibaba, Chinas zweitgrößtes Unternehmen, sagte nur zwei Wochen später einen ähnlich hohen Betrag zu. Die Botschaft Chinas Kommunistischer Partei war klar: Schaut auf eure Landsleute, nicht auf virtuelle Avatare.

Die Besorgnis der KPC über die wachsende Bedeutung von Spielinhalten und Plattformen im öffentlichen Leben wurde im August noch deutlicher, als die staatliche Wirtschaftszeitung *Security Times* ihre Leser warnte, dass das Metaverse ein „großartiges und illusionäres Konzept" sei und dass „eine blinde Investition [darin] letztendlich auf einen selbst zurückfallen wird".*[5] Einige Kommentatoren interpretierten die verschiedenen Warnungen, Verbote und Steuern Chinas als Bestätigung für die Bedeutung des Metaverse. Für ein kommunistisches und zentral gesteuertes Land, das von einer einzigen Partei regiert wird, ist das Potenzial einer Parallelwelt für mehr Zusammenarbeit und Kommunikation eine Bedrohung, unabhängig davon, ob sie von einem einzigen Unternehmen oder dezentralen Gemeinschaften betrieben wird.

Doch China war mit seinen Sorgen nicht allein. Im Oktober 2021 begannen auch Mitglieder des Europäischen Parlaments, ihre Bedenken zu äußern. Eine besonders wichtige Stimme war die von Christel Schaldemose, die als Chefunterhändlerin für die Europäische Union tätig war, als diese an ihrer bisher größten Überarbeitung der Vorschriften für das digitale Zeitalter arbeitete (von denen die meisten die Macht der sogenannten großen Tech-Giganten wie Facebook, Amazon und Google einschränken sollten). Im Oktober sagte sie der dänischen Zeitung *Politiken*, dass „die Pläne für das Metaversum zutiefst besorgniserregend sind" und dass die Union „ihnen Rechnung tragen muss".[6]

Vielleicht handelt es sich ja bei den vielen Ankündigungen, Kritiken und Warnungen zum Metaverse nur um eine Echokammer der realen Welt über eine virtuelle Fantasie – oder es geht eher darum, neue Narrative, Produkteinführungen und Marketing voranzutreiben als um etwas Lebensveränderndes. Denn schließlich hat die Technologiebranche eine lange Geschichte mit Buzzwords, die viel länger gehypt werden, als sie letztendlich auf dem Markt bestehen. Denke wir nur an den 3D-Fernseher, VR-Kopfhörer oder virtuelle Assistenten. Trotzdem ist es bemerkenswert und durchaus selten, dass sich die größten Unternehmen der Welt in einem frühen Stadium öffentlich an solchen Ideen orientieren

---

* Die *Security Times* zitierte den Autor dieses Buches bei der Beschreibung des Metaverse.

und sich damit für die Bewertung durch ihre Stakeholder auf der Grundlage ihres Erfolgs bei der Umsetzung ihrer ehrgeizigsten Visionen rüsten.

Die dramatische Reaktion auf das Metaverse spiegelt die wachsende Überzeugung wider, dass es sich um die nächste große Computer- und Netzwerkplattform handelt, vergleichbar mit dem Übergang vom PC und dem Festnetz-Internet der 1990er-Jahre zur Ära des mobilen und Cloud-Computings, in der wir heute leben. Es gibt jedoch einen entscheidenden Unterschied zwischen diesem Wandel und dem bevorstehenden zum Metaverse: Timing! Die meisten Branchen und Menschen haben die Bedeutung von Mobile und Cloud nicht vorhergesehen und waren daher gezwungen, auf Veränderungen zu reagieren und sich gegen jene Player zu wehren, die sie besser verstanden. Die Vorbereitungen für das Metaverse finden dagegen viel früher und proaktiv statt.

Im Jahr 2018 begann ich, eine Reihe von Online-Essays über das Metaverse zu schreiben, damals ein obskures und randständiges Konzept. In den vergangenen Jahren wurden diese Essays von Millionen von Menschen gelesen. Das Metaverse hat sich inzwischen von der Welt der Taschenbuch-Science-Fiction auf die Titelseiten von Tageszeitungen wie der *New York Times* und in die Strategieberichte von Unternehmen weltweit bewegt.

Das Metaverse: Und wie es alles revolutionieren wird aktualisiert, erweitert und überarbeitet alles, was ich bisher über das Metaverse geschrieben habe. Der Hauptzweck des Buches besteht darin, eine klare, umfassende und maßgebliche Definition dieser noch unausgereiften Idee zu liefern. Doch meine Ambitionen sind weiter gefasst: Ich hoffe, Ihnen dabei zu helfen, zu verstehen, was für die Verwirklichung des Metaversums erforderlich ist, warum ganze Generationen in das Metaversum ziehen und darin leben werden und wie es unser tägliches Leben, unsere Arbeit und unser Denken für immer verändern wird. Meiner Meinung nach wird der kollektive Wert dieser Veränderungen in die zweistellige Billionenhöhe gehen.

Erster Teil
Was ist das Metaverse?

Kapitel 1
Eine kurze Geschichte der Zukunft

Der Begriff „Metaverse" wurde von dem Autor Neal Stephenson in seinem 1992 erschienenen Roman *Snow Crash* geprägt. Trotz seines großen Einflusses enthielt Stephensons Buch keine spezifische Definition des Metaverse, aber was er beschrieb, war eine beständige virtuelle Welt, die nahezu jeden Bereich der menschlichen Existenz erreichte, mit ihm interagierte und ihn beeinflusste. Es war ein Ort der Arbeit und der Freizeit, der Selbstverwirklichung und der körperlichen Erschöpfung, der Kunst und des Kommerzes. Zu jeder Zeit befanden sich etwa 15 Millionen von Menschen kontrollierte Avatare auf „The Street", die Stephenson als „den Broadway, die Champs Elysees des Metaverse" bezeichnete, die sich jedoch über die gesamte Fläche eines virtuellen Planeten erstreckte, der mehr als zweieinhalb Mal so groß war wie die Erde. Zum Vergleich: Im Jahr der Veröffentlichung von Stephensons Roman gab es in der realen Welt insgesamt weniger als 15 Millionen Internetnutzer.

Stephensons Vision war zwar lebendig und für viele inspirierend, aber auch dystopisch. *Snow Crash* spielt irgendwann im frühen 21. Jahrhundert, Jahre nach einem weltweiten wirtschaftlichen Zusammenbruch. Die meisten Regierungsinstitutionen wurden durch gewinnorientierte „Franchise-organisierte quasi-nationale Unternehmen" und „Burbclaves", eine Verkürzung des Begriffs „Suburban enclaves" („Vorstadtenklaven), ersetzt. Jede Burbclave funktioniert wie ein „Stadtstaat mit eigener Verfassung, einer Grenze, Gesetzen, Polizisten, einfach allem"[1], und einige bieten sogar eine „Staatsbürgerschaft", die ausschließlich auf der Rasse basiert. Das Metaverse bietet Millionen von Menschen Zuflucht und Möglichkeiten. Es war ein virtueller Ort, an dem ein Pizzabote in der „echten Welt" ein talentierter Schwertkämpfer sein konnte, der Zugang zu den angesagtesten Clubs hatte. Doch in einem Punkt war Stephensons Roman klar: In *Snow Crash* hat das Metaverse das Leben in der realen Welt verschlechtert.

Wie bei Vannevar Bush wächst auch Stephensons Einfluss auf die moderne Technologie mit der Zeit, auch wenn er in der Öffentlichkeit

weitgehend unbekannt bleibt. Gespräche mit Stephenson inspirierten Jeff Bezos im Jahr 2000 zur Gründung des privaten Luft- und Raumfahrtunternehmens Blue Origin. Der Autor arbeitete dort in Teilzeit bis 2006, als er leitender Berater des Unternehmens wurde (eine Position, die er immer noch innehat). Ab 2021 gilt Blue Origin als das zweitwertvollste Unternehmen seiner Art, nur noch übertroffen von Elon Musks SpaceX. Zwei der drei Gründer von Keyhole, das heute als Google Earth bekannt ist, sagten, dass ihre Visionen von einem ähnlichen Produkt, wie es in *Snow Crash* beschrieben wird, inspiriert waren, und dass sie einst versuchten, Stephenson für das Unternehmen zu gewinnen. Von 2014 bis 2020 war Stephenson auch „Chief Futurist" bei Magic Leap, einem Mixed-Reality-Unternehmen, das ebenfalls von seiner Arbeit inspiriert wurde. Die Firma sammelte später mehr als eine halbe Milliarde Dollar von Unternehmen wie Google, Alibaba und AT&T ein und erreichte eine Spitzenbewertung von 6,7 Milliarden Dollar, bevor Schwierigkeiten bei der Verwirklichung seiner ehrgeizigen Ziele zu einer Kapitalerhöhung und dem Ausscheiden des Gründers führten.*
Stephensons Romane wurden als Inspiration für verschiedene Kryptowährungsprojekte und nicht-kryptografische Bestrebungen zum Aufbau dezentraler Computernetzwerke sowie für die Produktion von CGI-basierten Filmen, die zu Hause angeschaut werden, aber live durch die bewegungserfasste Leistung von Schauspielern erzeugt werden, die Zehntausende von Meilen entfernt sein können, genannt.

Trotz seines weitreichenden Einflusses hat Stephenson immer wieder vor einer wörtlichen Interpretation seiner Werke gewarnt – insbesondere von *Snow Crash*. Im Jahr 2011 sagte der Autor der *New York Times*: „Ich kann den ganzen Tag darüber reden, wie falsch ich es gemacht habe"[2], und als er 2017 von *Vanity Fair* zu seinem Einfluss auf das Silicon Valley befragt wurde, erinnerte er daran, „im Hinterkopf zu behalten, dass [*Snow Crash*] vor dem Internet, wie wir es kennen, geschrieben wurde und ich einfach nur Scheiße erfunden habe".[3] Folglich sollten wir uns davor hüten, zu viel in Stephensons Vision hineinzulesen. Und obwohl er den Begriff „Metaverse" geprägt hat, war er bei Weitem nicht der erste, der dieses Konzept einführte.

1935 schrieb Stanley G. Weinbaum eine Kurzgeschichte mit dem Titel *Pygmalions Brille*, in der es um die Erfindung einer magischen, VR-ähnlichen Brille geht, die einen „Film produziert, der einem Sicht und Ton gibt ... du bist in der Geschichte, du sprichst zu den Schat-

---

* Die Bewertung des Unternehmens wurde schließlich um mehr als zwei Drittel reduziert, und die Investoren des Unternehmens stellten Peggy Johnson, eine langjährige stellvertretende Geschäftsführerin bei Qualcomm und Microsoft, als CEO ein. In dieser Zeit verließ Stephenson das Unternehmen, zusammen mit vielen anderen Mitarbeitenden und leitenden Angestellten.

ten, und die Schatten antworten, und anstatt auf einem Bildschirm zu sein, dreht sich die Geschichte nur um dich, und du bist in ihr."*⁴ Ray Bradburys Kurzgeschichte *The Veldt* aus dem Jahr 1950 stellt sich eine Kernfamilie vor, in der die Eltern durch ein Kinderzimmer in virtueller Realität ersetzt werden, das die Kinder nicht mehr verlassen wollen. (Die Kinder sperren ihre Eltern schließlich in das Kinderzimmer ein, das sie dann tötet.) Philip K. Dicks 1953 erschienene Erzählung *The Trouble with Bubbles* spielt in einer Zeit, in der die Menschen tief in den Weltraum vorgedrungen sind, aber nie Leben gefunden haben. Aufgrund ihrer Sehnsucht, mit anderen Welten und Lebensformen in Verbindung zu treten, beginnen die Verbraucher ein Produkt namens „Worldcraft" zu kaufen, mit dem sie „ihre eigene Welt" bauen und besitzen können, die so weit kultiviert wird, dass sie empfindungsfähiges Leben und voll entwickelte Zivilisationen hervorbringt (die meisten Worldcraft-Besitzer zerstören ihre Welten schließlich in einer, wie es Dick nannte, als „neurotisch" bezeichneten „Orgie des Zerbrechens", um „einen an Ennui leidenden Gott anzunehmen"). Einige Jahre später wurde Isaac Asimovs Roman *Die nackte Sonne* veröffentlicht. Darin beschrieb er eine Gesellschaft, in der das persönliche Gespräch („Sehen") und der körperliche Kontakt sowohl als verschwenderisch als auch als abstoßend angesehen werden und die meiste Arbeit und Geselligkeit über ferngesteuerte Hologramme und 3D-Fernseher stattfinden.

1984 machte William Gibson den Begriff „Cyberspace" in seinem Roman *Neuromancer* populär und definierte ihn als „eine einvernehmliche Halluzination, die täglich von Milliarden von legitimen Betreibern in jeder Nation erlebt wird. ... eine grafische Darstellung von Daten, die von den Banken jedes Computers im menschlichen System abstrahiert wird. Unvorstellbare Komplexität. Lichtlinien, die sich im Nicht-Raum des Geistes ausbreiten, Cluster und Konstellationen von Daten. Wie Lichter einer Stadt, die sich zurückziehen. Bezeichnenderweise nannte Gibson die visuelle Abstraktion des Cyberspace „The Matrix", ein Begriff, den Lana und Lilly Wachowski 15 Jahre später für ihren gleichnamigen Film wieder aufgriffen. Im Film der Wachowskis bezieht sich die Matrix auf eine andauernde Simulation des Planeten Erde im Jahr 1999, mit dem die gesamte Menschheit im Jahr 2199 unwissentlich, auf unbestimmte Zeit und zwangsweise verbunden ist. Zweck dieser Simulation ist, die Menschheit zu besänftigen, damit sie als bioelektrische Batterien für die empfindungsfähigen, aber von Menschenhand

---

* Pygmalion ist eine Anspielung auf den mythologischen zypriotischen König Pygmalion. In Ovids epischem Gedicht *Metamorphosen* schnitzt Pygmalion eine Skulptur, die so schön und lebensecht ist, dass er sich in sie verliebt und heiratet; die Göttin Aphrodite verwandelt sie in eine lebendige Frau.

geschaffenen Maschinen verwendet werden kann, die den Planeten im 22. Jahrhundert eroberten.

Das Programm ist optimistischer als der Stift

Unabhängig von den Unterschieden zwischen den Visionen der einzelnen Autoren werden die synthetischen Welten von Stephenson, Gibson, den Wachowskis, Dick, Bradbury und Weinbaum alle als Dystopien dargestellt. Es gibt jedoch keinen Grund zu der Annahme, dass ein solches Ergebnis für das tatsächliche Metaverse unvermeidlich oder sogar wahrscheinlich ist. In einer perfekten Gesellschaft gibt es in der Regel nicht viel menschliches Drama, und menschliches Drama ist die Wurzel der meisten Fiktion.

Als Kontrast dazu kann man den französischen Philosophen und Kulturtheoretiker Jean Baudrillard betrachten, der 1981 den Begriff „Hyperrealität" prägte und dessen Werke oft mit denen von Gibson und denen, die Gibson beeinflusste, in Verbindung gebracht werden.* Baudrillard beschrieb die Hyperrealität als einen Zustand, in dem Realität und Simulationen so nahtlos ineinander übergehen, dass sie nicht mehr zu unterscheiden sind. Obwohl viele diese Vorstellung als beängstigend empfinden, argumentierte Baudrillard, dass es darauf ankomme, wo der Einzelne mehr Bedeutung und Wert erhalte – und er vermutete, dass dies in der simulierten Welt der Fall sei.[5] Die Idee des Metaverse ist auch untrennbar mit den Ideen des Memex verbunden, aber während Bush sich eine unendliche Reihe von Dokumenten vorstellte, die durch Wörter miteinander verbunden sind, dachten Stephenson und andere an unendlich viele miteinander verbundene Welten.

Aufschlussreicher als Stephensons Texte und die, die sie inspiriert haben, sind die zahlreichen Bemühungen um den Aufbau virtueller

---

*   Als er im April 1991 über Baudrillard befragt wurde, sagte Gibson: „Er ist ein cooler Science-Fiction-Autor" (Daniel Fischlin, Veronica Hollinger, Andrew Taylor, William Gibson und Bruce Sterling, „'The Charisma Leak': A Conversation with William Gibson and Bruce Sterling", Science Fiction Studies 19, Nr. 1 [März 1992], 13). Die Wachowskis versuchten, Baudrillard in ihren Film einzubeziehen, aber er lehnte ab und bezeichnete den Film später als eine falsche Interpretation seiner Ideen (Aude Lancelin, „The Matrix Decoded: Le Nouvel Observateur Interview mit Jean Baudrillard", Le Nouvel Observateur 1, Nr. 2 [Juli 2004]). Als Morpheus den Protagonisten des Films in die „reale Welt" einführt, sagt er zu Neo: „Wie in Baudrillards Vision hast du dein ganzes Leben innerhalb der Karte verbracht, nicht im Territorium." (The Matrix, unter der Regie von Lana Wachowski und Lilly Wachowski [Burbank, CA: Warner Bros., 1999], DVD). Erinnern Sie sich auch an den ursprünglichen Namen von Tencent für seine Metaverse-Vision: „hyper-digitale Realität".

Welten in den letzten Jahrzehnten. Diese Geschichte zeigt nicht nur eine mehrere Jahrzehnte andauernde Entwicklung hin zum Metaverse, sondern verrät auch mehr über dessen Wesen. Diesen angeblichen Metaversen ging es nicht um Unterwerfung oder Gewinnstreben, sondern um Zusammenarbeit, Kreativität und Selbstdarstellung.

Einige Beobachter datieren die Geschichte der „Proto-Metaversen" auf die 1950er-Jahre, als Großrechner aufkamen und Einzelpersonen zum ersten Mal rein digitale Nachrichten über ein Netzwerk von verschiedenen Geräten miteinander austauschen konnten. Die meisten beginnen jedoch in den 1970er-Jahren mit textbasierten virtuellen Welten, den sogenannten Multi-User Dungeons. MUDs waren praktisch eine softwarebasierte Version des Rollenspiels Dungeons & Dragons. Mithilfe von textbasierten Befehlen, die der menschlichen Sprache ähnelten, konnten die Spieler miteinander interagieren, eine fiktive Welt erkunden, die von nicht-spielbaren Charakteren und Monstern bevölkert war, Power-ups und Wissen erlangen und schließlich einen magischen Kelch finden, einen bösen Zauberer besiegen oder eine Prinzessin retten.

Die wachsende Beliebtheit von MUDs inspirierte zur Entwicklung von Multi-User Shared Hallucinations (MUSHs) oder Multi-User Experiences (MUXs). Im Gegensatz zu MUDs, bei denen die Spieler Rollen im Rahmen einer bestimmten, meist fantastischen Erzählung übernehmen mussten, konnten die Teilnehmer bei MUSHs und MUXs die Welt und ihr Ziel gemeinsam definieren. Die Spieler könnten sich dafür entscheiden, ihr MUSH in einem Gerichtssaal anzusiedeln und dabei Rollen wie Angeklagte, Anwälte, Kläger, Richter und Geschworene zu übernehmen. Später könnte ein Spieler beschließen, das relativ banale Verfahren in eine Geiselnahme zu verwandeln – die dann durch ein verrücktes Gedicht, das von den anderen Spielern stammt, aufgelockert wird.

Der nächste große Sprung kam 1986 mit der Veröffentlichung des Commodore 64-Online-Spiels *Habitat*, das von Lucasfilm, der vom *Star Wars*-Erfinder George Lucas gegründeten Produktionsfirma, herausgegeben wurde. *Habitat* wurde als „eine virtuelle Umgebung mit mehreren Teilnehmern" und, in Anlehnung an Gibsons Roman *Neuromancer*, als „Cyberspace" beschrieben. Im Gegensatz zu MUDs und MUSHs war die Welt von *Habitat* grafisch, sodass die Benutzer virtuelle Umgebungen und Charaktere tatsächlich sehen konnten, wenn auch nur in pixeligem 2D. Dies ermöglichte den Spielern auch eine weitaus größere Kontrolle über die Umgebung im Spiel. Die „Bürger" von *Habitat* waren für die Gesetze und Erwartungen in ihrer virtuellen Welt verantwortlich und mussten miteinander um die notwendigen Ressourcen feilschen und vermeiden, dass sie ausgeraubt oder getötet wurden. Diese Herausforderung führte zu chaotischen Zeiten, nach denen die Spielergemeinschaft neue Regeln, Vorschriften und Autoritäten einführte, um die Ordnung aufrechtzuerhalten.

Obwohl *Habitat* nicht so bekannt ist wie andere Videospiele der 1980er-Jahre, beispielsweise *Pac-Man* oder *Super Mario Bros.*, überstieg es die Nischenattraktivität von MUDs und MUSHs und wurde schließlich ein kommerzieller Hit. Es war auch das erste Spiel, in dem der Sanskrit-Begriff „Avatar", der grob übersetzt „Abstieg einer Gottheit in irdische Sphären" bedeutet, für den virtuellen Körper eines Benutzers verwendet wurde. Jahrzehnte später ist die Verwendung dieses Begriffs zur Konvention geworden – nicht zuletzt deshalb, weil Stephenson ihn in *Snow Crash* wieder aufgriff.

In den 1990er-Jahren erschienen keine großen „Proto-Metaverse"-Spiele, aber die Entwicklung ging weiter. In diesem Jahrzehnt nahmen Millionen von Verbrauchern an den ersten isometrischen virtuellen 3D-Welten (auch als 2,5D bekannt) teil, die die Illusion eines dreidimensionalen Raums vermittelten, den Benutzern aber nur erlaubten, sich über zwei Achsen zu bewegen. Kurze Zeit später kamen dann virtuelle 3D-Welten auf. Eine Reihe von Spielen wie *Web World* (1994) und *Activeworlds* (1995) ermöglichten es den Spielern, einen sichtbaren virtuellen Raum in Echtzeit kollaborativ aufzubauen anstatt durch asynchrone Befehle und Abstimmungen, und führten eine Reihe von grafik- und symbolbasierten Werkzeugen ein, um den Aufbau der Welt zu erleichtern. *Activeworlds* verfolgte auch den ausdrücklichen Zweck, Stephensons Metaverse aufzubauen, und forderte die Spieler auf, die virtuellen Welten nicht nur zu genießen, sondern auch in deren Erweiterung und Bevölkerung zu investieren. 1998 wurde *OnLive! Traveler* mit einem räumlichen Sprachchat veröffentlicht, der es den Benutzern ermöglichte, zu hören, wo sich Spieler im Verhältnis zu anderen befanden, und den Mund eines Avatars als Reaktion auf die vom Spieler gesprochenen Worte zu bewegen.[6] Im folgenden Jahr schloss Intrinsic Graphics, ein Unternehmen für 3D-Spielesoftware, die Abspaltung von Keyhole ab. Obwohl Keyhole erst in der Mitte des nächsten Jahrzehnts und nach der Übernahme durch Google auf breiter Front populär wurde, war es das erste Mal, dass jeder Zugang zu einer virtuellen Reproduktion des gesamten Planeten hatte. In den darauffolgenden 15 Jahren wurde ein Großteil der Karte teilweise in 3D aktualisiert und mit Googles viel größerer Datenbank von Kartenprodukten und -daten verbunden, sodass die Nutzer auch Informationen wie Echtzeit-Verkehrsinformationen einblenden konnten.

Mit dem Start des (treffend benannten) *Second Life* im Jahr 2003 begannen viele, vor allem im Silicon Valley, über die Aussicht auf eine parallele Existenz im virtuellen Raum nachzudenken. Im ersten Jahr verzeichnete *Second Life* mehr als eine Million regelmäßiger Nutzer, und kurz darauf gründeten zahlreiche Organisationen aus der realen Welt ihre eigenen Unternehmen und Präsenzen auf der Plattform. Dazu gehörten gewinnorientierte Unternehmen wie Adidas, BBC und Wells Fargo, aber auch gemeinnützige Organisationen wie die American Cancer Society und Save the Children und sogar Universitäten wie Harvard, deren juristische Fakultät exklusive Kurse in *Second Life* anbot. Im Jahr 2007 wurde auf der Plattform eine Börse eingerichtet, um Unternehmen in *Second Life* bei der Kapitalbeschaffung mithilfe der Plattformwährung Linden Dollar zu unterstützen.

Entscheidend ist, dass der Entwickler Linden Labs weder Transaktionen in *Second Life* vermittelt noch aktiv verwaltet hat, was hergestellt oder verkauft wird. Stattdessen wurden die Transaktionen direkt zwischen Käufern und Verkäufern auf der Grundlage des wahrgenommenen Wertes und Bedarfs getätigt. Insgesamt agierte Linden Labs eher wie eine Regierung als ein Spieleentwickler. Das Unternehmen bot einige Dienstleistungen für die Benutzer an, wie z. B. Identitätsmanagement, Eigentumsnachweise oder ein Rechtssystem. Aber der Schwerpunkt lag nicht auf dem direkten Aufbau des *Second Life*-Universums. Stattdessen ermöglichte es eine florierende Wirtschaft durch eine ständig verbesserte Infrastruktur, neue technische Möglichkeiten und Werkzeuge, die mehr Entwickler und Schöpfer anziehen sollten, die dann Dinge für andere Benutzer schaffen sollten, Orte, die sie besuchen, und Gegenstände, die sie kaufen können – was mehr Benutzer und damit mehr Ausgaben nach sich ziehen und wiederum mehr Investitionen von Entwicklern und Schöpfern ermöglichen sollte. Zu diesem Zweck bot *Second Life* den Benutzern auch die Möglichkeit, virtuelle Objekte und Texturen zu importieren, die außerhalb der Plattform erstellt wurden. Bereits 2005, nur zwei Jahre nach dem Start, überstieg das jährliche BIP von *Second Life* 30 Millionen Dollar. Im Jahr 2009 lag es bei über einer halben Milliarde Dollar, wobei die Nutzer in diesem Jahr 55 Millionen Dollar in der realen Welt auszahlten.

Trotz des Erfolgs von *Second Life* war es der Aufstieg der virtuellen Plattformenwelten *Minecraft* und *Roblox*, der seine Ideen in den 2010er-Jahren einem Mainstream-Publikum nahebrachte. Beide Plattformen boten nicht nur erhebliche technische Verbesserungen im Vergleich zu ihren Vorgängern, sondern konzentrierten sich auch auf Kinder und Jugendliche und waren daher viel einfacher zu bedienen, anstatt nur mehr Möglichkeiten zu bieten. Die Ergebnisse waren verblüffend.

In den 2010er-Jahren haben Gruppen von Nutzern in *Minecraft* zusammengearbeitet, um Städte zu bauen, die so groß waren wie Los Angeles – fast 1300 Quadratkilometer. Der Videospiele-Streamer Aztter baute eine beeindruckende Cyberpunk-Stadt aus schätzungsweise 370 Millionen Minecraft-Blöcken, nachdem er ein Jahr lang durchschnittlich 16 Stunden pro Tag gearbeitet hatte.[7] Die Größe ist nicht die einzige Errungenschaft der Plattform. 2015 baute Verizon ein Mobiltelefon in *Minecraft*, das Live-Videoanrufe in die „echte Welt" tätigen und empfangen konnte. Als sich das COVID-19-Virus im Februar 2020 in China ausbreitete, baute eine Gemeinschaft chinesischer Minecraft-Spieler in kürzester Zeit die 1,2 Millionen Quadratmeter großen Krankenhäuser in Wuhan als Tribut an die „IRL"-Arbeiter („In Real Life") nach, worüber die Presse weltweit berichtete.[8] Einen Monat später gab Reporter ohne Grenzen den Bau eines Museums in *Minecraft in* Auftrag, das aus über 12,5 Millionen Blöcken bestand, die von 24 virtuellen Baumeistern in 16 verschiedenen Ländern in insgesamt 250 Stunden zusammengesetzt wurden. Die „Uncensored Library", wie sie genannt wurde, ermöglichte es Nutzern in Ländern wie Russland, Saudi-Arabien und Ägypten, verbotene Literatur zu lesen, aber auch Werke, die sich für die Meinungsfreiheit einsetzen und über das Leben von Journalisten wie Jamal Khashoggi berichten, dessen Ermordung von der politischen Führung in Saudi-Arabien angeordnet wurde.

Ende 2021 nutzten mehr als 150 Millionen Menschen *Minecraft* jeden Monat – mehr als sechsmal so viele wie 2014, als Microsoft die Plattform kaufte. Trotzdem war *Minecraft* bei Weitem nicht so groß wie der neue Marktführer *Roblox*, der im selben Zeitraum von weniger als 5 Millionen auf 225 Millionen monatliche Nutzer angewachsen war. Nach Angaben der Roblox Corporation nutzten im zweiten Quartal 2020 75 % der Kinder zwischen 9 und 12 Jahren in den Vereinigten Staaten regelmäßig die Plattform. Zusammengenommen erreichten die beiden Anwendungen jeweils mehr als 6 Milliarden Stunden monatlicher Nutzung, die sich auf mehr als 100 Millionen verschiedene Spielwelten erstreckten und von über 15 Millionen Nutzern gestaltet wurden. Das Roblox-Spiel mit den meisten Spielstunden – *Adopt Me!* – wurde 2017 von zwei Hobbyspielern entwickelt und ermöglichte es den Nutzern, verschiedene Haustiere auszubrüten, aufzuziehen und mit ihnen zu handeln. Bis Ende 2021 wurde die virtuelle Welt von *Adopt Me!* mehr als 30 Milliarden Mal besucht. Das ist mehr als das Fünfzehnfache der durchschnittlichen Zahl der weltweiten Tourismusbesuche im Jahr 2019. Darüber hinaus haben die Entwickler von *Roblox*, von denen viele kleine Teams mit weniger als 30 Mitgliedern sind, mehr als 1 Milliarde Dollar an Zahlungen von der Plattform erhalten. Ende 2021 war Roblox das wertvollste Spieleunternehmen außerhalb Chinas und fast 50 % mehr wert als die bekannten Spielegiganten Activision Blizzard und Nintendo.

Trotz dieses enormen Wachstums der Nutzerzahlen und der Entwicklergemeinschaften von *Minecraft* und *Roblox* entstanden und wuchsen gegen Ende der 2010er-Jahre viele andere Plattformen. Im Dezember 2018 startete zum Beispiel der Videospiele-Blockbuster *Fortnite* den *Fortnite Creative Mode*, eine eigene Variante des Weltenbaus von *Minecraft* und *Roblox*. Inzwischen hat sich *Fortnite* auch zu einer sozialen Plattform für spielfremde Erfahrungen entwickelt. Im Jahr 2020 veranstaltete der Hip-Hop-Star (und Mitglied der Kardashian-Familie) Travis Scott ein Konzert, das von 28 Millionen Spielern live verfolgt wurde, und Millionen weitere verfolgten das Konzert in den sozialen Medien. Der Track, den Scott während des Konzerts vorstellte und an dem Kid Cudi mitwirkte, erreichte eine Woche später Platz 1 der *Billboard* Hot 100 Charts, war Cudis erster Nummer-1-Hit und drittgrößtes US-Debüt des Jahres 2020. Darüber hinaus kehrten mehrere der von Scott gespielten Tracks aus seinem zwei Jahre alten Album *Astroworld* nach dem Konzert in die Billboard-Charts zurück. Achtzehn Monate später hatte das offizielle Event-Video von *Fortnite* fast 200 Millionen Aufrufe auf YouTube.

Die jahrzehntelange Geschichte sozialer virtueller Welten, von MUDs bis *Fortnite*, erklärt, warum die Ideen des Metaverse in letzter Zeit von Science-Fiction und Patenten in den Blick der Verbraucher- und Unternehmenstechnologie gerückt sind. Wir befinden uns an einem Punkt, an dem diese Erfahrungen Hunderte von Millionen Menschen ansprechen können und ihre Grenzen eher in der menschlichen Vorstellungskraft als in technischen Beschränkungen liegen.

Mitte 2021, nur wenige Wochen bevor Facebook seine Metaverse-Absichten vorstellte, twitterte Tim Sweeney, CEO und Gründer des *Fortnite*-Herstellers Epic Games, einen Code aus der Vorabversion des Spiels *Unreal* von 1998 und fügte hinzu, dass die Spieler „in Portale gehen und zwischen benutzergeführten Servern reisen konnten, als *Unreal* 1 1998 veröffentlicht wurde. Ich erinnere mich an einen Moment, in dem die Leute in der Community die Karte einer Höhle ohne Kommunikation erstellt hatten, in einem Kreis standen und sich unterhielten. Dieser Spielstil hielt sich allerdings nicht lange".[9] Ein paar Minuten später fügte er hinzu: „Wir haben schon sehr, sehr lange nach einem Metaverse gestrebt … aber erst in den letzten Jahren hat sich eine kritische Masse an funktionierenden Teilen schnell zusammengefunden".[10]

Dies ist der Bogen aller technologischen Transformationen. Das mobile Internet gibt es seit 1991, und es wurde schon viel früher vorhergesagt. Aber erst in den späten 2000er-Jahren war die erforderliche Mischung aus drahtlosen Übertragungsgeschwindigkeiten, drahtlosen Geräten und drahtlosen Anwendungen so weit fortgeschritten, dass jeder Erwachsene in den Industrieländern – und innerhalb eines Jahrzehnts die meisten Menschen auf der Erde – ein Smartphone und einen Breitbandvertrag haben wollte und sich auch leisten konnte. Dies wiederum führte zu einem Wandel der digitalen Informationsdienste und der menschlichen Kultur im Allgemeinen. Bedenken Sie Folgendes: Als der Instant-Messaging-Pionier ICQ 1998 vom Internetriesen AOL übernommen wurde, hatte er 12 Millionen Nutzer. Nur ein Jahrzehnt später hatte Facebook über 100 Millionen monatliche Nutzer und Ende 2021 fast 3 Milliarden, von denen etwa 2 Milliarden Nutzer den Dienst täglich nutzen.

Ein Teil dieses Wandels ist auch das Ergebnis eines Generationenwechsels. In den ersten zwei Jahren nach der Markteinführung des iPad sah man häufig Presseberichte und YouTube-Videos von Säuglingen und Kleinkindern, die eine „analoge" Zeitschrift oder ein Buch in die Hand nahmen und versuchten, über den nicht vorhandenen Touchscreen zu „streichen". Heute sind diese Einjährigen elf bis zwölf Jahre alt. Eine Vierjährige im Jahr 2011 ist auf dem besten Weg zum Erwachsenwerden. Diese Medienkonsumenten geben jetzt ihr eigenes Geld für Inhalte aus – und nicht wenige erstellen bereits selbst Inhalte. Und während diese vormals unverstandenen Konsumenten nun verstehen, warum Erwachsene ihre vergeblichen Bemühungen, ein Stück Papier zu verkleinern und zu vergrößern, so komisch fanden, sind die älteren Generationen nicht viel näher daran, zu verstehen, wie sich die Weltanschauungen und Vorlieben der jungen Menschen von ihren eigenen unterscheiden.

Roblox ist die perfekte Fallstudie für dieses Phänomen. Die Plattform ging 2006 an den Start. Es dauerte ungefähr ein Jahrzehnt, bis sie ein großes Publikum hatte. Weitere drei Jahre vergingen, bevor auch Nicht-Spieler den Titel wirklich wahrnahmen (und diejenigen, die es taten, spotteten größtenteils über die wenig realitätsnahe Grafik). Zwei Jahre später war es dann eines der größten Medienerlebnisse der Geschichte. Dieser Zeitraum von 15 Jahren ist teilweise auf die technischen Verbesserungen zurückzuführen, aber es ist kein Zufall, dass die Hauptnutzer von *Roblox* genau die Kinder sind, die mit dem iPad aufwuchsen. Mit anderen Worten: Der Erfolg von *Roblox* erforderte andere Technologien, um die Denkweise der Verbraucher zu beeinflussen, zusätzlich zu der Tatsache, dass es überhaupt erst möglich wurde.

Der anstehende Kampf um die Kontrolle des Metaverse (und um Sie)

In den letzten 70 Jahren haben sich die „Proto-Metaversen" von textbasierten Chats und MUDs zu lebendigen Netzwerken virtueller Welten mit einer Bevölkerung und Wirtschaft entwickelt, die es mit kleinen Nationen aufnehmen können. Diese Entwicklung wird sich in den kommenden Jahrzehnten fortsetzen und den virtuellen Welten mehr

Realismus, Vielfalt an Erfahrungen, Teilnehmern, kulturellem Einfluss und Wert verleihen. Letztendlich wird eine Version des Metaverse, wie es sich Stephenson, Gibson, Baudrillard und andere vorgestellt haben, verwirklicht werden.

Es wird viele Auseinandersetzungen um die Vorherrschaft in und über dieses Metaverse geben. Sie werden zwischen Tech-Giganten und aufständischen Start-ups, über Hardware, technische Standards und Tools sowie über Inhalte, digitale Geldbörsen und virtuelle Identitäten ausgetragen werden. Dieser Kampf wird durch mehr motiviert sein als nur durch das Umsatzpotenzial oder die Notwendigkeit, den „Schwenk zum Metaverse" zu überleben.

Im Jahr 2016, ein Jahr vor der Veröffentlichung von *Fortnite* durch sein Unternehmen und lange bevor der Begriff „Metaverse" überhaupt ins öffentliche Bewusstsein gelangte, sagte Tim Sweeney zu Reportern: „Dieses Metaverse wird viel durchdringender und mächtiger sein als alles andere. Wenn ein Unternehmen die Kontrolle darüber erlangt, wird es mächtiger als jede Regierung und ein Gott auf Erden sein."*[11] Es ist leicht, eine derartige Aussage als übertrieben zu empfinden. Die Entstehungsgeschichte des Internets legt jedoch nahe, dass dies nicht der Fall sein muss.

Die Grundlage des heutigen Internets wurde über mehrere Jahrzehnte hinweg durch eine Vielzahl von Konsortien und informellen Arbeitsgruppen geschaffen, die sich aus staatlichen Forschungslabors, Universitäten und unabhängigen Experten und Institutionen zusammensetzten. Diese zumeist gemeinnützigen Zusammenschlüsse konzentrierten sich in der Regel auf die Festlegung offener Standards, die den Austausch von Informationen von einem Server zum anderen erleichtern und so die Zusammenarbeit bei zukünftigen Technologien, Projekten und Ideen vereinfachen sollten.

Die Vorteile dieses Ansatzes waren weitreichend. So konnte beispielsweise jeder, der über einen Internetanschluss verfügte, in wenigen Minuten und kostenlos eine Website mit reinem HTML erstellen, und noch schneller mit einer Plattform wie GeoCities. Eine einzige Version dieser Website war (oder konnte zumindest) von jedem Gerät, Browser und Benutzer, der mit dem Internet verbunden war, abgerufen werden. Darüber hinaus musste kein Benutzer oder Entwickler ausgeschlossen werden – sie konnten Inhalte für jeden beliebigen Benutzer erstellen und mit ihm sprechen. Die Verwendung gemeinsamer Standards bedeutete

---

* In seinem Urteil im Fall *Epic Games vs. Apple* schrieb das zuständige Bezirksgericht: „[Es] ist im Allgemeinen der Ansicht, dass die persönlichen Überzeugungen von Herrn Sweeney über die Zukunft des Metaverse aufrichtig sind" (*Epic Games, Inc. v. Apple Inc.*, U.S. District Court, Northern District of California, Fall 4:20-cv-05640-YGR, Dokument 812, eingereicht am 10. September 2021).

auch, dass es einfacher und billiger war, externe Anbieter zu beauftragen und mit ihnen zusammenzuarbeiten, Software und Anwendungen von Drittanbietern zu integrieren und Code wiederzuverwenden. Die Tatsache, dass so viele dieser Standards kostenlos und quelloffen waren, bedeutete, dass individuelle Innovationen oft dem gesamten Ökosystem zugutekamen, während sie gleichzeitig einen Wettbewerbsdruck auf kostenpflichtige, proprietäre Standards ausübten und dazu beitrugen, die Gewinnsucht von Plattformen einzudämmen, die zwischen dem Web und seinen Nutzern sitzen (z. B. Gerätehersteller, Betriebssysteme, Browser und Internetanbieter).

Wichtig ist, dass dies die Unternehmen nicht daran hinderte, im Internet Gewinne zu erzielen, eine Paywall zu errichten oder proprietäre Technologien zu entwickeln. Vielmehr ermöglichte die „Offenheit" des Internets den Aufbau von mehr Unternehmen in mehr Bereichen, die Erreichung von mehr Nutzern und die Erzielung größerer Gewinne, während gleichzeitig verhindert wurde, dass die Giganten der Vor-Internet-Ära (vor allem die Telekommunikationsunternehmen) das Internet kontrollieren konnten. Die Offenheit ist auch der Grund dafür, dass das Internet weitgehend als Demokratisierung der Information angesehen wird und dass die meisten der wertvollsten börsennotierten Unternehmen der Welt in der Internet-Ära gegründet oder wiedergeboren wurden.

Es ist nicht schwer, sich vorzustellen, wie anders das Internet wäre, wenn es von multinationalen Medienkonglomeraten geschaffen worden wäre, um Widgets zu verkaufen, Werbung zu schalten, Nutzerdaten gewinnbringend zu sammeln oder die End-to-End-Erfahrung der Nutzer zu kontrollieren (etwas, das AT&T und AOL versuchten, aber scheiterten). Das Herunterladen eines JPG-Bildes könnte Geld kosten und ein PNG-Bild sogar 50 % mehr. Videoanrufe wären vielleicht nur über die eigene App oder das Portal eines Breitbandbetreibers möglich gewesen – und auch nur für diejenigen, die denselben Breitbandanbieter haben (stellen Sie es sich in etwa so vor: „Willkommen in Ihrem Xfinity Browser™. Klicken Sie hier für Xfinitybook™ oder Xfinity-Calls™ powered by Zoom™. Sorry, ‚Oma' ist nicht in unserem Netz, aber für 2 Euro können Sie sie trotzdem anrufen …"). Stellen Sie sich vor, es würde ein Jahr oder tausend Dollar kosten, eine Website zu erstellen. Oder wenn Websites nur mit dem Internet Explorer oder Chrome funktionieren würden, und man für die Nutzung eines bestimmten Browsers eine Jahresgebühr zahlen müsste. Oder man müsste seinem Breitbandanbieter zusätzliche Gebühren zahlen, um bestimmte Programmiersprachen lesen oder eine bestimmte Webtechnologie nutzen zu können. Als die Vereinigten Staaten 1998 Microsoft wegen angeblicher Kartellrechtsverstöße verklagten, konzentrierte sich der Fall auf die Entscheidung von Microsoft, den Internet Explorer, den firmeneigenen Webbrowser, mit dem Windows-Betriebssystem zu bündeln. Wäre es jedoch denkbar, dass ein Unternehmen, das das Internet geschaffen hat, einen konkurrierenden Browser zugelassen hätte? Wenn ja, hätte es den Benutzern erlaubt, mit diesen Browsern zu tun, was sie wollen, oder auf beliebige Websites zuzugreifen (und diese zu verändern)?

Ein „Unternehmensinternet" ist die aktuelle Erwartung für das Metaverse. Der gemeinnützige Charakter und die frühe Geschichte des Internets sind auf die Tatsache zurückzuführen, dass staatliche Forschungslabors und Universitäten die einzigen Institutionen waren, die über das rechnerische Talent, die Ressourcen und den Ehrgeiz verfügten, ein „Netz der Netze" aufzubauen, und dass nur wenige Unternehmen das kommerzielle Potenzial des Internets verstanden. Nichts von alledem trifft auf das Metaverse zu. Stattdessen wird es von privaten Unternehmen mit dem ausdrücklichen Ziel des Handels, der Datenerfassung, der Werbung und des Verkaufs virtueller Produkte entwickelt und aufgebaut.

Darüber hinaus entsteht das Metaverse zu einer Zeit, in der die größten vertikalen und horizontalen Technologieplattformen bereits enormen Einfluss auf unser Leben sowie auf die Technologien und Geschäftsmodelle der modernen Wirtschaft haben. Diese Macht spiegelt zum Teil die positiven Rückkopplungsschleifen im digitalen Zeitalter wider. Das Metcalfesche Gesetz besagt beispielsweise, dass der Wert eines Kommunikationsnetzwerks proportional zum Quadrat der Anzahl seiner Nutzer ist – eine Beziehung, die dazu beiträgt, dass große soziale Netzwerke und Dienste weiterwachsen und eine Herausforderung für aufstrebende Wettbewerber darstellen. Jedes Unternehmen, das auf künstlicher Intelligenz oder maschinellem Lernen basiert, profitiert von ähnlichen Vorteilen, da schlicht seine Datenmengen wachsen. Die primären Geschäftsmodelle des Internets – Werbung und Software-Verkauf – sind ebenfalls skalierbar, da die Unternehmen, die einen weiteren Werbeplatz oder eine weitere App verkaufen, dadurch fast keine zusätzlichen Kosten haben, und sowohl die Werbetreibenden als auch die Entwickler konzentrieren sich in erster Linie darauf, wo die Verbraucher bereits sind, und nicht darauf, wo sie sein könnten.

Doch um ihre Nutzer- und Entwicklerbasis zu sichern und gleichzeitig in neue Bereiche zu expandieren und potenzielle Konkurrenten zu blockieren, haben die Tech-Giganten das letzte Jahrzehnt damit verbracht, ihre Ökosysteme zu schließen. Sie haben dies getan, indem sie ihre zahlreichen Dienste zwangsweise gebündelt, Nutzer und Entwickler daran gehindert haben, ihre eigenen Daten problemlos zu exportieren, sowie verschiedene Partnerprogramme beendet und gewinnorientierte und sogar offene Standards, die ihre Hegemonie bedrohen könnten, ausgebremst (wenn nicht sogar gänzlich blockiert). Dieses Vorgehen hat in Verbindung mit den Rückkopplungsschleifen, die sich daraus ergeben, dass es vergleichsweise mehr Nutzer, Daten, Einnahmen, Geräte usw. gibt, einen großen Teil des Internets effektiv abgeschottet. Heute muss ein Entwickler im Wesentlichen eine Erlaubnis einholen und eine Zahlung leisten. Die Nutzer haben nur wenig Eigentum an ihrer Online-Identität, ihren Daten oder ihren Rechten.

Die Befürchtungen einer Dystopie des Metaverse sind daher eher berechtigt. Die Idee des Metaverse bedeutet jedoch, dass wir einen immer größeren Teil unseres Lebens, unserer Arbeit, unserer Freizeit, unserer Zeit, unseres Reichtums, unseres Glücks und unserer Beziehungen in virtuellen Welten verbringen werden, anstatt sie nur zu erweitern oder durch digitale Geräte und Software zu unterstützen. Für Millionen, wenn nicht Milliarden von Menschen wird es eine parallele Existenzebene sein, die über unserer digitalen und physischen Wirtschaft liegt und beide miteinander verbindet. Infolgedessen werden die Unternehmen, die diese virtuellen Welten und ihre virtuellen „Atome" kontrollieren, wahrscheinlich dominanter sein als diejenigen, die in der heutigen digitalen Wirtschaft führend sind.

Das Metaverse wird viele der herausfordernden Probleme der heutigen digitalen Existenz verschärfen, wie Datenrechte, Datensicherheit, Fehlinformationen und Radikalisierung, Macht der Plattformen und Regulierung, Missbrauch und Nutzerzufriedenheit. Die Agenden, die Kulturen und die Prioritäten der Unternehmen, die in der Metaverse-Ära führend sind, werden daher mit darüber entscheiden, ob die Zukunft besser oder schlechter als die jetzige ist, und zwar nicht nur virtueller oder lukrativer.

Während die größten Unternehmen der Welt und die ehrgeizigsten Start-ups das Metaverse anstreben, ist es wichtig, dass wir – Nutzer, Entwickler, Verbraucher und Wähler – verstehen, dass wir unsere Zukunft selbst in der Hand haben und in der Lage sind, den Status quo zu verändern. Ja, das Metaverse kann entmutigend und beängstigend wirken, aber es bietet auch die Chance, Menschen einander näherzubringen, Branchen zu verändern, die sich lange gegen Störungen gewehrt haben und sich weiterentwickeln müssen, und eine gleichberechtigtere Weltwirtschaft aufzubauen. Dies führt uns zu einem der aufregendsten Aspekte des Metaverse: wie wenig es heute verstanden wird.

Kapitel 2

Verwirrung und Ungewissheit

Bei aller Faszination für das Metaverse gibt es für den Begriff selbst keine einheitliche Definition oder Beschreibung. Die meisten Branchenführer definieren ihn so, wie es ihrer eigenen Weltanschauung und/oder den Fähigkeiten ihrer Unternehmen entspricht.

So beschrieb Microsofts CEO Satya Nadella das Metaverse als eine Plattform, die „die gesamte Welt in eine App-Dose"[1] verwandelt, die durch Cloud-Software und maschinelles Lernen erweitert werden könnte. Es überrascht nicht, dass Microsoft bereits über eine „Technologie-Struktur"[2] verfügt, die eine „natürliche Passform für das noch nicht ganz existierende Metaverse darstellt und das Betriebssystem Windows, das Cloud-Computing-Angebot Azure, die Kommunikationsplattform Microsoft Teams, das Augmented-Reality-Headset HoloLens, die Spieleplattform Xbox, das Business-Netzwerk LinkedIn und Microsofts eigene „Metaverses" wie *Minecraft*, *Microsoft Flight Simulator* und sogar den Weltraum-Ego-Shooter *Halo* umfasst.[3]

Mark Zuckerbergs Ausführungen konzentrierten sich auf immersive virtuelle Realität* sowie auf soziale Erfahrungen, die Menschen, die weit voneinander entfernt leben, miteinander verbinden. Die Oculus-Abteilung von Facebook ist Marktführer im Bereich VR, sowohl was die Verkaufszahlen als auch die Investitionen betrifft, während das soziale Netzwerk von Facebook das weltweit größte und meistgenutzte ist. Die *Washington Post* bezeichnete Epics Vision des Metaverse als „einen ausgedehnten, digitalisierten Gemeinschaftsraum, in dem sich die Nutzer

---

* Der Begriff „Virtual-Reality-Anwendungen" bezieht sich technisch gesehen auf computergenerierte Simulationen dreidimensionaler Objekte oder Umgebungen mit scheinbar realer, direkter oder physischer Benutzerinteraktion (J. D. N. Dionisio, W. G. Burns III und R. Gilbert, „3D Virtual Worlds and the Metaverse: Current Status and Future Possibilities", ACM Computing Surveys 45, Ausgabe 3 [Juni 2013], http://dx.doi.org/10.1145/2480741.2480751). Im modernen Sprachgebrauch bezieht sich der Begriff meist auf die immersive virtuelle Realität, bei der die Seh- und Tonsinne des Benutzers vollständig in diese Umgebung eintauchen – im Gegensatz zum Fernseher, bei dem nur Teile der Sinne in die Umgebung eintauchen.

frei mit Marken und untereinander auf eine Art und Weise austauschen können, die Selbstdarstellung ermöglicht und Freude bereitet ... eine Art Online-Spielplatz, auf dem die Nutzer mit ihren Freunden in einem Moment ein Multiplayer-Spiel wie Epics ‚Fortnite' spielen, im nächsten einen Film über Netflix ansehen und dann ihre Freunde zu einer Probefahrt mit einem neuen Auto mitbringen können, das in der realen Welt genauso hergestellt wird wie in dieser virtuellen Welt. Es wäre (nach Sweeneys Meinung) nicht der gepflegte, werbebeladene Newsfeed, der von Plattformen wie Facebook präsentiert wird".[4]

In vielen Fällen hat der Metaverse-Diskurs gezeigt, dass Führungskräfte wohl die Notwendigkeit sehen, das Schlagwort zu verwenden, ohne wirklich zu wissen, was es bedeutet – geschweige denn für ihr Unternehmen. Im August 2021 teilte die Match Group, Eigentümerin von Dating-Seiten wie Tinder, Hinge und OKCupid, mit, dass ihre Dienste bald „erweiterte Funktionen, Tools zur Selbstdarstellung, konversationale KI und eine Reihe von Elementen, die wir als Metaverse bezeichnen würden, enthalten werden, die die Art und Weise von Online-Treffen und den Prozess des Kennenlernens verändern". Weitere Details wurden nicht genannt, aber vermutlich werden die Metaverse-Initiativen virtuelle Güter, Währungen, Avatare und Umgebungen umfassen, die Rendezvous erleichtern.

Nachdem die chinesischen Megakonzerne Tencent, Alibaba und ByteDance begonnen hatten, sich als Vorreiter im vage definierten, aber scheinbar unmittelbar bevorstehenden Metaverse zu positionieren, stolperten ihre einheimischen Konkurrenten, als sie zu erklären versuchten, wie auch sie zu Pionieren in dieser Multibillionen-Dollar-Zukunft werden würden. So sagte beispielsweise der Leiter der Abteilung Investor Relations bei dem chinesischen Spielegiganten NetEase auf der Telefonkonferenz des Unternehmens zum dritten Quartal 2021: „Das Metaverse ist heute in der Tat das neue Schlagwort schlechthin. Andererseits glaube ich, dass noch niemand Erfahrungen aus erster Hand damit gemacht hat, was es ist. Aber bei NetEase sind wir technologisch vorbereitet. Wir wissen, wie wir das entsprechende Know-how und die entsprechenden Fähigkeiten aufbauen können, wenn dieser Tag kommt. Ich denke also, dass wir, wenn dieser Tag schließlich kommt, wahrscheinlich einer der schnellsten Läufer im Metaverse-Bereich sein werden."[5]

Eine Woche, nachdem Zuckerberg zum ersten Mal seine Metaverse-Strategie erläutert hatte, wurde Jim Cramer von CNBC zum Gegenstand von Online-Spott, nachdem er Schwierigkeiten hatte, den Investoren an der Wall Street das Metaverse zu erklären.[6]

Jim Cramer (JC): Sie müssen sich die Telefonkonferenz von Unity im ersten Quartal ansehen, in der wirklich erklärt wird, was das Metaverse ist, nämlich die Idee, dass Sie im Grunde genommen in Oculus sein können, was auch immer. Und man sagt: „Mir gefällt, wie diese Person in diesem Hemd aussieht. Ich möchte dieses Hemd bestellen und es ist ... oder letztendlich ist es ein NVIDIA, äh, basierend auf NVIDIA. Und als ich bei NVIDIA mit Jensen Huang unterwegs war, was passiert da? Man könnte ..., es ist denkbar. Das wäre denkbar. – Okay. David, hör mir zu. Denn das ist wichtig.

David Faber (DF): Ich lese, was Zuckerberg dazu zu sagen hatte ...

JC: Er hat Ihnen nichts gesagt ... Nein, hat er nicht!

DF: „eine dauerhafte, synchrone Umgebung, in der wir zusammen sein können, die wahrscheinlich eine Art Hybrid zwischen den sozialen Plattformen, die wir heute kennen, sein wird, aber eine Umgebung, in der man verankert ist." Das sagt mir, worum es sich handelt: Es ist das Holodeck.

JC: Es IST ein Hologramm. Es ist wie die Idee.

DF: Es ist wie bei Star Trek.

JC: Letztendlich könnten Sie in einen Raum gehen, sagen wir mal, Sie sind allein und ein bisschen einsam, okay? Und du magst klassische Musik, aber du gehst in den Raum und sagst zu der ersten Person, die du siehst: „Glaubst du, du magst Mozart, du weißt schon, die Haffner-Sinfonie?" Und dann sagt die zweite Person: „Bevor Sie sich die anhören, haben Sie sich Beethovens Neunte angehört?" Ich will Ihnen sagen, dass es diese Leute nicht gibt. Die gibt es nicht, okay?

DF: Verstanden.

JC: DAS ist das Metaverse.

Während Cramer offensichtlich verwirrt war, streitet ein Großteil der Tech-Community weiterhin über Schlüsselelemente des Metaverse. Einige Beobachter debattieren darüber, ob Augmented Reality Teil des Metaverse oder davon getrennt ist oder ob das Metaverse nur durch immersive VR-Headsets erlebt werden kann. Für viele in der Krypto- und Blockchain-Community ist das Metaverse eine dezentralisierte Version des heutigen Internets – eine, in der die Nutzer und nicht die Plattformen die zugrunde liegenden Systeme sowie ihre eigenen Daten und virtuellen Güter kontrollieren. Einige wichtige Stimmen, wie der ehemalige Oculus VR CTO John Carmack, argumentieren, dass das

Metaverse nicht das Metaverse sein kann, wenn es hauptsächlich von einem einzigen Unternehmen betrieben wird. Der CEO von Unity, John Riccitiello, teilt diese Ansicht nicht, obwohl er anmerkt, dass die Lösung für die Gefahr eines zentral gesteuerten Metaverse Technologien wie die plattformübergreifende Engine- und Service-Suite von Unity sind, die „die Höhe der Mauer des Walled Garden einreißt". Facebook hat sich nicht dazu geäußert, ob das Metaverse privat betrieben werden kann oder nicht, aber das Unternehmen sagt, dass es nur ein Metaverse geben kann – so wie es „das Internet" gibt und nicht „ein Internet". Microsoft und Roblox sprechen dagegen von „Metaversen".

Soweit es ein gemeinsames Verständnis des Metaverse gibt, könnte man es wie folgt beschreiben: eine nicht enden wollende virtuelle Welt, in der sich alle als komische Avatare verkleiden und in immersiven VR-Spielen um Punkte kämpfen, in ihre Lieblings-Franchises eintauchen und ihre unmöglichsten Fantasien ausleben. Diese Vorstellung wurde in Ernest Clines *Ready Player One* zum Leben erweckt, einem Roman aus dem Jahr 2011, der als geistiger Nachfolger von Stephensons *Snow Crash* gilt und 2018 von Steven Spielberg verfilmt wurde. Wie Stephenson hat auch Cline das Metaverse (oder das, was er „The Oasis" nannte) nie klar definiert, sondern es stattdessen durch das beschrieben, was man darin tun und wer man sein kann. Diese Vision des Metaverse ist vergleichbar mit dem, was der Durchschnittsmensch in den 1990er-Jahren unter dem Internet verstand, nämlich einen „Information Superhighway" oder ein „World Wide Web", durch das wir mit unseren Tastaturen und unserer Maus „surften" – jetzt nur in 3D. Ein Vierteljahrhundert später ist offensichtlich, dass diese Vorstellung vom Internet eine schlechte und irreführende Beschreibung dessen war, was kommen sollte.

Die Uneinigkeit und Verwirrung über das Metaverse sowie seine Verbindung zu teilweise dystopischen Science-Fiction-Romanen, in denen Technokapitalisten zwei Ebenen der menschlichen Existenz beherrschen, führen zu einer Vielzahl von Kritiken. Einige argumentieren, der Begriff sei nicht viel mehr als ein fader Marketing-Hype. Andere fragen sich, inwiefern sich das Metaverse von Erfahrungen wie *Second Life* unterscheidet, das bereits seit Jahrzehnten existiert und von dem man einst erwartete, dass es die Welt verändern würde, aber schließlich in Vergessenheit geriet und von den Computern deinstalliert wurde.

Einige Journalisten haben die Vermutung geäußert, dass das plötzliche Interesse von Big Tech an der nebulösen Idee des Metaverse eigentlich ein Versuch ist, regulatorische Maßnahmen zu vermeiden.[7] Sollten die Regierungen auf der ganzen Welt zu der Überzeugung gelangen, dass ein disruptiver Plattformwechsel unmittelbar bevorsteht, müssen nach dieser Theorie nicht einmal die größten und etabliertesten Unternehmen der Geschichte zerschlagen werden – freie Märkte und aufständische Wettbewerber werden die Arbeit erledigen. Andere haben argumentiert, dass das Metaverse im Gegenteil von den besagten Aufständischen genutzt wird, damit die Regulierungsbehörden kartellrechtliche Untersuchungen gegen die heutigen großen Technologieführer einleiten. Eine Woche vor der Einreichung einer kartellrechtlichen Klage gegen Apple twitterte Sweeney: „Apple hat das Metaverse verboten", wobei in den juristischen Unterlagen des Unternehmens detailliert dargelegt wurde, wie die Richtlinien von Apple seine Entstehung verhindern würden.[8] Die Richterin, die den Prozess leitete, schien zumindest einen Teil der Theorie vom „Metaverse als Regulierungsstrategie" zu glauben und erklärte vor Gericht: „Lassen Sie uns das klarstellen. Epic ist hier, weil es im Falle der Gewährung von Rechtsschutz aus dem Multimilliarden-Dollar-Unternehmen ein Multibillionen-Dollar-Unternehmen machen könnte. Sie tun dies nicht aus reiner Herzensgüte."[9] Die Richterin schrieb auch, dass Epic's Klage gegen Apple und Google „zwei Hauptgründe erkennen lässt. In erster Linie strebt Epic Games eine systematische Veränderung an, die zu einem enormen finanziellen Gewinn und Reichtum führen würde. Zweitens ist [die Klage] ein Mechanismus, um die Politik und die Praktiken von Apple und Google anzufechten, die ein Hindernis für Mr. Sweeneys Vision des aufkommenden Metaversums darstellen".[10] Andere haben argumentiert, dass CEOs den nur vage verstandenen Begriff verwenden, um ihre Lieblings-F&E-Projekte zu rechtfertigen, die Jahre von einer Veröffentlichung entfernt sind, wahrscheinlich noch weit hinter dem Zeitplan zurückliegen und für die Aktionäre von geringem Interesse sind.

Verwirrung als notwendiges Merkmal der Disruption

Alle neuen und besonders bahnbrechenden Technologien verdienen eine sorgfältige Prüfung und Skepsis. Aber die aktuellen Debatten über das Metaverse bleiben verworren, weil das Metaverse – zumindest bis jetzt – nur eine Theorie ist. Es ist eine nicht greifbare Idee, kein Produkt zum Anfassen. Daher ist es schwierig, eine bestimmte Behauptung zu widerlegen, und es ist unvermeidlich, dass das Metaverse im Kontext der eigenen Fähigkeiten und Präferenzen eines bestimmten Unternehmens verstanden wird.

Die schiere Anzahl der Unternehmen, die im Metaverse einen potenziellen Wert sehen, spricht jedoch für die Größe und Vielfalt der Chance. Darüber hinaus ist die Debatte darüber, was das Metaverse ist, wie bedeutend es sein könnte, wann es kommen und wie es funktionieren wird und welche technologischen Fortschritte erforderlich sein werden, genau das, was die Möglichkeit einer größeren Disruption schafft. Denn Ungewissheit und Verwirrung sind keine Gegenargumente, sondern vielmehr Merkmale der Disruption.

Nehmen wir das Internet. Die Wikipedia-Beschreibung des Internets (die seit Mitte der 2000er-Jahre weitgehend unverändert geblieben ist) lautet wie folgt: „Das globale System miteinander verbundener Computernetzwerke, das die Internet Protocol Suite (TCP/IP) für die Kommunikation zwischen Netzwerken und Geräten verwendet. Es ist ein ‚Netz der Netze‘, das aus privaten, öffentlichen, wissenschaftlichen, geschäftlichen und staatlichen Netzen von lokaler bis globaler Reichweite besteht, die durch eine breite Palette elektronischer, drahtloser und optischer Netzwerktechnologien miteinander verbunden sind. Das Internet bietet eine breite Palette von Informationsressourcen und -diensten, wie z. B. die miteinander verknüpften Hypertext-Dokumente und -Anwendungen des World Wide Web (WWW), elektronische Post, Telefonie und Dateifreigabe."[11]

Die Wikipedia-Zusammenfassung geht auf einige der dem Internet zugrunde liegenden technischen Standards ein und beschreibt den Umfang sowie einige Anwendungsfälle. Der Durchschnittsmensch kann dies heute lesen und leicht auf seine persönliche Nutzung übertragen und wahrscheinlich erkennen, warum es eine effektive Definition ist. Aber selbst wenn man diese Definition in den 1990er-Jahren – oder sogar nach dem Jahr 2000 – verstanden hat, erklärte sie nicht eindeutig, wie die Zukunft aussehen könnte. Auch Experten taten sich schwer damit, zu verstehen, was im Internet aufgebaut werden sollte, geschweige denn, wann dies und mit welchen Technologien geschieht. Das Potenzial und die Bedürfnisse des Internets sind heute offensichtlich, aber damals hatte fast niemand eine zusammenhängende, leicht zu vermittelnde und korrekte Vision der Zukunft.

Diese Verwirrung führt immer wieder zu den gleichen Fehlern. Manchmal wird eine neue Technologie als triviales Spielzeug betrachtet. In anderen Fällen wird ihr Potenzial verstanden, aber nicht ihre Natur. Am häufigsten wird jedoch missverstanden, welche spezifischen Technologien sich durchsetzen werden und warum. Gelegentlich machen wir alles richtig, nur beim Zeitpunkt liegen wir daneben.

1998 schrieb Paul Krugman, der ein Jahrzehnt später den Nobelpreis für Wirtschaftswissenschaften erhalten sollte, einen Artikel mit dem (unfreiwillig) ironischen Titel „Why Most Economists' Predictions Are Wrong" (Warum die meisten Vorhersagen der Ökonomen falsch sind), in dem er feststellte: „Das Wachstum des Internets wird sich drastisch verlangsamen, da der Fehler im ‚Metcalfe'schen Gesetz‘ – es besagt, dass die Anzahl der potenziellen Verbindungen in einem Netzwerk proportional zum Quadrat der Anzahl der Teilnehmer ist – offensichtlich wird: Die meisten Menschen haben sich nichts zu sagen! Bis etwa 2005 wird klar werden, dass der Einfluss des Internets auf die Wirtschaft nicht größer ist als der des Faxgeräts."[12] Krugmans Vorhersage, die dem Dot-com-Crash und der Gründung von Unternehmen wie Facebook, Tencent und Pay-Pal vorausging, wurde schnell widerlegt. Die Bedeutung des Internets wurde jedoch noch über ein Jahrzehnt nach dieser Äußerung diskutiert. Erst Mitte der 2010er-Jahre akzeptierte Hollywood beispielsweise, dass sich der Kern ihres Geschäfts – nicht nur kostengünstige, nutzergenerierte Inhalte wie YouTube-Videos und Snapchat Stories – ins Internet verlagern würde.

Selbst wenn die Bedeutung der nächsten Plattform gut verstanden wird, können ihre technischen Voraussetzungen, die Rolle der zugehörigen Geräte und die Geschäftsmodelle unklar bleiben. 1995 verfasste der Gründer und CEO von Microsoft, Bill Gates, sein berühmtes Memo „Internet Tidal Wave", in dem er erklärte, das Internet sei „entscheidend für jeden Teil unseres Geschäfts" und „die wichtigste Einzelentwicklung seit der Einführung des IBM PC im Jahr 1981".[13] Das Memo gilt als Ausgangspunkt für Microsofts „Embrace, Extend, Extinguish"-Strategie, die nach Ansicht des Justizministeriums Teil der Bemühungen des Unternehmens war, seine Marktmacht zu nutzen, um die Marktführer im Bereich Internetsoftware und -dienste einzuholen und dann auszuschalten.

Fünf Jahre nach Gates' Memo brachte Microsoft sein erstes Betriebssystem für Mobiltelefone auf den Markt. Das Unternehmen verstand jedoch den vorherrschenden mobilen Formfaktor (den Touchscreen), das Geschäftsmodell der Plattform (App Stores und Dienste statt Verkauf des Betriebssystems), die Rolle des Geräts (das für die meisten Käufer zum primären Computergerät wurde statt zu einem sekundären), das Ausmaß seiner Anziehungskraft (jeder), seinen optimalen Preis (500 bis 1.000 Dollar) und seine Rolle (die meisten Funktionen, statt nur Arbeit und Telefonate) falsch. Wie heute bekannt ist, spitzten sich die Fehler von Microsoft ab 2007 zu, als das erste iPhone auf den Markt kam. Als er nach den Aussichten des Geräts gefragt wurde, lachte der zweite CEO von Microsoft, Steve Ballmer, und antwortete: „Fünfhundert Dollar? Vollständig subventioniert? Mit einem Tarif? Ich sagte, das ist das teuerste Telefon der Welt … Und es ist nicht für Geschäftskunden geeignet, weil es keine Tastatur hat. Das macht es nicht zu einem sehr guten E-Mail-Gerät."[14] Microsofts mobiles Betriebssystem hat sich nie von der disruptiven Kraft von Apples iPhone und iOS erholt, auch nicht von Googles Android, das auf viele der für Microsoft typischen Windows-Hersteller wie Sony, Samsung und Dell abzielte, aber kostenlos zu lizenzieren war und sogar einen Teil der App-Store-Einnahmen mit den

Geräteherstellern teilte. Im Jahr 2016 wurde die Mehrheit der Internetnutzung weltweit über mobile Computer abgewickelt. Im darauffolgenden Jahr, ein Jahrzehnt nach dem ersten iPhone, kündigte Microsoft an, die Entwicklung von Windows Phone einzustellen.

Facebook, einer der größten Gewinner des Aufschwungs des Consumer-Internets, schätzte die mobile Ära zunächst allerdings ebenfalls falsch ein, konnte aber seine Fehler korrigieren, bevor es verdrängt wurde. Sein Fehler? Es dachte, dass Browser und nicht Apps die vorherrschende Art des Internetzugangs sein würden.

Vier Jahre nachdem Apple den App Store für das iPhone eingeführt hatte, drei Jahre nach Apples berühmter Werbekampagne „Dafür gibt es eine App" und zwei Jahre, nachdem ausgerechnet die *Sesamstraße* diese Kampagne parodiert hatte, konzentrierte sich der Social-Networking-Riese immer noch auf browserbasierte Erfahrungen. Obwohl Facebook technisch gesehen am selben Tag, an dem Apple den App Store freigab, eine mobile App herausbrachte, die schnell zur beliebtesten Art des Zugriffs auf Facebook auf einem mobilen Gerät wurde, war diese App in Wirklichkeit nur ein „Thin Client", der HTML innerhalb einer nicht browserbasierten Schnittstelle lud. Mitte 2012 führte Facebook schließlich einen Relaunch seiner iOS-App durch, die von Grund auf neu entwickelt wurde, um sich auf gerätespezifischen Code zu konzentrieren. Innerhalb eines Monats erklärte Mark Zuckerberg, dass die Nutzer „doppelt so viele Newsfeed-Meldungen" konsumierten und dass „der größte Fehler, den wir als Unternehmen gemacht haben, darin bestand, zu sehr auf HTML5 zu setzen ... Wir mussten von vorn beginnen und alles neu schreiben, um nativ zu sein. Das hat uns zwei Jahre gekostet".[15] Ironischerweise ist die späte Umstellung von Facebook auf native Apps einer der Gründe, warum das Unternehmen als Fallstudie für die erfolgreiche Umstellung eines Unternehmens auf mobile Geräte gilt. Im Laufe des Jahres 2012 stieg der Anteil des mobilen Internets an den gesamten Werbeeinnahmen von Facebook von weniger als 5 % auf 23 % – aber das zeigt nur, wie viele Einnahmen dem Unternehmen über diesen Weg entgangen waren, weil es in den Jahren zuvor auf HTML5 gesetzt hatte. Die verzögerte Umstellung von Facebook hatte weitere Folgen in Form von verpassten Gelegenheiten und milliardenschweren Rechnungen. Ein Jahrzehnt nach der Umstellung ist das Facebook-Produkt mit den meisten täglichen Nutzern WhatsApp, das das Unternehmen 2014 für fast 20 Milliarden Dollar übernommen hat. WhatsApp wurde 2009 speziell für app-basierte Nachrichtenübermittlung auf Smartphones entwickelt; zu dieser Zeit hatte Facebook einen Vorsprung von fast 350 Millionen monatlichen Nutzern. Viele an der Wall Street betrachten auch Instagram, das mobile soziale Netzwerk, das Facebook in den Monaten vor dem Relaunch seiner iOS-Apps für 1 Milliarde Dollar gekauft hat, als seinen wertvollsten Vermögenswert. Während Microsoft und Facebook grundlegende Fehler in Bezug auf die Technologien der Zukunft gemacht haben, sind viele andere Unternehmen gescheitert, weil sie auf die richtige Technologie setzen, aber bevor es einen Markt gab, der sie unterstützte. In den Jahren vor dem Dotcom-Crash wurden Dutzende von Milliarden Dollar in den Vereinigten Staaten in den Aufbau von Glasfasernetzen investiert. Aufgrund der geringen Grenzkosten für die Verlegung zusätzlicher Kapazitäten bauten viele Geldgeber wesentlich mehr Kapazitäten als nötig auf in der Hoffnung, einen regionalen Markt zu erobern, indem sie genügend Kapazitäten für den gesamten bestehenden und künftigen Verkehr bereitstellen. Dies beruhte jedoch auf der falschen Annahme, dass der Internetverkehr in den kommenden Jahren exponentiell zunehmen würde. Letztendlich waren in der Regel weniger als 5 % der Glasfaserkabel „beleuchtet", während der Rest ungenutzt blieb.

Heute sind die Tausende von Kilometern „dunkler Glasfaserkabel" quer durch Amerika ein weitgehend unterschätzter Motor der digitalen Wirtschaft des Landes, der den Eigentümern von Inhalten und den Verbrauchern stillschweigend den Zugang zu einer Infrastruktur mit hoher Bandbreite und geringer Latenzzeit zu niedrigen Preisen ermöglicht. Doch in den Jahren zwischen der Verlegung dieser Kabel und dem heutigen Tag sind viele der verantwortlichen Unternehmen in Konkurs gegangen. Dazu gehören Metromedia Fiber Network, KPNQwest, 360networks und, in einem der größten Konkurse der US-Geschichte, Global Crossing. Mehrere andere Unternehmen, wie Qwest und Williams Communications, entkamen nur knapp der Insolvenz. Obwohl die berüchtigten Zusammenbrüche von WorldCom und Enron letztlich durch Bilanzbetrug zustande kamen, wurden sie durch milliardenschwere Wetten darauf verschlimmert, dass die Nachfrage nach Hochgeschwindigkeits-Breitbandanschlüssen das Angebot schnell übersteigen würde. Enron war von der bevorstehenden und unersättlichen Nachfrage nach Hochgeschwindigkeitsdaten so überzeugt, dass es 1999 Pläne für den Handel mit Bandbreitentermingeschäften – wie Öl oder Silizium – vorstellte und davon ausging, dass Unternehmen Kapazitäten bis zu Jahre im Voraus buchen wollten, um nicht mit enormen Schwankungen bei den Kosten pro Bit konfrontiert zu werden.

Was die Vorhersage des technologischen Wandels so schwierig macht, ist die Tatsache, dass er nicht durch eine einzige Erfindung, Innovation oder Person verursacht wird, sondern dass viele Veränderungen zusammenkommen müssen. Nachdem eine neue Technologie geschaffen wurde, reagieren die Gesellschaft und die einzelnen Erfinder darauf, was zu neuen Verhaltensweisen und neuen Produkten führt, die wiederum neue Anwendungsfälle für die zugrunde liegende Technologie hervorbringen, was wiederum weitere Verhaltensweisen und Kreationen inspiriert. Und so weiter.

Die rekursive Innovation ist der Grund, warum selbst die größten Internet-Gläubigen vor 20 Jahren nur selten vorhersagten, wie das Internet heute genutzt werden würde. Die genauesten Vorhersagen waren in der Regel Plattitüden wie „mehr von uns werden online sein, häufiger, mit mehr Geräten und für mehr Zwecke", während die am wenigsten genauen Vorhersagen dazu tendierten, genau zu beschreiben, was wir online tun würden, wann, wo, wie und zu welchem Zweck. Sicherlich konnten sich nur wenige eine Zukunft vorstellen, in der ganze Generationen hauptsächlich über Emojis, Tweets oder kurze gefilmte „Stories" kommunizieren würden. Oder dass das Reddit-Forum für Aktienanlagen in Verbindung mit kostenlosen und einfachen Anlagen über Plattformen wie Robinhood den Aufstieg der „You Only Live Once"-Handelsstrategien vorantreiben würde – was wiederum Unternehmen wie GameStop und AMC Entertainment vor dem COVID-19-getriebenen Konkurs bewahrt hat. Oder wo 60 Sekunden lange TikTok-Remixe die Billboard-Charts und damit den Soundtrack unseres täglichen Pendelns bestimmen würden.

1950 verbrachte die Produktplanungsabteilung von IBM Berichten zufolge das ganze Jahr damit, „darauf zu bestehen, dass der Markt landesweit niemals mehr als etwa achtzehn Computer umfassen würde".16 Warum? Weil sich die Abteilung nicht vorstellen konnte, warum irgendjemand solche Geräte brauchen sollte, es sei denn, um die Software und Anwendungen zu nutzen, die IBM damals entwickelte.

Ob Sie nun an das Metaverse glauben, skeptisch sind oder irgendwo dazwischen liegen, Sie sollten sich mit der Tatsache anfreunden, dass es zu früh ist, um genau zu wissen, wie ein „Tag im Leben" aussehen und sich anfühlen wird, wenn das Metaverse kommt. Aber die Unfähigkeit, genau vorherzusagen, wie wir es nutzen werden und wie es unser tägliches Leben verändern wird, ist kein Makel. Vielmehr ist es eine Voraussetzung für die zerstörerische Kraft des Metaversums. Die einzige Möglichkeit, sich auf das Kommende vorzubereiten, besteht darin, sich auf die spezifischen Technologien und Funktionen zu konzentrieren, aus denen es sich zusammensetzt. Anders ausgedrückt: Wir müssen das Metaverse definieren.

Kapitel 3
Eine Definition (endlich)

Nach diesen wichtigen Vorbemerkungen können wir nun damit beginnen, konkret darüber zu sprechen, was das Metaverse ist. Obwohl es konkurrierende Definitionen und viel Verwirrung gibt, glaube ich, dass es möglich ist, eine klare, umfassende und nützliche Definition des Begriffs anzubieten, selbst zu diesem frühen Punkt in der Geschichte des Metaverse.

Hier ist also, was ich meine, wenn ich über das Metaverse schreibe und spreche: „Ein *massiv skaliertes* und *interoperables Netzwerk* von *in Echtzeit gerenderten virtuellen 3D-Welten*, die *synchron* und *dauerhaft* von einer *praktisch unbegrenzten Anzahl von Nutzern* mit einem *individuellen Gefühl der Präsenz* und mit einer *Kontinuität der Daten* wie Identität, Geschichte, Berechtigungen, Objekte, Kommunikation und Zahlungen erlebt werden können."

In diesem Kapitel wird jedes Element dieser Definition ausgepackt und dabei nicht nur das Metaverse erklärt, sondern auch, wie sich das Metaverse vom heutigen Internet unterscheidet, was zu seiner Verwirklichung erforderlich ist und wann es erreicht werden könnte.

Virtuelle Welten

Wenn es einen Aspekt des Metaverse gibt, über den sich alle – von den Gläubigen über die Skeptiker bis hin zu denjenigen, die mit dem Begriff kaum vertraut sind – einig sind, dann ist es die Tatsache, dass es auf virtuellen Welten basiert. Jahrzehntelang wurde eine virtuelle Welt in erster Linie für ein Videospiel wie *The Legend of Zelda* oder *Call of Duty* oder als Teil eines Spielfilms wie die von Disneys Pixar oder Warner Bros. für *The Matrix* gebaut. Aus diesem Grund wird das Metaverse oft fälschlicherweise als Spiel oder Unterhaltungserlebnis bezeichnet.

Virtuelle Welten beziehen sich auf jede computergenerierte simulierte Umgebung. Diese Umgebungen können in immersivem 3D, 2,5D (auch bekannt als isometrisches 3D), 2D, überlagert von der „realen Welt" mittels Augmented Reality oder rein textbasiert sein, wie in den spielähnlichen MUDs und nicht spielähnlichen MUSHs der 1970er-Jahre. Diese Welten können keinen individuellen Benutzer haben – wie im Fall eines Pixar-Films oder bei der virtuellen Simulation einer Ökosphäre für den Biologieunterricht. In anderen Fällen können sie auf einen einzigen Benutzer beschränkt sein, beispielsweise beim Spiel *Legend of Zelda*, oder mit vielen anderen geteilt werden, wie bei *Call of Duty*. Die Benutzer können diese virtuelle Welt über eine Vielzahl von Geräten beeinflussen und wiederum von ihr beeinflusst werden, z. B. über eine Tastatur, einen Bewegungssensor oder sogar eine Kamera, die ihre Bewegungen verfolgt.

Stilistisch können virtuelle Welten die „reale Welt" exakt nachbilden (sie werden dann oft als „digitaler Zwilling" bezeichnet) oder eine fiktionalisierte Version davon darstellen (wie New Donk City in *Super Mario Odyssey* oder das Viertel-Maßstabs-Manhattan des PlayStation-Spiels *Marvel's Spider-Man* von 2018). Oder eine völlig fiktive Realität darstellen, in der das Unmögliche alltäglich ist. Der Zweck einer virtuellen Welt kann „spielähnlich" sein, d. h. es gibt ein Ziel wie Gewinnen, Töten, Punkten, Besiegen oder Lösen. Der Zweck kann aber auch „nicht spielähnlich" sein mit Zielen wie Bildung, Handel, Geselligkeit, Meditation, Fitness und mehr.

Es mag überraschen, dass der größte Teil des Wachstums und der Beliebtheit virtueller Welten in den letzten zehn Jahren auf solche zurückzuführen ist, die entweder keine spielähnlichen Ziele verfolgen oder diese herunterspielen. Denken Sie an das meistverkaufte Spiel, das exklusiv für die Nintendo Switch-Plattform entwickelt wurde. Sie werden vielleicht vermuten, dass ich mich auf *The Legend of Zelda: Breath of the Wild* aus dem Jahr 2017 oder *Super Mario Odyssey* beziehe, die beide häufig als die besten Spiele aller Zeiten und als Teil der beliebtesten Videospiel-Franchises der Geschichte angesehen werden. Doch keiner der beiden Titel trägt die Krone. Stattdessen heißt der Sieger *Animal Crossing: New Horizons*. Das aus einem gefeierten und beliebten Franchise stammende Spiel ist viel kürzer (weniger als ein Drittel) als die beiden anderen Nintendo-Titel erhältlich und übertrifft sie dennoch um fast 40 %. *Animal Crossing: New Horizons* ist zwar nominell ein Spiel, aber das eigentliche Gameplay wurde oft mit einer virtuellen Form der Gartenarbeit verglichen. Es gibt keine expliziten Ziele und schon gar nichts zu gewinnen. Stattdessen sammeln und basteln die Spieler auf einer tropischen Insel Gegenstände, pflegen eine Gemeinschaft von anthropomorphen Tieren und tauschen dekorative Waren und Kreationen mit anderen Spielern.

In den letzten Jahren war der größte Aufschwung bei der Schaffung virtueller Welten durch die zu verzeichnen, die keinerlei „Gameplay" haben. So wurde z. B. ein digitaler Zwilling des internationalen Flughafens von Hongkong mit der beliebten Spiele-Engine Unity erstellt.

Der Zweck des Zwillings bestand darin, die Passagierströme, die Auswirkungen von Wartungsproblemen oder Startbahnstaus und anderen Ereignissen zu simulieren, die sich auf die Gestaltung des Flughafens und betriebliche Entscheidungen auswirken würden. In anderen Fällen wurden ganze Städte nachgebildet und dann mit Echtzeitdaten für den Fahrzeugverkehr, das Wetter und mit anderen städtischen Diensten wie Polizei, Feuerwehr und Krankentransport verbunden. Das Ziel eines solchen digitalen Zwillings ist, den Stadtplanern ein besseres Verständnis der von ihnen verwalteten Städte zu ermöglichen und fundiertere Entscheidungen über die Zoneneinteilung, Baugenehmigungen und mehr zu treffen. Wie würde sich beispielsweise ein neues Einkaufszentrum auf die Fahrtzeiten von Rettungsdiensten oder der Polizei auswirken? Wie könnte sich ein bestimmtes Gebäudedesign auf die Windverhältnisse, die Temperaturen oder das Licht in der Stadt auswirken? Virtuelle Welten können eine wesentliche Hilfe sein.

Virtuelle Welten können von einem einzigen oder vielen verschiedenen Schöpfern erstellt werden, sie können professionell, amateurhaft, gewinnorientiert oder nicht gewinnorientiert sein. Ihre Beliebtheit hat jedoch in dem Maße zugenommen, wie die Kosten, der Schwierigkeitsgrad und der Zeitaufwand für ihre Erstellung gesunken sind, was wiederum zu einer größeren Anzahl virtueller Welten und einer größeren Vielfalt innerhalb dieser Welten geführt hat. *Adopt me!*, eine auf Roblox basierende Erfahrung, wurde im Sommer 2017 von nur zwei unabhängigen und ansonsten unerfahrenen Personen entwickelt. Vier Jahre später hatte das Spiel fast 2 Millionen Spielerinnen und Spieler auf einmal (*The Legend of Zelda: Breath of the Wild* hat sich rund 25 Millionen Mal verkauft), und bis Ende 2021 wurde es mehr als 30 Milliarden Mal gespielt.

Einige virtuelle Welten sind vollständig persistent, d. h. alles, was in ihnen geschieht, ist dauerhaft. In anderen Fällen wird die Erfahrung für jeden Spieler zurückgesetzt. Meistens bewegt sich eine virtuelle Welt irgendwo in der Mitte. Nehmen wir das berühmte 2D-Sidescrolling-Spiel *Super Mario Bros.*, das 1985 für das Nintendo Entertainment System veröffentlicht wurde. Das erste Level dauert nicht länger als 400 Sekunden. Wenn der Spieler vorher stirbt, hat er vielleicht ein zusätzliches Leben, mit dem er es noch einmal versuchen kann, aber die virtuelle Welt des Levels wird vollständig zurückgesetzt, als wäre der Spieler nie zuvor dort gewesen – das heißt, alle getöteten Feinde werden wieder zum Leben erweckt, alle Gegenstände wiederhergestellt. *Super Mario Bros.* erlaubt jedoch auch, dass einige Gegenstände erhalten bleiben. Ein Spieler, der in Level 3-4 stirbt, behält die Münzen, die er in den vorherigen Levels gesammelt hat, sowie seinen Fortschritt im Spiel – bis er keine Leben mehr hat, woraufhin alle Daten zurückgesetzt werden.

Einige virtuelle Welten sind auf ein bestimmtes Gerät oder eine bestimmte Plattform beschränkt. Beispiele hierfür sind *Legend of Zelda: Breath of the Wild*, *Super Mario Odyssey* und *Animal Crossing: New Horizons*, die ausschließlich auf Nintendos Switch erhältlich sind. Andere funktionieren auf mehreren Plattformen, wie etwa Nintendos Handyspiele, die auf den meisten Android- und iOS-Geräten laufen, aber nicht auf der Nintendo Switch oder anderen Konsolen. Einige Titel gelten als vollständig plattformübergreifend. In den Jahren 2019 und 2020 war *Fortnite* auf allen wichtigen Spielkonsolen (Nintendos Switch, Microsofts Xbox One, Sonys PlayStation 4), PC-Geräten (d.h. solchen, auf denen Windows oder Mac OS läuft) sowie auf den wichtigsten mobilen Plattformen (iOS und Android) verfügbar.* Dies bedeutete, dass ein einzelner Spieler von fast jedem Gerät aus auf den Titel, sein Konto und seine eigenen Güter (z. B. einen virtuellen Rucksack oder ein Outfit) zugreifen konnte. In anderen Fällen sind die Spiele zwar nominell auf mehreren Plattformen verfügbar, aber die Erlebnisse sind nicht miteinander verbunden. *Call of Duty Mobile* und das nur für PC/Konsole verfügbare *Call of Duty Warzone* teilen ausgewählte Kontoinformationen und sind beides Battle-Royale-Spiele mit ähnlichen Karten und Mechaniken, sind aber ansonsten unterschiedliche Spiele, und Spieler in einer virtuellen Welt können nicht gegen Spieler in der anderen spielen.

Wie in der realen Welt gibt es auch in den virtuellen Welten sehr unterschiedliche Verwaltungsmodelle. Die meisten werden zentral von der Person oder Gruppe kontrolliert, die die Welt entwickelt hat und betreibt, was bedeutet, dass sie die einseitige Kontrolle über die Wirtschaft, die Politik und die Benutzer hat. In anderen Fällen regieren sich die Nutzer durch verschiedene Formen der Demokratie selbst. Einige Blockchain-basierte Spiele streben danach, nach dem Start so autonom wie möglich zu funktionieren.

3D

Obwohl es virtuelle Welten in vielen Dimensionen gibt, ist „3D" eine entscheidende Spezifikation für das Metaverse. Ohne 3D könnten wir genauso gut das aktuelle Internet beschreiben. Nachrichtenbretter, Chat-Dienste, Website-Baukästen, Bilddatenbanken und miteinander verbundene Netzwerke von Inhalten gibt es schließlich schon seit Jahrzehnten und sind sehr beliebt.

---

* Nachdem Epic Games Apple im August 2020 verklagt hatte, entfernte Apple *Fortnite* aus seinem App Store und machte es den Nutzern damit unmöglich, das Spiel auf iOS-Geräten zu spielen.

3D ist nicht nur notwendig, weil es etwas Neues signalisiert. Metaverse-Theoretiker argumentieren, dass 3D-Umgebungen erforderlich sind, um den Übergang der menschlichen Kultur und Arbeit von der physischen zur digitalen Welt zu ermöglichen. Mark Zuckerberg hat zum Beispiel behauptet, dass 3D für den Menschen ein intuitiveres Interaktionsmodell ist als 2D-Websites, -Apps und -Videoanrufe – vor allem in sozialen Anwendungsfällen. Sicherlich haben sich die Menschen nicht über Tausende von Jahren hinweg entwickelt, um einen flachen Touchscreen zu benutzen.

Wir müssen auch die Art der Online-Gemeinschaften und die Erfahrungen der letzten Jahrzehnte berücksichtigen. In den 1980er- und frühen 1990er-Jahren war das Internet hauptsächlich textbasiert. Ein Online-Nutzer stellte seine Identität durch einen Benutzernamen oder eine E-Mail-Adresse und ein schriftliches Profil dar und drückte sich in Chatrooms und Messageboards aus. In den späten 1990er- und frühen 2000er-Jahren konnten PCs immer größere Dateien speichern, und die Internetgeschwindigkeiten machten das Hoch- und Herunterladen praktisch. Dementsprechend begannen die meisten Internetnutzer, sich online durch Display-/Profilbilder und persönliche Websites mit einer Handvoll niedrig aufgelöster Bilder und manchmal sogar Audioclips zu präsentieren. Dies führte schließlich zum Entstehen der ersten großen sozialen Netzwerke wie MySpace und Facebook. In den späten 2000er- und frühen 2010er-Jahren entstanden ganz neue Formen der Online-Sozialisierung. Vorbei waren die Zeiten der selten aktualisierten persönlichen Blogs oder Facebook-Seiten, die aus einem einzigen Titelbild und einer Reihe von alten, reinen Text-Status-Updates bestanden. Stattdessen drückten sich die Nutzerinnen und Nutzer durch einen nahezu konstanten Strom von hochaufgelösten Fotos und sogar Videos aus – viele davon wurden unterwegs aufgenommen und dienten lediglich dazu mitzuteilen, was sie in einem bestimmten Moment taten, aßen oder dachten. Auch hier waren es wieder ganz neue soziale Netzwerke wie YouTube, Instagram, Snapchat und TikTok, die den Anstoß gaben.

Aus dieser Geschichte lassen sich einige Lehren ziehen. Erstens suchen die Menschen nach digitalen Modellen, die die Welt so darstellen, wie sie sie erleben – detailreich, mit einer Mischung aus Audio und Video und mit dem Gefühl, „live" und nicht statisch oder veraltet zu sein. Zweitens: Da unsere Online-Erfahrungen immer „realer" werden, verlagern wir mehr von unserem realen Leben ins Internet, leben mehr von unserem Leben online, und die menschliche Kultur wird insgesamt stärker von der Online-Welt beeinflusst. Drittens sind in der Regel neue soziale Anwendungen der führende Indikator für diesen Wandel, die in den meisten Fällen zuerst von jüngeren Generationen angenommen werden. Zusammengenommen scheinen diese Erkenntnisse die Vorstellung zu unterstützen, dass der nächste große Schritt für das Internet 3D ist.

Wenn dies tatsächlich der Fall ist, können wir uns vorstellen, wie ein „3D-Internet" schließlich Branchen umkrempeln könnte, die sich der digitalen Disruption weitgehend widersetzt haben. Jahrzehntelang haben Futuristen vorausgesagt, dass die Bildung, vor allem die Hochschul- und Berufsausbildung, teilweise durch Online-Schulungen ersetzt werden würde. Stattdessen sind die Kosten für die herkömmliche Ausbildung weiter gestiegen (und zwar um Größenordnungen über der durchschnittlichen Inflationsrate), während die Bewerbungen an Hochschulen und Universitäten weiter in die Höhe schießen. Keine der renommiertesten Schulen der Welt hat auch nur den Versuch unternommen, Fernunterrichtsprogramme einzuführen, die die Qualität oder das Renommee ihrer persönlichen Äquivalente erreichen könnten – zum Teil deshalb, weil es unwahrscheinlich ist, dass die Arbeitgeber sie als solche anerkennen. Und für Millionen von Eltern auf der ganzen Welt war die COVID-19-Pandemie eine Lektion über die Unzulänglichkeit des Lernens von Kindern allein über einen 2D-Touchscreen. Viele stellen sich vor, dass die Verbesserungen bei virtuellen 3D-Welten und -Simulationen sowie bei VR- und AR-Headsets unsere pädagogischen Praktiken grundlegend verändern werden. Schüler aus der ganzen Welt werden in der Lage sein, sich in ein virtuelles Klassenzimmer zu setzen, neben ihren Mitschülern zu sitzen, während sie Blickkontakt mit ihrem Lehrer halten, dann zu Blutzellen zu schrumpfen, die durch ein menschliches Kreislaufsystem wandern, woraufhin diese ehemals 15 Mikrometer kleinen Schüler wieder größer werden und einen virtuellen Frosch sezieren. Es ist wichtig zu betonen, dass das Metaverse zwar als eine 3D-Erfahrung verstanden werden sollte, dies aber nicht bedeutet, dass alles im Metaverse in 3D sein wird. Viele Menschen werden innerhalb des Metaverse 2D-Spiele spielen oder das Metaverse nutzen, um auf Software und Anwendungen zuzugreifen, die sie dann mit Geräten und Schnittstellen der mobilen Ära erleben. Außerdem bedeutet das Aufkommen des 3D-Metaversums nicht, dass das gesamte Internet und die Datenverarbeitung im Allgemeinen auf 3D umgestellt werden; die Ära des mobilen Internets begann vor mehr als anderthalb Jahrzehnten, und dennoch verwenden viele immer noch nicht-mobile Geräte und Netze. Außerdem werden Daten zwischen zwei mobilen Geräten immer noch hauptsächlich über eine kabelgebundene (d.h. unterirdische) Internetinfrastruktur übertragen. Und trotz der Verbreitung des Internets in den letzten 40 Jahren gibt es immer noch Offline-Netze und Netze mit proprietären Protokollen. Es ist jedoch 3D, das so viele neue Erfahrungen im Internet ermöglichen wird – und das schafft die außergewöhnlichen technischen Herausforderungen, die im Folgenden beschrieben werden.

Ich sollte auch anmerken, dass kein Teil des Metaverse ein immersives Virtual-Reality- oder VR-Headset erfordert. Diese werden möglicherweise die beliebteste Art sein, das Metaverse zu erleben, aber immersive virtuelle Realität ist nur eine Möglichkeit, darauf zuzugreifen. Die Behauptung, dass immersive VR eine Voraussetzung für das Metaverse ist, ist vergleichbar mit der Behauptung, dass der Zugang zum mobilen Internet nur über Apps möglich ist, wodurch mobile Browser ausgeschlossen werden. In Wahrheit brauchen wir nicht einmal einen Bildschirm, um auf mobile Datennetze und Inhalte zuzugreifen, wie es bei Fahrzeugortungsgeräten, ausgewählten Kopfhörern und zahllosen Machine-to-Machine- und Internet-of-Things (IoT)-Geräten und -Sensoren oft der Fall ist. (Das Metaverse wird übrigens auch keine Bildschirme benötigen. Mehr dazu in Kapitel 9).

In Echtzeit gerendert

Rendering ist der Prozess der Erzeugung eines 2D- oder 3D-Objekts oder einer Umgebung mithilfe eines Computerprogramms. Ziel dieses Programms ist, eine Gleichung zu „lösen", die aus vielen verschiedenen Eingaben, Daten und Regeln besteht, die bestimmen, was wann gerendert (d. h. visualisiert) werden soll, und zwar unter Verwendung verschiedener Computerressourcen, wie z. B. einer Grafikverarbeitungseinheit (oder GPU) und einer Zentraleinheit (CPU). Wie bei jedem mathematischen Problem bedeutet eine Zunahme der zur Lösung verfügbaren Ressourcen (in diesem Fall Zeit, Anzahl der CPUs/GPUs und Rechenleistung), dass komplexere Gleichungen angegangen werden können und die Lösung detaillierter ausfällt.

Nehmen wir den Film *Monsters University* von 2013. Selbst bei Verwendung eines industrietauglichen Computerprozessors hätte das Rendering jedes der über 120.000 Einzelbilder des Films durchschnittlich 29 Stunden gedauert. Insgesamt hätte es also mehr als zwei Jahre gedauert, den gesamten Film einmal zu rendern, vorausgesetzt, dass kein einziges Bild ersetzt oder eine Szene verändert wird. Um diese Herausforderung zu meistern, baute Pixar ein Rechenzentrum mit 2.000 zusammenhängenden Industriecomputern mit insgesamt 24.000 Kernen, die bei voller Auslastung ein Bild in etwa sieben Sekunden rendern können.[1] Die meisten Unternehmen können sich einen solch leistungsstarken Supercomputer natürlich nicht leisten und verbringen daher mehr Zeit mit Warten. Viele Architektur- und Designbüros müssen zum Beispiel über Nacht warten, um ein sehr detailliertes Modell zu rendern.

Wenn Sie einen Hollywood-Blockbuster erstellen, der auf einer IMAX-Leinwand gezeigt werden soll, oder wenn Sie eine millionenschwere Gebäuderenovierung verkaufen, ist es sinnvoll, der visuellen Wiedergabetreue den Vorrang zu geben. Für Erlebnisse in virtuellen Welten ist jedoch Echtzeit-Rendering erforderlich. Ohne Echtzeit-Rendering wären die Größe und die visuelle Darstellung virtueller Welten stark eingeschränkt, ebenso wie die Anzahl der teilnehmenden Benutzer und die jedem Benutzer zur Verfügung stehenden Optionen. Und warum? Weil das Erleben einer immersiven Umgebung durch vorgerenderte Bilder voraussetzt, dass jede mögliche Sequenz vorgefertigt ist – so wie ein „Wähle dein eigenes Abenteuer"-Roman nur eine Handvoll Auswahlmöglichkeiten bieten kann anstatt unendlich viele. Mit anderen Worten, der Preis für eine bessere Grafik ist weniger Funktionalität und Handlungsfreiheit.

Vergleichen Sie z. B. die Navigation durch das römische Kolosseum in einem Videospiel mit der Navigation in Google Street View. Beide bieten 360-Grad-Ansichten und mehrere Bewegungsdimensionen (nach oben oder unten schauen, sich nach links oder rechts, vorwärts oder rückwärts bewegen), aber das Videospiel schränkt die Auswahlmöglichkeiten stark ein – und wenn man sich entscheidet, einen bestimmten Stein genau zu betrachten, kann man nur in ein Bild hineinzoomen, das nicht für eine solche Untersuchung gedacht ist. Es wird unscharf sein, und der Blickwinkel ist festgelegt.

Das Rendering in Echtzeit ermöglicht zwar, dass eine virtuelle Welt „lebendig" ist und auf die Eingaben eines Nutzers (oder einer Gruppe von Nutzern) reagiert, bedeutet aber auch, dass mindestens 30, idealerweise 120 Bilder pro Sekunde gerendert werden müssen. Diese Einschränkung wirkt sich zwangsläufig darauf aus, welche und wie viel Hardware für wie viele Zyklen verwendet wird, und damit auch auf die Komplexität der gerenderten Bilder. Wie zu erwarten, erfordert immersives 3D eine weitaus höhere Rechenleistung als 2D. Und so wie ein durchschnittliches Architekturbüro nicht mit den Supercomputern einer Disney-Tochtergesellschaft mithalten kann, so kann sich der Durchschnittsnutzer auch nicht die GPUs oder CPUs leisten, die von einem Unternehmen verwendet werden.

Interoperables Netz

Im Mittelpunkt der meisten Visionen des Metaverse steht die Fähigkeit des Benutzers, seine virtuellen „Inhalte", wie einen Avatar oder einen Rucksack, von einer virtuellen Welt in eine andere mitzunehmen, wo sie auch verändert, verkauft oder mit anderen Waren neu gemischt werden können. Wenn ich zum Beispiel ein Outfit in *Minecraft* kaufe, kann ich es in *Roblox* tragen, oder eine Mütze, die ich in *Minecraft* gekauft habe, wird mit einem Pullover kombiniert, den ich in *Roblox* gewonnen habe, während ich ein virtuelles Sportspiel besuche, das von der FIFA entwickelt und betrieben wird. Und wenn die Teilnehmer des Spiels bei diesem Ereignis einen exklusiven Gegenstand erhalten würden, könnten sie ihn aus dieser Umgebung in andere mitnehmen und sogar auf Plattformen von Drittanbietern verkaufen, als wäre es ein originales Woodstock-T-Shirt von 1969. Darüber hinaus sollte das Metaverse dafür sorgen, dass die Errungenschaften, die Geschichte und sogar die Finanzen eines Nutzers nicht nur in der realen, sondern auch in einer Vielzahl von virtuellen Welten anerkannt werden, egal wohin er geht oder was er tut. Die nächstliegenden Analogien sind das internationale Passsystem, die Kreditwürdigkeit auf dem lokalen Markt und die nationalen Identifikationssysteme (wie die Sozialversicherungsnummern).

Um diese Vision zu verwirklichen, müssen virtuelle Welten zunächst „interoperabel" sein, ein Begriff, der sich auf die Fähigkeit von Computersystemen oder Software bezieht, Informationen auszutauschen und zu nutzen, die von anderen gesendet werden.

Das bedeutendste Beispiel für Interoperabilität ist das Internet, das zahllosen unabhängigen, heterogenen und autonomen Netzen einen sicheren, zuverlässigen, verständlichen und globalen Informationsaustausch ermöglicht. Möglich wurde dies durch die Einführung der Internet Protocol Suite (TCP/IP), einer Reihe von Kommunikationsprotokollen, die unterschiedlichen Netzen vorschreiben, wie Daten paketiert, adressiert, übertragen, weitergeleitet und empfangen werden sollen. Diese Suite wird von der Internet Engineering Task Force (IETF) verwaltet, einer gemeinnützigen Gruppe für offene Standards, die 1986 unter der US-Regierung gegründet wurde (inzwischen ist sie ein völlig unabhängiges und weltweites Gremium).

Die Einführung von TCP/IP hat nicht allein das weltweit interoperable Internet hervorgebracht, wie wir es heute kennen. Wir sagen *das* Internet und nicht *ein* Internet, weil fast alle Computernetzwerke weltweit, von kleinen bis mittleren Unternehmen und Breitbandanbietern bis hin zu Geräteherstellern und Softwareunternehmen, die Internet Protocol Suite freiwillig übernommen haben.

Darüber hinaus wurden Gremien eingerichtet, die sicherstellen sollten, dass das Internet und das World Wide Web, egal wie groß und dezentralisiert es werden würde, weiterhin zusammenarbeiten würden. Diese Gremien kümmerten sich um die Zuweisung und Ausweitung der hierarchischen Top-Level-Webdomänen (.com, .org, .edu) sowie um IP-Adressen, mit denen einzelne Geräte im Internet eindeutig identifiziert werden können, um den Uniform Resource Locator (oder URL), der den Standort einer bestimmten Ressource in einem Computernetz angibt, und um HTML.

Wichtig war auch die Schaffung gemeinsamer Standards für Dateien im Internet (beispielsweise JPEG für digitale Bilder und MP3 für digitale Audiodateien), gemeinsamer Systeme für die Darstellung von Informationen im Internet, die auf Verknüpfungen zwischen verschiedenen Websites und Webinhalten (z. B. HTML) beruhen, sowie von Browser-Engines, die diese Informationen darstellen können (WebKit von Apple). In den meisten Fällen wurden mehrere konkurrierende Standards eingeführt, aber es entstanden technische Lösungen für die Umwandlung von einem Standard zum anderen (z. B. JPEG in PNG). Aufgrund der Offenheit des frühen Webs wurden die meisten dieser Alternativen als Open Source angeboten und waren auf größtmögliche Kompatibilität ausgerichtet. Heute kann ein mit einem iPhone aufgenommenes Foto problemlos auf Facebook hochgeladen, von Facebook auf Google Drive heruntergeladen und dann in einer Amazon-Rezension veröffentlicht werden.

Das Internet zeigt den Umfang der Systeme, technischen Standards und Konventionen, die erforderlich sind, um Interoperabilität über heterogene Anwendungen, Netze, Geräte, Betriebssysteme, Sprachen, Bereiche, Länder und mehr hinweg herzustellen, zu erhalten und zu skalieren. Um die Visionen eines interoperablen Netzes virtueller Welten zu verwirklichen, sind jedoch noch weitaus mehr Maßnahmen erforderlich.

Fast alle populären virtuellen Welten verwenden heute ihre eigenen Rendering-Engines (viele Anbieter betreiben mehrere für ihre Spiele), speichern ihre Objekte, Texturen und Spielerdaten in völlig unterschiedlichen Dateiformaten und nur mit den Informationen, die sie voraussichtlich benötigen, und haben keine Systeme, mit denen sie auch nur versuchen könnten, Daten mit anderen virtuellen Welten auszutauschen. Infolgedessen haben die bestehenden virtuellen Welten weder eine klare Möglichkeit, sich gegenseitig zu finden und zu erkennen, noch verfügen sie über eine gemeinsame Sprache, in der sie miteinander kommunizieren können, geschweige denn kohärent, sicher und umfassend sind.

Diese Fragmentierung rührt daher, dass die heutigen virtuellen Welten und ihre Erbauer ihre Systeme und Erfahrungen nie auf Interoperabilität ausgelegt haben. Stattdessen waren sie als geschlossene Erlebnisse mit kontrollierter Ökonomie gedacht – und entsprechend optimiert.

Es gibt keinen offensichtlichen oder schnellen Weg zur Festlegung von Standards und Lösungen. Nehmen wir zum Beispiel die Idee eines „interoperablen Avatars". Für Entwickler ist es relativ einfach, sich auf die Definition eines Bildes und seine Darstellung zu einigen, und da es sich um eine statische 2D-Inhaltseinheit handelt, die aus einzelnen farbigen Pixeln besteht, ist der Prozess der Konvertierung eines Bilddateityps (z. B. PNG) in einen anderen (JPEG) sehr einfach. Bei 3D-Avataren stellt sich jedoch eine komplexere Frage. Ist ein Avatar eine vollständige 3D-Person mit einem Outfit oder besteht er aus einem Körperavatar und einem Outfit? Wenn letzteres der Fall ist, wie viele Kleidungsstücke trägt er und was unterscheidet ein Hemd von einer Jacke, die über das Hemd gezogen wird? Welche Teile eines Avatars können neu eingefärbt werden? Welche Teile müssen zusammen neu eingefärbt werden (ist ein Ärmel vom Hemd getrennt)? Ist der Kopf eines Avatars ein vollständiges Objekt oder besteht er aus Dutzenden von Unterelementen wie einzelnen Augen (mit eigenen Netzhäuten), Wimpern, Nasen, Sommersprossen usw. Außerdem erwarten die Nutzer, dass sich ein anthropomorpher Quallen-Avatar und ein kastenförmiger Androide auf unterschiedliche Weise bewegen. Das Gleiche gilt für Objekte. Wenn ein Avatar eine Tätowierung am Hals hat, sollte diese unabhängig von seiner Bewegung auf der Haut bleiben. Eine Krawatte, die um den Hals gebunden wird, sollte sich jedoch mit dem Avatar bewegen (und auch mit ihm interagieren). Und sie sollte sich anders bewegen als eine Muschelhalskette, die sich auch anders bewegen sollte als eine Federkette. Es reicht nicht aus, nur die Abmessungen und visuellen Details eines Avatars zu teilen. Die Entwickler müssen verstehen und sich darauf einigen, wie sie funktionieren.

Selbst wenn neue Standards vereinbart und verbessert werden, benötigen die Entwickler einen Code, der virtuelle Güter von Drittanbietern richtig interpretieren, verändern und genehmigen kann. Wenn *Call of Duty* einen Avatar aus *Fortnite* importieren möchte, wird es den Avatar wahrscheinlich umgestalten wollen, damit er zum düsteren Realismus von *Call of Duty* passt. Zu diesem Zweck werden möglicherweise solche Avatare abgelehnt, die in der virtuellen Welt von *Call of Duty* keinen Sinn ergeben, wie z. B. der berühmte Peely-Skin von *Fortnite*, eine riesige anthropomorphe Banane (die wahrscheinlich nicht in die Autos oder Türrahmen von *Call of Duty* passen würde).

Auch andere Probleme müssen gelöst werden. Wenn ein Nutzer ein virtuelles Gut in einer virtuellen Welt erwirbt, es dann aber in vielen anderen verwendet, wo wird dann sein Besitzeintrag verwaltet und wie wird dieser Eintrag aktualisiert? Wie kann eine andere virtuelle Welt dieses Gut im Namen des vermeintlichen Besitzers anfordern und dann bestätigen, dass der Nutzer der Eigentümer ist? Wie wird die Monetarisierung verwaltet? Unveränderliche Bilder und Audiodateien sind nicht nur einfacher als 3D-Waren, wir können auch Kopien von ihnen zwischen Computern und Netzwerken versenden und müssen nicht kontrollieren, wie sie danach verwendet werden und wer das Recht hat, sie zu nutzen.

Und das betrifft nur virtuelle Objekte. Es gibt zusätzliche und weitgehend einzigartige Herausforderungen bei interoperablen Identitäten, digitaler Kommunikation und insbesondere bei Zahlungen.

Darüber hinaus müssen die ausgewählten Standards sehr effizient sein. Nehmen wir als Beispiel das GIF-Format. Es ist zwar populär, aber technisch gesehen furchtbar. GIF-Bilder sind in der Regel sehr schwer (d. h. ihre Dateigröße ist relativ groß), obwohl die Ausgangsvideodatei so stark komprimiert wurde, dass viele Einzelbilder verworfen werden und die verbleibenden Bilder einen Großteil ihrer visuellen Details verloren haben. Das MP4-Format hingegen ist in der Regel fünf- bis zehnmal leichter und bietet eine weitaus größere Videoklarheit und -tiefe. Die vergleichsweise große Verbreitung des GIF-Formats hat daher zu einer höheren Bandbreitennutzung, längeren Wartezeiten beim Laden von Dateien und einer insgesamt schlechteren Erfahrung geführt. Das mag nicht weiter schlimm erscheinen, aber wie ich später in diesem Buch erläutern werde, werden die Rechen-, Netzwerk- und Hardwareanforderungen des Metaverse beispiellos sein. Und virtuelle 3D-Objekte sind viel schwerer und wahrscheinlich auch wichtiger als eine Bilddatei. Welche Formate gewählt werden, wird daher einen tiefgreifenden Einfluss darauf haben, was auf welchen Geräten möglich ist und wann.

Der Prozess der Normung ist kompliziert, unübersichtlich und langwierig. Es handelt sich in Wirklichkeit um ein geschäftliches und menschliches Problem, das sich als technisches Problem ausgibt. Anders als die Gesetze der Physik werden Normen durch Konsens und nicht durch Entdeckung festgelegt. Die Konsensbildung erfordert oft Zugeständnisse, mit denen keine Partei zufrieden ist und die dann zu „Abspaltungen" führen können. Dennoch ist der Prozess nie abgeschlossen. Es entstehen ständig neue Standards, alte werden aktualisiert und andere bleiben veraltet (wir entfernen uns langsam von GIF). Die Tatsache, dass der Prozess der 3D-Normung Jahrzehnte nach der Entstehung der virtuellen Welten beginnt und Billionen von Dollar auf dem Spiel stehen, macht diesen Prozess noch schwieriger.

Unter Hinweis auf diese Herausforderungen argumentieren einige, dass es unwahrscheinlich ist, dass das Metaverse jemals entstehen wird. Stattdessen wird es viele konkurrierende Netzwerke virtueller Welten geben. Dies ist jedoch keine unbekannte Position. Von den 1970er- bis zu den frühen 1990er-Jahren gab es eine ständige Debatte darüber, ob ein gemeinsamer Standard für die Internetarbeit geschaffen werden würde (dieser Zeitraum ist als „Protokollkrieg" bekannt). Die meisten gingen davon aus, dass die Welt und ihre Netze auf eine Handvoll proprietärer Netzwerkstacks aufgeteilt sein würden, die nur mit ausgewählten externen Netzen und nur für bestimmte Zwecke kommunizieren.

Im Nachhinein ist der Wert eines einzigen integrierten Internets offensichtlich. Ohne es wären heute 20 % der Weltwirtschaft nicht digital (und auch ein Großteil des Rests nicht digitalisiert). Und auch wenn nicht jedes Unternehmen von Offenheit und Interoperabilität profitiert hat, so haben doch die meisten Unternehmen und Nutzer Gewinn daraus gezogen. Dementsprechend wird die treibende Kraft hinter der Interoperabilität wahrscheinlich nicht eine bestimmte visionäre Stimme oder eine neue Technologie sein, sondern vielmehr die Wirtschaft. Und das Mittel, damit die Ökonomie in höchstem Maße profitieren kann, werden gemeinsame Standards sein, die die Metaverse-Wirtschaft verbessern, indem sie mehr Nutzer und mehr Entwickler anziehen, was zu besseren Erfahrungen führt, die wiederum billiger herzustellen und profitabler zu betreiben sind, was wiederum zu größeren Investitionen führt. Es ist nicht notwendig, dass sich alle Beteiligten auf gemeinsame Standards einigen, solange die wirtschaftliche Schwerkraft ihre Arbeit tun darf. Diejenigen, die dies tun, werden wachsen, und diejenigen, die es nicht tun, werden mit Zwängen konfrontiert.

Aus diesem Grund ist es so wichtig, zu verstehen, wie die Interoperabilitätsstandards des Metaverse festgelegt werden. Die führenden Köpfe in diesem Internet der nächsten Generation werden über außergewöhnliche weiche Macht verfügen. In vielerlei Hinsicht werden sie über die Regeln der Physik entscheiden und darüber, wann, wie und warum sie aktualisiert werden.

Massiv skaliert

Damit „das Internet" *das* Internet ist, akzeptieren wir im Allgemeinen, dass es eine scheinbar unendliche Anzahl von Websites haben muss. Es kann zum Beispiel nicht nur aus einer Handvoll Portalen bestehen, die einigen wenigen Entwicklern gehören. Ähnlich verhält es sich mit dem Metaverse. Es muss eine massiv skalierte Anzahl virtueller Welten haben, wenn es *das* Metaverse sein soll. Andernfalls wäre es eher wie ein digitaler Themenpark – ein Ausflugsziel mit einer Handvoll sorgfältig ausgewählter Attraktionen und Erlebnisse, die niemals so vielfältig sein oder mit der (realen) Welt da draußen konkurrieren können.

Hier ist es hilfreich, die Etymologie des Begriffs „Metaverse" zu entschlüsseln. Stephensons Neologismus stammt von der griechischen Vorsilbe „meta" und dem Wortstamm „verse", einer Rückbildung des Wortes „Universum". Im Englischen bedeutet „meta" so viel wie „jenseits" oder „was über das folgende Wort hinausgeht". Metadaten sind beispielsweise Daten, die Daten beschreiben, während sich die Metaphysik auf einen Zweig der Philosophie „des Seins, der Identität und des Wandels, des Raums und der Zeit, der Kausalität, der Notwendigkeit und der Möglichkeit" bezieht und nicht auf das Studium der „Materie, ihrer grundlegenden Bestandteile, ihrer Bewegung und ihres Verhaltens in Raum und Zeit sowie der damit verbundenen Entitäten Energie und Kraft".[2] Die Kombination aus „Meta" und „Vers" soll eine vereinheitlichende Ebene sein, die über allen individuellen, computergenerierten „Universen" und der realen Welt liegt, so wie das Universum nach manchen Schätzungen 70 Quintillionen Planeten umfasst.

Darüber hinaus könnte es innerhalb des Metaverse „Metagalaxien" geben, eine Sammlung virtueller Welten, die alle unter einer einzigen Autorität operieren und eindeutig durch eine visuelle Ebene verbunden sind. Nach dieser Definition wäre *Roblox* eine Metagalaxie, während *Adopt Me!* eine virtuelle Welt wäre. Und warum? Weil *Roblox* ein Netzwerk von Millionen verschiedener virtueller Welten ist, von denen eine *Adopt Me!* Ist. Aber *Roblox* enthält nicht alle virtuellen Welten (was es zum Metaverse machen würde). Einzelne virtuelle Welten können ihrerseits spezifische Unterregionen haben, so wie Netzwerke im Internet ihre eigenen Unternetzwerke haben und die Erde Kontinente hat, die oft viele Nationen umfassen, die wiederum in Staaten und Provinzen unterteilt werden können, die jeweils Städte, Bezirke usw. enthalten.

Eine Möglichkeit, über eine Metagalaxie nachzudenken, ist, sich die Rolle von Facebook im Internet vorzustellen. Facebook ist natürlich nicht das Internet, aber es ist eine Sammlung von eng integrierten Facebook-Seiten und -Profilen. Vereinfacht gesagt ist Facebook heute die Version einer 2D-Metagalaxie. Die Analogie ermöglicht es uns auch, das wahrscheinliche Ausmaß der Interoperabilität des Metaverse zu betrachten. Im heutigen Universum können nicht alle Güter überall hinreisen. Wir könnten eine Gitarre zur Venus bringen, aber sie würde sofort zerquetscht werden; wir könnten technisch gesehen eine Farm aus Ohio zum Mond bringen, aber das wäre unpraktisch. Auf der Erde können die meisten von Menschenhand geschaffenen Gegenstände an die meisten von Menschenhand geschaffenen Orte gebracht werden, allerdings gibt es verschiedene soziale, wirtschaftliche, kulturelle und sicherheitstechnische Einschränkungen, die solchen Bemühungen im Wege stehen können.

Die wachsende Zahl virtueller Welten dürfte zu einer verstärkten Nutzung virtueller Welten führen. Führende Köpfe im Bereich der virtuellen Welten, wie Tim Sweeney, glauben, dass letztendlich jedes Unternehmen seine eigenen virtuellen Welten betreiben muss, sowohl als eigenständige Planeten als auch als Teil führender virtueller Weltplattformen wie *Fortnite* und *Minecraft* – „so wie jedes Unternehmen vor einigen Jahrzehnten eine Webseite erstellt hat und dann irgendwann eine Facebook-Seite", wie es Sweeney formulierte.

Persistenz

Vorhin habe ich über die Idee der Persistenz in einer virtuellen Welt gesprochen. Fast kein aktuelles Spiel weist eine vollständige Persistenz auf. Stattdessen laufen sie nur für einen begrenzten Zeitraum, bevor sie einen Teil oder die gesamte virtuelle Welt zurücksetzen. Nehmen wir die Spielehits *Fortnite* und *Free Fire*. Während eines Matches bauen oder zerstören die Spieler verschiedene Strukturen, setzen Wälder in Brand oder töten wilde Tiere, aber nach etwa 20 bis 25 Minuten ist die Karte tatsächlich „zu Ende" und wird von Epic Games und Garena verworfen – und kann nie wieder von einem Spieler erlebt werden, selbst wenn er Gegenstände behält, die er während des Matches gewonnen oder freigeschaltet hat. Sogar innerhalb eines Spiels verwirft die virtuelle Welt Daten, z. B. eine Einschussstelle auf einem unzerstörbaren Felsen, die nach 30 Sekunden „entladen" wird, um die Komplexität des Renderings zu verringern.

Nicht alle virtuellen Welten werden wie ein *Fortnite*-Spiel zurückgesetzt. *World of Warcraft* zum Beispiel läuft kontinuierlich. Dennoch ist es falsch zu sagen, dass die virtuelle Welt vollständig bestehen bleibt. Wenn ein Spieler einen bestimmten Teil der *World of Warcraft*-Karte betritt, seine Feinde besiegt, das Spiel verlässt und zurückkehrt, wird er in den meisten Fällen feststellen, dass diese Feinde wieder auftauchen. Ein Händler im Spiel, der einem Spieler erst am Vortag einen seltenen Gegenstand verkauft hat, könnte ihm einen zweiten anbieten, als wäre es sein erster. Nur wenn der Entwickler, in diesem Fall Activision Blizzard, ein großes Update vornimmt, kann sich eine virtuelle Welt verändern. Die Spieler können selbst keinen Einfluss darauf nehmen, ob die Folgen einer bestimmten Entscheidung oder eines Ereignisses auf unbestimmte Zeit andauern. Das Einzige, was bestehen bleibt, ist die Erinnerung des Spielers und seine Aufzeichnungen darüber, dass er einen Gegner besiegt oder einen Gegenstand gekauft hat.

Die Herausforderung der Persistenz in virtuellen Welten kann etwas schwierig zu begreifen sein, da wir in der realen Welt nicht mit diesem Problem konfrontiert sind. Wenn Sie einen physischen Baum fällen, ist er weg, unabhängig davon, ob Sie sich persönlich daran erinnern, ihn gefällt zu haben, und unabhängig davon, wie viele andere Bäume und Aktivitäten Mutter Erde verfolgt. Bei einem virtuellen Baum müssen Ihr Gerät und der Server, der ihn verwaltet, aktiv entscheiden, ob diese

Informationen gespeichert, wiedergegeben und mit anderen geteilt werden sollen. Und wenn diese Computer sich dafür entscheiden, stellen sich weitere Detailfragen: Ist der Baum einfach „weg" oder liegt er jetzt gefällt am Boden? Sollen die Spieler sehen, von welcher Seite aus er gefällt wurde, oder nur, dass er gefällt wurde? Und wird er „biologisch abgebaut"? Wenn ja, wie – allgemein oder als Reaktion auf seine lokale Umgebung? Je mehr Informationen erhalten bleiben, desto größer ist der Rechenaufwand und desto weniger Speicher und Leistung stehen für andere Aktivitäten zur Verfügung.

Das beste Beispiel für das Zusammenspiel von Computern und Persistenz ist das Spiel *EVE Online*. Obwohl es nicht annähernd so berühmt ist wie andere „Proto-Metaversen" aus den frühen 2000er-Jahren, beispielsweise *Second Life*, oder neuere wie *Roblox*, ist *EVE Online* ein Wunderwerk. Mit Ausnahme gelegentlicher Ausfallzeiten zur Fehlerbehebung und für Updates ist *EVE Online* seit seinem Start im Jahr 2003 kontinuierlich und beständig in Betrieb. Und im Gegensatz zu Spielen wie *Fortnite*, das seine zehn Millionen Spieler in 20- bis 30-minütige Matches mit 12 bis 150 Spielern aufteilt, platziert *EVE Online* seine Hunderttausende von monatlichen Nutzern in einer einzigen gemeinsamen virtuellen Welt, die sich über fast 8.000 Sternensysteme und fast 70.000 Planeten erstreckt.

Hinter der außergewöhnlichen virtuellen Welt von *EVE Online* steckt eine innovative Systemarchitektur, aber auch (und vor allem) ein brillantes kreatives Design.

Die virtuelle Welt von *EVE Online* besteht im Wesentlichen aus einem leeren dreidimensionalen Raum mit Hintergrundbildern, die wie eine Galaxie aussehen. Die Benutzer können einen Planeten nicht wirklich besuchen, und Aktivitäten wie Bergbau ähneln eher dem Einrichten eines drahtlosen Routers als dem Aufbau einer virtuellen Plattform. Die Persistenz des Spiels besteht also hauptsächlich in der Verwaltung einer relativ bescheidenen Anzahl von Berechtigungen (z. B. die Schiffe und Ressourcen eines Spielers) und den damit verbundenen Standortdaten. Das bedeutet weniger Rechenaufwand für die Server von CCP Games und für die Benutzer, dass deren Geräte keine veränderte Welt darstellen müssen, sondern nur ein paar Objekte darin. Es sei daran erinnert, dass Komplexität der Feind von Echtzeit-Rendering ist.

Außerdem passiert in *EVE Online* täglich, vierteljährlich oder sogar jährlich sehr wenig. Das liegt daran, dass das Ziel von *EVE Online*, sofern es eines gibt, darin besteht, dass die verschiedenen Spielerfraktionen Planeten, Systeme und Galaxien erobern. Dies wird in erster Linie durch die Gründung von Konzernen, die Bildung von Allianzen und die strategische Positionierung von Flotten erreicht. Zu diesem Zweck findet ein Großteil von *EVE Online* in der „realen Welt" statt, und zwar über Messaging-Anwendungen und E-Mails von Drittanbietern und nicht einmal auf den Servern von CCP. Die Benutzer haben Jahre damit verbracht, Angriffe zu planen, sich bei feindlichen Gilden einzuschleusen, um sie später zu verraten, und riesige persönliche Netzwerke aufzubauen, die mit Ressourcen handeln und neue Schiffe konstruieren. Groß angelegte Schlachten kommen zwar vor, sind aber bemerkenswert selten – und betreffen eher die Zerstörung von Vermögenswerten in der virtuellen Welt (z. B. Schiffe) als die virtuelle Welt selbst. Ersteres ist für einen Prozessor viel einfacher zu handhaben als Letzteres, so wie es einfacher ist, eine Gartenpflanze in den Müll zu werfen, als zu verstehen, wie sich das auf das Ökosystem des Gartens auswirkt.

Was *EVE Online* zu einem so außergewöhnlichen Beispiel macht, ist, wie komplex es ist – sowohl technisch als auch soziologisch – und gleichzeitig wie begrenzt im Vergleich zu den meisten Visionen des Metaverse. In Stephensons *Snow Crash* ist das Metaverse eine riesige, planetengroße und detailreiche virtuelle Welt mit einer nahezu unendlichen Anzahl einzigartiger Unternehmen, Orte, die man besuchen, Aktivitäten, die man unternehmen, Dinge, die man kaufen, und Menschen, die man treffen kann. Nahezu alles, was ein Benutzer zu einem beliebigen Zeitpunkt getan hat, kann für immer bestehen bleiben. Das gilt nicht nur für die virtuelle Welt, sondern auch für die einzelnen Gegenstände in ihr. Unsere Avatare und virtuellen Turnschuhe würden sich mit dem Gebrauch abnutzen und für immer ihre Schäden widerspiegeln. Und gemäß den Grundsätzen der Interoperabilität würden diese Veränderungen überall bestehen bleiben.

Die Datenmenge, die gelesen, geschrieben, synchronisiert (mehr dazu gleich) und gerendert werden muss, um dieses Erlebnis zu schaffen und aufrechtzuerhalten, ist nicht nur beispiellos. Sie geht weit über alles hinaus, was heute möglich ist. Allerdings ist die wörtliche Version von Stephensons Metaverse vielleicht nicht einmal wünschenswert. Er stellte sich vor, dass Menschen im Metaverse in ihren virtuellen Häusern aufwachen und dann zu Fuß oder mit dem Zug zu einer virtuellen Bar gehen. Während Skeuomorphismus* oft nützlich ist, ist „The Street" als eine einzige vereinheitlichende Ebene für alles in der virtuellen Welt wahrscheinlich nicht geeignet. Die meisten Teilnehmer des Metaversums würden sich lieber von einem Ziel zum anderen teleportieren. Glücklicherweise ist es viel einfacher, die Daten eines Benutzers (d. h. was er besitzt und getan hat) über verschiedene Welten und über einen längeren

---

* „Skeuomorphismus" bezieht sich auf eine Technik, die bei der grafischen Gestaltung verwendet wird, bei der Schnittstellen so gestaltet werden, dass sie ihre realen Gegenstücke nachahmen. Zum Beispiel hat die erste „Notizen"-App des iPhones das Tippen auf gelbem Papier mit roten Linien ermöglicht, also einen gewöhnlichen Notizblock nachgeahmt.

Zeitraum hinweg zu verwalten, als seine kleinsten Beiträge zu einer Welt von der Größe eines Planeten zu speichern. Das Modell entspricht auch eher dem Internet, wie es heute existiert – und wahrscheinlich auch unseren bevorzugten Interaktionsmodellen. Im Internet navigieren wir oft direkt zu einer Webseite, z. B. zu einem bestimmten Dokument in Google Docs oder zu einem Video auf YouTube. Wir beginnen nicht auf einer Art „Internet-Homepage", klicken uns dann zu Google.com durch, navigieren dann zu der entsprechenden Produktseite und so weiter. Außerdem besteht das Internet unabhängig von einer bestimmten Website, Plattform oder Top-Level-Domain wie „.com". Sollte eine oder sogar mehrere Websites aufhören zu existieren, könnten Inhalte verloren gehen, aber das Internet als Ganzes würde fortbestehen. Ein Großteil der Daten eines Nutzers, wie Cookies oder eine IP-Adresse, ganz zu schweigen von den von ihm erstellten Inhalten, kann auch ohne eine bestimmte Website, einen bestimmten Browser, ein bestimmtes Gerät, eine bestimmte Plattform oder einen bestimmten Dienst existieren. Wenn eine virtuelle Welt jedoch offline geht, zurückgesetzt oder heruntergefahren wird, ist es für den Spieler fast so, als hätte sie nie existiert. Selbst wenn die Welt weiterhin in Betrieb ist, gehen in dem Moment, in dem ein Spieler aufhört, in der Welt zu spielen, die virtuellen Güter, die er besitzt, seine Geschichte und seine Erfolge und sogar Teile seines sozialen Graphen wahrscheinlich verloren. Dies ist weniger ein Problem, wenn es sich bei virtuellen Welten um Spiele handelt. Aber damit sich die menschliche Gesellschaft sinnvoll in virtuelle Räume verlagern kann (beispielsweise für Bildung, Arbeit, Gesundheitsfürsorge), muss das, was wir in diesen Räumen tun, verlässlich fortbestehen, genau wie unsere Schulzeugnisse und Fußballtrophäen. Für Philosophen wie John Locke ist Identität besser als Kontinuität der Erinnerung zu verstehen. Wenn dem so ist, dann können wir niemals eine virtuelle Identität haben, solange alles, was wir tun und getan haben, vergessen wird.

Die zunehmende Persistenz innerhalb einzelner virtueller Welten wird jedoch für das Wachstum des Metaverse von wesentlicher Bedeutung sein. Wie ich im weiteren Verlauf dieses Buches erörtern werde, sind viele der Design-Ideen, die in den letzten fünf Jahren populär geworden sind, nicht neu, sondern eher neu möglich. So mag es uns derzeit schwerfallen herauszufinden, warum *World of Warcraft* sich für immer an die exakten Fußabdrücke eines Benutzers im frischen Schnee erinnern muss, aber die Chancen stehen gut, dass irgendein Designer irgendwann die Antwort herausfindet und es nicht lange dauert, bis es zu einem Kernmerkmal vieler Spiele wird. Bis dahin sind die virtuellen Welten, die am meisten Persistenz benötigen, wahrscheinlich diejenigen, die auf virtuellen Immobilien basieren oder an physische Räume gebunden sind. Wir erwarten zum Beispiel, dass digitale Zwillinge häufig aktualisiert werden sollten, um Änderungen an ihrem realen Gegenstück widerzuspiegeln, und dass rein virtuelle Immobilienplattformen neue Kunstwerke oder Dekorationen in einem bestimmten Raum nicht „vergessen" würden.

Synchron

Wir wollen nicht nur, dass die virtuellen Welten im Metaverse fortbestehen oder in Echtzeit auf uns reagieren. Wir wollen auch, dass sie *gemeinsame* Erfahrungen sind. Damit dies funktioniert, muss jeder Teilnehmer an einer virtuellen Welt über eine Internetverbindung verfügen, die in der Lage ist, große Datenmengen in einer bestimmten Zeit (hohe Bandbreite) sowie über eine niedrige Latenz (schnell) und eine kontinuierliche* (anhaltende und ununterbrochene) Verbindung zum Server einer virtuellen Welt (sowohl von als auch zu) zu übertragen.

Dies mag nicht wie eine abwegige Forderung erscheinen. Schließlich streamen in diesem Moment wahrscheinlich mehrere Millionen Haushalte hochauflösende Videos, und ein Großteil der Weltwirtschaft lief während der COVID-19-Pandemie über Live- und synchrone Videokonferenzsoftware. Und die Breitbandanbieter rühmen sich weiterhin mit Verbesserungen bei der Bandbreite und den Latenzzeiten, wobei Internetausfälle immer seltener werden.

Synchrone Online-Erfahrungen sind jedoch vielleicht das größte Hindernis, mit dem das Metaverse heute konfrontiert und das am schwierigsten zu lösen ist. Einfach ausgedrückt: Das Internet wurde nicht für synchrone gemeinsame Erlebnisse konzipiert. Es wurde stattdessen für den Austausch statischer Kopien von Nachrichten und Dateien von einer Partei zur anderen entwickelt (nämlich für Forschungslabors und Universitäten, die jeweils einzeln darauf zugriffen). Obwohl dies sehr einschränkend klingt, funktioniert es heute ziemlich gut für fast alle Online-Erfahrungen – vor allem, weil fast keine kontinuierliche Verbindung erforderlich ist, um sich live oder, nun ja, kontinuierlich zu fühlen!

Wenn ein Nutzer glaubt, dass er auf einer Live-Webseite surft, z. B. auf dem ständig aktualisierten Facebook-Newsfeed oder dem Live-Wahl-Feed der *New York Times*, erhält er in Wirklichkeit nur häufig aktualisierte Seiten. Was tatsächlich passiert, ist Folgendes. Zunächst stellt das Gerät des Nutzers eine Anfrage an den Server von Facebook

---

* Dies wird oft auch als „persistente" Verbindung bezeichnet, aber im Interesse der Unterscheidung von der Persistenz einer virtuellen Welt verwende ich hier den Begriff „kontinuierlich".

oder der *Times*, entweder über einen Browser oder eine App. Der Server verarbeitet dann die Anfrage und sendet die entsprechenden Inhalte zurück. Dieser Inhalt enthält Code, der in einem bestimmten Intervall (z. B. alle 5 oder 60 Sekunden) Aktualisierungen vom Server anfordert. Darüber hinaus kann jede dieser Übertragungen (vom Gerät des Nutzers oder dem des entsprechenden Servers) über verschiedene Netzwerke erfolgen, um den Empfänger zu erreichen. Während dies wie eine kontinuierliche und Zwei-Wege-Verbindung, also live, aussieht, handelt es sich in Wirklichkeit nur um Stapel von Einweg-Datenpaketen, die unterschiedlich weitergeleitet werden und nicht live sind. Dasselbe Modell gilt für sogenannte Instant-Messaging-Anwendungen. Die Benutzer und die Server, die zwischen ihnen stehen, senden einander eigentlich nur feste Daten, während sie häufig Informationsanfragen (Senden einer Nachricht oder Senden einer Lesebestätigung) übermitteln.

Selbst Netflix arbeitet nicht kontinuierlich, auch wenn der Begriff „Streaming" und das angestrebte Erlebnis, nämlich ununterbrochene Wiedergabe, etwas anderes vermuten lassen. In Wahrheit senden die Server des Unternehmens verschiedene Datenpakete, von denen viele über verschiedene Netzwerkpfade zum Nutzer gelangen. Netflix schickt dem Nutzer oft sogar Inhalte, bevor er sie braucht. Sollte ein vorübergehender Übertragungsfehler auftreten (z. B. wenn ein bestimmter Pfad überlastet ist oder der Nutzer kurzzeitig seine Wi-Fi-Verbindung verliert), wird das Video weiter abgespielt. Das Ergebnis des Netflix-Ansatzes ist eine Lieferung, die sich kontinuierlich anfühlt, aber nur, weil sie nicht als solche geliefert wird.

Netflix hat auch noch andere Tricks. Zum Beispiel erhält das Unternehmen Videodateien Monate bis Stunden, bevor sie dem Publikum zur Verfügung gestellt werden. Das verschafft ihm ein Zeitfenster, in dem es eine umfassende, auf maschinellem Lernen basierende Analyse durchführen kann, die es ihm ermöglicht, die Dateigrößen zu verringern (oder zu komprimieren), indem es die Bilddaten analysiert, um festzustellen, welche Informationen weggelassen werden können. Konkret „beobachten" die Algorithmen des Unternehmens eine Szene mit blauem Himmel und entscheiden, dass bei einem plötzlichen Rückgang der Internetbandbreite beim Zuschauer 500 verschiedene Blautöne auf 200, 50 oder 25 reduziert werden können. Die Analysefunktionen des Streaminganbieters machen dies sogar kontextabhängig – sie erkennen, dass Dialogszenen eine stärkere Komprimierung vertragen können als Szenen mit schneller Action. Darüber hinaus hält Netflix Inhalte an lokalen Knotenpunkten vor. Wenn Sie nach der neuesten Folge von *Stranger Things* fragen, ist diese nur ein paar Blocks entfernt und kommt daher sofort an.

Die oben genannten Ansätze funktionieren nur, weil Netflix ein *nicht-synchrones* Erlebnis ist; man kann bei Inhalten, die live produziert werden, nichts vorbereiten. Aus diesem Grund sind Live-Videostreams, wie die von CNN oder Twitch, wesentlich unzuverlässiger als On-Demand-Streams von Netflix oder HBO Max. Aber auch Live-Streamer haben ihre Tricks. So wird die Übertragung in der Regel um zwei bis dreißig Sekunden verzögert, was bedeutet, dass im Falle einer vorübergehenden Überlastung immer noch die Möglichkeit besteht, Inhalte vorab zu senden. Werbepausen können sowohl vom Server des Inhaltsanbieters als auch vom Zuschauer genutzt werden, um die Verbindung wiederherzustellen, falls sich die vorherige als unzuverlässig erwies. Für die meisten Live-Videos ist nur eine kontinuierliche Einwegverbindung erforderlich, z. B. vom CNN-Server zum Zuschauer. Manchmal gibt es eine Zwei-Wege-Verbindung, beispielsweise bei einem Twitch-Chat, aber es wird nur eine geringe Datenmenge ausgetauscht (der Chat selbst), die nicht von entscheidender Bedeutung ist, da sie keinen direkten Einfluss auf das Geschehen im Video hat (denken Sie daran, dass es wahrscheinlich zwei bis dreißig Sekunden früher passiert ist).

Insgesamt erfordern nur sehr wenige Online-Erlebnisse eine hohe Bandbreite, niedrige Latenzzeiten und kontinuierliche Konnektivität, abgesehen von virtuellen Welten, die in Echtzeit gerendert werden und an denen mehrere Nutzer teilnehmen. Die meisten Erlebnisse benötigen nur eines oder höchstens zwei dieser Elemente. Hochfrequenz-Aktienhändler (und insbesondere Hochfrequenz-Handelsalgorithmen) wollen möglichst kurze Lieferzeiten, da dies den Unterschied zwischen dem Kauf oder Verkauf eines Wertpapiers mit Gewinn oder Verlust ausmachen kann. Die Aufträge selbst sind jedoch einfach und leichtgewichtig und erfordern keine ständige Serververbindung.

Die große Ausnahme ist Videokonferenzsoftware wie Zoom, Google Meet oder Microsoft Teams, bei der viele Personen gleichzeitig hochauflösende Videodateien empfangen und senden und an einer gemeinsamen Erfahrung teilnehmen. Diese Erfahrungen sind jedoch nur mit Softwarelösungen möglich, die nicht wirklich für in Echtzeit gerenderte virtuelle Welten mit vielen Teilnehmern geeignet sind.

Denken Sie an Ihren letzten Zoom-Call. Hin und wieder kamen wahrscheinlich einige Pakete zu spät oder gar nicht an, was bedeutet, dass Sie ein oder zwei Worte nicht gehört haben – oder es wurden einige Ihrer Worte von den anderen Teilnehmern des Anrufs nicht gehört. Die Chancen stehen gut, dass Sie oder Ihre Zuhörer trotzdem verstanden haben, was gesagt wurde, und das Gespräch fortgesetzt werden konnte. Vielleicht haben Sie die Verbindung vorübergehend verloren, dann aber schnell wiederhergestellt. Zoom kann Ihnen die verpassten Pakete senden, die Wiedergabe beschleunigen und Pausen herausschneiden, um Sie wieder „live" zu machen. Es ist möglich, dass Sie Ihre Verbindung ganz verloren haben, entweder aufgrund eines Problems mit Ihrem lokalen Netzwerk oder aufgrund eines Problems, das irgendwo zwischen Ihrem lokalen Netzwerk und einem entfernten Zoom-Server aufgetreten ist. In diesem Fall sind Sie wahrscheinlich wieder eingestiegen, ohne dass jemand von Ihrer Abwesenheit wusste – und wenn doch, dann war Ihre Abwesenheit wahrscheinlich nicht störend. Das liegt daran, dass Videokonferenzen ein gemeinsames Erlebnis sind, das sich auf eine einzelne Person konzentriert, und nicht ein gemeinsames Erlebnis, das von vielen Benutzern gemeinsam geführt wird. Was wäre, wenn Sie der Sprecher wären? Die gute Nachricht ist, dass die Konferenz auch ohne Sie fortgesetzt werden kann, indem entweder ein anderer Teilnehmer einspringt oder alle darauf warten, dass Sie wieder einsteigen. Wenn eine Netzwerküberlastung dazu führt, dass Sie oder andere Teilnehmer nicht mehr hören oder sehen können, was passiert, unterbricht Zoom das Hoch- oder Herunterladen von Videos verschiedener Gesprächsteilnehmer, um dem Wichtigsten Vorrang zu geben: dem Ton. Oder das Gespräch wurde durch unterschiedliche Latenzzeiten gestört, d. h. verschiedene Gesprächsteilnehmer empfingen „Live"-Video und -Audio mit einer viertel, halben oder sogar ganzen Sekunde Verspätung oder voreinander, was zu Schwierigkeiten beim abwechselnden Sprechen und ständigen Unterbrechungen führte. Letztendlich hat Ihr Gesprächspartner wahrscheinlich herausgefunden, wie er damit umgehen kann. Jeder braucht nur ein wenig Geduld.

Virtuelle Welten stellen höhere Anforderungen an die Leistung und sind selbst von kleinsten Störungen stärker betroffen als jede dieser Aktivitäten. Es werden weitaus komplexere Datensätze übertragen, und sie werden in viel kürzerer Zeit und von allen Nutzern benötigt.

Im Gegensatz zu einem Videoanruf, bei dem es nur einen Urheber und mehrere Zuschauer gibt, besteht eine virtuelle Welt in der Regel aus vielen gemeinsamen Teilnehmern. Dementsprechend wirkt sich der Verlust einer einzelnen Person (egal wie vorübergehend) auf die gesamte kollektive Erfahrung aus. Und selbst wenn ein Nutzer nicht ganz verloren geht, sondern nur leicht aus dem Takt gerät, verliert er seine Fähigkeit, die virtuelle Welt zu beeinflussen.

Stellen Sie sich vor, Sie spielen ein Ego-Shooter-Spiel. Wenn Spieler A 75 Millisekunden hinter Spieler B zurückbleibt, schießt er vielleicht an einem Ort, an dem er glaubt, dass Spieler B ist, aber Spieler B und der Spielserver wissen, dass Spieler B bereits gegangen ist. Diese Diskrepanz bedeutet, dass der Server der virtuellen Welt entscheiden muss, welche Erfahrungen „wahr" sind (d. h. welche gerendert werden und für alle Teilnehmer gelten sollen) und welche Erfahrungen verworfen werden müssen. In den meisten Fällen wird die Erfahrung des Teilnehmers, der sich verspätet hat, zurückgewiesen, damit die anderen Teilnehmer fortfahren können. Das Metaverse kann nicht wirklich als parallele Ebene für die menschliche Existenz funktionieren, wenn viele der Teilnehmer widersprüchliche (und dann ungültige) Versionen davon erleben. Die rechnerischen Beschränkungen in Bezug auf die Anzahl der Benutzer pro Simulation (auf die ich im nächsten Abschnitt eingehen werde) bedeuten oft, dass ein Benutzer, der die Verbindung zu einer bestimmten Sitzung unterbricht, auch nie wieder an ihr teilnehmen kann. Dies unterbricht nicht nur die Erfahrung dieses Benutzers, sondern auch die seiner Freunde, die die virtuelle Welt verlassen müssen, wenn sie das Spiel gemeinsam fortsetzen möchten oder auf andere Weise ohne ihn oder sie weitermachen.

Mit anderen Worten: Latenzzeiten und Verzögerungen mögen den einzelnen Netflix- und Zoom-Nutzer frustrieren, aber in einer virtuellen Welt bringen diese Probleme den Einzelnen in die Gefahr des virtuellen Todes und das Kollektiv in einen Zustand ständiger Frustration. Zum jetzigen Zeitpunkt können nur drei Viertel der amerikanischen Haushalte durchgängig an den meisten in Echtzeit dargestellten virtuellen Welten teilnehmen. Weniger als ein Viertel der Haushalte im Nahen Osten können dies.

Diese ausführliche Beschreibung der Herausforderung der Synchronizität ist entscheidend für das Verständnis, wie sich das Metaverse in den kommenden Jahrzehnten entwickeln und wachsen wird. Auch wenn viele der Meinung sind, dass das Metaverse von Innovationen bei Geräten wie VR-Headsets, Spiele-Engines (wie Unreal) oder Plattformen wie *Roblox* abhängt, werden Netzwerkfähigkeiten vieles davon definieren – und einschränken –, was wann und für wen möglich ist. Wie wir in späteren Kapiteln noch sehen werden, gibt es keine einfachen, kostengünstigen oder schnellen Lösungen. Wir brauchen eine neue Verkabelungsinfrastruktur, drahtlose Standards, Hardware-Ausrüstung und möglicherweise sogar eine Überarbeitung grundlegender Elemente der Internet Protocol Suite, wie z. B. des Border Gateway Protocol.

Die meisten Menschen haben noch nie etwas von BGP gehört, aber dieses Protokoll ist allgegenwärtig und dient als eine Art Verkehrswächter des digitalen Zeitalters, indem es verwaltet, wie und wo Daten über verschiedene Netzwerke übertragen werden. Das Problem mit BGP ist, dass es für den ursprünglichen Anwendungsfall des Internets, nämlich die gemeinsame Nutzung statischer, asynchroner Dateien, entwickelt wurde. Es weiß nicht, geschweige denn, dass es versteht, welche Daten es überträgt (sei es eine E-Mail, eine Live-Präsentation oder eine Reihe von Eingaben zum Ausweichen vor virtuellem Geschützfeuer in einer in Echtzeit gerenderten virtuellen Simulation), noch deren Richtung (eingehend oder ausgehend) oder die Auswirkungen von Netzwerküberlastungen. Stattdessen folgt BGP einer ziemlich standardisierten Einheitsmethode für das Routing des Datenverkehrs, bei der im Wesentlichen der kürzeste Weg, der schnellste Weg und der billigste Weg (mit einer allgemeinen Präferenz für die letzte Variable) berücksichtigt werden. Selbst wenn eine Verbindung aufrechterhalten wird, könnte es sich also um eine unnötig lange (latente) Verbindung handeln, die unterbrochen werden könnte, um dem Netzwerkverkehr, der nicht in Echtzeit zugestellt werden muss, Vorrang zu geben.

BGP wird von der Internet Engineering Task Force verwaltet und kann überarbeitet werden. Die Durchführbarkeit jeglicher Änderungen hängt jedoch von der Zustimmung tausender verschiedener Internetdienstanbieter, privater Netze, Routerhersteller, Content-Delivery-Netze und anderer ab. Selbst eine umfangreiche Aktualisierung dürfte für ein global skaliertes Metaverse nicht ausreichen – zumindest in naher Zukunft.

Unbegrenzte Anzahl von Benutzern und individuelle Anwesenheit

Obwohl Stephenson kein genaues Datum angab, deuten verschiedene Hinweise in *Snow Crash* darauf hin, dass der Roman Mitte bis Ende der 2010er-Jahre spielt. In Stephensons Metaverse, das etwa zweieinhalb Mal so groß ist wie die Erde, lebte zu jedem Zeitpunkt „die doppelte Bevölkerung von New York City"[3]. Insgesamt hatten 120 Millionen der rund acht Milliarden Menschen, die in Stephensons fiktiver „realer Welt" lebten, Zugang zu Computern, die leistungsfähig genug waren, um das Protokoll des Metaverse zu verarbeiten, und konnten sich jederzeit einklinken, wenn sie wollten. In unserer realen Welt sind wir weit davon entfernt, dasselbe zu erreichen.

Wie weit sind wir dann? Selbst virtuelle Welten mit einer Fläche von weniger als zehn Quadratkilometern, die in ihrer Funktionalität stark eingeschränkt sind, von den erfolgreichsten Videospielunternehmen der Geschichte betrieben werden und auf noch leistungsfähigeren Computern laufen, können kaum mehr als 50 bis 150 Benutzer in einer gemeinsamen Simulation unterhalten. Mehr noch: 150 gleichzeitige Nutzer sind eine beachtliche Leistung, die nur möglich ist, weil diese Spiele kreativ gestaltet sind. In *Fortnite: Battle Royale* können bis zu 100 Spieler an einer reich animierten virtuellen Welt teilnehmen, und jeder Spieler steuert einen detaillierten Avatar, der mehr als ein Dutzend verschiedener Gegenstände verwenden, Dutzende von Tänzen und Manövern ausführen und komplexe, mehrere Stockwerke hohe Strukturen bauen kann. Allerdings bedeutet die etwa 5 km² große Karte von *Fortnite*, dass nur ein bis zwei Dutzend Spieler gleichzeitig aufeinandertreffen – und wenn die Spieler in einen kleineren Teil der Karte gezwungen werden, sind die meisten Spieler bereits ausgeschieden und zu Daten auf einer Anzeigetafel geworden.

Die gleichen technischen Einschränkungen prägen auch die sozialen Erlebnisse von *Fortnite*, wie das berühmte Konzert 2020 mit Travis Scott. In diesem Fall kamen die „Spieler" auf einem viel kleineren Teil der Karte zusammen, was bedeutet, dass das durchschnittliche Gerät viel mehr Informationen rendern und berechnen musste. Dementsprechend wurde die Standard-Obergrenze des Titels von 100 Spielern pro Instanz halbiert, während viele Gegenstände und Aktionen, wie z. B. das Bauen, deaktiviert wurden, was die Arbeitslast weiter reduzierte. Epic Games kann zwar mit Fug und Recht behaupten, dass mehr als 12,5 Millionen Menschen an diesem Live-Konzert teilgenommen haben, aber diese Besucher verteilten sich auf 250.000 separate Kopien (d. h. sie sahen 250.000 Versionen von Scott) des Events, die nicht einmal zur gleichen Zeit begannen.

Ein weiteres gutes Beispiel für die Herausforderungen der gleichzeitigen Nutzung ist *World of Warcraft*, ein sogenanntes „Massively Multiplayer Online Game". Um spielen zu können, müssen die Benutzer zunächst einen „Realm" wählen, einen separaten Server, der eine vollständige Kopie der virtuellen Welt mit einer Fläche von etwa 1.500 Quadratkilometern verwaltet und von dem aus sie keine anderen Spieler sehen oder mit ihnen interagieren können. In diesem Sinne ist es vielleicht genauer, das Spiel als „Welten" von Warcraft zu bezeichnen. Die Benutzer können zwischen den Realms wechseln und so diese vielen Welten „philosophisch" zu einem einzigen „Massively Multiplayer"-Onlinespiel vereinen. Jeder Realm ist jedoch auf mehrere hundert Teilnehmer begrenzt, und wenn sich zu viele Benutzer in einem bestimmten Gebiet aufhalten, erstellt das Spiel mehrere unterschiedliche und vorübergehende Kopien dieses Gebiets und teilt die Benutzergruppen auf diese auf.

EVE Online hebt sich von Spielen wie *World of Warcraft* und *Fortnite* ab, weil alle Nutzer Teil eines einzigen dauerhaften Reiches sind. Aber auch hier ist dies nur aufgrund des spezifischen Designs möglich. Zum Beispiel bedeutet die Natur des weltraumbasierten Kampfes auch, dass die Aktionen in ihrer Vielfalt begrenzt, ziemlich einfach (man denke an Laserstrahlen gegen springende oder tanzende Spieler) und selten sind. Einem Schiff zu befehlen, Ressourcen auf einem Planeten abzubauen oder eine Reihe von Schüssen von und zu einer festen Position zu senden, ist weit weniger komplex als ein Paar individuell animierter Avatare, die tanzen, springen und aufeinander schießen. In *EVE Online* geht es weniger darum, was das Spiel verarbeitet und wiedergibt, sondern darum, was Menschen außerhalb des Spiels planen und entscheiden. Und da das Spiel in den Weiten des Weltraums angesiedelt ist, sind die meisten Benutzer weit voneinander entfernt – was es den Servern von CCP Games ermöglicht, sie so zu behandeln, als befänden sie sich in getrennten virtuellen Welten. Durch den kreativen Einsatz von „Reisezeit" können sich die Spieler nicht sofort an einem Ort versammeln, und das Verlassen eines bestimmten Ortes ist mit strategischen Kosten bzw. Risiken verbunden.

Dennoch kommt es in *EVE Online* immer wieder zu Synchronitätsproblemen. Irgendwann in den 2000er-Jahren erkannte eine Gruppe von Spielern, dass ein bestimmtes Sternensystem, Yulai, in der Nähe vieler hochfrequentierter Planeten innerhalb eines großen Sternhaufens lag, was es zu einem verlockenden Ort für die Einrichtung eines neuen Handelszentrums machte.[4] Sie hatten recht. Schon bald nach dessen Gründung strömten viele Käufer in das Gebiet, was weitere Verkäufer anlockte, die wiederum weitere Käufer anlockten, und so weiter. Letztendlich brachte die Anzahl der Transaktionen, die in diesem Zentrum stattfanden, die Server von CCP Games ins Wanken, was das Unternehmen dazu veranlasste, das *EVE Online*-Universum so zu verändern, dass das Ziel weniger bequem zu besuchen war.

Die Lehren aus diesem „Yulai-Problem" haben CCP Games zweifellos geholfen, seine Karten in den folgenden Jahren zu entwerfen, zu erweitern und zu überarbeiten. Allerdings hilft es dem Anbieter nicht, ein anderes Ergebnis zu vermeiden: den plötzlichen Ausbruch von Schlachten, die strategisch so wichtig sind, dass Tausende von Nutzern plötzlich zusammenkommen, um ihre Fraktion zu retten oder eine andere zu besiegen. Im Januar 2021 fand die größte Schlacht in der Geschichte von *EVE* statt. Sie war mehr als doppelt so groß wie der vorherige Rekord und der Höhepunkt einer fast siebenmonatigen Eskalation zwischen der Imperiumsfraktion und einer Koalition von Feinden namens PAPI. Oder zumindest hätte es so sein sollen. Die einzigen wirklichen Verlierer waren die Server von CCP Games, die mit 12.000 Spielern, die in einem einzigen System auftauchten, nicht Schritt halten konnten, und all jene Spieler, die auf einen entscheidenden Sieg gehofft hatten. Etwa die Hälfte der Spieler war nicht in der Lage, das System zu betreten, während viele derjenigen, die es taten, in eine Art Fegefeuer gerieten – wenn sie sich in das Spiel einloggten, wurden sie wahrscheinlich vernichtet, bevor sie eine Chance hatten, irgendwelche zusammenhängenden Befehle einzugeben, während das Verlassen bedeutete, dass ihr Serverplatz von einem Feind eingenommen werden könnte, der ihre Verbündeten vernichten würde. Am Ende gab es mit der Imperiumsfraktion zwar einen

Sieger, aber das war eher ein Zufallsprodukt, denn der Verteidiger gewinnt natürlich in einer Schlacht, die nie wirklich stattfindet.

Gleichzeitigkeit ist eines der grundlegenden Probleme des Metaverse, und zwar aus einem fundamentalen Grund: Sie führt zu einem exponentiellen Anstieg der Datenmenge, die pro Zeiteinheit verarbeitet, gerendert und synchronisiert werden muss. Es ist nicht schwer, eine unglaublich üppige virtuelle Welt zu rendern, die niemand anfassen kann, weil es im Grunde dasselbe ist, als würde man ein Video einer akribisch entworfenen und vorhersehbaren Rube-Goldberg-Maschine ansehen.* Und wenn die Spieler – oder in diesem Fall die Betrachter – diese Simulation nicht beeinflussen können, müssen sie auch nicht ständig mit ihr verbunden oder in Echtzeit mit ihr synchronisiert sein.

Das Metaverse wird nur dann *das* Metaverse sein, wenn es eine große Anzahl von Nutzern unterstützen kann, die dasselbe Ereignis zur selben Zeit und am selben Ort erleben, ohne wesentliche Zugeständnisse bei der Nutzerfunktionalität, der Interaktivität der Welt, der Persistenz oder der Renderingqualität machen zu müssen. Stellen Sie sich nur einmal vor, wie anders – und eingeschränkt – die Gesellschaft heute wäre, wenn nur 50 bis 150 Personen an einem Fußballspiel, einem Konzert, einer politischen Kundgebung teilnehmen oder in ein Museum, die Schule oder Einkaufszentrum gehen könnten.

Wir sind jedoch weit davon entfernt, die Dichte und Flexibilität der „realen Welt" nachbilden zu können. Und es wird wohl auch noch eine Zeitlang unmöglich bleiben. Während der Metaverse-Keynote von Facebook im Jahr 2021 sinnierte John Carmack, der ehemalige und jetzt beratende CTO von Oculus VR (das Facebook 2014 kaufte, um seine Metaverse-Transformation in Gang zu setzen): „Wenn mich jemand im Jahr 2000 gefragt hätte: ‚Könntest du das Metaverse bauen, wenn du die hundertfache Rechenleistung hättest, die du heute auf deinem System hast …', hätte ich ja gesagt." Doch 21 Jahre später und mit der Unterstützung eines der wertvollsten und auf das Metaverse fokussierten Unternehmen der Welt glaubt er, dass das Metaverse noch mindestens fünf bis zehn Jahre entfernt ist und dass es „ernsthafte Optimierungs"-Kompromisse bei der Verwirklichung dieser Vision geben würde – obwohl es jetzt Milliarden von Computern gibt, die hundert-

---

* Dabei handelt es sich um komplizierte Maschinen im Stil einer Kettenreaktion, die durch eine komplexe Abfolge von Ereignissen relativ einfache Aufgaben erfüllen. Zum Beispiel könnte eine Kugel in einen Becher gelegt werden, indem zuerst ein Dominostein umgestoßen wird, der wiederum viele andere Dominosteine trifft, schließlich ein Gebläse in Gang gesetzt wird, das die Kugel über eine Schiene nach unten bläst, bevor die Kugel in die Luft fliegt, eine Reihe von Plattformen hinunterfällt und schließlich in seinem bestimmten Becher landet.

mal leistungsfähiger sind als die Hunderte von Millionen PCs, die zur Jahrhundertwende in Betrieb waren.⁵

Was in dieser Definition fehlt

Jetzt verstehen wir also meine Definition des Metaverse: „Ein massiv skaliertes und interoperables Netzwerk von in Echtzeit gerenderten virtuellen 3D-Welten, die synchron und dauerhaft von einer effektiv unbegrenzten Anzahl von Nutzern mit einem individuellen Gefühl der Präsenz und mit einer Kontinuität der Daten, wie Identität, Geschichte, Berechtigungen, Objekte, Kommunikation und Zahlungen, erlebt werden können."

Viele Leser sind vielleicht überrascht darüber, dass in dieser Definition die Begriffe „Dezentralisierung", „Web3" und „Blockchain" fehlen. Dafür gibt es einen guten Grund. In den letzten Jahren sind die drei Begriffe sowohl allgegenwärtig als auch miteinander und mit dem Begriff „Metaverse" verwoben worden. Web3 bezieht sich auf eine etwas vage definierte zukünftige Version des Internets, die auf unabhängigen Entwicklern und Nutzern aufbaut anstatt auf schwerfälligen Aggregator-Plattformen wie Google, Apple, Microsoft, Amazon und Facebook. Es handelt sich um eine dezentralere Version des heutigen Internets, die nach Ansicht vieler am besten durch Blockchains (oder zumindest sehr wahrscheinlich durch diese) ermöglicht wird. Hier beginnt der erste Punkt der Vermischung.

Sowohl das Metaverse als auch Web3 sind „Nachfolgestaaten" des Internets, wie wir es heute kennen, aber ihre Definitionen sind recht unterschiedlich. Web3 erfordert nicht direkt 3D, Echtzeit-Rendering oder synchrone Erfahrungen, während das Metaverse weder Dezentralisierung, verteilte Datenbanken, Blockchains oder eine Verlagerung der Online-Macht oder des Wertes von den Plattformen zu den Benutzern erfordert. Beides miteinander zu vermischen ist ein bisschen so, als würde man den Aufstieg demokratischer Staaten mit der Industrialisierung oder Elektrifizierung verwechseln – bei dem einen geht es um gesellschaftliche Formierung und Verwaltung, bei dem anderen um Technologie und deren Verbreitung.

Das Metaverse und das Web3 können jedoch gleichzeitig entstehen. Große technologische Umwälzungen führen oft zu einem gesellschaftlichen Wandel, da sie in der Regel den einzelnen Verbrauchern mehr Gehör verschaffen und das Entstehen neuer Unternehmen (und damit einzelner Führungspersönlichkeiten) ermöglichen – von denen wiederum viele die weit verbreitete Unzufriedenheit mit der Gegenwart nutzen, um eine andere Zukunft zu gestalten. Es stimmt auch, dass viele Unternehmen, die sich heute auf die Metaverse-Chance konzentrieren – insbesondere aufstrebende Tech-/Media-Start-ups –, auf der Blockchain-Technologie aufbauen. Daher würde der Erfolg dieser Unternehmen wahrscheinlich auch zu einem Anstieg der Blockchain-Technologie führen.

Unabhängig davon sind die *Prinzipien* von Web3 wahrscheinlich entscheidend für die Etablierung eines florierenden Metaverse. Wettbewerb ist für die meisten Volkswirtschaften gesund, und viele Beobachter sind der Meinung, dass die derzeitige mobile Generation des Internets und der Computertechnik zu sehr auf eine Handvoll Akteure konzentriert ist. Darüber hinaus wird das Metaverse nicht direkt von den zugrunde liegenden Plattformen aufgebaut, die es ermöglichen – so wie die US-Regierung nicht die Vereinigten Staaten aufgebaut hat und das Europäische Parlament nicht die Europäische Union. Stattdessen wird es von unabhängigen Nutzern, Entwicklern und kleinen bis mittleren Unternehmen entwickelt, genau wie in der realen Welt. Jeder, der möchte, dass das Metaverse existiert – und auch diejenigen, die es nicht wollen –, sollte wollen, dass das Metaverse von diesen Gruppen vorangetrieben wird (und in erster Linie ihnen zugutekommt) und nicht von Megakonzernen.

Es gibt auch andere Web3-Überlegungen, wie z. B. über das Vertrauens, das für das Wohlergehen und die Aussichten des Metaverse entscheidend ist. Bei zentralisierten Datenbank- und Servermodellen argumentieren die Befürworter des Web3, dass sogenannte virtuelle oder digitale Berechtigungen nur eine Fassade sind. Der virtuelle Hut, das Grundstück oder der Film, den ein Benutzer kauft, kann ihm nicht wirklich gehören, da er ihn niemals kontrollieren, vom Server des Unternehmens, das ihn „verkauft" hat, entfernen oder sicherstellen kann, dass der vermeintliche Verkäufer ihn nicht löschen, zurücknehmen oder verändern wird. Bei Ausgaben in Höhe von rund 100 Milliarden Dollar im Jahr 2021 verhindern zentralisierte Server natürlich nicht die beträchtlichen Ausgaben der Nutzer; es liegt jedoch auf der Hand, dass diese Ausgaben durch die Notwendigkeit eingeschränkt werden, sich auf Billionen-Dollar-Plattformen zu verlassen, die ihren Interessen immer Vorrang vor denen des einzelnen Nutzers einräumen werden. Würden Sie zum Beispiel in ein Fahrzeug investieren, das ein Händler jederzeit zurückfordern könnte, oder ein Haus renovieren, das die Regierung ohne Grund oder Rechtsmittel enteignen könnte, oder ein Kunstwerk, das der Maler zurücknehmen könnte, sobald es einen bestimmten Wert erreicht hat?

Diese Dynamik ist besonders problematisch für Entwickler, die virtuelle Läden, Unternehmen und Marken aufbauen müssen, obwohl sie nicht garantieren können, dass sie in der Zukunft operieren dürfen (und stattdessen feststellen könnten, dass die einzige Möglichkeit, zu operieren, darin besteht, ihrem virtuellen Vermieter die doppelte Miete zu zahlen). Möglicherweise werden die Rechtssysteme irgendwann aktualisiert, um Nutzern und Entwicklern eine größere Autorität über ihre Waren, Daten und Investitionen zu geben, aber die Dezentralisierung, so behaupten einige, macht die Abhängigkeit von Gerichtsbeschlüssen unnötig und ihre Existenz ineffizient.

Eine weitere Frage ist, ob zentralisierte Servermodelle jemals ein nahezu unendliches, beständiges, weltumspannendes Metaverse unterstützen können. Einige glauben, dass die einzige Möglichkeit, die für das Metaverse benötigten Rechenressourcen bereitzustellen, in einem dezentralen Netzwerk von Servern und Geräten besteht, die sich in individuellem Besitz befinden – und für die eine Vergütung gezahlt wird. Aber ich greife mir selbst vor.

Kapitel 4

Das nächste Internet

Meine Definition des Metaverse sollte einen Einblick geben, warum es oft als Nachfolger des mobilen Internets angesehen und beschrieben wird. Das Metaverse wird die Entwicklung neuer Standards und die Schaffung einer neuen Infrastruktur, möglicherweise eine Überarbeitung der seit Langem bestehenden Internet Protocol Suite erfordern, die Einführung neuartiger Geräte und Hardware mit sich bringen und vielleicht sogar das Machtverhältnis zwischen Technologiegiganten, unabhängigen Entwicklern und Endnutzern verändern.

Das Ausmaß dieses Wandels erklärt auch, warum sich die Unternehmen in Erwartung des Metaverse neu positionieren, obwohl seine Ankunft noch in weiter Ferne liegt und deren Auswirkungen weitgehend unklar sind. Kluge Unternehmer wissen, dass jedes Mal, wenn eine neue Computer- und Netzwerkplattform auftaucht, die Welt und die Unternehmen, die sie anführen, für immer verändert werden.

In der Mainframe-Ära, die sich von den 1950er- bis in die 1970er-Jahre erstreckte, waren die vorherrschenden Betriebssysteme die von „IBM und den sieben Zwergen": Burroughs, Univac, NCR, RCA, Control Data, Honeywell und General Electric. Die Ära der Personal Computer, die in den 1980er-Jahren ernsthaft begann, wurde kurzzeitig von IBM und seinem Betriebssystem angeführt. Die endgültigen Gewinner waren jedoch neue Marktteilnehmer, vor allem Microsoft, dessen Windows-Betriebssystem und Office-Softwarepaket auf fast jedem PC der Welt lief, sowie Hersteller wie Dell, Compaq und Acer. 2004 stieg IBM ganz aus dem PC-Geschäft aus und verkaufte seine ThinkPad-Reihe an Lenovo. Die Geschichte der mobilen Ära ist ähnlich. Es entstanden neue Plattformen, nämlich iOS von Apple und Android von Google, während Windows ganz aus der Kategorie herausfiel, und Hersteller aus der PC-Ära von neuen Anbietern wie Xiaomi und Huawei verdrängt wurden.*

Der Generationswechsel bei den Computer- und Netzwerkplattformen führt regelmäßig dazu, dass selbst stagnierende und stark geschütz-

---

* Ein weiterer wichtiger Player auf dem Markt für mobile Geräte ist Samsung, das im Gegensatz zu diesen anderen Herstellern 80 Jahre alt ist. Allerdings hatte das Unternehmen nie einen nennenswerten Marktanteil auf dem Großrechner- oder PC-Markt.

te Branchen disruptiert werden. Die in den 1990er-Jahren etablierten Chat-Dienste wie AOL Instant Messenger und ICQ konkurrierten beispielsweise um die Kunden vieler Telefongesellschaften und sogar der Post. In den 2000er-Jahren wurden diese Dienste wiederum von solchen überholt, die sich auf Live-Audio konzentrieren, wie z. B. Skype, das auch mit traditionellen und Offline-Telefonsystemen verbunden ist. Im Zeitalter des Mobilfunks entstanden neue Marktführer wie WhatsApp, Snapchat und Slack. Diese Akteure konzentrierten sich nicht nur auf das Angebot von Skype, sondern waren für mobile Geräte konzipiert. Sie entwickelten Dienste, die auf unterschiedliches Nutzungsverhalten, Bedürfnisse und sogar Kommunikationsstile zugeschnitten waren.

WhatsApp zum Beispiel ist für eine fast ständige Nutzung gedacht – nicht für geplante oder gelegentliche Anrufe, wie es bei Skype der Fall war, und es ist ein Forum, in dem Emojis mehr zum Ausdruck bringen als getippte Worte. Während Skype ursprünglich darauf basierte, kostengünstige Anrufe über das traditionelle „Public Switched Telephone Network" (d. h. Telefone, die an Telefonleitungen angeschlossen sind) zu tätigen, wurde diese Funktion bei WhatsApp ganz weggelassen. Snapchat erkannte, dass bei der mobilen Kommunikation das Bild im Vordergrund steht und die nach vorn gerichtete Kamera im Smartphones wichtiger ist als die häufiger verwendete (und höher auflösende) Rückkamera, und baute zahlreiche AR-Linsen, um das Erlebnis entsprechend zu verbessern. Slack seinerseits hat ein produktivitätsbasiertes Werkzeug für Unternehmen mit Integration in verschiedene Produktivitäts-Tools, Online-Dienste und mehr entwickelt.

Ein weiteres Beispiel stammt aus dem noch stärker regulierten und stagnierenden Zahlungsverkehrsbereich. In den späten 1990er-Jahren wurden digitale Peer-to-Peer-Zahlungsnetzwerke wie Confinity und Elon Musks X.com, die sich später zu PayPal zusammenschlossen, schnell zur bevorzugten Methode der Verbraucher, Geld zu versenden. Bis 2010 wickelte PayPal jährlich Zahlungen in Höhe von fast 100 Milliarden US-Dollar ab. Ein Jahrzehnt später lag diese Summe bereits bei über 1 Billion US-Dollar (zum Teil aufgrund der Übernahme von Venmo im Jahr 2012).

Wir können bereits Vorläufer des Metaverse erkennen. Bei den Plattformen und Betriebssystemen sind die meistdiskutierten Anwärter Plattformen für virtuelle Welten wie *Roblox* und *Minecraft* und Echtzeit-Rendering-Engines wie die Unreal-Engine von Epic Games sowie die gleichnamige Engine von Unity Technologies. Sie alle laufen auf einem zugrunde liegenden Betriebssystem wie iOS oder Windows, sind aber oft Zwischenstationen für Entwickler und Endnutzer. Discord betreibt unterdessen die größte Kommunikationsplattform und das größte soziale Netzwerk mit Schwerpunkt auf Videospielen und virtuellen Welten. Allein im Jahr 2021 wurden mehr als 16 Billionen US-Dollar über Blockchain-/Kryptowährungsnetzwerke abgewickelt, die für viele Experten die Grundlage für das Metaverse bilden (mehr dazu in Kapitel 11). Zum Vergleich: Visa wickelte im selben Zeitraum schätzungsweise 10,5 Billionen Dollar ab.[1] Wenn man das Metaverse als das „Internet der nächsten Generation" versteht, dann erklärt sich nicht nur sein „Störungspotenzial". Bedenken Sie noch einmal, dass es keine Pluralform des Begriffs „Internet" gibt. Es gibt kein „Facebook-Internet" oder „Google-Internet". Stattdessen betreiben Facebook und Google Plattformen, Dienste und Hardware, die wiederum im Internet funktionieren – dem wortwörtlichen „Netz der Netze"*, das unabhängig voneinander mit unterschiedlichen technischen Stacks arbeitet, aber gemeinsame Standards und Protokolle nutzt. Es gab keine strikten technischen Hindernisse, die ein einzelnes Unternehmen daran gehindert hätten, die Internet Protocol Suite zu entwickeln und dann zu besitzen und zu kontrollieren (und einige, wie IBM, versuchten, ihre eigene proprietäre Suite als Teil der sogenannten „Protokollkriege" durchzusetzen). Die meisten sind jedoch der Meinung, dass dies zu einem kleineren, weniger lukrativen und weniger innovativen Internet geführt hätte.**

Wir sollten davon ausgehen, dass die Etablierung des Metaversums im Großen und Ganzen der des Internets ähneln wird. Viele werden versuchen, das Metaverse aufzubauen oder sich anzueignen. Eine dieser Gruppen könnte sogar Erfolg haben, wie Sweeney befürchtet. Wahrscheinlicher ist jedoch, dass das Metaverse durch die teilweise Integration vieler konkurrierender Plattformen und Technologien für virtuelle Welten entstehen wird. Dieser Prozess wird Zeit brauchen. Er wird unvollkommen und unerschöpflich sein und infolgedessen erhebliche technische Beschränkungen aufweisen. Aber es ist die Zukunft, auf die wir hoffen und hinarbeiten sollten.

Darüber hinaus wird das Metaverse die dem Internet zugrunde liegende Architektur oder Protokollsuite weder ersetzen noch grundlegend verändern. Stattdessen wird es sich so entwickeln, dass es in einer Weise darauf aufbaut, die sich unverwechselbar anfühlen wird. Denken Sie an den „aktuellen Zustand" des Internets. Wir bezeichnen ihn als das Zeitalter des mobilen Internets, doch der meiste Internetverkehr wird immer noch über Festnetzkabel übertragen – da gilt selbst für Daten, die von und zu mobilen Geräten gesendet werden – und läuft größten-

---

* Der Begriff „Internet" ist eine Abkürzung für „Inter-Networking".
** Es wurde behauptet, dass sich das Internet regionalisiert, vor allem das chinesische Internet und in geringerem Maße auch das der EU. Soweit diese Behauptung zutrifft, ist sie auf die Durchsetzung von Vorschriften zurückzuführen, die zu wesentlichen (und erforderlichen) Unterschieden bei Standards, Diensten und Inhalten führen.

teils auf Standards, Protokollen und Formaten, die vor Jahrzehnten entwickelt wurden (auch wenn sie sich seitdem weiterentwickelt haben). Wir verwenden auch weiterhin einige Software und Hardware, die für das frühe Internet entwickelt wurden – wie Windows oder Microsoft Office – und die sich seitdem weiterentwickelt haben, aber im Großen und Ganzen unverändert sind. Trotzdem ist klar, dass sich die Ära des mobilen Internets von der des Festnetz-Internets in den 1990er- und frühen 2000er-Jahren unterscheidet. Wir verwenden heute hauptsächlich verschiedene Geräte (von verschiedenen Unternehmen) an neuen Orten, für verschiedene Zwecke und mit verschiedenen Arten von Software (hauptsächlich Apps statt Allzwecksoftware und Webbrowser).

Wir wissen auch, dass das Internet ein Bündel von vielen verschiedenen „Dingen" ist. Um mit dem Internet zu interagieren, verwendet der Durchschnittsmensch in der Regel einen Webbrowser oder eine App, auf die er über ein Gerät zugreift, das seinerseits über verschiedene Chipsätze eine Verbindung zum Internet herstellen kann, die alle über verschiedene Standards und gemeinsame Protokolle kommunizieren und über physische Netzwerke übertragen werden. All diese Bereiche zusammen ermöglichen Internet-Erfahrungen. Kein einziges Unternehmen könnte durchgängige Verbesserungen im Internet vorantreiben, selbst wenn es die gesamte Internet Protocol Suite betreiben würde.

Warum Videospiele die treibende Kraft des nächsten Internets sind

Wenn das Metaverse tatsächlich ein Nachfolger des Internets ist, mag es seltsam erscheinen, dass seine Pioniere aus der Videospielindustrie kommen. Schließlich ist die bisherige Entwicklung des Internets ganz anders verlaufen.

Das Internet hat seinen Ursprung in staatlichen Forschungslabors und Universitäten. Später breitete es sich auf große, dann auf mittlere und kleine Unternehmen und schließlich auf die Verbraucher aus. Die Unterhaltungsindustrie war wohl eines der letzten Segmente der Weltwirtschaft, das das Internet für sich entdeckt hat. Die „Streaming Wars" haben erst 2019 richtig begonnen – fast 25 Jahre nach der ersten öffentlichen Präsentation von Streaming-Videos. Sogar Audio, eine der einfachsten Medienkategorien, die über IP übertragen werden kann, bleibt ein größtenteils nicht-digitales Medium, wobei terrestrisches Radio, Satellitenradio und physische Medien im Jahr 2021 fast zwei Drittel der US-Musikeinnahmen ausmachten.

Das mobile Internet wurde nicht von der Regierung angeführt, aber die Entwicklung war im Großen und Ganzen dieselbe. Als es Anfang der 1990er-Jahre auf den Markt kam, konzentrierte sich die Nutzung und Softwareentwicklung auf Behörden und Unternehmen, Ende der 1990er- und Anfang der 2000er-Jahre dann auf mittlere und kleine Unternehmen. Erst nach 2008, mit der Einführung des iPhone 3G, wurde das mobile Internet vom Massenmarkt angenommen. In den folgenden zehn Jahren entstanden vor allem verbraucherorientierte Anwendungen.

Wenn wir uns diese Geschichte genauer ansehen, können wir verstehen, warum die Spiele-Branche, eine 180-Milliarden-Dollar-Industrie, im Begriff zu sein scheint, die 95-Billionen-Dollar-Weltwirtschaft zu verändern. Der Schlüssel liegt darin, die Rolle der Zwänge bei jeder technischen Entwicklung zu berücksichtigen.

Als das Internet aufkam, waren die Bandbreite begrenzt, die Latenzzeiten beträchtlich und der Arbeitsspeicher sowie die Rechenleistung der Computer knapp. Das bedeutete, dass nur kleine Dateien verschickt werden konnten und dies sehr viel Zeit in Anspruch nahm. Fast alle heutigen Anwendungsfälle für Verbraucher, wie die gemeinsame Nutzung von Fotos, Videostreaming und umfangreiche Kommunikation, waren unmöglich. Es waren zuerst geschäftliche Bedürfnisse – das Versenden von Nachrichten und einfachen Dateien (eine unformatierte Excel-Tabelle, Kaufaufträge für Lagerbestände) –, wofür das Internet gedacht war. Hier waren selbst bescheidene Produktivitätssteigerungen außerordentlich wertvoll. Bei Mobiltelefonen war es ähnlich. Mit den ersten Geräten konnte man weder Spiele spielen noch Fotos versenden. Das Streamen eines Videos oder FaceTime-Anrufs lagen in weiter Ferne. Push-E-Mails waren jedoch um Größenordnungen hilfreicher als Pager-Benachrichtigungen oder Live-Telefonate.

In Anbetracht ihrer Komplexität liegt es auf der Hand, dass virtuelle 3D-Welten und -Simulationen, die in Echtzeit gerendert werden, in den ersten Jahrzehnten des Personal Computers und des Internets noch stärker eingeschränkt waren als fast alle anderen Arten von Software und Programmen. Aus diesem Grund hatten Regierungen, Unternehmen und kleine bis mittelständische Betriebe wenig bis gar keine Verwendung für grafikbasierte Simulationen. Eine virtuelle Welt, die einen Brand nicht realistisch simulieren kann, ist für Feuerwehrleute nicht hilfreich, eine Kugel, die sich nicht mit der Schwerkraft krümmt, hilft Scharfschützen beim Militär nicht, und ein Architekturbüro kann ein Gebäude nicht auf der Grundlage der allgemeinen Vorstellung von „Sonnenwärme" entwerfen. Aber Videospiele – *Spiele* – brauchen kein realistisches Feuer, keine Schwerkraft und keine Thermodynamik. Was sie brauchen, ist Spaß. Und selbst ein monochromes 8-Bit-Spiel kann Spaß machen. Die Konsequenz aus dieser Tatsache hat sich seit fast 70 Jahren verstärkt.

Jahrzehntelang waren die meisten leistungsfähigen CPUs und GPUs, die ein Haushalt oder ein kleines Unternehmen besaß, eine Videospielkonsole oder ein auf Spiele ausgerichteter PC. Keine andere Computersoftware benötigte die Leistung eines Spiels. Im Jahr 2000 erließ die japanische Regierung Exportbeschränkungen für seinen geliebten Giganten Sony, weil sie befürchtete, dass die neue PlayStation 2 für terroristische Zwecke auf globaler Ebene eingesetzt werden könnte (z. B. zur Steuerung von Raketenleitsystemen).[2] Im darauffolgenden Jahr erklärte US-Handelsminister Don Evans zur Bedeutung der Unterhaltungselektronikbranche: „Der Supercomputer von gestern ist die PlayStation von heute."[3] 2010 baute das US Air Force Research Laboratory mit 1.760 Sony PlayStation 3 den 33. größten Supercomputer der Welt. Der Leiter des Projekts schätzte, dass der „Condor Cluster" 5 % bis 10 % der Kosten vergleichbarer Systeme und 10 % der Energie verbraucht.[4] Der Supercomputer wurde zur Radarverbesserung, Mustererkennung, Verarbeitung von Satellitenbildern und zur Erforschung künstlicher Intelligenz eingesetzt.[5] Die Unternehmen, die sich normalerweise auf die Entwicklung von Videospielkonsolen und PCs konzentrierten, gehören heute zu den leistungsfähigsten Technologieunternehmen. Das beste Beispiel dafür ist der Computer- und System-on-a-Chip-Riese Nvidia, der weit davon entfernt ist, ein bekannter Name zu sein, aber neben Google, Apple, Facebook, Amazon und Microsoft zu den zehn größten börsennotierten Unternehmen der Welt gehört. Der CEO von Nvidia, Jensen Huang, gründete sein Unternehmen nicht mit der Absicht, es zu einem Spielegiganten zu machen. Er war vielmehr davon überzeugt, dass grafikbasierte Datenverarbeitung eines Tages benötigt wird, um Fragen und Probleme zu lösen, die mit allgemeiner Datenverarbeitung nicht gelöst werden können. Für Huang bestand der beste Weg zur Entwicklung der erforderlichen Fähigkeiten und Technologien darin, sich auf Videospiele zu konzentrieren. „Es ist extrem selten, dass ein Markt gleichzeitig groß und technologisch anspruchsvoll ist", sagte Huang 2021 dem *Time Magazine.* „Normalerweise sind die Märkte, die wirklich leistungsstarke Computer erfordern, sehr klein, ob es sich nun um Klimasimulationen oder molekulardynamische Arzneimittelforschung handelt. Die Märkte sind so klein, dass sie sich keine großen Investitionen leisten können. Deshalb gibt es auch kein Unternehmen, das für die Klimaforschung gegründet wurde. Videospiele waren eine der besten strategischen Entscheidungen, die wir je getroffen haben."[6]

Nvidia wurde nur ein Jahr nach *Snow Crash* gegründet, das von der Gaming-Community schnell als bahnbrechender Text angesehen wurde. Trotzdem hat Stephenson gesagt, dass die Entstehung des Metaverse durch das Gaming „das ist, was ich in dem Roman völlig vermisst habe". „Als ich mir das Metaverse ausdachte, versuchte ich, einen

Marktmechanismus zu finden, der all diese Dinge erschwinglich machen würde. *Snow Crash* wurde geschrieben, als 3D-Grafikhardware noch unverschämt teuer war, leistbar nur für ein paar Forschungslabors. Ich dachte mir, dass es einen Markt für 3D-Grafik geben müsste, der so groß ist wie der Markt für das Fernsehen, wenn sie jemals so billig werden sollte wie das Fernsehen. Das Metaverse in *Snow Crash* ist also so etwas wie das Fernsehen ... Was ich nicht erwartet hatte, was die Kosten für 3D-Grafikhardware tatsächlich in die Höhe trieb, waren Spiele. Die virtuelle Realität, von der wir alle sprachen und die wir uns vor 20 Jahren vorstellten, ist also nicht so eingetreten, wie wir es vorhergesagt hatten. Sie trat stattdessen in Form von Videospielen auf."[7]

Aus ähnlichen Gründen kommen die besten Softwarelösungen für das 3D-Rendering in Echtzeit auch aus der Spielebranche. Die bekanntesten Beispiele sind die Unreal Engine von Epic Games und die gleichnamige Engine von Unity Technologies, aber es gibt Dutzende von Videospielentwicklern und -anbietern mit hochleistungsfähigen proprietären Echtzeit-Rendering-Lösungen.

Es gibt Alternativen, die nicht für Spiele gedacht sind, aber sie werden zumindest im Moment als minderwertig für Echtzeit angesehen, insbesondere weil Echtzeit für sie von Anfang an nicht notwendig war. Die Rendering-Lösungen, die für die Produktion oder Filme entwickelt wurden, mussten ein Bild nicht in 1/30 oder 1/120 Sekunde verarbeiten. Stattdessen standen andere Ziele im Vordergrund, wie die Maximierung des visuellen Reichtums oder die Möglichkeit, dasselbe Dateiformat sowohl für das Design als auch für die Herstellung eines Objekts zu verwenden. Diese Lösungen wurden in der Regel für den Einsatz auf High-End-Rechnern konzipiert und nicht für Verbrauchergeräte.

Ein Vorteil, der oft übersehen wird, ist die Tatsache, dass Spieleentwickler, -verlage und -plattformen seit Jahrzehnten mit der Netzwerkarchitektur des Internets kämpfen und arbeiten müssen und daher über ein einzigartiges Fachwissen verfügen, wenn wir uns dem Metaverse zuwenden. Online-Spiele erfordern seit den späten 1990er-Jahren synchrone und kontinuierliche Netzwerkverbindungen, wobei Xbox, PlayStation und Steam seit Mitte der 2000er-Jahre in den meisten ihrer Titel Echtzeit-Audiochats unterstützen. Damit dies funktioniert, war eine vorausschauende KI erforderlich, die bei einem Netzwerkabbruch die Kontrolle über einen Spieler übernimmt. Außerdem mussten maßgeschneiderte Software, die das Spiel unbemerkt zurücksetzt, wenn ein Spieler plötzlich Informationen vor einem anderen erhält, und Spiele entwickelt werden, die sich an die technischen Herausforderungen anpasst, von denen die meisten Spieler betroffen sind, anstatt sie zu ignorieren.

Diese Designorientierung führt zu dem letzten Vorteil, den Spieleunternehmen besitzen: die Fähigkeit, einen Ort zu schaffen, an dem jemand tatsächlich Zeit verbringen möchte. Daniel Ek, Mitbegründer und CEO von Spotify, hat argumentiert, dass das vorherrschende Geschäftsmodell des Internetzeitalters darin besteht, alles, was aus Atomen besteht, in Bits zu zerlegen – was früher ein physischer Wecker auf dem Nachttisch war, ist heute eine Anwendung auf dem Smartphone oder es sind einfach nur Daten, die auf einem Smart Speaker in der Nähe gespeichert sind.[8] Vereinfacht ausgedrückt kann man sich das Zeitalter des Metaverse so vorstellen, dass Bits verwendet werden, um 3D-Wecker aus virtuellen Atomen herzustellen. Diejenigen, die über die meiste Erfahrung mit virtuellen Atomen verfügen – und das seit Jahrzehnten –, sind Spieleentwickler. Sie wissen, wie man nicht nur eine Uhr herstellt, sondern auch ein Zimmer, ein Gebäude oder ein Dorf, das von glücklichen Spielern bevölkert wird. Wenn die Menschheit jemals zu einem „massiv skalierten, interoperablen Netzwerk von in Echtzeit gerenderten virtuellen 3D-Welten" übergehen soll, wird uns diese Fähigkeit dorthin bringen. Bei der Diskussion darüber, was er in *Snow Crash* über die Zukunft richtig und was falsch gemacht hat, sagte Stephenson zu *Forbes*: „… statt der Leute, die in *Snow Crash* in Bars auf der Straße gehen, haben wir jetzt Warcraft-Gilden", die im Spiel Raubzüge unternehmen.[9]

Im ersten Teil dieses Buches habe ich ausführlich dargelegt, woher der Begriff „Metaverse" sowie seine Ideen stammen und die Bedeutung für unsere Zukunft umrissen. Ich habe den Enthusiasmus der Unternehmen für diesen Möchtegern-Nachfolger des mobilen Internets analysiert, eine brauchbare Definition eingeführt, die erklärt, was das Metaverse ist, und bin darauf eingegangen, warum die Hersteller von Videospielen an vorderster Front dabei zu sein scheinen. Jetzt werde ich Ihnen zeigen, was nötig ist, um das Metaverse Wirklichkeit werden zu lassen.

Teil II
Aufbau des Metaverse

Kapitel 5

Vernetzung

Versionen des Gedankenexperiments „Wenn ein Baum in einem Wald umfällt und niemand in der Nähe ist, um es zu hören, macht er dann ein Geräusch?" lassen sich Hunderte von Jahren zurückverfolgen. Die Übung hat zum Teil deshalb Bestand, weil sie Spaß macht, und sie macht Spaß, weil sie von wichtigen technischen und philosophischen Ideen determiniert ist.

Der subjektive Idealist George Berkeley, dem die obige Frage oft zugeschrieben wird, argumentierte, dass „Sein heißt, wahrgenommen werden". Der Baum – ob stehend, fallend oder gestürzt – existiert, wenn er von jemandem oder etwas wahrgenommen wird. Andere behaupten, dass das, was wir mit „Klang" meinen, nur Schwingungen sind, die sich durch die Materie ausbreiten, und dass er existiert, ob er von einem Beobachter empfangen wird oder nicht. Oder vielleicht ist Klang die Empfindung, die das Gehirn erfährt, wenn diese Schwingungen mit den Nervenenden interagieren – und wenn es keine Nerven gibt, die mit den vibrierenden Teilchen interagieren, kann es auch keinen Klang geben. Andererseits sind die Menschen seit Jahrzehnten in der Lage, physikalische Geräte herzustellen, die Schwingungen als Schall interpretieren können, sodass Schall durch einen künstlichen Beobachter gehört werden kann. Aber zählt das? In der Quantenmechanik ist man sich heute weitgehend einig, dass die Existenz eines Baumes ohne Beobachter bestenfalls eine Vermutung ist, die weder bewiesen noch widerlegt werden kann – man kann nur sagen, dass der Baum existieren *könnte*. (Albert Einstein, der maßgeblich an der Begründung der Theorie der Quantenmechanik beteiligt war, widersprach dieser Ansicht). In Teil II erkläre ich, was nötig ist, um das Metaverse zu betreiben und aufzubauen. Ich beginne mit den Netzwerk- und Rechenkapazitäten und gehe dann zu den Spiele-Engines und Plattformen über, die die vielen virtuellen Welten betreiben, zu den Standards, die nötig sind, um sie zu vereinen, zu den Geräten, über die auf sie zugegriffen wird, und zu den Zahlungsschienen, die ihre Wirtschaft unterstützen. Während dieser vielen Erklärungen möchte ich, dass Sie sich den Berkeley-Baum vor Augen halten.

Warum? Denn selbst wenn das Metaverse „vollständig realisiert" ist, wird es nicht *wirklich* existieren. Es wird, zusammen mit jedem seiner Bäume, ihren vielen Blättern und den Wäldern, in denen sie stehen, nur Daten sein, die in einem scheinbar unendlichen Netzwerk von Servern gespeichert sind. Man könnte zwar argumentieren, dass das Metaverse und seine Inhalte auch existieren, solange diese Daten existieren, aber es sind viele verschiedene Schritte und Technologien erforderlich, damit es für irgendjemanden außer einer Datenbank existiert. Darüber hinaus bietet jeder Teil des „Metaverse-Stacks" einem Unternehmen eine Hebelwirkung und informiert darüber, was für einen anderen möglich ist und was nicht. Sie werden zum Beispiel herausfinden, dass heute nicht mehr als ein paar Dutzend Menschen den Fall eines realitätsgetreuen Baumes beobachten können. Und um mehr Nutzer zu erreichen? Nun, die virtuelle Welt muss vervielfältigt werden – mit anderen Worten: Damit viele Menschen einen einzigen Baum fallen hören können, müssen viele Bäume fallen. (Versuchen Sie das mal in Berkeley!) Oder aber die Beobachter werden zeitlich versetzt, sodass sie weder den Fall beeinflussen noch seine Korrelation nachweisen können. Eine andere Technik besteht darin, die Rinde des Baumes zu einem strukturlosen, einheitlichen Braun zu vereinfachen und das Geräusch des Falles zu einem allgemeinen Knall zu machen.

Um diese Zwänge und ihre Auswirkungen zu entschlüsseln, möchte ich mit einem realen Beispiel beginnen: der virtuellen Welt, die ich heute für die technisch beeindruckendste halte. Nein, es handelt sich weder um *Roblox,* noch um *Fortnite.* Tatsächlich wird diese virtuelle Welt während ihrer Lebensdauer wahrscheinlich weniger Menschen erreichen als jeder dieser Titel an einem einzigen Tag. Es ist nicht einmal fair, sie als Spiel zu bezeichnen, wie so viele der virtuellen Welten, die wir uns bisher angesehen haben. Stattdessen ist sie darauf ausgelegt, eine Erfahrung zu reproduzieren, die viele als unangenehm, langweilig oder erschreckend empfinden: das Reisen mit dem Flugzeug.

Bandbreite

Der erste *Flight Simulator* wurde 1979 veröffentlicht und fand schnell eine kleine Fangemeinde. Drei Jahre später (aber immer noch zwei Jahrzehnte vor der Veröffentlichung der ersten Xbox) erwarb Microsoft eine Lizenz für den Titel und brachte bis 2006 zehn weitere Versionen heraus. Im Jahr 2012 wurde der *Flight Simulator* von Guinness World Records als die am längsten bestehende Videospielserie ausgezeichnet, obwohl er den meisten Spielern unbekannt blieb.

Es dauerte bis zur 12. Version, die 2020 erschien, damit der *Microsoft Flight Simulator* (*MSFS*) auch in das öffentliche Bewusstsein gelangte. Das *Time* Magazine kürte ihn zu einem der besten Spiele des Jahres. In der *New York Times* hieß es, der *MSFS* biete „eine neue Art, die digitale Welt zu verstehen", indem er eine Ansicht biete, „die realer ist als die, die wir draußen sehen können [und] ein Bild, das unser Verständnis der Realität erhellt".[1]

In der Theorie ist *MSFS* das, was viele Leute darin sehen: ein Spiel. Schon wenige Sekunden nach dem Öffnen der Anwendung werden Sie daran erinnert, dass es von den Xbox Game Studios von Microsoft entwickelt und veröffentlicht wurde. Das Ziel von *MSFS* besteht jedoch nicht darin, einen anderen Spieler oder einen KI-basierten Konkurrenten zu besiegen, zu töten, zu schießen, zu besiegen, zu schlagen oder zu punkten. Das Ziel ist es, ein virtuelles Flugzeug zu fliegen – ein Prozess, der viel von der gleichen Arbeit erfordert wie das Fliegen eines echten Flugzeugs. Die Spieler kommunizieren mit der Flugsicherung und ihren Kopiloten, warten auf die Startfreigabe, stellen den Höhenmesser und die Klappen ein, prüfen den Treibstoffvorrat und das Gemisch, lösen die Bremsen, geben langsam Gas und so weiter, bevor sie ihrer gewählten oder festgelegten Flugroute folgen, während sie sich um kollidierende Routen kümmern und die Flugrouten anderer virtueller Flugzeuge berücksichtigen.

Jeder Eintrag in der MSFS-Serie bot diese Art von Funktionalität, aber die Ausgabe 2020 ist außergewöhnlich – die realistischste und umfangreichste Simulation in der Geschichte der Verbraucher. Die Karte ist über 500.000.000 Quadratkilometer groß – genau wie der „echte" Planet Erde – und enthält zwei Milliarden einzigartig gerenderte Bäume (nicht zwei Milliarden kopierte Bäume oder zwei Milliarden Bäume, die aus ein paar Dutzend Sorten bestehen), 1,5 Milliarden Gebäude und fast jede Straße, jeden Berg, jede Stadt und jeden Flughafen auf der ganzen Welt.[2] Alles sieht aus wie „echt", denn die virtuelle Welt von *MSFS* basiert auf hochwertigen Scans und Bildern der „echten Welt".

Die Reproduktionen und Renderings von *Microsoft Flight Simulator* sind zwar nicht perfekt, aber dennoch beeindruckend. Die „Spieler" können an ihrem eigenen Haus vorbeifliegen und ihren Briefkasten oder die Reifenschaukel im Vorgarten sehen. Selbst wenn das „Spiel" einen Sonnenuntergang wiedergeben muss, der sich in einer Bucht spiegelt und von den Tragflächen des Flugzeugs noch einmal gebrochen wird, kann es schwierig sein, zwischen einem Screenshot aus dem *MSFS* und einem realen Foto zu unterscheiden.

Um dies zu bewerkstelligen, ist die „virtuelle Welt" von *MSFS* fast 2,5 Petabyte groß, d. h. 2.500.000 Gigabyte – etwa 1.000 Mal größer als *Fortnite*. Es gibt keine Möglichkeit für ein Verbrauchergerät (oder die meisten Unternehmensgeräte), diese Menge an Daten zu speichern. Die meisten Konsolen und PCs haben eine maximale Speicherkapazität von 1.000 Gigabyte, während das größte NAS-Laufwerk (Network Attached Storage) für Privatanwender 20.000 Gigabyte groß ist und im Einzelhandel fast 750 US-Dollar kostet. Selbst der für die Speicherung von 2,5 Petabyte erforderliche Platz ist unrealistisch.

Aber selbst wenn sich ein Verbraucher eine solche Festplatte leisten könnte und genügend Platz hätte, um sie unterzubringen, ist *MSFS* ein Live-Dienst. Er wird aktualisiert, um das reale Wetter (einschließlich genauer Windgeschwindigkeit und -richtung, Temperatur, Luftfeuchtigkeit, Regen und Licht), den Flugverkehr und andere geografische Veränderungen wiederzugeben. Dies ermöglicht es dem Spieler, in echte Hurrikane hineinzufliegen oder echte Verkehrsflugzeuge auf ihrer exakten Flugroute zu verfolgen, während sie in der realen Welt in der Luft sind. Das bedeutet, dass die Benutzer nicht alles von *MSFS* im Voraus kaufen oder herunterladen können – vieles davon existiert noch gar nicht!

Beim *Microsoft Flight Simulator* wird ein relativ kleiner Teil des „Spiels" auf dem Gerät des Kunden gespeichert – etwa 150 GB. Dieser Teil reicht aus, um das Spiel auszuführen – er enthält den gesamten Code des Spiels, visuelle Informationen für zahlreiche Flugzeuge und eine Reihe von Karten. Daher kann *MSFS auch* offline genutzt werden. Offline-Benutzer sehen jedoch hauptsächlich prozedural generierte Umgebungen und Objekte, wobei Wahrzeichen wie Manhattan zwar weitgehend bekannt sind, aber mit generischen, meist duplizierten Gebäuden bevölkert werden, die nur gelegentlich und manchmal zufällig eine Ähnlichkeit mit ihren realen Gegenstücken aufweisen. Es gibt zwar einige vorprogrammierte Flugrouten, aber sie können weder die tatsächlichen Flugrouten imitieren, noch kann ein Spieler das Flugzeug eines anderen Spielers sehen.

Wenn die Spieler online gehen, wird *MSFS* zu einem wahren Wunder, denn die Server von Microsoft übertragen neue Karten, Texturen, Wetterdaten, Flugrouten und alle anderen Informationen, die ein Benutzer benötigt. In gewisser Weise erleben die Spieler die MSFS-Welt genau so, wie es ein echter Pilot tun würde. Wenn sie einen Berg überfliegen oder umrunden, strömen neue Informationen in Form von Lichtpartikeln auf ihre Netzhaut, die das, was dort zu sehen ist, zum ersten Mal enthüllen und dann verdeutlichen. Bis dahin weiß ein Pilot nur, dass dort logischerweise *etwas* sein muss.

Viele Spieler nehmen an, dass dies bei allen Online-Multiplayer-Videospielen der Fall ist. Die Wahrheit ist jedoch, dass die meisten Online-Spiele versuchen, so viele Informationen wie möglich im Voraus an den Benutzer zu senden und so wenig wie möglich während des Spielens. Das erklärt, warum man für ein Spiel, selbst für ein relativ kleines wie

Super Mario Bros., digitale Discs kaufen muss, die mehrere Gigabyte große Spieldateien enthalten, oder Stunden damit verbringt, diese Dateien herunterzuladen – und dann noch mehr Zeit damit verbringen muss, sie zu installieren. Und von Zeit zu Zeit werden wir dann aufgefordert, ein mehrere Gigabyte großes Update herunterzuladen und zu installieren, bevor wir wieder spielen können. Diese Dateien sind so groß, weil sie fast das gesamte Spiel enthalten, d. h. den Code, die Spiellogik und alle für die Spielumgebung erforderlichen Elemente und Texturen (alle Baumarten, alle Avatare, alle Bosskämpfe, alle Waffen usw.).

Was bringen Online-Multiplayer-Server für ein typisches Online-Spiel tatsächlich? Nicht viel. Die Spieldateien von *Fortnite für* PC und Konsolen sind etwa 30 GB groß, aber beim Online-Spiel werden nur 20 bis 50 MB (oder 0,02 bis 0,05 GB) an Daten pro Stunde heruntergeladen. Diese Informationen teilen dem Gerät des Spielers mit, was es mit den bereits vorhandenen Daten tun soll. Wenn Sie zum Beispiel eine Online-Partie *Mario Kart* spielen, teilen die Nintendo-Server Ihrer Nintendo Switch mit, welche Avatare Ihre Gegner verwenden und deshalb geladen werden sollten. Während des Spiels können Sie durch die ständige Verbindung zu diesem Server einen konstanten Datenstrom darüber senden, wo genau sich diese Gegner befinden („Positionsdaten"), was sie gerade tun (z. B. einen roten Panzer auf Sie werfen), wie sie kommunizieren (z. B. den Ton Ihres Mitspielers) und verschiedene andere Informationen, z. B. wie viele Spieler noch im Spiel sind.

Dass Onlinespiele nach wie vor „größtenteils offline" sind, ist selbst für begeisterte Spieler eine Überraschung. Schließlich werden die meisten Musik- und Videodateien heute gestreamt – wir laden keine Songs oder Fernsehsendungen mehr herunter, geschweige denn kaufen wir physische CDs, um sie zu speichern – und Videospiele sind angeblich eine technisch anspruchsvollere und zukunftsorientierte Medienkategorie. Doch gerade weil Spiele so kompliziert sind, entscheiden sich ihre Macher dafür, das Internet an den Rand zu drängen – weil das Internet nicht zuverlässig ist. Die Verbindungen sind nicht zuverlässig, die Bandbreite ist nicht zuverlässig, die Latenzzeit ist nicht zuverlässig. Wie ich in Kapitel 3 gezeigt habe, können die meisten Online-Erfahrungen diese Unzuverlässigkeit überleben, aber Spiele nicht. Aus diesem Grund haben sich die Entwickler entschieden, sich so wenig wie möglich auf das Internet zu verlassen.

Dieser größtenteils Offline-Ansatz für Online-Spiele funktioniert gut, bringt aber viele Einschränkungen mit sich. Die Tatsache, dass ein Server nur einzelnen Benutzern mitteilen kann, welche Objekte, Texturen und Modelle gerendert werden sollen, bedeutet beispielsweise, dass jedes Objekt, jede Textur und jedes Modell im Voraus bekannt und gespeichert sein muss. Durch das Senden von Rendering-Daten nach

Bedarf können Spiele eine viel größere Vielfalt an virtuellen Objekten aufweisen. *Microsoft Flight Simulator* möchte, dass sich die einzelnen Städte nicht nur voneinander unterscheiden, sondern dass sie wie im richtigen Leben existieren. Und er will nicht 100 Arten von Wolken speichern und dann einem Gerät sagen, welche Wolke mit welcher Farbgebung gerendert werden soll, sondern er will genau sagen, wie diese Wolke aussehen soll.

Wenn ein Spieler heute seinen Freund in *Fortnite* sieht, kann er nur mit einer begrenzten Anzahl von vorinstallierten Animationen (oder „Emotes") interagieren, z. B. mit einem Winken oder einem Moonwalk. Viele Nutzer stellen sich jedoch eine Zukunft vor, in der ihre Gesichts- und Körperbewegungen live in einer virtuellen Welt nachgebildet werden. Um einen Freund zu begrüßen, werden sie nicht 17 der 20 vorinstallierten Wellen wählen, sondern mit ihren Fingern auf einzigartige Weise winken. Die Benutzer hoffen auch, ihre unzähligen virtuellen Gegenstände und Avatare in die unzähligen virtuellen Welten zu bringen, die mit dem Metaverse verbunden sind. Wie die Dateigröße von *MSFS* vermuten lässt, ist es einfach nicht möglich, so viele Daten im Voraus an den Benutzer zu senden. Dazu sind nicht nur unpraktisch große Festplatten erforderlich, sondern auch eine virtuelle Welt, die alles, was erstellt oder ausgeführt werden könnte, im Voraus kennt.

Die Notwendigkeit, eine ansonsten lebendige virtuelle Welt zu „bewahren", hat weitere Auswirkungen. Jedes Mal, wenn Epic Games die virtuelle Welt von *Fortnite* verändert – etwa, um neue Ziele, Fahrzeuge oder nicht spielbare Charaktere hinzuzufügen – müssen die Nutzer ein Update herunterladen und installieren. Je mehr Epic Games hinzufügt, desto länger dauert dies und desto länger muss ein Nutzer warten. Je häufiger eine Welt aktualisiert wird, desto mehr Verzögerungen entstehen für den Benutzer. Der stapelweise Aktualisierungsprozess bedeutet auch, dass virtuelle Welten nicht wirklich „lebendig" sein können. Stattdessen sendet ein zentraler Server eine bestimmte Version einer virtuellen Welt an alle Nutzer, eine Welt, die so lange Bestand hat, bis sie durch die nächste Aktualisierung ersetzt wird. Jede Ausgabe ist nicht notwendigerweise festgeschrieben – eine Aktualisierung kann programmierte Änderungen enthalten, wie z. B. ein Silvesterereignis oder täglich zunehmenden Schneefall –, aber sie ist im Voraus festgelegt. Und schließlich gibt es Beschränkungen, wohin die Nutzer gehen können. Während des 10-minütigen Events von Travis Scott in *Fortnite* wurden etwa 30 Millionen Spieler sofort von der Hauptkarte des Spiels in die Tiefen eines noch nie dagewesenen Ozeans, dann auf einen noch nie dagewesenen Planeten und schließlich tief in den Weltraum befördert. Viele von uns stellen sich vielleicht vor, dass das Metaverse auf ähnliche Weise funktioniert – dass die Nutzer einfach von einer virtuellen Welt zur anderen springen können, ohne lange Ladezeiten in Kauf nehmen zu müssen. Aber um das Konzert zu veranstalten, musste Epic den Nutzern jede dieser Mini-Welten Tage bis Stunden vor dem Event über einen Standard-Fortnite-Patch zukommen lassen (Nutzer, die das Update nicht vor Beginn des Events heruntergeladen und installiert hatten, konnten nicht daran teilnehmen). Während der einzelnen Spielabschnitte lud das Gerät jedes Spielers im Hintergrund den nächsten Spielabschnitt. Auffallend war, dass jedes von Scotts Konzertzielen kleiner und begrenzter war als das vorherige, wobei das letzte ein weitgehend „On rails"-Erlebnis war, bei dem die Benutzer einfach in einem weitgehend unbestimmten Raum vorwärts flogen. Man kann sich das wie den Unterschied zwischen dem freien Erkunden eines Einkaufszentrums und dem Durchqueren eines Fahrsteigs vorstellen.

Das Konzert war dennoch eine bedeutende kreative Leistung, aber wie es bei Online-Spielen oft der Fall ist, hing es von technischen Entscheidungen ab, die das Metaverse nicht unterstützen können. Tatsächlich setzen die meisten Metaverse-ähnlichen virtuellen Welten heute auf ein hybrides Modell aus lokalem und Cloud-Streaming, bei dem das „Kernspiel" vorinstalliert ist, aber ein Vielfaches an Daten nach Bedarf gesendet wird. Dieser Ansatz ist weniger wichtig für Titel wie *Mario Kart* oder *Call of Duty*, die eine relativ geringe Vielfalt an Gegenständen und Umgebungen aufweisen, aber entscheidend für Titel wie *Roblox* und *MSFS*. Angesichts der Popularität von *Roblox* und der Unermesslichkeit von *MSFS* könnte man meinen, dass die moderne Internet-Infrastruktur jetzt mit dem Live-Daten-Streaming im Stil des Metaverse umgehen kann. Allerdings funktioniert das Modell heute nur in sehr eingeschränktem Maße. *Roblox* zum Beispiel muss nicht viele Daten in die Cloud streamen, da die meisten Spielgegenstände auf vorgefertigten Gegenständen basieren. Das Spiel teilt dem Gerät des Nutzers meist nur mit, wie es zuvor heruntergeladene Gegenstände optimieren, neu einfärben oder neu anordnen soll. Darüber hinaus ist die grafische Qualität von *Roblox* relativ bescheiden, und daher sind auch die Dateigrößen für Texturen und Umgebungen relativ klein. Insgesamt ist die Datennutzung von *Roblox* viel höher als die von *Fortnite* – etwa 100-300 MB pro Stunde statt 30-50 MB – aber immer noch überschaubar. Bei seinen Zieleinstellungen benötigt *MSFS* fast 25 Mal so viel stündliche Bandbreite wie *Fortnite* und fünf Mal so viel wie *Roblox*. Das liegt daran, dass es nicht Daten darüber sendet, wie man ein vorinstalliertes Haus neu konfiguriert oder einfärbt, sondern dass es dem Gerät des Nutzers die exakten Abmessungen, Dichte und Farbgebung einer mehrere Kilometer großen Wolke oder eine nahezu exakte Nachbildung der Küste des Golfs von Mexiko übermittelt. Doch selbst dieser Bedarf wird auf eine Weise vereinfacht, die für das „Metaverse" nicht funktionieren wird.

MSFS braucht zwar viele Daten, aber nicht besonders schnell. Wie Piloten in der realen Welt können sich MSFS-Piloten nicht plötzlich vom Bundesstaat New York nach Neuseeland teleportieren, die Innenstadt von Albany aus 30.000 Fuß Höhe über Manhattan sehen oder innerhalb weniger Minuten vom Firmament auf die Landebahn herabsteigen. So hat das Gerät des Spielers viel Zeit, die benötigten Daten herunterzuladen – und kann sogar vorhersagen (und damit mit dem Herunterladen beginnen), was es braucht, bevor der Spieler überhaupt ein Ziel ausgewählt hat. Selbst wenn diese Daten nicht rechtzeitig eintreffen, sind die Auswirkungen gering: Einige Gebäude in Manhattan werden vorübergehend prozedural generiert, anstatt der Realität zu ähneln, und die realistischen Details werden dann bei ihrer Ankunft hinzugefügt.

Schließlich hat die virtuelle Welt von *MSFS* mehr mit einem Diorama gemeinsam als mit der geschäftigen und unberechenbaren Straße von Neal Stephenson. Um den Nutzern diese Art von Daten zu senden, die sich nicht leicht vorhersagen lassen und viel umfangreicher sind als die visuellen Details eines Büroparks oder eines Waldes, wird deutlich mehr als 1 GB pro Stunde benötigt. Dies bringt uns zum nächsten und wohl am wenigsten verstandenen Element der heutigen Internetkonnektivität: die Latenzzeit.

Latenzzeit

Bandbreite und Latenzzeit werden oft miteinander verwechselt, und der Fehler ist verständlich: Beide wirken sich darauf aus, wie viele Daten pro Zeiteinheit gesendet oder empfangen werden können. Der klassische Weg, die beiden zu unterscheiden, besteht darin, Ihre Internetverbindung mit einer Autobahn zu vergleichen. Sie können sich die „Bandbreite" als die Anzahl der Fahrspuren auf der Autobahn und die „Latenz" als die Geschwindigkeitsbegrenzung vorstellen. Wenn eine Autobahn mehr Fahrspuren hat, kann sie mehr Autos und Lastwagen befördern, ohne dass es zu Staus kommt. Ist die Geschwindigkeitsbeschränkung der Autobahn jedoch niedrig – vielleicht aufgrund zu vieler Kurven oder weil sie nicht asphaltiert, sondern geschottert ist –, dann fließt der Verkehr nur langsam, auch wenn es freie Kapazitäten gibt. Ebenso führt eine hohe Geschwindigkeitsbegrenzung mit nur einer Fahrspur zu ständigen Staus – die Geschwindigkeitsbegrenzung ist ein Wunsch, nicht die Realität.

Die Herausforderung bei in Echtzeit gerenderten virtuellen Welten besteht darin, dass die Benutzer nicht ein einzelnes Auto von einem Zielort zu einem anderen schicken. Stattdessen schicken sie eine nicht enden wollende Flotte von Autos, die miteinander verbunden sind (wir brauchen eine „kontinuierliche Verbindung"), zu und von diesem Ziel. Es ist nicht möglich, diese Autos im Voraus zu schicken, da ihr Inhalt erst Millisekunden vor der Abfahrt festgelegt wird. Außerdem müssen sich diese Autos mit der höchstmöglichen Geschwindigkeit bewegen, ohne jemals auf eine andere Route umgeleitet zu werden (was die kontinuierliche Verbindung unterbrechen und die Transitzeit verlängern würde, selbst wenn die Höchstgeschwindigkeit beibehalten wird).

Ein globales Straßensystem, das diese Anforderungen erfüllt und aufrechterhält, ist das eine große Herausforderung. In Teil I habe ich erklärt, dass nur wenige Online-Dienste heute eine extrem niedrige Latenzzeit benötigen. Es spielt keine Rolle, ob zwischen dem Senden einer WhatsApp-Nachricht und dem Empfang einer Lesebestätigung 100 Millisekunden, 200 Millisekunden oder sogar zwei Sekunden vergehen. Es spielt auch keine Rolle, ob es 20 ms oder 150 ms oder 300 ms dauert, nachdem ein Nutzer auf die Pausentaste von YouTube geklickt hat, bis das Video stoppt – und die meisten Nutzer merken wahrscheinlich nicht den Unterschied zwischen 20 ms und 50 ms. Wenn man Netflix schaut, ist es wichtiger, dass das Video zuverlässig und nicht sofort abgespielt wird. Und obwohl die Latenzzeit bei einem Zoom-Videoanruf lästig ist, können die Teilnehmer damit umgehen: Sie lernen einfach, ein wenig zu warten, nachdem der Sprecher aufgehört hat zu sprechen. Selbst eine Sekunde (1.000 ms) ist machbar.

Die menschliche Schwelle für Latenzzeiten ist bei interaktiven Erlebnissen unglaublich niedrig. Ein Benutzer muss instinktiv das Gefühl haben, dass seine Eingaben tatsächlich eine Wirkung haben – und verzögerte Antworten bedeuten, dass das „Spiel" auf alte Entscheidungen reagiert, nachdem neue Entscheidungen getroffen wurden. Aus demselben Grund hat man beim Spielen gegen einen Benutzer mit geringerer Latenz oft das Gefühl, gegen jemanden aus der Zukunft anzutreten – jemanden mit Supergeschwindigkeit – der einen Schlag parieren kann, den man noch gar nicht ausgeführt hat.

Erinnern Sie sich an das letzte Mal, als Sie einen Film oder eine Fernsehsendung im Flugzeug, auf einem iPad oder im Kino angesehen haben und Audio und Video nicht synchronisiert waren. Der Durchschnittsmensch bemerkt ein Synchronisationsproblem erst dann, wenn der Ton mehr als 45 ms zu früh oder mehr als 125 ms zu spät ist (170 ms Gesamtabweichung). Die Akzeptanzschwellen, wie sie allgemein genannt werden, sind sogar noch breiter und liegen bei 90 ms zu früh und 185 ms zu spät (275 ms). Bei digitalen Schaltflächen, wie z. B. der YouTube-Pausentaste, denkt die Durchschnittsperson erst dann, dass ihr Klick fehlgeschlagen ist, wenn eine Reaktion 200 bis 250 ms dauert. Bei Spielen wie *Fortnite*, *Roblox* oder *Grand Theft Auto* sind begeisterte

Gamer bereits nach 50 ms Latenzzeit frustriert (die meisten Spielehersteller hoffen auf 20 ms). Selbst Gelegenheitsspieler haben bei 110 ms das Gefühl, dass die Eingabeverzögerung und nicht ihre Unerfahrenheit daran schuld ist.[3] Bei 150 ms sind Spiele, die eine schnelle Reaktion erfordern, einfach unspielbar.

Wie sieht also die Latenzzeit in der Praxis aus? In den Vereinigten Staaten beträgt die durchschnittliche Zeit für die Übermittlung von Daten von einer Stadt zur anderen und zurück 35 ms. Viele Paarungen überschreiten diesen Wert, insbesondere zwischen Städten mit hoher Dichte und intensiven Nachfragespitzen (z.B. San Francisco nach New York während des Abends). Entscheidend ist, dass dies nur die Transitzeit von Stadt zu Stadt oder von Rechenzentrum zu Rechenzentrum ist. Es gibt noch die Transitzeit vom Stadtzentrum zum Nutzer, die besonders anfällig für Verlangsamungen ist. In dichten Städten, lokalen Netzen und einzelnen Wohnanlagen kann es leicht zu Engpässen kommen, und es werden häufig Kupferkabel mit begrenzter Bandbreite statt Hochleistungs-Glasfaserkabel verlegt. Wer außerhalb einer Großstadt wohnt, sitzt vielleicht am Ende von Dutzenden oder gar Hunderten von Kilometern kupferbasierter Übertragung. Für diejenigen, deren letzte Meile drahtlos ist, bedeutet 4G bis zu 40 zusätzliche Millisekunden.

Trotz dieser Herausforderungen liegen die Hin- und Rücklaufzeiten in den Vereinigten Staaten in der Regel innerhalb der Akzeptanzschwelle. Allerdings leiden alle Verbindungen unter „Jitter", d.h. der Abweichung der Zustellungszeit von Paket zu Paket im Vergleich zum Median. Während die meisten Jitter eng um die mittlere Latenzzeit der Verbindung herum verteilt sind, können sie häufig durch unvorhergesehene Überlastungen irgendwo auf dem Netzwerkpfad um ein Vielfaches ansteigen – einschließlich des Netzwerks des Endnutzers aufgrund von Störungen durch andere elektronische Geräte oder vielleicht ein Familienmitglied oder ein Nachbar, der einen Videostream oder einen Download initiiert. Auch wenn dies nur vorübergehend der Fall ist, kann dies leicht ein rasantes Spiel ruinieren oder zu einem Abbruch der Netzwerkverbindung führen. Auch hier gilt: Netzwerke sind nicht zuverlässig.

Um die Latenz zu bewältigen, hat die Online-Gaming-Branche eine Reihe von Teillösungen und Umgehungsmöglichkeiten entwickelt. Die meisten High-Fidelity-Multiplayer-Spiele sind zum Beispiel auf Serverregionen abgestimmt. Indem sie die Spielerliste auf diejenigen beschränken, die im Nordosten der Vereinigten Staaten, in Westeuropa oder in Südostasien leben, können die Spielehersteller die Latenzzeit innerhalb jeder Region minimieren. Da es sich bei Spielen um eine Freizeitbeschäftigung handelt, die in der Regel mit ein bis drei Freunden gespielt wird, funktioniert diese Clusterbildung gut genug. Es ist unwahrscheinlich, dass Sie mit einer bestimmten Person spielen wollen, die mehrere Zeitzonen entfernt ist, und es ist Ihnen sowieso egal, wo Ihre unbekannten Gegner wohnen (in den meisten Fällen können Sie nicht einmal mit ihnen sprechen). Multiplayer-Online-Spiele verwenden auch „Netcode"-Lösungen, um die Synchronisierung und Konsistenz zu gewährleisten und die Spieler bei der Stange zu halten. Verzögerungsbasierter Netcode weist das Gerät eines Spielers (z. B. eine PlayStation 5) an, die Eingaben seines Besitzers künstlich zu verzögern, bis die Eingaben des latenteren Spielers (des Gegners) eintreffen. Das wird Spieler mit einem auf niedrige Latenzzeiten eingestellten Muskelgedächtnis verärgern, aber es funktioniert. Der Rollback-Netcode ist etwas ausgeklügelter. Wenn die Eingaben des Gegners verzögert eintreffen, geht das Gerät des Spielers davon aus, was es erwartet. Stellt sich heraus, dass der Gegner etwas anderes getan hat, versucht das Gerät, laufende Animationen rückgängig zu machen und sie dann „korrekt" abzuspielen.

Diese Umgehungslösungen sind zwar effektiv, aber schlecht skalierbar. Netcode funktioniert gut bei Titeln, bei denen die Eingaben der Spieler ziemlich vorhersehbar sind, wie z. B. bei Fahrsimulationen, oder bei Titeln, bei denen nur relativ wenige Spieler synchronisiert werden müssen, wie es bei den meisten Kampfspielen der Fall ist. Es ist jedoch exponentiell schwieriger, das Verhalten von Dutzenden von Spielern korrekt vorherzusagen und kohärent zu synchronisieren, vor allem, wenn sie an einer virtuellen Welt im Sandkasten-Stil mit cloud-gestreamten Umgebungs- und Asset-Daten teilnehmen. Aus diesem Grund schätzt Subspace, ein Unternehmen für Echtzeit-Bandbreitentechnologie, dass nur drei Viertel der amerikanischen Breitbandhaushalte konsistent (aber bei weitem nicht fehlerfrei) an den heutigen virtuellen Echtzeit-Welten mit hoher Wiedergabetreue wie *Fortnite* und *Call of Duty* teilnehmen können, während es im Nahen Osten weniger als ein Viertel sind. Und die Einhaltung der Latenzschwelle ist nicht ausreichend. Subspace hat herausgefunden, dass eine durchschnittliche Erhöhung oder Verringerung der Latenz um 10 ms die wöchentliche Spielzeit um 6 % verringert oder erhöht. Darüber hinaus gilt dieser Zusammenhang auch über den Punkt hinaus, an dem selbst begeisterte Spieler die Netzwerklatenz erkennen können – wenn ihre Verbindung 15 ms statt 25 ms beträgt, spielen sie wahrscheinlich 6 % länger. Kaum eine andere Branche ist so empfindlich, und da es sich bei Spielen um ein engagementbasiertes Geschäft handelt, sind die Auswirkungen auf den Umsatz beträchtlich.

Dies scheint eher ein spielspezifisches Problem zu sein, als ein Problem des Metaverse. Es ist auch bemerkenswert, dass diese Probleme nur einen Teil der Spieleinnahmen betreffen. Viele Top-Titel wie *Hearthstone* und *Words with Friends* sind entweder rundenbasiert oder asynchron, während andere synchrone Titel wie *Honour of Kings* und *Candy Crush* weder pixelgenaue noch millisekundengenaue Eingaben benötigen. Das Metaverse wird jedoch eine niedrige Latenzzeit erfordern. Leichte Gesichtsbewegungen sind für die menschliche Konversation von enormer Bedeutung. Deshalb stört es uns auch nicht, wenn sich der Mund einer Pixar-Zeichentrickfigur bewegt, während wir bei einem fotorealistischen CGI-Menschen, dessen Lippen sich nicht genau richtig bewegen, schnell erschrecken (Animatoren nennen dies das „unheimliche Tal"). Wenn Sie mit Ihrer Mutter sprechen, als ob sie eine Verzögerung von 100 ms hätte, kann das schnell unheimlich werden. Die Interaktionen im Metaverse sind zwar nicht so zeitempfindlich wie eine pixelgenaue Kugel, aber die erforderliche Datenmenge ist viel größer. Es sei daran erinnert, dass Latenzzeit und Bandbreite zusammen die Menge an Informationen bestimmen, die pro Zeiteinheit übertragen werden kann.

Auch soziale Produkte hängen davon ab, wie viele Nutzer sie verwenden können und wollen. Obwohl die meisten Multiplayer-Spiele mit anderen Personen in der gleichen oder einer anderen Zeitzone gespielt werden, erstreckt sich die Internetkommunikation oft über den gesamten Globus. Ich habe bereits erwähnt, dass es 35 ms dauern kann, Daten vom Nordosten der USA in den Südosten der USA zu senden. Noch länger dauert es, wenn man zwischen Kontinenten unterwegs ist. Die durchschnittlichen Übertragungszeiten vom Nordosten der USA nach Nordostasien liegen bei 350 oder 400 ms – und von Nutzer zu Nutzer sogar noch länger (700 ms bis zu einer ganzen Sekunde). Stellen Sie sich vor, Face-Time oder Facebook würden nur dann funktionieren, wenn sich Ihre Freunde oder Ihre Familie im Umkreis von 500 Meilen befinden. Oder sie funktionieren nur, wenn Sie zu Hause sind. Wenn ein Unternehmen in der virtuellen Welt Arbeitskräfte aus dem Ausland oder aus der Ferne gewinnen will, braucht es mehr als eine halbe Sekunde Verzögerung. Jeder zusätzliche Benutzer in einer virtuellen Welt vergrößert das Problem der Synchronisierung nur.

Augmented-Reality-Erlebnisse stellen besonders hohe Anforderungen an die Latenzzeit, da sie sowohl auf Kopf- als auch auf Augenbewegungen beruhen. Wenn Sie eine Brille tragen, halten Sie es vielleicht für selbstverständlich, dass sich Ihre Augen sofort an Ihre Umgebung anpassen, wenn Sie sich umdrehen und Lichtpartikel mit 0,00001 ms empfangen. Aber stellen Sie sich vor, wie Sie sich fühlen würden, wenn es 10-100 ms Verzögerungen beim Empfang dieser neuen Informationen gäbe. Die Latenz ist das größte Netzwerkhindernis auf dem Weg zum Metaverse. Ein Teil des Problems besteht darin, dass heute nur wenige Dienste und Anwendungen eine extrem niedrige Latenz benötigen, was es wiederum jedem Netzbetreiber oder Technologieunternehmen, das sich auf die Echtzeitbereitstellung konzentriert, schwer macht. Die gute Nachricht ist, dass mit dem Wachstum des Metaverse auch die Investitionen in eine Internet-Infrastruktur mit niedrigeren Latenzzeiten zunehmen werden. Der Kampf um die Latenzzeit belastet jedoch nicht nur unseren Geldbeutel, sondern stößt auch auf die Gesetze der Physik. Um den CEO eines führenden Videospielverlags mit Erfahrung in der Entwicklung von Spielen für die Cloud-Bereitstellung zu zitieren: „Wir befinden uns in einem ständigen Kampf mit der Lichtgeschwindigkeit. Aber die Lichtgeschwindigkeit ist und bleibt unbesiegt". Bedenken Sie, wie schwierig es ist, auch nur ein einziges Byte von New York nach Tokio oder Mumbai mit extrem niedriger Latenz zu senden. Bei einer Entfernung von 11.000 bis 12.500 km dauert diese Strecke mit Lichtgeschwindigkeit 40-45 ms. Die Physik des Universums übertrifft das Zielminimum für wettbewerbsfähige Videospiele nur um 10-20 %. Das klingt nicht so, als ob wir gegen die Gesetze der Physik verlieren würden. Aber in der Praxis bleiben wir weit hinter diesem 40-45-ms-Benchmark zurück. Die durchschnittliche Latenzzeit eines Pakets, das von Amazons Rechenzentrum im Nordosten der USA (das NYC bedient) an sein Rechenzentrum im südostasiatisch-pazifischen Raum (Mumbai und Tokio) gesendet wird, beträgt 230 ms. Für diese Verzögerung gibt es viele Ursachen. Eine davon ist Quarzglas. Viele gehen davon aus, dass sich Daten, die über Glasfaserkabel übertragen werden, mit Lichtgeschwindigkeit bewegen, doch das ist sowohl richtig als auch falsch. Die Lichtstrahlen selbst bewegen sich zwar mit Lichtgeschwindigkeit – die, wie jeder Schüler weiß, eine Konstante ist –, aber sie bewegen sich nicht in einer geraden Linie, selbst wenn das Kabel selbst in einer geraden Linie verlegt ist. Das liegt daran, dass alle Glasfasern, anders als das Vakuum des Weltraums, das Licht brechen. Daher ähnelt der Weg eines bestimmten Strahls eher einem engen Zickzack, der zwischen den Kanten einer bestimmten Faser abprallt.

Das Ergebnis ist eine fast 45 %ige Verlängerung einer Strecke. Das bringt uns auf 58 oder 65 ms.

Außerdem werden die meisten Internetkabel nicht in der Luftlinie verlegt, sondern müssen internationale Rechte, geografische Hindernisse und Kosten-Nutzen-Analysen berücksichtigen. Infolgedessen haben viele Länder und Großstädte keine direkte Verbindung. NYC hat ein direktes Unterseekabel nach Frankreich, aber nicht nach Portugal. Der Verkehr aus den Vereinigten Staaten kann direkt nach Tokio gehen, aber um Indien zu erreichen, muss man von einem Unterseekabel zu einem anderen auf dem asiatischen oder ozeanischen Kontinent springen. Ein einziges Kabel könnte von den Vereinigten Staaten nach Indien verlegt werden, aber es müsste durch oder um Thailand herum verlegt werden, was Hunderte oder sogar Tausende von Meilen bedeuten würde – und das ist nur eine Lösung für die Übertragung von Land zu Land.

Es mag überraschen, dass es schwieriger ist, die inländische Internet-Infrastruktur zu verbessern als die internationale Internet-Infrastruktur. Bei der Verlegung (oder dem Austausch) von Kabeln müssen umfangreiche Verkehrsinfrastrukturen (Autobahnen und Eisenbahnen), verschiedene Bevölkerungszentren (mit jeweils eigenen politischen Prozessen, Wählerschaften und Anreizen) sowie geschützte Parks und Gebiete umgangen werden. Die Verlegung eines Kabels über einen Seeberg in internationalen Gewässern ist einfach, verglichen mit der Verlegung eines Kabels über ein privat-öffentliches Gebirge.

Abbildung 1: Unterwasserkabel
Eine Karte der fast 500 Unterseekabel und 1 250 Anlandestationen, die das weltweite Internet ermöglichen.
TeleGeografie

Bei dem Begriff „Internet-Backbone" könnte man an ein weitgehend geplantes und teilweise zusammengeschlossenes Netz von Kabeln denken. In Wirklichkeit ist das Internet-Backbone ein loser Zusammenschluss privater Netze. Diese Netze waren nie darauf ausgelegt, landesweit effizient zu sein. Vielmehr dienen sie lokalen Zwecken. So könnte beispielsweise ein privater Netzbetreiber eine Glasfaserleitung zwischen zwei Vororten oder sogar zwei Büroparks verlegt haben. Angesichts der Kosten für Genehmigungen und der Effizienz, die sich aus dem Anknüpfen an bereits bestehende Maßnahmen ergibt, wurden Kabel oft dort verlegt, wo gerade andere Infrastrukturen gebaut wurden, anstatt zwei Städte in Luftlinie miteinander zu verbinden.

Wenn Daten zwischen zwei Städten, z. B. New York und San Francisco oder Los Angeles und San Francisco, verschickt werden, können sie über mehrere verschiedene, aneinandergereihte Netze übertragen werden (jedes Segment wird als Hop bezeichnet). Keines dieser Netze ist darauf ausgelegt, die Entfernung oder die Übertragungszeit zwischen diesen beiden Orten zu minimieren. Dementsprechend kann ein bestimmtes Paket wesentlich weiter als die buchstäbliche geografische Entfernung zwischen einem Benutzer und einem Server reisen.

Diese Herausforderung wird durch das Border Gateway Protocol (BGP), eines der Kernprotokolle der Anwendungsschicht von TCP/IP, noch verschärft. Wie Sie in Kapitel 3 gelesen haben, dient BGP als eine Art Fluglotse für Daten, die „im Internet" übertragen werden, indem es jedem Netz dabei hilft, zu bestimmen, durch welches andere Netz es Daten leiten soll. Es tut dies jedoch, ohne zu wissen, was gesendet wird, in welche Richtung oder mit welcher Bedeutung. Es „hilft" also, indem es eine ziemlich standardisierte Methodik anwendet, bei der vor allem die Kosten im Vordergrund stehen.

Das BGP-Regelwerk spiegelt das ursprüngliche asynchrone Netzdesign des Internets wider. Sein Ziel ist es, sicherzustellen, dass alle Daten erfolgreich und kostengünstig übertragen werden. Dies hat jedoch zur Folge, dass viele Routen viel länger als nötig sind – und das in uneinheitlicher Weise. Zwei Spieler, die sich im selben Gebäude in Manhattan befinden, könnten am selben Fortnite-Match teilnehmen, das von einem Fortnite-Server in Virginia verwaltet wird, wobei die Pakete zuerst über Ohio geleitet werden und somit 50 % länger brauchen, um das Ziel zu erreichen. Die Daten könnten über einen noch längeren Netzwerkpfad, der durch Chicago führt, an einen der Spieler zurückgeschickt werden. Und jede dieser Verbindungen könnte am Ende unterbrochen werden oder unter wiederholten Anfällen von 150-ms-Latenz leiden, nur um Datenverkehr zu priorisieren, der nicht in Echtzeit zugestellt werden musste, wie z. B. eine E-Mail.

All diese Faktoren zusammen erklären, warum ein durchschnittliches Datenpaket von New York nach Tokio mehr als viermal so lange braucht wie ein Lichtteilchen, von New York nach Mumbai fünfmal so lange und nach San Francisco je nach Zeitpunkt zwei- bis viermal so lange.

Eine Verbesserung der Lieferzeiten wird unglaublich teuer, schwierig und langsam sein. Das Ersetzen oder Aufrüsten von kabelbasierter Infrastruktur ist nicht nur kostspielig, sondern erfordert auch behördliche Genehmigungen, in der Regel auf mehreren Ebenen. Je direkter der vorgesehene Verlauf dieser Kabel ist, desto schwieriger sind diese Genehmigungen, da der direktere Verlauf mit größerer Wahrscheinlichkeit auf vorgelagerte Wohn-, Gewerbe-, Regierungs- oder Umweltschutzgebiete trifft.

Es ist viel einfacher, die drahtlose Infrastruktur aufzurüsten. 5G-Netze werden in erster Linie damit angepriesen, dass sie den Mobilfunknutzern eine „ultraniedrige Latenzzeit" bieten, die potenziell bei 1 ms und realistischer bei 20 ms liegen soll. Dies bedeutet eine Einsparung von 20-40 ms gegenüber den heutigen 4G-Netzen. Dies gilt jedoch nur für die letzten paar hundert Meter der Datenübertragung. Sobald die Daten eines drahtlosen Nutzers den Sendemast erreicht haben, werden sie über Festnetz-Backbones übertragen.

Starlink, das Satelliteninternetunternehmen von SpaceX, verspricht, Internetdienste mit hoher Bandbreite und geringer Latenzzeit in den gesamten Vereinigten Staaten und schließlich auch im Rest der Welt anzubieten. Mit Satelliteninternet lassen sich jedoch keine extrem niedrigen Latenzzeiten erzielen, vor allem nicht bei großen Entfernungen. Ab 2021 wird Starlink im Durchschnitt 18-55 ms für die Strecke von Ihrem Haus zum Satelliten und zurück benötigen. Dieser Zeitrahmen verlängert sich jedoch, wenn die Daten von New York nach Los Angeles und zurück übertragen werden müssen, da dabei mehrere Satelliten oder herkömmliche terrestrische Netze überbrückt werden müssen.

In einigen Fällen verschärft Starlink sogar das Problem der Entfernungen. Von New York nach Philadelphia sind es etwa 100 Meilen in gerader Linie und möglicherweise 125 Meilen per Kabel, aber über 700 Meilen, wenn man zu einem Satelliten in niedriger Umlaufbahn und wieder zurück reist. Hinzu kommt, dass Glasfaserkabel viel weniger „verlustbehaftet" sind als Licht, das durch die Atmosphäre übertragen wird, insbesondere an bewölkten Tagen. Dicht besiedelte Stadtgebiete sind aufgrund des Lärms auch aus diesem Grund anfällig für Störungen. Im Jahr 2020 betonte Elon Musk, dass sich Starlink „auf die am schwersten zu bedienenden Kunden konzentriert, die [Telekommunikationsunternehmen] sonst nur schwer erreichen können".[4] In diesem Sinne ermöglicht die Satellitenübertragung mehr Menschen, die Mindestlatenzvorgaben für das Metaverse zu erfüllen, anstatt Verbesserungen für diejenigen zu bieten, die sie bereits erfüllen.

Das Border Gate Protocol könnte aktualisiert oder durch andere Protokolle ergänzt werden, oder es könnten neue proprietäre Standards eingeführt und übernommen werden. In jedem Fall stellen wir uns gerne vor, dass das, was möglich ist, nur durch den Verstand und die Innovationen der Roblox Corporation, von Epic Games oder des einzelnen Schöpfers begrenzt wird, und es ist wahr, dass diese Gruppen sich als geschickt darin erwiesen haben, netzwerkbasierte Einschränkungen zu umgehen. Sie werden dies auch weiterhin tun, während wir alle Herausforderungen in Bezug auf Bandbreite und Latenzzeiten meistern. Zumindest in der nahen Zukunft werden diese allzu realen Beschränkungen jedoch das Metaverse und alles, was darin enthalten ist, weiterhin einschränken.

Kapitel 6
Datenverarbeitung

Die rechtzeitige Übermittlung ausreichender Daten ist nur ein Teil des Prozesses zum Betrieb einer synchronisierten virtuellen Welt. Die Daten müssen auch verstanden, der Code muss ausgeführt, Eingaben müssen bewertet, die Logik muss ausgeführt, die Umgebung muss gerendert werden, und so weiter. Dies ist die Aufgabe von zentralen Recheneinheiten (CPUs) und Grafikprozessoren (GPUs), die allgemein als „Rechenleistung" bezeichnet werden.

Rechenleistung ist die Ressource, die die gesamte digitale „Arbeit" verrichtet. Seit Jahrzehnten steigt die Zahl der verfügbaren und hergestellten Rechenressourcen pro Jahr, und wir haben gesehen, wie leistungsfähig sie sein können. Trotzdem waren und bleiben Rechenressourcen immer knapp, denn wenn mehr Rechenleistung zur Verfügung steht, neigen wir dazu, kompliziertere Berechnungen anzustellen. Betrachten Sie die Größe der durchschnittlichen Videospielkonsole in den letzten 40 Jahren. Die erste PlayStation, die 1994 auf den Markt kam, wog 3,2 Pfund und maß 10,75 mal 7,5 mal 2,5 Zentimeter. Die fünfte, die 2020 auf den Markt kommt, wiegt 9,9 Pfund und ist 15,4 mal 10,2 mal 4,1 Zentimeter groß. Der größte Teil des Wachstums ist auf die Entscheidung zurückzuführen, mehr Rechenleistung in das Gerät zu packen – und größere Lüfter, um es zu kühlen, während es seine Arbeit verrichtet. Heute würde die ursprüngliche PlayStation (mit Ausnahme des optischen Laufwerks) in eine Brieftasche passen und weniger als 25 Dollar kosten, aber die Nachfrage nach einem solchen Gerät ist im Vergleich zu modernen Alternativen gering.

Zu Beginn meines Buches habe ich über den Supercomputer geschrieben, den Pixar für die Produktion von *„Monsters University"* (2013) gebaut hat: etwa 2.000 zusammengeschaltete Industriecomputer mit insgesamt 24.000 Rechenkernen. Die Kosten für dieses Rechenzentrum lagen im zweistelligen Millionenbereich, natürlich weit mehr als für eine PlayStation 3, war aber auch in der Lage, viel größere, detailliertere und schönere Bilder zu erzeugen. Insgesamt benötigte jedes der 120.000 Einzelbilder des Films 30 Core-Stunden zum Rendern.* In den

---

* Zur Erinnerung: Es handelt sich nicht um 30 Stunden im wörtlichen Sinne, sondern vielmehr um 30 Kernstunden. Ein Kern könnte 30 Stunden mit dem Rende-

folgenden Jahren ersetzte Pixar viele dieser Computer und Kerne durch neuere und leistungsfähigere Prozessoren, die dieselben Bilder schneller rendern konnten. Doch anstatt die Geschwindigkeit zu optimieren, nutzt Pixar diese Leistung, um anspruchsvollere Renderings zu erstellen. Eine Aufnahme im Film *Coco* aus dem Jahr 2017 hatte beispielsweise fast acht Millionen einzeln gerenderte Lichter. Zuerst dauerte es über 1.000 Stunden, dann 450 Stunden, um jedes Bild der Aufnahme zu rendern. Pixar konnte die Zeit auf 55 Stunden reduzieren, indem es eine Reihe von Lichtern in 20-Grad-Schritten in Längs- und Querrichtung „backte", d.h. ihre Reaktionsfähigkeit auf die Kamera reduzierte.[1]

Dies mag als unfairer Anker erscheinen. Schließlich braucht nicht jedes Rendering acht Millionen Lichter oder Echtzeit-Spezifikationen, und es wird auch nicht auf einer 350 Quadratmeter großen IMAX-Leinwand begutachtet. Die für das Metaverse erforderlichen Renderings und Berechnungen sind jedoch noch viel komplizierter. Sie müssen auch alle ~0,016 oder besser ~0,0083 Sekunden erstellt werden! Nicht jedes Unternehmen – und schon gar nicht jeder Einzelne – kann sich ein Supercomputer-Rechenzentrum leisten. Es ist wirklich bemerkenswert, wie sehr selbst die beeindruckendsten virtuellen Welten heute rechnerisch begrenzt sind. Kehren wir zu *Fortnite* und *Roblox* zurück. Diese Titel sind zwar unglaublich kreative Errungenschaften, aber die ihnen zugrunde liegenden Ideen sind alles andere als neu. Seit Jahrzehnten stellen sich Entwickler Erlebnisse mit Dutzenden von Live-Spielern (wenn nicht gar Hunderten oder Tausenden) in einer einzigen, gemeinsamen Simulation vor, ebenso wie virtuelle Umgebungen, die nur durch die Vorstellungskraft des einzelnen Nutzers begrenzt sind. Das Problem war, dass sie technisch nicht möglich waren.

Während virtuelle Welten mit Hunderten oder sogar Tausenden von „gleichzeitigen Nutzern" (oder CCUs) seit den späten 1990er-Jahren möglich waren, waren sowohl die virtuellen Welten als auch die Nutzer in ihnen stark eingeschränkt. *EVE Online* erlaubt es einzelnen Spielern nicht, sich über Avatare zu versammeln. Stattdessen steuern die Benutzer große und meist statische Schiffe, um sich im Raum zu bewegen oder Artilleriefeuer auszutauschen. Dutzende von *World of Warcraft*-Avataren können am selben Ort gerendert werden, aber die Modelldetails sind begrenzt, die Perspektive zoomt relativ stark heraus und die Spieler haben nur begrenzte Kontrolle darüber, was jeder Avatar tun kann. Wenn sich zu viele Spieler in einem einzigen Gebiet versammeln, teilt der Spielserver dieses Gebiet vorübergehend in gleichzeitig arbeitende, aber unabhängige Kopien dieses Gebiets auf. Einige Spiele beschränken

---

ring verbringen, oder 30 Kerne könnten eine Stunde mit dem Rendering verbringen usw.

das Echtzeit-Rendering sogar auf einzelne Spieler und ausgewählte KI im Spiel, wobei der gesamte Hintergrund vorgerendert ist und somit von den Spielern nicht beeinflusst werden kann. Um diese Erfahrungen zu machen, musste der Spieler außerdem einen speziellen Spiele-PC kaufen, der mehrere Tausend Dollar kosten konnte. Selbst wenn ein solches Gerät nicht unbedingt erforderlich war, musste der Benutzer wahrscheinlich die Rendering-Fähigkeit des Spiels „abschalten" oder „herunterfahren" oder die Bildrate halbieren.

Erst Mitte der 2010er-Jahre konnten Millionen von Geräten der Unterhaltungselektronik ein Spiel wie *Fortnite* bewältigen – ein Spiel mit Dutzenden von reich animierten Avataren in einem einzigen Match, von denen jeder eine breite Palette von Aktionen ausführen kann und die in einer lebendigen und greifbaren Welt interagieren, anstatt in den kalten Weiten des Weltraums. Etwa zur gleichen Zeit waren genügend erschwingliche Server verfügbar, die die von so vielen Geräten kommenden Eingaben verwalten und synchronisieren konnten.

Diese rechnerischen Fortschritte führten zu außergewöhnlichen Veränderungen in der Videospielbranche. Innerhalb weniger Jahre waren die beliebtesten (und umsatzstärksten) Spiele der Welt diejenigen, die sich auf reichhaltigen UGC und eine hohe Anzahl gleichzeitiger Nutzer konzentrierten (*Free Fire*, *PUBG*, *Fortnite*, *Call of Duty: Warzone*, *Roblox*, *Minecraft*). Darüber hinaus dehnten sich diese Spiele schnell auf die Art von Medienerlebnissen aus, die zuvor „IRL Only" waren (das Travis Scott-Konzert in *Fortnite* oder Lil Nas X's in *Roblox*). Das kollektive Ergebnis dieser neuen Genres und Ereignisse war ein enormes Wachstum in der Spieleindustrie. Im Laufe eines durchschnittlichen Tages im Jahr 2021 nahmen über 350 Millionen Menschen an einem Battle-Royale-Spiel teil – nur ein Genre von Spielen mit hohem CCU-Anteil – und Milliarden konnten dies tun. Im Jahr 2016 besaßen nur 350 Millionen Menschen auf der Welt die Ausrüstung, die zum Rendern einer reichhaltigen virtuellen 3D-Welt erforderlich ist. Auf seinem Höhepunkt im Jahr 2021 hatte *Roblox* 225 Millionen monatliche Nutzer – eine Zahl, die um mehr als ein Drittel höher ist als die Lebenszeitverkäufe der meistverkauften Konsole der Geschichte, der PlayStation 2, und um zwei Drittel höher als die von sozialen Netzwerken wie Snapchat und Twitter.

Wie Sie sich vielleicht schon denken können, sind diese Spiele ihrer Zeit teilweise deshalb so weit voraus, weil sie aufgrund bestimmter Designentscheidungen die aktuellen Rechenbeschränkungen umgehen können. Die meisten Battle Royales unterstützen 100 Spieler, aber sie verwenden auch riesige Karten mit zahlreichen „Points of Interest", um die Spieler weit voneinander zu verteilen. Das bedeutet, dass der Server zwar verfolgen muss, was die einzelnen Spieler tun, aber das Gerät der einzelnen Spieler muss sie nicht darstellen oder ihre Aktionen verfolgen oder verarbeiten. Und obwohl sich die Spieler letztendlich auf einem kleinen Raum – manchmal so groß wie ein Schlafsaal – zusammenfinden müssen, bedeutet die Prämisse eines Battle Royale, dass fast alle Spieler zu diesem Zeitpunkt besiegt sind. Und je kleiner die Karte wird, desto schwieriger wird es, zu überleben. Ein Battle-Royale-Spieler muss sich vielleicht mit 99 Konkurrenten herumschlagen, aber sein Gerät hat es mit weit weniger zu tun.

Doch diese Tricks taugen nur bis zu einem gewissen Punkt. Das nur für Mobiltelefone verfügbare Battle-Royale-Spiel *Free Fire* ist beispielsweise eines der beliebtesten Spiele der Welt. Die meisten Spieler sind jedoch in Südostasien und Südamerika zu finden, wo die meisten Geräte Android-Geräte der unteren bis mittleren Preisklasse sind und nicht die leistungsfähigeren iPhones und High-End-Androiden. Daher ist das Battle Royale von *Free Fire* auf 50 und nicht auf 100 Spieler begrenzt. Bei Titeln wie *Fortnite* oder *Roblox*, die soziale Ereignisse in einem begrenzteren Raum, z. B. einem virtuellen Konzertsaal, durchführen, werden die CCUs auf 50 oder weniger reduziert. Außerdem schränken sie die Möglichkeiten der Nutzer im Vergleich zu den Standard-Spielmodi ein. So kann die Möglichkeit des Bauens abgeschaltet oder die Anzahl der Tanzbewegungen von einem oder zwei Dutzend auf eine einzige voreingestellte Option reduziert werden.

Wenn du einen Prozessor hast, der nicht so leistungsfähig ist wie der eines durchschnittlichen Spielers, wirst du feststellen, dass du mehr Kompromisse eingehen musst. Geräte, die schon ein paar Jahre alt sind, laden die individuellen Outfits anderer Spieler nicht (da sie keine Auswirkungen auf das Spielgeschehen haben) und stellen sie stattdessen nur als Standardcharaktere dar. Trotz aller Wunder, die der *Microsoft Flight Simulator* zu bieten hat, können weniger als 1 % der Macs (Desktop und Macbook) und -PCs den Titel sogar in den niedrigsten Einstellungen ausführen. Der Grund, warum *MSFS* auf diesen Geräten möglich ist, liegt zum Teil darin, dass die Welt abgesehen von der Karte, dem Wetter und den Flugrouten so wenig real ist.

Natürlich verbessern sich die Computerkapazitäten jedes Jahr. *Roblox* unterstützt jetzt bis zu 200 Spieler in seinen relativ realitätsnahen Welten, wobei in den Betatests bis zu 700 Spieler möglich sind. Wir sind jedoch noch weit von dem Punkt entfernt, an dem die einzige Einschränkung die Kreativität ist. Das Metaverse wird Hunderttausende umfassen, die an einer gemeinsamen Simulation teilnehmen und so viele virtuelle Gegenstände besitzen, wie sie möchten. Dazu kommen Motion Capture, die Möglichkeit, eine virtuelle Welt umfassend zu modifizieren (anstatt nur aus einem Dutzend Optionen auszuwählen), mit voller Persistenz und das Rendern dieser Welt nicht nur in 1080p (was üblicherweise als „High Definition" gilt), sondern in 4K oder sogar 8K. Selbst die leistungsstärksten Geräte der Welt haben Schwierigkeiten, dies in Echtzeit zu bewerkstelligen, da jedes einzelne Asset, jede Textur und jede Auflösungserhöhung oder jedes zusätzliche Bild und jeder zusätzliche Spieler eine zusätzliche Beanspruchung der knappen Rechenressourcen bedeutet.

Der Gründer und CEO von Nvidia, Jensen Huang, stellt sich vor, dass der nächste Schritt für immersive Simulationen weit über realistischer aussehende Explosionen oder einen animierten Avatar hinausgeht. Stattdessen stellt er sich die Anwendung der „Gesetze der Teilchenphysik, der Schwerkraft, des Elektromagnetismus, der elektromagnetischen Wellen, [einschließlich] Licht- und Radiowellen … des Drucks und des Schalls" vor.[2]

Ob das Metaverse eine solche physikalische Genauigkeit erfordert, ist umstritten. Der wichtige Punkt hier ist einfach, dass Rechenleistung immer knapp ist, gerade weil zusätzliche Rechenkapazitäten zu wichtigen Fortschritten führen. Huangs Wunsch, die Gesetze der Physik in eine virtuelle Welt zu bringen, mag übertrieben und unpraktisch erscheinen, aber wenn man davon ausgeht, dass dies der Fall ist, muss man die Innovationen, die sich daraus ergeben könnten, vorhersehen und abtun. Wer hätte gedacht, dass die Möglichkeit von Battle Royales mit 100 Spielern die Welt verändern würde? Sicher ist, dass die Verfügbarkeit und die Beschränkungen von Computern bestimmen werden, welche Erfahrungen im Metaverse möglich sind, für wen, wann und wo.

Zwei Seiten desselben Problems

Wir wissen, dass das Metaverse mehr Rechenleistung benötigt, aber wie viel genau, bleibt unklar. In Kapitel 3 habe ich den ehemaligen und jetzt beratenden CTO von Oculus, John Carmack, zitiert, der glaubt, dass „der Aufbau des Metaverse ein moralischer Imperativ ist". Im Oktober 2021 sagte Carmack, wenn man ihn 20 Jahre früher gefragt hätte, ob „die hundertfache Rechenleistung" ausreichen würde, um diese Aufgabe zu erfüllen, hätte er ja gesagt. Doch auch wenn Milliarden von Geräten heute über eine solche Fähigkeit verfügen, ist das Metaverse laut Carmack noch mindestens fünf bis zehn Jahre entfernt und würde selbst am äußersten Rand dieser Vorhersage noch mit „ernsthaften Optimierungsproblemen" konfrontiert sein. Zwei Monate später veröffentlichte Raja Koduri, Intels SVP und General Manager der Accelerated Computing and Graphics Group, ähnliche Gedanken auf Intels Investor Relations Website. Koduri sagte, dass „das Metaversum in der Tat die nächste große Plattform im Bereich der Datenverarbeitung nach dem World Wide Web und dem Mobilfunk sein könnte ... [aber] wirklich persistente und immersive Datenverarbeitung in großem Maßstab, die für Milliarden von Menschen in Echtzeit zugänglich ist, wird sogar noch mehr erfordern: eine 1000-fache Steigerung der Berechnungseffizienz gegenüber dem heutigen Stand der Technik".[3]

Es gibt unterschiedliche Ansichten darüber, wie dies am besten erreicht werden kann.

Ein Argument ist, dass so viel „Arbeit" wie möglich in entfernten, industrietauglichen Rechenzentren und nicht in Verbrauchergeräten erledigt werden sollte. Die Tatsache, dass der größte Teil der Arbeit in einer virtuellen Welt auf dem Gerät eines jeden Nutzers stattfindet, wird von vielen als Verschwendung empfunden, da dies bedeutet, dass viele Geräte zur gleichen Zeit die gleiche Arbeit verrichten, um das gleiche Erlebnis zu ermöglichen. Im Gegensatz dazu verfolgt der leistungsstarke Server, der vom „Besitzer" der virtuellen Welt betrieben wird, lediglich die Benutzereingaben, leitet sie weiter, wenn es nötig ist, und schlichtet Prozesskonflikte, wenn sie auftreten. Er braucht nicht einmal etwas zu rendern!

Ein Beispiel soll dies (virtuell) verdeutlichen. Wenn ein Spieler in *Fortnite* einen Raketenwerfer auf einen Baum schießt, werden diese Informationen (der verwendete Gegenstand, seine Attribute und die Flugbahn des Geschosses) vom Gerät des Spielers an den Multiplayer-Server von *Fortnite* gesendet, der diese Informationen dann an alle Spieler weiterleitet, die diese Informationen benötigen. Deren lokale Rechner verarbeiten diese Informationen und handeln entsprechend: Sie zeigen die Explosion an, stellen fest, ob ihre Spieler verletzt wurden, entfernen den Baum von der Karte und erlauben den Spielern, sich an der Stelle zu bewegen, an der er sich befand, und so weiter.

In der Praxis sehen die Spieler möglicherweise nicht einmal dieselbe visuelle Explosion, obwohl der „gleiche" Sprengstoff den „gleichen" Baum im „gleichen" Winkel zur „gleichen" Zeit getroffen hat und die gleiche Logik zur Verarbeitung von Ursache und Wirkung angewandt wurde. Dies spiegelt die Tatsache wider, dass (aufgrund der variablen Latenz) ein bestimmtes Gerät denken könnte, dass die Rakete etwas früher oder später und von einer etwas anderen Position aus abgeschossen wurde. Normalerweise spielt das keine Rolle, aber manchmal ist es von enormer Bedeutung. Zum Beispiel könnte die Konsole von Spieler 1 feststellen, dass Spieler 2 durch die Explosion, die den Baum zerstörte, getötet wurde, während die Konsole von Spieler 2 sagen würde, dass Spieler 2 erheblichen, aber nicht tödlichen Schaden genommen hat. Keine der beiden Konsolen ist „falsch", aber das Spiel kann offensichtlich nicht mit beiden Versionen der „Wahrheit" fortgesetzt werden. Und so muss der Server „wählen".

Die derzeitige Abhängigkeit von persönlichen Geräten führt auch zu anderen Einschränkungen. Die Verbraucher können nur das erleben, was ihr eigenes Gerät bewältigen kann. Ein iPad aus dem Jahr 2019, eine PlayStation 4 aus dem Jahr 2013 und eine PlayStation 5 aus dem Jahr 2020 werden *Fortnite* jeweils anders darstellen. Das iPad wird auf 30 Bilder pro Sekunde beschränkt sein, während die PlayStation 4 60 FPS und die PlayStation 5 120 FPS bieten wird. Das iPad wird wahrscheinlich nur ausgewählte Kartentexturen laden und vielleicht sogar Avatar-Outfits auslassen, während die PlayStation 5 Lichtbrechungen und Schatten zeigen wird, was die PlayStation 4 nicht kann. Das wiederum bedeutet, dass die Gesamtkomplexität einer virtuellen Welt zum Teil durch das niedrigste Endgerät begrenzt wird, das darauf zugreifen kann. Epic Games hat beschlossen, dass die Avatare und Outfits in *Fortnite* keinen Einfluss auf das Gameplay haben sollten, aber eine Änderung der Meinung könnte dazu führen, dass viele Spieler abgeschnitten werden.

Die Verlagerung eines möglichst großen Teils der Verarbeitung und des Renderings in industrielle Rechenzentren scheint sowohl effizienter als auch wesentlich für den Aufbau des Metaverse zu sein. Es gibt bereits Unternehmen und Dienste, die in diese Richtung weisen. Google Stadia und Amazon Luna zum Beispiel verarbeiten das gesamte Videogameplay in entfernten Rechenzentren und übertragen dann das gesamte gerenderte Erlebnis als Videostream auf das Gerät des Nutzers. Das einzige, was ein Client-Gerät tun muss, ist, dieses Video abzuspielen und Eingaben zu senden (nach links gehen, X drücken usw.) – ähnlich wie beim Schauen von Netflix.

Befürworter dieses Konzepts verweisen häufig auf die Logik, dass unsere Häuser über Stromnetze und Industriekraftwerke und nicht über private Generatoren mit Strom versorgt werden. Das Cloud-basierte Modell ermöglicht es den Verbrauchern, keine Computer der Verbraucherklasse mehr zu kaufen, die nur selten aufgerüstet werden, und stattdessen Zugang zu Geräten der Unternehmensklasse zu mieten, die pro Einheit der Verarbeitungsleistung kostengünstiger sind und leichter aktualisiert werden können. Unabhängig davon, ob ein Benutzer ein 1.500-Dollar-iPhone oder einen alten WiFi-fähigen Kühlschrank mit einem Videobildschirm besitzt, könnte er einen rechenintensiven Titel wie *Cyberpunk 2077* in seiner ganzen gerenderten Pracht spielen. Warum sollte eine virtuelle Welt von einem kleinen Stück Consumer-Hardware abhängen, das in Plastikhüllen eingewickelt ist, und nicht von einem millionenschweren (wenn nicht gar milliardenschweren) Serverstapel, der dem Unternehmen gehört, das die virtuelle Welt betreibt?

Trotz der scheinbaren Logik dieses Ansatzes und des Erfolgs von serverseitigen Inhaltsdiensten wie Netflix und Spotify ist das Remote-Rendering heute nicht die konsensfähige Lösung unter Spieleherstellern. Tim Sweeney hat argumentiert, dass „Initiativen, die Echtzeitverarbeitung auf der falschen Seite der Latenzwand zu platzieren, schon immer zum Scheitern verurteilt waren, weil sich die lokale Rechenleistung schneller verbessert, auch wenn sich Bandbreite und Latenz verbessern".[4] Anders ausgedrückt: Die Debatte dreht sich nicht darum, ob Remote-Rechenzentren bessere Erlebnisse bieten können als verbrauchereigene. Das können sie natürlich. Vielmehr geht es darum, dass Netzwerke im Weg stehen und dies wahrscheinlich auch in Zukunft tun werden.

Hier beginnt die Analogie mit dem Stromgenerator zu scheitern. In den meisten Industrieländern haben die Verbraucher keine Schwierigkeiten, die täglich benötigte Energie zu erhalten. Und das, obwohl nur sehr wenig Strom, d. h. Daten, übertragen wird. Um ferngesteuerte Erlebnisse liefern zu können, müssen viele Gigabytes pro Stunde in Echtzeit übertragen werden. Aber wie Sie wissen, haben wir immer noch Schwierigkeiten, ein paar Megabyte pro Stunde rechtzeitig zu senden.

Außerdem muss sich die dezentrale Datenverarbeitung erst noch als effizienter für das Rendering erweisen. Dies ist eine Folge mehrerer miteinander verbundener Probleme.

Erstens rendert ein Grafikprozessor nicht die gesamte virtuelle Welt, nicht einmal einen großen Teil davon, zu jedem beliebigen Zeitpunkt. Stattdessen wird nur das gerendert, was für einen bestimmten Benutzer notwendig ist, wenn dieser es braucht. Wenn sich ein Spieler in einem Spiel wie *The Legend of Zelda: Breath of the Wild* umdreht, entlädt der Nvidia-Grafikprozessor der Nintendo Switch effektiv alles, was zuvor gerendert wurde, um das neue Sichtfeld des Spielers zu unterstützen. Dieser Prozess wird als „Viewing Frustrum Culling" bezeichnet. Andere Techniken sind „Okklusion", bei der Objekte, die sich im Blickfeld des Spielers befinden, nicht geladen/gerendert werden, wenn sie von einem anderen Objekt verdeckt werden, und „Level of Detail" (LOD), bei dem Informationen, wie z. B. die nuancierte Textur der Rinde einer Birke, nur dann gerendert werden, wenn der Spieler sie auch sehen kann.

Culling-, Okklusions- und LOD-Lösungen sind für gerenderte Echtzeit-Erlebnisse unerlässlich, da sie es dem Gerät eines Nutzers ermöglichen, seine Rechenleistung auf das zu konzentrieren, was der Nutzer sehen kann. Dies hat jedoch zur Folge, dass andere Benutzer die Arbeit der GPU eines Spielers nicht „huckepack" nehmen können. Einige Leser mögen dies für eine Lüge halten, wenn sie sich an die vielen Stunden erinnern, die sie mit *Mario Kart* auf dem Nintendo 64 verbracht haben, das es den Spielern erlaubte, einen Fernsehbildschirm in vier Teile zu „teilen", einen für jeden Fahrer. Auch heute noch erlaubt *Fortnite*, dass eine einzige PlayStation oder Xbox einen Bildschirm in zwei Hälften teilt, sodass zwei Spieler gleichzeitig spielen können. Aber in diesem Fall unterstützt die betreffende GPU das gleichzeitige Rendern für mehrere Teilnehmer, nicht für Benutzer. Die Unterscheidung ist hier entscheidend. Jeder Spieler muss das gleiche Spiel und die gleiche Stufe betreten und kann es auch nicht vorzeitig verlassen. Das liegt daran, dass die Prozessoren des Geräts nur eine begrenzte Menge an Informationen laden und verwalten können, und dass das Speichersystem mit wahlfreiem Zugriff verschiedene Renderings (z. B. einen Baum oder ein Gebäude) vorübergehend speichert, sodass sie von jedem Spieler kontinuierlich wiederverwendet werden können und nicht jedes Mal neu gerendert werden müssen. Außerdem sinkt die Auflösung und/oder die Bildrate jedes Spielers proportional zur Anzahl der Benutzer. Das bedeutet, dass jeder Spieler nur halb so viele gerenderte Pixel pro Sekunde erhält, selbst wenn zwei Fernsehgeräte für den Betrieb von *Mario Kart* mit zwei Spielern verwendet werden, anstatt nur ein Fernsehgerät, das in zwei Teile geteilt ist.*

Es ist technisch möglich, dass ein Grafikprozessor zwei völlig unterschiedliche Spiele wiedergibt. Ein Spitzen-Grafikprozessor von Nvidia kann sicherlich zwei verschiedene Emulationen des seitlich scrollenden 2D-Spiels *Super Mario Bros.* oder eine Version von *Super Mario Bros.* und einen anderen, ähnlich leistungsschwachen Titel unterstützen. Dies geschieht jedoch nicht auf eine recheneffiziente Weise. Ein Nvidia-Grafikprozessor, der das High-End-Spiel A mit seinen maximalen Rendering-Spezifikationen ausführen könnte, kann nicht zwei Versionen des Titels mit der Hälfte der Spezifikationen ausführen – oder sogar mit einem Drittel. Sie kann auch nicht ihre Leistung zwischen den einzelnen Spielen aufteilen, je nachdem, was sie wann brauchen, wie ein Elternteil, das zwei Kindern beim Lernen oder beim Zubettgehen hilft. Selbst wenn Spiel A niemals die gesamte Leistung eines bestimmten Nvidia-Grafikprozessors nutzen kann, kann die überschüssige Leistung nicht anderweitig zugewiesen werden.

GPUs erzeugen keine allgemeine Rendering-„Leistung", die unter den Nutzern aufgeteilt werden kann, so wie ein Kraftwerk den Strom unter mehreren Haushalten aufteilt oder wie ein CPU-Server Eingabe-, Standort- und Synchronisationsdaten für hundert Spieler in einem Battle Royale unterstützen kann. Stattdessen arbeiten GPUs normalerweise als „geschlossene Instanz", die das Rendering eines einzelnen Spielers

---

* Die Ausnahme ist, wenn ein Spiel weit unter der Kapazität des Grafikprozessors läuft, der es unterstützt – wie es der Fall wäre, wenn man die Nintendo 64-Version von *Mario Kart* auf der Nintendo Switch spielen würde, die 21 Jahre nach dem Nintendo 64 veröffentlicht wurde.

unterstützt. Viele Unternehmen arbeiten an diesem Problem, aber bis es möglich ist, gibt es keine inhärente Effizienz bei der Entwicklung von „Mega-GPUs", ähnlich wie bei großen industriellen Stromgeneratoren, Turbinen oder anderer Infrastruktur. Während Stromgeneratoren mit zunehmender Kapazität in der Regel kosteneffizienter pro Leistungseinheit sind, ist es bei Grafikprozessoren genau umgekehrt. Ein Grafikprozessor, der doppelt so leistungsfähig ist wie ein anderer, kostet – vereinfacht gesagt – mehr als doppelt so viel in der Herstellung.

Die Schwierigkeiten bei der „Aufteilung" oder „gemeinsamen Nutzung" von Grafikprozessoren sind der Grund dafür, dass die Cloud-Serverfarmen von Microsoft Xbox für das Game-Streaming in Wirklichkeit aus Racks und Racks entschandelter Xboxen bestehen, von denen jede einen Spieler bedient. Anders ausgedrückt: Microsofts Elektrizitätswerk ist in Wirklichkeit nur ein Netzwerk von Stromgeneratoren für einzelne Haushalte und nicht ein einziges, nachbarschaftliches Kraftwerk. Microsoft könnte anstelle der GPU- und CPU-Hardware in seinen verbraucherorientierten Xboxen maßgeschneiderte GPU- und CPU-Hardware zur Unterstützung von Cloud-Instanzen verwenden. Dies würde jedoch voraussetzen, dass jedes Xbox-Spiel so entwickelt wird, dass es einen zusätzlichen „Typ" von Xbox unterstützt.

Auch bei Cloud-Rendering-Servern gibt es Probleme mit der Auslastung. Ein Cloud-Gaming-Dienst könnte am Sonntagabend um 20 Uhr 75.000 dedizierte Server für den Großraum Cleveland benötigen, aber nur 20.000 im Durchschnitt und 4.000 am Montagmorgen um vier Uhr. Wenn die Verbraucher diese Server in Form von Konsolen oder Gaming-PCs besitzen, spielt es keine Rolle, dass sie ungenutzt oder offline sind. Die Wirtschaftlichkeit von Rechenzentren ist jedoch darauf ausgerichtet, die Nachfrage zu optimieren. Infolgedessen wird es immer teuer sein, High-End-GPUs mit geringer Auslastung zu mieten.

Aus diesem Grund gewährt Amazon Web Services seinen Kunden einen ermäßigten Tarif, wenn sie Server von Amazon im Voraus mieten („reservierte Instanzen"). Den Kunden wird der Zugang für das nächste Jahr garantiert, da sie für den Server bezahlt haben, und Amazon kassiert die Differenz zwischen den Kosten und dem Preis, der dem Kunden in Rechnung gestellt wird (die billigste reservierte Linux-GPU-Instanz von AWS, die einer PS4 entspricht, kostet mehr als 2 000 Dollar für ein Jahr). Wenn ein Kunde auf Server zugreifen möchte, wenn er sie braucht („Spot-Instances"), könnte er feststellen, dass diese nicht verfügbar sind oder dass nur GPUs der unteren Leistungsklasse verfügbar sind. Dieser letzte Punkt ist entscheidend: Wir lösen den Computermangel nicht, wenn die einzige Möglichkeit, Remote-Server erschwinglich zu machen, darin besteht, ältere Server zu nutzen, statt zu ersetzen.

Es gibt noch eine andere Möglichkeit, die Kostenmodelle zu verbessern: die Konsolidierung von Servern an weniger Standorten. Anstatt ein Cloud Game Streaming Center in Ohio, Washington State, Illinois und New York zu betreiben, könnte ein Unternehmen nur ein oder zwei bauen. Mit zunehmender Anzahl und Vielfalt der Kunden stabilisiert sich die Nachfrage tendenziell, was zu einer höheren durchschnittlichen Auslastung führt. Natürlich bedeutet dies auch, dass sich die Entfernung zwischen den entfernten GPUs und dem Endnutzer vergrößert, wodurch sich die Latenzzeit erhöht. Und auch die Entfernung zwischen den Nutzern ist damit nicht gelöst.

Die Verlagerung von Datenverarbeitungsressourcen in die Cloud verursacht viele neue Kosten. So erzeugen beispielsweise nebeneinander stehende, ständig eingeschaltete Geräte in Rechenzentren eine beträchtliche Wärme – weit mehr als die Gesamtwärme der Server, die auf der Wohnzimmerkommode einer Familie stehen. Die Wartung, Sicherung und Verwaltung dieser Geräte ist kostspielig. Die Umstellung vom Streaming begrenzter Datenbits auf hochauflösende Inhalte mit hoher Bildrate bedeutet auch wesentlich höhere Bandbreitenkosten. Ja, Netflix und andere machen die Kosten wett, aber sie senden in der Regel weniger als 30 Videobilder pro Sekunde (nicht 60 bis 120) mit einer niedrigeren Auflösung (z. B. 1K oder 2K, nicht 4K oder 8K, wie Google Stadia versprochen wurde), nicht in Echtzeit und von nahe gelegenen Servern, die eher Dateien speichern als intensive Rechenoperationen durchführen.

In absehbarer Zukunft wird das, was ich als „Sweeney's Law" bezeichne – Verbesserungen bei der lokalen Rechenleistung werden weiterhin die Verbesserungen bei der Netzwerkbandbreite, den Latenzzeiten und der Zuverlässigkeit übertreffen – wahrscheinlich anhalten. Obwohl viele glauben, dass sich das Mooresche Gesetz, das 1965 geprägt wurde und besagt, dass sich die Anzahl der Transistoren in einem dichten integrierten Schaltkreis etwa alle zwei Jahre verdoppelt, nun verlangsamt, wächst die CPU- und GPU-Verarbeitungsleistung weiterhin in rasantem Tempo. Hinzu kommt, dass die Verbraucher heute häufig ihr primäres Computergerät austauschen, was alle zwei bis drei Jahre zu enormen Verbesserungen für die Rechenleistung der Endnutzer führt.

Träume vom dezentralen Rechnen

Der unstillbare Bedarf nach mehr Rechenleistung – idealerweise so nah wie möglich am Nutzer, zumindest aber in nahegelegenen industriellen Serverfarmen – führt unweigerlich zu einer dritten Option: dezentralisierte Datenverarbeitung. Bei so vielen leistungsstarken und oft inaktiven Geräten in den Häusern und Händen der Verbraucher, die sich in der Nähe anderer Häuser und Hände befinden, scheint es unvermeidlich, dass wir Systeme entwickeln, um ihre meist ungenutzte Rechenleistung gemeinsam zu nutzen.

Zumindest kulturell ist die Idee einer kollektiv genutzten, aber in privatem Besitz befindlichen Infrastruktur bereits gut bekannt. Jeder, der Solarpaneele auf seinem Haus installiert, kann überschüssigen Strom an sein lokales Netz (und indirekt auch an seinen Nachbarn) verkaufen. Elon Musk wirbt für eine Zukunft, in der Ihr Tesla als selbstfahrendes Auto Miete einbringt, wenn Sie ihn nicht selbst nutzen – besser, als wenn er 99 % seines Lebens in der Garage steht.

Bereits in den 1990er-Jahren entstanden Programme für die verteilte Datenverarbeitung mit alltäglicher Verbraucherhardware. Eines der berühmtesten Beispiele ist SETI@HOME der University of California, Berkeley, bei dem Verbraucher freiwillig ihre Heimcomputer für die Suche nach außerirdischem Leben zur Verfügung stellten. Sweeney hat hervorgehoben, dass einer der Punkte auf seiner „To-do-Liste" für den Ego-Shooter *Unreal Tournament 1*, der 1998 veröffentlicht wurde, darin bestand, „Spielservern die Möglichkeit zu geben, miteinander zu kommunizieren, damit wir eine unbegrenzte Anzahl von Spielern in einer einzigen Spielsitzung haben können". Fast 20 Jahre später gab Sweeney jedoch zu, dass dieses Ziel „immer noch auf unserer Wunschliste zu stehen scheint".[5]

Obwohl die Technologie zur Aufteilung von GPUs und zur gemeinsamen Nutzung von CPUs, die nicht in Rechenzentren eingesetzt werden, erst im Entstehen begriffen ist, sind einige der Meinung, dass Blockchains sowohl den technologischen Mechanismus für dezentrales Computing als auch das Wirtschaftsmodell dafür liefern. Die Idee ist, dass die Besitzer von nicht ausgelasteten CPUs und GPUs in einer Kryptowährung für die Nutzung ihrer Rechenkapazitäten „bezahlt" werden. Es könnte sogar eine Live-Auktion für den Zugang zu diesen Ressourcen geben, bei der entweder diejenigen mit „Jobs" für den Zugang bieten oder diejenigen mit Kapazität auf Jobs bieten.

Könnte ein solcher Marktplatz einen Teil der riesigen Mengen an Verarbeitungskapazität bereitstellen, die das Metaverse benötigen wird?* Stellen Sie sich vor, dass Ihr Konto, während Sie durch immersive Räume navigieren, kontinuierlich die notwendigen Rechenaufgaben an mobile Geräte vergibt, die sich im Besitz von Menschen in Ihrer Nähe befinden, die aber ungenutzt sind – vielleicht Menschen, die neben Ihnen

---

* Neal Stephenson beschrieb diese Art von Technologie und Erfahrung ausführlich in seinem Buch *Cryptonomicon*, das 1999, sieben Jahre nach *Snow Crash*, veröffentlicht wurde.

die Straße entlanggehen –, um die Erlebnisse, denen Sie begegnen, zu rendern oder zu animieren. Später, wenn Sie Ihre eigenen Geräte nicht benutzen, würden Sie Token verdienen, wenn diese sich revanchieren (mehr dazu in Kapitel 11). Befürworter dieses Krypto-Austauschkonzepts sehen es als unvermeidliches Merkmal aller zukünftigen Mikrochips an. Jeder Computer, egal wie klein er ist, wäre so konzipiert, dass er jederzeit alle freien Zyklen versteigert. Milliarden von dynamisch angeordneten Prozessoren werden die Rechenzyklen selbst der größten Industriekunden antreiben und das ultimative und unendliche Rechennetz bereitstellen, das das Metaverse ermöglicht. Vielleicht ist der einzige Weg für alle, einen Baum fallen zu hören, der, dass wir alle ihn gießen.

Kapitel 7
Maschinen für virtuelle Welten

Ein virtueller Baum fällt in einem virtuellen Wald. In den beiden vorangegangenen Kapiteln habe ich erklärt, was erforderlich ist, damit der Baum gerendert und damit sein Fall verarbeitet und dann weitergegeben werden kann und somit jedem Beobachter bekannt ist. Aber was ist dieser Baum? Wo ist dieser Baum? Was ist der Wald? Die Antwort lautet: Daten und Codes.

Daten beschreiben die Attribute eines virtuellen Objekts, wie z. B. seine Abmessungen oder Farbe. Damit unser Baum von einer CPU verarbeitet und von einer GPU gerendert werden kann, müssen diese Daten durch Codes ausgeführt werden. Und wenn wir diesen Baum fällen und sein Holz zum Bau eines Bettes oder zum Anzünden eines Feuers verwenden wollen, muss dieser Code Teil eines viel *umfassenderen Rahmens von Code** sein, der die virtuelle Welt steuert.

Die reale Welt ist nicht ganz anders. Die Gesetze der Physik sind der Code, der alle Interaktionen liest und steuert – von den Gründen, warum ein Baum fällt, bis hin zu der Art und Weise, wie dies Vibrationen in der Luft erzeugt, die zum menschlichen Ohr gelangen und die Nerven veranlassen, Informationen über elektrische Signale über verschiedene Synapsen weiterzuleiten. In ähnlicher Weise bedeutet ein Baum, der von einem menschlichen Beobachter „gesehen" wird, dass er Licht reflektiert, das (normalerweise) von der Sonne erzeugt wird, Licht, das wiederum vom menschlichen Auge und Gehirn empfangen und verarbeitet wird.

Es gibt jedoch einen entscheidenden Unterschied: Die reale Welt ist vollständig vorprogrammiert. Wir können keine Röntgenstrahlen sehen oder mit dem Echo orten, aber die erforderlichen Informationen sind bereits in der Welt vorhanden. In einem Spiel erfordern Röntgenstrahlen und Echoortung Daten und einer Menge Codes. Wenn Sie nach Hause gehen, Ketchup und Petroleum mischen und dann versuchen, es zu essen oder damit zu malen, sorgen die Gesetze der Physik für die Er-

---

* Der Baum selbst kann ein Code sein, der viele kleinere virtuelle Objekte zusammenfasst, wie Blätter, Stamm, Äste und Rinde.

gebnisse. Damit ein Spiel die gleiche Interaktion bewerkstelligen kann, muss es im Voraus wissen, was Ketchup und Petroleum tun, wenn sie kombiniert werden (und wahrscheinlich in generischen Verhältnissen), oder es muss genug über die beiden wissen, damit die Logik des Spiels es herausfinden kann, vorausgesetzt, das Spiel ist dazu in der Lage. Die Logik einer virtuellen Welt könnte besagen, dass Petroleum mit nichts gemischt werden kann. Oder dass es nur mit Öl gemischt werden kann. Oder dass es, wenn es mit irgendetwas gemischt wird, unbrauchbaren Schlamm produziert. Für ein komplizierteres Ergebnis sind jedoch wesentlich mehr Daten erforderlich und die Logik der virtuellen Welt muss viel umfassender sein. Wie viel Erdöl kann dem Ketchup zugesetzt werden, bevor er ungenießbar wird? Wie viel Ketchup kann man dem Erdöl hinzufügen, bevor es ungenießbar wird? Wie verändern sich Farbe und Viskosität der entstehenden Substanz in Abhängigkeit vom Verhältnis der beiden Bestandteile?

Die Tatsache, dass so viele dieser Permutationen nur einen geringen Wert haben, ist in Wirklichkeit für diejenigen, die virtuelle Welten produzieren, von großem Wert. Da der Held von *The Legend of Zelda* nicht in den Weltraum reisen muss, ist auch keine weltraumbasierte Physik erforderlich. Die Spieler von *Call of Duty* brauchen keine Kajaks, Zaubersprüche oder Backwaren; der Entwickler des Spiels hat den entsprechenden Code nicht erstellt. Nintendo und Activision könnten mehr Daten und Code auf das konzentrieren, was ihre virtuellen Welten brauchen und wovon sie profitieren, anstatt unendliche Permutationen zu erstellen, die nur einen begrenzten praktischen Wert für ihre Spiele haben.

Trotz seiner Effizienz führt dieser Ansatz zu Hindernissen beim Aufbau von Metaverse-ähnlichen virtuellen Welten und insbesondere bei der Herstellung der Interoperabilität zwischen ihnen. Im *Microsoft Flight Simulator* zum Beispiel kann ein Pilot einen Hubschrauber neben einem Fußballfeld landen, aber es gibt kein Fußballspiel, das er sich dann ansehen oder gar daran teilnehmen kann. Um eine solche Funktionalität anbieten zu können, müsste Microsoft sein eigenes Fußballsystem von Grund auf neu entwickeln, obwohl viele Entwickler dies bereits getan haben und mit ihrer jahrelangen Erfahrung wahrscheinlich auch besser darin sind. Während *MSFS* stattdessen versuchen könnte, sich in diese fußballspezifischen virtuellen Welten zu integrieren, sind die Datenstrukturen und Codes auf jeder Seite wahrscheinlich nicht kompatibel. In den Kapiteln zu Netzwerken und Computern habe ich bereits die Tatsache erörtert, dass die Geräte der Benutzer häufig dieselbe Arbeit verrichten. Aber wenn man einen Vergleich anstellen will, muss man sagen, dass die Entwickler noch schlimmer sind. Sie bauen ständig alles auf und um, vom Fußballfeld über den Fußball bis hin zu den Regeln, wie ein Fußball durch die Luft fliegt. Darüber hinaus wird diese Arbeit von Jahr zu Jahr schwieriger, da die Erbauer virtueller Welten versuchen, die Vorteile von immer leistungsfähigeren CPUs und GPUs zu nutzen. Nach Angaben von Nexon, einem der weltweit größten Videospielverlage, ist die durchschnittliche Anzahl der Mitarbeiter für ein Open-World-Actionspiel (z. B. *The Legend of Zelda* oder *Assassin's Creed*) von etwa 1.000 im Jahr 2007 auf über 4.000 im Jahr 2018 gestiegen, wobei die Budgets um den Faktor 10 (etwa zweieinhalb Mal schneller) gewachsen sind.[1]

Um das Fallen von Bäumen zu hören – beispielsweise in der Nähe eines Fußballstadions, wo das Geräusch des Fallens mit dem Jubel der Zuschauer nach einem Tor zu vereinen wäre –, müssen viele Programmierer eine Menge Codes schreiben, um riesige Datenmengen zu verarbeiten, und zwar alle auf dieselbe Weise.

Nachdem wir uns nun mit den Netzwerken und der Rechenleistung befasst haben, die für die gemeinsame Nutzung, die Ausführung und das Rendern der für das Metaverse erforderlichen Daten und des Codes erforderlich sind, können wir uns nun den letztgenannten Konzepten zuwenden.

Spiele-Engines

Wie wir gesehen haben, sind das Konzept, die Geschichte und die Zukunft des Metaverse eng mit dem Gaming verbunden, und diese Tatsache wird vielleicht am deutlichsten, wenn wir uns den grundlegenden Code virtueller Welten ansehen. Dieser Code ist in der Regel in einer „Spiele-Engine" enthalten, einem unscharfen Begriff, der sich auf das Bündel von Technologien und Frameworks bezieht, die dabei helfen, ein Spiel zu erstellen, zu rendern, seine Logik zu verarbeiten und seinen Speicher zu verwalten. Vereinfacht kann man sich die Spiele-Engine als das Ding vorstellen, das die virtuellen Gesetze des Universums festlegt – das Regelwerk, das alle Interaktionen und Möglichkeiten definiert.

In der Vergangenheit haben alle Spielehersteller ihre eigenen Spiele-Engines entwickelt und gewartet. In den letzten 15 Jahren hat sich jedoch eine Alternative entwickelt: die Lizenzierung einer Engine von Epic Games, das die Unreal Engine herstellt, oder von Unity Technologies, das eine gleichnamige Engine entwickelt.

Die Nutzung dieser Engines ist mit Kosten verbunden. Unity zum Beispiel verlangt von jedem einzelnen Entwickler, der es nutzt, eine jährliche Gebühr. Diese Gebühr liegt zwischen 400 und 4.000 Dollar, je nach den erforderlichen Funktionen und der Größe des Unternehmens des Entwicklers. Unreal berechnet in der Regel 5 % des Nettoumsatzes. Die Gebühren sind nicht der einzige Grund, eine eigene Engine zu entwickeln. Einige Entwickler sind der Meinung, dass sich ihre Spiele dadurch für ein bestimmtes Spielgenre oder eine bestimmte Spielerfahrung, wie z. B. realistische und schnelle Ego-Shooter, besser anfühlen oder besser funktionieren. Andere befürchten, dass sie sich auf die Pipelines und Prioritäten eines anderen Unternehmens verlassen müssen, oder sind besorgt darüber, dass ihr Anbieter einen so detaillierten Einblick in ihr Spiel und dessen Leistung hat. Angesichts dieser Bedenken ist es üblich, dass große Publisher ihre eigenen Engines entwickeln und warten (einige, wie Activision und Square Enix, betreiben sogar ein halbes Dutzend oder mehr).

Die meisten Entwickler sehen jedoch große Vorteile in der Lizenzierung und anschließenden Anpassung von Unreal oder Unity. Die Lizenzierung ermöglicht es einem kleinen oder unerfahrenen Team, ein Spiel mit einer leistungsfähigeren und ausgiebig getesteten Engine zu entwickeln, als sie es jemals könnten – und das mit geringerer Wahrscheinlichkeit scheitern und niemals das Budget überschreiten wird. Außerdem kann sich das Team mehr auf das konzentrieren, was seine virtuelle Welt auszeichnet – das Design der Ebenen, die Gestaltung der Charaktere, das Gameplay usw. – und weniger auf die grundlegende Technologie, die für den Betrieb erforderlich ist. Und anstatt einen Entwickler einzustellen und ihn für die Verwendung oder den Aufbau einer proprietären Engine zu schulen, können sie sich stattdessen an die Millionen von einzelnen Entwicklern wenden, die bereits mit Unity oder Unreal vertraut sind, und sie sofort an die Arbeit schicken. Aus ähnlichen Gründen ist es auch einfacher, Tools von Drittanbietern zu integrieren. Ein unabhängiges Start-up-Unternehmen, das z. B. eine Gesichtsverfolgungssoftware für Videospiel-Avatare herstellt, entwickelt seine Lösung nicht für eine proprietäre Engine, die es noch nie benutzt hat, sondern für diejenige, die von der größten Anzahl von Entwicklern ausgewählt wurde.

Eine gute Analogie ist der Entwurf und Bau eines Hauses. Weder der Architekt noch der Innenarchitekt entwirft proprietäre Holzmaße, Montagematerial, Messsysteme, Baupläne oder Werkzeuge. Das macht es nicht nur einfacher, sich auf die kreative Arbeit zu konzentrieren, sondern auch Schreiner, Elektriker und Klempner zu beauftragen. Sollte das Haus jemals renoviert werden müssen, kann ein anderes Team die bestehende Struktur leichter verändern, da es sich nicht in neue Techniken, Werkzeuge oder Systeme einarbeiten muss.

Diese Analogie hat jedoch einen entscheidenden Fehler. Häuser werden nur einmal und nur an einem Ort gebaut. Spiele hingegen werden so konzipiert, dass sie auf möglichst vielen Geräten und Betriebssystemen laufen – von denen einige noch gar nicht entwickelt, geschweige denn veröffentlicht wurden. Daher müssen Spiele beispielsweise mit unterschiedlichen Spannungsstandards (z. B. 240 Volt im Vereinigten Königreich und 120 Volt in den USA), Maßsystemen (imperial und metrisch), Konventionen (Freileitungen und Erdkabel) und so weiter kompatibel sein. Unity und Unreal entwickeln und pflegen ihre Spiele-Engines so, dass sie nicht nur mit jeder Plattform kompatibel sind, sondern auch für jede Plattform optimiert sind.*

In gewissem Sinne können wir unabhängige Spiele-Engines als einen gemeinsamen F&E-Pool für die Branche betrachten. Ja, Epic und Unity sind gewinnorientierte Unternehmen, aber anstatt dass jeder Entwickler einen Teil seines Budgets in proprietäre Systeme zur Verwaltung der Kernspiellogik steckt, können einige wenige plattformübergreifende Technologieanbieter einen Teil ihres Budgets in eine leistungsfähigere Engine stecken, die das gesamte Ökosystem unterstützt und davon profitiert. Im Zuge der Entwicklung der großen Spiele-Engines entstand eine weitere Art unabhängiger Spiellösungen: Live-Services-Suiten. Unternehmen wie PlayFab (jetzt im Besitz von Microsofts Azure) und GameSparks (Amazon) betreiben einen Großteil dessen, was eine virtuelle Welt braucht, um Online- und Multiplayer-Erlebnisse zu ermöglichen. Dazu gehören Benutzerkontosysteme, die Speicherung von Spielerdaten, die Verarbeitung von Transaktionen im Spiel, Versionsmanagement, Spieler-zu-Spieler-Kommunikation, Matchmaking, Bestenlisten, Spielanalysen, Anti-Cheat-Systeme und mehr, die alle plattformübergreifend funktionieren. Sowohl Unity als auch Epic bieten inzwischen eigene Live-Services an, die zu geringen bis gar keinen Kosten verfügbar und nicht auf ihre Engines beschränkt sind. Steam, der weltweit größte PC-Spielespeicher und ein wichtiger Diskussionspunkt in Kapitel 10, bietet sein eigenes Live-Service-Produkt, Steamworks, an.

Da sich die globale Wirtschaft immer mehr auf virtuelle Welten verlagert, werden diese plattform- und entwicklerübergreifenden Technologien zu einem zentralen Bestandteil der globalen Gesellschaft werden. Insbesondere die nächste Welle der Erbauer virtueller Welten – nicht die Spielehersteller, sondern Einzelhändler, Schulen, Sportteams, Bauunternehmen und Städte – werden diese Lösungen wahrscheinlich nutzen. Unternehmen wie Unity, Unreal, PlayFab und GameSparks befinden sich in einer beneidenswerten Position. Es ist offensichtlich, dass sie zu einer Art Standardfunktion oder Lingua franca für die virtuelle Welt werden – betrachten Sie sie als das „Englisch" oder „Metrisch" des

---

* Wie Sie aus der Diskussion über GPUs und CPUs wissen, bedeutet die Tatsache, dass Unreal oder Unity mit den meisten Spieleplattformen kompatibel sind, nicht zwangsläufig, dass ein bestimmtes Spiel auf diesen Plattformen laufen kann.

Metaverse. So wie Sie auf internationalen Reisen wahrscheinlich etwas Englisch und einige Kenntnisse des metrischen Systems verwenden, stehen die Chancen gut, dass Sie, wenn Sie heute etwas online erstellen, unabhängig davon, was Sie erstellen, eines oder mehrere dieser Unternehmen nutzen und bezahlen.

Aber noch wichtiger ist, dass die Unternehmen, die die Logik der virtuellen Welten steuern, am besten in der Lage sind, gemeinsame Datenstrukturen und Kodierungskonventionen für alle virtuellen Welten festzulegen. Wer könnte den Austausch von Informationen, virtuellen Gütern und Währungen zwischen diesen virtuellen Welten besser erleichtern als die Unternehmen, die diese innerhalb der Welten betreiben? Und wer wäre besser geeignet, ein zusammenhängendes Netz dieser virtuellen Welten zu schaffen, wie es die ICANN für Webdomänen und IP-Adressen tut? Wir werden auf diese Fragen und die mutmaßliche Antwort zurückkommen, aber zunächst müssen wir einen Weg in Betracht ziehen, den einige für den einfacheren und besten Weg halten, das Metaverse aufzubauen.

Integrierte Plattformen für virtuelle Welten

Während sich in den letzten zwei Jahrzehnten sowohl unabhängige Spiele-Engines als auch Live-Services-Suiten entwickelt haben, haben andere Unternehmen diese Ansätze zu einem neuen kombiniert: Integrierte virtuelle Weltplattformen (IVWPs) wie *Roblox*, *Minecraft* und *Fortnite Creative*.

IVWPs basieren auf ihren eigenen universellen und plattformübergreifenden Spiele-Engines, ähnlich wie Unity und Unreal (*Fortnite Creative*, oder FNC, das Epic Games gehört, basiert auf der Unreal Engine von Epic). Sie sind jedoch so konzipiert, dass kein eigentliches „Programmieren" erforderlich ist. Stattdessen werden Spiele, Erlebnisse und virtuelle Welten mithilfe von grafischen Schnittstellen, Symbolen und Zielen erstellt. Stellen Sie sich den Unterschied zwischen dem textbasierten MS-DOS und dem visuellen iOS vor, oder zwischen der Gestaltung einer Website in HTML und der Erstellung einer Website in Squarespace. Die IVWP-Benutzeroberfläche ermöglicht es den Nutzern, einfacher und mit weniger Leuten, weniger Investitionen und weniger Fachwissen und Fähigkeiten zu arbeiten. Die meisten Roblox-Ersteller sind zum Beispiel Kinder, und fast 10 Millionen Nutzer haben virtuelle Welten auf der Roblox-Plattform erstellt.

Darüber hinaus muss jede virtuelle Welt, die auf diesen Plattformen aufgebaut wird, die gesamte Live-Services-Suite der Plattform nutzen –

ihre Konten- und Kommunikationssysteme, die Avatar-Datenbank, die virtuelle Währung und vieles mehr. Auf all diese virtuellen Welten muss über das IVWP zugegriffen werden, das daher als einheitliche Erfahrungsebene und als eine einzige Installationsdatei dient. In diesem Sinne ist der Aufbau einer Welt auf *Roblox* eher mit dem Aufbau einer Facebook-Seite als mit einer Squarespace-Website vergleichbar. *Roblox* verfügt sogar über einen integrierten Marktplatz für Entwickler, auf den sie alles hochladen können, was sie für ihre virtuelle Welt maßgeschneidert haben (z. B. einen Weihnachtsbaum, einen eingeschneiten Baum, einen kahlen Baum, eine Kiefernrinden-Textur), und das sie an andere Spielemacher lizenzieren können. Dies verschafft den Entwicklern eine zweite Einnahmequelle (von Entwickler zu Entwickler und nicht nur von Entwickler zu Spieler) und macht es gleichzeitig für andere einfacher, billiger und schneller, ihre virtuellen Welten zu erstellen. Der Prozess treibt auch die weitere Standardisierung virtueller Objekte und Daten voran.

Obwohl es für einen Entwickler einfacher ist, eine virtuelle Welt mit einer IVWP zu erstellen als mit einer Spiele-Engine wie Unreal oder Unity, ist es schwieriger, eine IVWP zu entwickeln als eine Spiele-Engine. Warum? Weil für eine IVWP alles eine Priorität ist. Ein IVWP möchte den Entwicklern kreative Flexibilität ermöglichen und gleichzeitig die zugrunde liegenden Technologien standardisieren, die Konnektivität zwischen allen Komponenten maximieren und die Notwendigkeit von Schulungen oder Programmierkenntnissen auf Seiten der Entwickler minimieren. Stellen Sie sich vor, IKEA wollte ein Land aufbauen, das so dynamisch ist wie die Vereinigten Staaten, aber alle Gebäude müssten aus IKEA-Fertigteilen bestehen. Außerdem wäre IKEA für die Währung, die Versorgungseinrichtungen, die Polizei, den Zoll und vieles mehr in dem neuen Land zuständig.

Ein gutes Beispiel dafür, wie schwierig es ist, ein IVWP zu betreiben, lieferte mir Ebbe Altberg, der ehemalige CEO von *Second Life*. Mitte der 2010er-Jahre gründete einer der Entwickler der Plattform ein Unternehmen, das virtuelle Pferde verkaufte und gleichzeitig ein Abonnement für virtuelles Pferdefutter anbot. Später verbesserte *Second Life* seine Physik-Engine, aber ein Fehler führte dazu, dass die Pferde an ihrem Futter vorbeigingen, wenn sie versuchten, es zu fressen. Die Folge war, dass die Pferde verhungerten und starben. Es dauerte einige Zeit, bis *Second Life* überhaupt von diesem Fehler erfuhr, und es dauerte noch länger, bis er behoben war und die Betroffenen eine angemessene Entschädigung erhielten. Dennoch stören solche Vorfälle die Wirtschaft von *Second Life* und erzeugen Misstrauen auf dem Markt, was sowohl Käufern als auch Verkäufern schadet. Es ist eine außerordentliche Aufgabe, einen Weg zu finden, die Funktionalität ständig zu verbessern und gleichzeitig die alte Programmierung weiterhin zu unterstützen, ohne dass Fehler auftreten. Auch Spiele-Engines sind mit einer Version dieses Problems konfrontiert. Wenn Epic jedoch Unreal aktualisiert, ist es Sache jedes Entwicklers, diese Aktualisierung bereitzustellen, und zwar zu einem Zeitpunkt seiner Wahl, nach umfangreichen Tests und ohne sich Gedanken darüber zu machen, wie sich diese Aktualisierung auf die Interaktion mit anderen Entwicklern auswirkt. Wenn *Roblox* ein Update veröffentlicht, erreicht es automatisch alle seine Welten.

Gleichzeitig bedeutet die Tatsache, dass ein „virtuelles IKEA" auf Programmierung und nicht auf Spanplatten aufgebaut ist, dass sein Potenzial nicht durch die buchstäbliche Physik, sondern durch das nahezu grenzenlose Potenzial von Software begrenzt ist. Alles, was in *Roblox* von der Roblox Corporation oder ihren Entwicklern geschaffen wird, kann ohne Grenzkosten endlos weiterverwendet oder kopiert werden. Sie können sogar noch verbessert werden. Jeder Entwickler in einem IVWP arbeitet effektiv zusammen, um ein ständig wachsendes und immer leistungsfähigeres Netzwerk von virtuellen Welten und Objekten zu bevölkern. In dem Maße, in dem sich dieses Netzwerk verbessert, wird es einfacher, mehr Nutzer anzuziehen und mehr Geld pro Nutzer auszugeben, was zu mehr Netzwerkeinnahmen führt, und dann zu mehr Entwicklern und Investitionen und somit zu weiteren Verbesserungen des Netzwerks und so weiter. Dies ist der Vorteil einer gemeinsamen Forschung und Entwicklung nicht nur für Motoren, sondern für alles.

Aber wie sieht das in der Praxis aus? Die Roblox Corporation bietet im Moment die beste Antwort, denn *Fortnite Creative* wird von Epic Games verwaltet, das privat bleibt, und die Finanzen von *Minecraft* werden von seinem Eigentümer Microsoft nicht offengelegt.

Beginnen Sie mit dem Engagement. Im Januar 2022 wurde *Roblox* im Durchschnitt mehr als 4 Milliarden Stunden pro Monat genutzt, gegenüber etwa 2,75 Milliarden im Vorjahr, 1,5 Milliarden im Jahr davor und 1 Milliarde Ende 2018. Darin nicht enthalten ist die Zeit, die mit dem Anschauen von Roblox-Inhalten auf YouTube verbracht wurde. YouTube ist die weltweit meistgenutzte Videoseite und meldet, dass Spieleinhalte die meistgesehene Inhaltskategorie sind und *Roblox* das zweitbeliebteste Spiel ist (*Minecraft*, ein weiteres IVWP, steht an erster Stelle). Zum Vergleich: Netflix wird auf 12,5 bis 15 Milliarden Nutzungsstunden pro Monat geschätzt. Alle führenden Roblox-Spiele wie *Adopt Me!*, *Tower of Hell* und *Meep City* stammen von unabhängigen Entwicklern mit wenig bis gar keiner Erfahrung und 10 bis 30 Mitarbeitern (die mit einem oder zwei Mitarbeitern angefangen haben). Bis heute wurden diese Titel jeweils 15 bis 30 Milliarden Mal gespielt. An einem einzigen Tag erreichen sie halb so viele Spieler wie *Fortnite* oder *Call of Duty* – und halb so viele wie Titel wie *The Legend of Zelda: Breath of the Wild* oder *The Last of Us* in ihrem Leben. Und was das Bevölkern der Plattform mit einer Vielzahl von virtuellen Objekten angeht? Allein im Jahr 2021 wurden 25 Millionen Gegenstände hergestellt, wobei 5,8 Milliarden verdient oder gekauft wurden.²

Das steigende Engagement von *Roblox* ist zum Teil auf die wachsende Nutzerbasis zurückzuführen. Von Q4 2018 bis Januar 2022 stieg die durchschnittliche monatliche Spielerzahl von geschätzten 76 Millionen auf über 226 Millionen (oder 200 %), während die durchschnittliche tägliche Spielerzahl von etwa 13,7 auf 54,7 Millionen (oder 300 %) stieg. Sie werden feststellen, dass die Zahl der täglichen Spieler stärker gestiegen ist als die Zahl der monatlichen Spieler, und das Engagement ist sogar noch stärker gestiegen (400 %). *Roblox* wird nicht nur insgesamt immer beliebter, sondern auch bei seinen Nutzern. Ein ähnlicher Beweis für die Netzwerkeffekte von *Roblox* ist in den Finanzzahlen zu sehen. Die Einnahmen von *Roblox* sind zwischen dem vierten Quartal 2018 und dem vierten Quartal 2021 um 469 % gestiegen, während die Zahlungen an die Erbauer von Welten auf der Plattform (d. h. an die Entwickler) um 660 % zugenommen haben. Mit anderen Worten: Der durchschnittliche Roblox-Nutzer gibt mehr Geld pro Stunde aus als je zuvor und generiert schneller als je zuvor Einnahmen, wobei das Wachstum dieser beiden Kennzahlen das ohnehin schon beeindruckende Wachstum der Nutzerzahlen noch übertrifft, das wiederum durch das Wachstum der Vergütungen für die Entwickler übertroffen wird. Darüber hinaus konzentriert sich das Wachstum von *Roblox* überproportional auf ein älteres Publikum. Ende 2018 waren 60 % der täglichen Nutzer unter 13 Jahre alt. Drei Jahre später waren es nur noch 48 %. Anders ausgedrückt: *Roblox* hatte Ende 2021 mehr als dreimal so viele Spieler über 13 Jahren wie der Dienst im Jahr 2018 unter 13 Jahren hatte.

Der beeindruckendste Aspekt dieser Dynamik der Roblox Corporation sind vielleicht seine Investitionen in Forschung und Entwicklung. Im ersten Quartal 2020, dem letzten vor der COVID-19-Pandemie, erwirtschaftete das Unternehmen rund 162 Millionen US-Dollar Umsatz und investierte 49,4 Millionen US-Dollar in Forschung und Entwicklung. Das bedeutet, dass 30 Cent von jedem für *Roblox* ausgegebenen Dollar wieder in die Plattform zurückfließen. In den folgenden sieben Quartalen stiegen die Einnahmen von Roblox um mehr als 250 % und beliefen sich im vierten Quartal 2021 auf 568 Millionen US-Dollar. Roblox leitete diese Einnahmen jedoch weder in Gewinne noch in andere Verwendungen um. Stattdessen investierte das Unternehmen weiterhin in Forschung und Entwicklung – und zwar in etwa demselben Umfang wie zuvor. Infolgedessen gab das Unternehmen im vierten Quartal 2021 mehr für F&E aus, als es im ersten Quartal 2020 an Einnahmen erzielte.

Im Jahr 2022 könnten die F&E-Ausgaben von Roblox 750 Millionen US-Dollar übersteigen und sich bis zum Ende des Jahres auf Jahresbasis auf 1 Milliarde US-Dollar belaufen.

Betrachten Sie zum Vergleich Rockstars *Grand Theft Auto V* und *Red Dead Redemption 2*. *GTA:V* ist mit über 150 Millionen verkauften Exemplaren das zweitmeistverkaufte Spiel der Geschichte (*Minecraft* steht mit fast 250 Millionen Exemplaren an erster Stelle). *RDR2* war mit 40 Millionen verkauften Exemplaren der meistverkaufte Titel für die achte Konsolengeneration (d. h. PlayStation 4, Xbox One, Nintendo Switch). Die beiden Spiele gehören auch zu den teuersten Spieleproduktionen aller Zeiten, mit Endbudgets von schätzungsweise 250 bis 300 Mio. US-Dollar bzw. 400 bis 500 Mio. US-Dollar, was jeweils mehr als ein halbes Jahrzehnt Entwicklungszeit sowie umfangreiche Marketing- und Veröffentlichungskosten beinhaltet. Oder vergleichen Sie das Forschungs- und Entwicklungsbudget von Roblox mit dem des PlayStation-Konzerns von Sony, das im Jahr 2021 mehr als 1,25 Milliarden Dollar betrug und fast ein Dutzend Spielestudios, die Cloud-Gaming-Abteilung, die Live-Services-Gruppe und die Hardware-Abteilung umfasste. Im selben Jahr soll die Unreal Engine von Epic Games weniger als 150 Millionen Dollar Umsatz generiert haben. Die Unity-Engine brachte viel mehr ein – etwa 325 Millionen Dollar –, lag aber immer noch 20 % unter den F&E-Erlösen von Roblox.

Die F&E-Investitionen von Roblox sind vielfältig und umfassen Verbesserungen der Entwicklerwerkzeuge und -software, der Serverarchitektur zur Synchronisierung von Simulationen mit hoher Parallelität, des maschinellen Lernens zur Erkennung von Belästigungen, der künstlichen Intelligenz, des Renderings für die virtuelle Realität, der Bewegungserfassung und vieles mehr. Dass Roblox so viel in seine Plattform investieren kann, ist erstaunlich. Theoretisch ermöglicht jeder zusätzliche Dollar den Entwicklern, attraktivere virtuelle Welten zu produzieren, was wiederum mehr Nutzer anzieht und zu mehr Einnahmen führt. Dies ermöglicht nicht nur mehr Forschung und Entwicklung bei Roblox, sondern auch bei den unabhängigen Entwicklern, die diese Welten erstellen, Investitionen, die wiederum zu mehr Nutzerengagement und Ausgaben bei *Roblox* führen, was wiederum zu mehr Forschung und Entwicklung beim Unternehmen führt.

Viele virtuelle Plattformen und Engines, nicht viele Metaversen

Denken Sie an die Definition des Metaverse, die ich in Kapitel 3 dargelegt habe: „Ein massiv skaliertes und interoperables Netzwerk von in Echtzeit gerenderten virtuellen 3D-Welten, die synchron und dauerhaft von einer praktisch unbegrenzten Anzahl von Nutzern mit einem individuellen Gefühl der Präsenz und mit Kontinuität von Daten wie Identität, Geschichte, Berechtigungen, Objekten, Kommunikation und Zahlungen erlebt werden können". Manche mögen diese Definition lesen und denken, dass *Roblox* dem ziemlich nahekommt. Roblox kann nicht von einer praktisch unbegrenzten Anzahl von Benutzern synchron und dauerhaft erlebt werden; keine virtuelle Welt, die in Echtzeit gerendert wird, kann das derzeit. Und wenn dies einmal möglich sein wird, wird es sicherlich auch für *Roblox* gelten. Es ist jedoch unwahrscheinlich, dass *Roblox* meine Definition in einem entscheidenden Punkt erfüllt: Die meisten virtuellen Werke werden außerhalb von Roblox existieren. Das macht es eher zu einer Metagalaxie als zu einem Metaverse.

Aber könnte *Roblox* das Metaverse werden? Was wäre, wenn Epics IVWP *Fortnite Creative*, die Spiele-Engine Unreal und die Live-Services-Suite Epic Online Services sowie andere Spezialprojekte zusammengelegt würden – wäre das Ergebnis dann das Metaverse? Wenn Sie die Augen zusammenkneifen, könnten Sie sich vorstellen, dass diese Unternehmen oder ein ähnliches Unternehmen alle virtuellen Erfahrungen zusammenfassen und so zu einer Metagalaxie in der Größe des Metaverse werden. Und es ist bemerkenswert, dass eine Form dieses Prozesses in *Snow Crash* und *Ready Player One* stattfindet.

Der derzeitige Stand des technischen Fortschritts deutet jedoch auf ein anderes Ergebnis hin. Warum? Weil so schnell wie diese virtuellen Giganten wachsen, so schnell wächst auch die Zahl der virtuellen Erfahrungen, Innovatoren, Technologien, Möglichkeiten und Entwickler.

Roblox und *Minecraft* gehören zwar zu den beliebtesten Spielen der Welt, ihre Reichweite ist jedoch bescheiden, wenn man sie im weitesten Sinne betrachtet. Diese beiden vermeintlichen Titanen haben 30-55 Millionen täglich aktive Nutzer, ein Bruchteil der weltweiten Internetbevölkerung von 4,5-5 Milliarden. In der Tat befinden sie sich immer noch auf der ICQ-Stufe der virtuellen Wörter; Milliarden von Nutzern und Millionen von Entwicklern haben sie noch nicht einmal ausprobiert. Es ist leicht anzunehmen, dass *Roblox* oder *Minecraft* die Hauptnutznießer dieses Wachstums sein werden, doch die Geschichte mahnt uns, skeptisch zu sein.

Als Microsoft 2014 den Minecraft-Entwickler Mojang übernahm, hatte der Titel mehr Exemplare verkauft als jedes andere Spiel in der Geschichte und hatte auch mehr monatlich aktive Nutzer – 25 Millionen – als jedes AAA-Videospiel in der Geschichte. Sieben Jahre später hatte sich die Zahl der monatlichen Nutzer von *Minecraft* fast verfünffacht, aber auch seine Krone an *Roblox* abgegeben, das von weniger als 5 Millionen monatlichen Nutzern auf über 200 Millionen angewachsen war. Darüber hinaus hat der neue König fast doppelt so viele *tägliche* Nutzer wie *Minecraft* monatlich hatte. Darüber hinaus wurden in diesem Zeitraum viele andere IVWPs eingeführt. *Fortnite* kam erst 2017 auf den Markt, *FNC* folgte ein Jahr später. Ein weiteres Battle-Royale-Spiel, *Free Fire*, das ebenfalls mehr als 100 Millionen täglich aktive Nutzer weltweit zählt, veröffentlichte seinen Kreativmodus im Jahr 2021. Obwohl es 2013 auf den Markt kam, verbrachte *Grand Theft Auto V* einen Großteil des letzten Jahrzehnts damit, sich von einem Einzelspielerspiel in ein behelfsmäßiges IVWP in *Grand Theft Auto Online* zu verwandeln. Irgendwann in den nächsten Jahren wird die mit Spannung erwartete Fortsetzung des Titels erscheinen und zweifellos von den Erfolgen und Erkenntnissen von *Roblox*, *Minecraft* und *FNC* profitieren.

Solange es noch Milliarden oder sogar Dutzende von Millionen von Spielern gibt, die IVWPs annehmen, werden weitere auf den Markt kommen. Krafton, eines der größten Unternehmen Südkoreas und Schöpfer von *PUBG*, dem ersten und beliebtesten Mainstream-Battle-Royale-Spiel, arbeitet sicherlich an einem eigenen Angebot. Im Jahr 2020 kaufte Riot Games, der Hersteller des erfolgreichsten Spiels in China, *League of Legends*, die Hypixel Studios, die zuvor den größten privaten Minecraft-Server betrieben, bevor sie ihre Arbeit einstellten, um ihre eigene *Minecraft*-ähnliche Plattform zu entwickeln.

Viele neue IVWPs werden auch unter anderen technischen Voraussetzungen entwickelt. Ende 2021 hatten selbst die größten der Blockchain-basierten IVWPs, zu denen *Decentraland*, *The Sandbox*, *Cryptovoxels*, *Somnium Space* und *Upland* gehören, weniger als 1 % der täglich aktiven Nutzer von *Roblox* und *Minecraft*. Diese Plattformen glauben jedoch, dass sie viel schneller wachsen können als traditionelle IVWPs, wenn sie den Nutzern mehr Eigentumsrechte an ihren Gegenständen in der Welt sowie ein Mitspracherecht bei der Verwaltung der Plattform und ein Recht auf Beteiligung an der Rentabilität einräumen (mehr zu dieser Theorie in Kapitel 11).

Facebooks *Horizon Worlds* ist nicht auf immersive VR und AR beschränkt, aber es konzentriert sich auf diese Bereiche, was im Gegensatz zu *Roblox* steht, das zwar in immersiver VR verfügbar ist, aber traditionelle Bildschirmschnittstellen wie einen iPad- oder PC-Bildschirm bevorzugt. Newcomer wie *Rec Room* und *VRChat* konzentrieren sich ebenfalls auf die Erstellung immersiver VR-Welten und gewinnen schnell an Nutzern. Mit Bewertungen von jeweils etwa 1 bis 3 Milliarden Dollar Ende 2021 sind die beiden Plattformen noch klein. Aber Anfang 2020 wurden Unity Technology und Roblox Corporation mit weniger als 10 Mrd. Dollar bzw. 4,2 Mrd. Dollar bewertet. Zwei Jahre später haben beide eine Bewertung von über 50 Milliarden Dollar. Niantic, der Hersteller von *Snap* und *Pokémon Go*, arbeitet an seinen eigenen Augmented-Reality- und standortbasierten virtuellen Weltplattformen.

Diese Konkurrenten könnten ins Wanken geraten, aber es ist wahrscheinlicher, dass sie neben den derzeitigen Marktführern wachsen und diese möglicherweise verdrängen. Nehmen wir als Beispiel Facebook. Der Social-Networking-Riese startete 2010 mit mehr als einer halben Milliarde monatlich aktiver Nutzer, hat es aber versäumt, eine der erfolgreichen Social-Media-Plattformen zu verdrängen, die in diesem Jahrzehnt entstanden sind. Snapchat kam 2011 auf den Markt, und Facebook brachte 2013 seine eigene Snapchat-ähnliche App (oder „Klon") namens „Poke" auf den Markt, die ein Jahr später wieder eingestellt wurde. Im Jahr 2016 startete Facebook „Lifestage", seinen zweiten Snapchat-Klon, der ebenfalls nach 12 Monaten eingestellt wurde. Im selben Jahr kopierte auch die Instagram-App von Facebook das charakteristische „Stories"-Format von Snapchat, und im darauffolgenden Jahr fügte die Haupt-App von Facebook die Funktion hinzu. Im Jahr 2019 startete Instagram dann seine eigene, Snapchat-ähnliche App, „Threads from Instagram", die jedoch kaum jemand bemerkte. Facebook Gaming, der Twitch-Konkurrent des Unternehmens, ging 2018 an den Start, ebenso wie der TikTok-Konkurrent von Facebook, Lasso. Facebook Dating kam 2019 auf den Markt, während Instagram 2020 eine TikTok-ähnliche Funktion namens „Reels" einführte. Die Bemühungen von Facebook haben zweifellos das Wachstum dieser Dienste gebremst, dennoch ist jeder Dienst größer als je zuvor und expandiert weiter. Ende 2021 hatte TikTok mehr als eine Milliarde Nutzer und war Berichten zufolge die meistbesuchte Webdomain des Jahres, wobei Google und Facebook die Top drei abrundeten.

Obwohl die führenden integrierten Plattformen für virtuelle Welten mächtig sind und schnell wachsen, machen sie einen weitaus kleineren Teil der Spieleindustrie aus als Facebook im Social Web. Im Jahr 2021 werden die kombinierten Einnahmen von *Roblox*, *Minecraft* und *FNC* weniger als 2,5 % der Spieleinnahmen ausmachen und weniger als 500 Millionen der geschätzten 2,5 bis 3 Milliarden Spieler erreichen. Außerdem werden sie von den großen plattformübergreifenden Engines in den Schatten gestellt. Etwa die Hälfte aller Spiele läuft heute auf Unity, während der Anteil der Unreal Engine an den High-Fidelity-3D-Welten auf 15 bis 25 % geschätzt wird. Die F&E-Ausgaben von Roblox mögen die von Unreal und Unity übersteigen, aber dabei werden die zusätzlichen Milliardeninvestitionen der Lizenzgeber dieser Engines nicht berücksichtigt. Die beiden beliebtesten Spiele der Welt, abgesehen von Low-Fidelity-Gelegenheitsspielen wie *Candy Crush*, sind *PUBG Mobile* und *Free Fire*, die beide auf Unity basieren. Am wichtigsten dürfte die Reichweite der Entwickler von Unreal und Unity sein. Während Millionen von Nutzern eine Minecraft-Mod oder ein Roblox-Spiel erstellt haben, geht die Zahl der professionellen Entwickler, die diese IVWP nutzen, in die Zehntausende. Epic und Unity zählen Millionen aktiver und qualifizierter Entwickler. Und in zahlreiche proprietäre Engines wie IW von Activision (*Call of Duty*) und Decima von Sony (*Horizon Zero Dawn* und *Death Stranding*) wird weiterhin investiert, und die Spiele, die sie nutzen, sind beliebter denn je.

Der wachsende Wert virtueller Welten und des Metaverse erhöht die Anreize für Entwickler, ihre Technologie auszulagern, da dieser Ansatz eine größere Möglichkeit zur technischen Differenzierung und eine größere Kontrolle über ihre Technologie insgesamt bietet, ihre Abhängigkeit von Dritten, die zu Konkurrenten werden könnten, verringert* und die Gewinnspannen erhöht. Natürlich werden viele dieser Entwickler weiterhin Unreal oder Unity als Spiele-Engine oder GameSparks oder PlayFab für Live-Dienste verwenden. Diese Anbieter ermöglichen es den Entwicklern jedoch, das auszuwählen, was ihnen gefällt, und vieles von dem, was sie lizenzieren, individuell anzupassen. Im Gegensatz zu IVWPs können Entwickler bei diesen Anbietern auch ihre eigenen Kontosysteme verwalten und ihre eigene Wirtschaft im Spiel betreiben. Diese Dienste sind auch viel billiger. Roblox zahlt einem Entwickler we-

---

* Die Geschichte von Epic Games mit *Fortnite* ist ein gutes Beispiel für diese Sorge. Als das umsatzstärkste Spiel der Welt von 2017 bis 2020 hat *Fortnite* offensichtlich Spieler, Spielerstunden und Spielerausgaben von anderen Spielen kannibalisiert – von denen einige von anderen Anbietern entwickelt wurden, aber die Unreal Engine von Epic nutzten. Darüber hinaus war die heute so beliebte Version von *Fortnite* – sein „Battle Royale" – nicht die ursprüngliche Version des Spiels. Als der Titel im Juli 2017 auf den Markt kam, war es ein kooperatives Überlebensspiel, bei dem die Spieler Zombiehorden besiegen mussten. Erst im September 2017 fügte Epic seinen Battle-Royale-Modus hinzu, der dem des Erfolgsspiels *PUBG* sehr ähnlich war, das die Unreal Engine lizenziert hatte. Der Publisher hinter *PUBG* verklagte Epic daraufhin wegen Urheberrechtsverletzung, die Klage wurde jedoch später fallen gelassen (es ist unklar, ob ein Vergleich geschlossen wurde). Im Jahr 2020 gründete Epic einen eigenen Unternehmensbereich, um Spiele unabhängiger Studios zu veröffentlichen, wodurch das Unternehmen in noch stärkere Konkurrenz zu einigen der Spieleanbieter geriet, die Unreal gelegentlich lizenziert hatten.

niger als 25 % der Einnahmen, die ein Spieler in seinem Spiel ausgibt.*
Die Unreal Engine von Epic nimmt dagegen nur 5 % der Einnahmen
ein. Die Gesamtkosten für die Unity-Engine belaufen sich wahrscheinlich auf weniger als 1 % der Einnahmen eines erfolgreichen Spiels.
Roblox übernimmt zwar zusätzliche Kosten für seine Entwickler, wie
z. B. kostspielige Servergebühren, Kundendienst und Rechnungsstellung,
aber in den meisten Fällen hat ein Entwickler immer noch ein höheres
Gewinnpotenzial, wenn er eine eigenständige virtuelle Welt baut, anstatt eine innerhalb eines IVWP. Daher sollten wir davon ausgehen, dass
Roblox oder *Minecraft*, egal wie viel erfolgreicher sie werden, nur einen
kleinen Teil aller Spiele betreiben werden. Spiele und Spiele-Engines sind
zwar von zentraler Bedeutung für das Metaverse, aber sie umfassen es
nicht annähernd. Die meisten anderen Kategorien haben ihre eigene
Rendering- und Simulationssoftware. Pixar zum Beispiel erstellt seine
animierten Welten und Figuren mit den eigenen Renderman-Lösungen.
Der Großteil der Hollywood-Filmproduzenten verwendet dagegen die
Maya-Software von Autodesk. AutoCAD von Autodesk sowie CATIA
und SolidWorks von Dassault Systèmes sind die wichtigsten Lösungen
für die Erstellung und Gestaltung virtueller Objekte, die dann in die
reale Welt übertragen werden. Beispiele dafür sind Autos, Gebäude und
Kampfflugzeuge.

In den letzten Jahren haben Unity und Unreal auch in anderen Bereichen als dem Gaming Einzug gehalten, z. B. in den Bereichen Technik,
Filmemachen und computergestütztes Design. Wie bereits erwähnt,
nutzte der internationale Flughafen von Hongkong 2019 Unity, um
einen „digitalen Zwilling" zu erstellen, der mit unzähligen Sensoren
und Kameras im gesamten Flughafen verbunden werden konnte, um
Passagierströme, Wartungsarbeiten und vieles mehr zu verfolgen und zu
bewerten – und das alles in Echtzeit. Der Einsatz von „Game Engines"
zur Durchführung solcher Simulationen erleichtert die Erstellung eines
Metaverse, das sowohl die physische als auch die virtuelle Ebene umfasst. Der Erfolg des Hongkonger Flughafens und anderer Simulationen
bedeutet jedoch mehr Wettbewerb, da Autodesk, Dassault und andere
mit eigenen Simulationsfunktionen reagieren. Und so wie Unreal und
Unity nicht alle Technologien bieten, die für die Entwicklung oder den
Betrieb eines Spiels erforderlich sind, reichen sie auch in anderen Bereichen nicht aus. Es entstehen viele neue Softwareunternehmen, die
die „Standard"-Editionen dieser Engines nehmen und sie für Bau- und
Industriearchitekten, Ingenieure und Facility Manager „produktiv ma-

---

*   Hier besteht eine gewisse Flexibilität – und die meisten Analysten erwarten, dass
diese Ausschüttungsquote im Laufe der Zeit steigen wird. Mehr zu diesem Thema
in Kapitel 10.

chen", während sie gleichzeitig ihren eigenen Code und ihre eigenen Funktionen hinzufügen. Ein Beispiel ist die Spezialeffekte-Abteilung von Industrial Light & Magic (ILM) von Disney. Seit der Verwendung von Unity für die Verfilmung von Disneys *Der König der Löwen* (2017) und Unreal für die erste Staffel der Fernsehserie *The Mandalorian* (2019) hat ILM seine eigene Echtzeit-Rendering-Engine, Helios, entwickelt. Die Tatsache, dass selbst die eifrigsten *Star* Wars-Fans keine Auswirkungen des Wechsels von Unreal zu Helios für die zweite Staffel von *The Mandalorian* feststellen konnten, zeigt, wie viele verschiedene Rendering-Lösungen und -Plattformen in den kommenden Jahren entwickelt werden. Gemessen an der Anzahl der erstellten Assets ist die am schnellsten wachsende Kategorie virtueller Software möglicherweise diejenige, die die reale Welt scannt. Matterport beispielsweise ist ein milliardenschweres Plattformunternehmen, dessen Software Scans von Geräten wie iPhones konvertiert, um umfassende 3D-Modelle von Gebäudeinnenräumen zu erstellen. Heute wird die Software des Unternehmens in erster Linie von Immobilieneigentümern genutzt, um auf Websites wie Zillow, Redfin oder Compass anschauliche und navigierbare Nachbildungen ihrer Immobilien zu erstellen, die potenziellen Mietern, aber auch Baufachleuten und anderen Dienstleistern einen besseren Einblick in die Räumlichkeiten ermöglichen als Blaupausen, Fotos oder sogar Live-Touren. Schon bald könnten wir solche Scans nutzen, um die Platzierung eines drahtlosen Routers oder einer Pflanze zu bestimmen, eine Auswahl verschiedener Lampen zu testen (die alle über Matterport gekauft werden können) oder unser gesamtes intelligentes Haus zu steuern, einschließlich Elektrizität, Sicherheit, HLK und mehr.

Ein weiteres Beispiel ist Planet Labs, das täglich fast die gesamte Erde über acht Spektralbänder per Satellit abtastet und dabei nicht nur hochauflösende Bilder, sondern auch Details wie Wärme, Biomasse und Dunst erfasst. Das Ziel des Unternehmens ist es, den gesamten Planeten in all seinen Nuancen für Software lesbar zu machen und die Daten täglich bis stündlich zu aktualisieren.

Angesichts des Tempos der Veränderungen, des technischen Schwierigkeitsgrads und der Vielfalt der möglichen Anwendungen ist es wahrscheinlich, dass wir am Ende Dutzende von beliebten virtuellen Welten und Plattformen für virtuelle Welten haben werden, mit noch viel mehr Anbietern der zugrunde liegenden Technologie. Meiner Meinung nach ist das eine gute Sache. Wir sollten nicht wollen, dass eine einzige Plattform oder Engine für virtuelle Welten das gesamte Metaverse steuert.

Erinnern Sie sich an die Warnung von Tim Sweeney vor dem Ausmaß des Metaverse: „Dieses Metaverse wird weitaus allgegenwärtiger und mächtiger sein als alles andere. Wenn ein zentrales Unternehmen die Kontrolle darüber erlangt, wird es mächtiger werden als jede Regierung und ein Gott auf Erden sein." Es ist leicht, eine solche Aussage für übertrieben zu halten, und das mag sie auch sein. Doch wir machen uns bereits Sorgen darüber, wie die fünf großen Technologieunternehmen – Google, Apple, Microsoft, Amazon und Facebook, die jeweils einen Wert in Billionenhöhe haben – unser digitales Leben steuern und beeinflussen, wie wir denken, was wir kaufen und vieles mehr. Und im Moment ist der größte Teil unseres Lebens noch offline. Hunderte Millionen Menschen werden heute zwar über das Internet eingestellt und arbeiten mit ihren iPhones, aber sie verrichten ihre Arbeit nicht buchstäblich in iOS oder indem sie iOS-Inhalte erstellen. Wenn Ihre Tochter über Zoom zur Schule geht, greift sie über ihr iPad oder ihren Mac auf Zoom und ihre Schule zu, aber die Schule wird nicht innerhalb der iOS-Plattform betrieben. In der westlichen Welt liegt der Anteil des E-Commerce an den adressierbaren Einzelhandelsausgaben derzeit zwischen 20 und 30 %, aber der größte Teil dieser Ausgaben entfällt auf physische Waren, und der Einzelhandel macht nur 6 % der Wirtschaft aus. Was passiert, wenn wir zum Metaverse übergehen? Was passiert, wenn ein Unternehmen die Physik, die Immobilien, die Zollpolitik, die Währung und die Regierung einer zweiten Ebene der menschlichen Existenz betreibt? Sweeneys Warnung klingt dann nicht mehr so übertrieben.

Aus rein technologischer Sicht sollten wir nicht wollen, dass die Entwicklung des Metaverse an die Investitionen und Überzeugungen einer einzigen Plattform gebunden ist. Das Unternehmen, das Sweeney sich vorstellt, würde sicherlich seine Kontrolle über das Metaverse über das stellen, was für seine Wirtschaft, seine Entwickler oder seine Nutzer am besten ist. Es würde sicherlich auch seinen Anteil an den Gewinnen maximieren.

Aber wenn wir keine einzige Metaverse-Plattform oder einen einzigen Metaverse-Betreiber haben – und wenn wir auch keinen wollen –, dann müssen wir einen Weg finden, um zwischen ihnen zu interagieren. Hier kommen wir wieder auf die Bäume zurück. Wie Sie sehen werden, habe ich nicht gescherzt, als ich sagte, dass die Existenz eines virtuellen Baums schwieriger festzustellen ist als die eines realen Baums.

Kapitel 8

Interoperabilität

Metaverse-Theoretiker verwenden gern den Begriff „interoperable Assets", aber das ist eine falsche Bezeichnung, denn virtuelle Assets gibt es nicht. Es gibt nur Daten. Und genau hier – ganz am Anfang – beginnen die Probleme der Interoperabilität.

Denken Sie an die „Interoperabilität" physischer Güter, z. B. ein Paar Schuhe. Der Leiter eines Adidas-Geschäfts könnte in der „realen Welt" beschließen, einem Kunden zu verbieten, in seinem Geschäft Nikes zu tragen. Dies wäre eine geschäftliche Entscheidung, die offensichtlich schlecht ist und sich kaum durchsetzen lässt. Ein Kunde, der Nikes trägt, kann ein Adidas-Geschäft betreten, indem er dessen Tür öffnet. Physik ist universell. Die Tatsache, dass Nike-Schuhe physisch existieren, bedeutet, dass sie in einem Adidas-Geschäft automatisch kompatibel sind. Der Manager des Adidas-Ladens müsste ein System *entwickeln*, um Schuhe, die nicht von Adidas sind, zu sperren, vielleicht Richtlinien schreiben und diese dann durchsetzen. Virtuelle Atome funktionieren nicht auf diese Weise. Damit virtuelle Waren aus einem virtuellen Nike-Laden in einer virtuellen Adidas-Filiale verstanden werden, müsste letztere Informationen über diese Schuhe von Nike zulassen, ein System betreiben, das diese Informationen versteht, und dann Code ausführen, um die Schuhe entsprechend zu verarbeiten. Plötzlich hat sich die Freigabe von Turnschuhen von passiv zu aktiv verändert.

Heute gibt es Hunderte von verschiedenen Dateiformaten, die zur Strukturierung und Speicherung von Daten verwendet werden. Es gibt Dutzende von populären Echtzeit-Rendering-Engines, von denen die meisten durch verschiedene Code-Anpassungen weiter fragmentiert wurden.* Infolgedessen sind fast alle virtuellen Welten und Softwaresysteme nicht in der Lage zu verstehen, was sie als „Schuh" (Daten) betrachten, geschweige denn, dieses Verständnis zu nutzen (Code).

---

* In Unity bezieht sich die y-Achse in einem x/y/z-Koordinatensystem für ein virtuelles Objekt auf oben/unten, während Unreal die z-Achse für oben/unten verwendet und die y-Achse auf links/rechts abbildet. Die Konvertierung dieser Informationen ist für die Software einfach, aber die Unstimmigkeiten über solche Datenkonventionen helfen uns zu verstehen, wie unterschiedlich die Konventionen zwischen den Engines sein können.

Dass es so große Unterschiede gibt, mag diejenigen überraschen, die mit gängigen Dateiformaten wie JPEG oder MP3 vertraut sind, oder die wissen, dass die meisten Websites HTML verwenden. Diese Standardisierung von Online-Sprachen und -Medien ist darauf zurückzuführen, dass „gewinnorientierte" Unternehmen erst sehr spät ins Internet einstiegen. iTunes beispielsweise wurde erst 2001 veröffentlicht, also fast 20 Jahre nach der Einführung der Internet Protocol Suite. Für Apple war es unpraktisch, die bereits weit verbreiteten Standards wie WAV und MP3 abzulehnen. Spiele sind eine andere Geschichte. Als die Branche in den 1950er-Jahren entstand, gab es noch keine Standards für virtuelle Objekte, Rendering oder Engines. In vielen Fällen leisteten die Unternehmen, die diese Spiele produzierten, Pionierarbeit bei computerbasierten Inhalten. Das Audio Interchange File Format (AIFF) von Apple ist immer noch das gängigste Audiodateiformat, das zum Speichern von Sound auf Apple-Computern verwendet wird. Es wurde 1988 entwickelt und basiert auf dem allgemeinen Interchange File Format-Standard des Spieleherstellers Electronic Arts von 1985. Zudem waren Videospiele nie dazu gedacht, Teil eines „Netzwerks" wie des Internets zu sein. Stattdessen sollten sie auf einer festen, offline verfügbaren Software laufen.

Virtuelle Welten weisen aus diesem Grund heute eine große technische Vielfalt auf, aber auch wegen der hohen Rechen- und Netzwerkanforderungen moderner Spiele – alles ist zweckbestimmt und individuell optimiert. AR- und VR-Erlebnisse, 2D- und 3D-Spiele, realistische und Cartoon-Welten, Simulationen mit vielen gleichzeitigen und wenigen gleichzeitigen Nutzern, High-Budget- und Low-Budget-Titel und 3D-Drucker – sie alle verwenden unterschiedliche Formate und speichern Daten auf unterschiedliche Weise. Eine vollständige Standardisierung würde wahrscheinlich bedeuten, dass eine Anwendung nicht ausreichend bedient werden oder massiv benachteiligt wäre – und das oft auf unvorhersehbare Weise.

Kapitel 8: Interoperabilität

Abbildung 2: Aus dem Webcomic xkcd
xkcd.com

Die Herausforderung geht aber über Dateiformate hinaus und betrifft eher ontologische Fragen. Es ist relativ einfach, sich darauf zu einigen, was ein Bild ist – sie sind nur zweidimensional und bewegen sich nicht (wobei Videodateien nur eine Aneinanderreihung von Bildern sind). Aber in 3D, insbesondere bei interaktiven Objekten, ist eine Einigung viel schwieriger. Ist zum Beispiel ein Schuh ein Objekt oder eine Sammlung von Objekten? Und wenn ja, wie viele? Sind die Kappen an einem Schnürsenkel Teil des Schnürsenkels oder getrennt davon zu betrachten? Hat ein Schuh ein Dutzend einzelner Ösen, von denen jede individuell angepasst oder sogar entfernt werden kann, oder sind sie ein einziges, miteinander verbundenes Set? Wenn Ihnen Schuhe zu schwierig erscheinen, dann stellen Sie sich Avatare vor – Möchtegern-Darstellungen von echten Menschen. Vergessen Sie Bäume; was ist ein Mensch? Einmal abgesehen von der Optik gibt es ja noch weitere Attribute, die untersucht werden müssen, wie z. B. die Bewegung oder das „Rigging". Die Körper des Unglaublichen Hulk und einer Qualle sollten sich nicht auf die gleiche Weise bewegen, aber das bedeutet, dass der Ersteller dieser Avatare sie mit einem Code versehen muss, der diese Bewegung beschreibt und den eine andere Plattform verstehen kann. Um Objekte von Drittanbietern zuzulassen, benötigen die Plattformen auch Daten, die die Angemessenheit einer Ware beschreiben (z. B. Nacktheit, Gewaltbereitschaft, Sprachstil und Tonfall). Auch gilt es, verschiedene Altersfreigaben zu beachten. All dies erfordert Datenkonventionen und wahrscheinlich auch zusätzliche Systeme. Ein 2D-Spiel wird in der Lage sein müssen, einen 3D-Avatar zu importieren, ihn aber entsprechend umzugestalten. Und andersherum.

Wir werden also technische Standards, Konventionen und Systeme für ein interoperables Metaverse brauchen. Aber das ist nicht genug. Denken Sie daran, was passiert, wenn Sie ein Foto aus Ihrem iCloud-Speicher an das Gmail-Konto Ihrer Großmutter senden – plötzlich haben sowohl Ihr iCloud- als auch ihr Gmail-Konto eine Kopie des Bildes. Ihr E-Mail-Dienst hat es auch. Und wenn es Ihre Großmutter von ihrer E-Mail herunterlädt, gibt es vier Kopien. Bei virtuellen Gütern funktioniert dies jedoch nicht, wenn sie einen Wert haben und gehandelt werden sollen. Andernfalls würden jedes Mal, wenn sie von einer Welt zur anderen oder von einem Nutzer zum anderen weitergegeben werden, unendlich viele Kopien existieren. Dies bedeutet, dass Systeme erforderlich sind, um die Eigentumsrechte an diesen virtuellen Gütern zu verfolgen, zu validieren und zu ändern und gleichzeitig diese Daten sicher von Partner zu Partner weiterzugeben.

Wenn ein Spieler ein Outfit in *Call of Duty* von Activision Blizzard kauft und es in *Battlefield* von EA verwenden möchte, wie soll das funktionieren? Schickt Activision den Eigentumsnachweis des Outfits an EA, das es verwaltet, bis es anderweitig gebraucht wird, oder verwaltet Activision das Outfit auf unbestimmte Zeit und gibt EA zeitlich begrenzte Nutzungsrechte? Und wie wird Activision für diese Aufgabe bezahlt? Was passiert, wenn der Spieler das Outfit an einen EA-Nutzer verkauft, der kein Activision-Konto hat? Welches Unternehmen bearbeitet die Transaktion überhaupt? Was passiert, wenn die Nutzer beschließen, das Outfit im EA-Spiel zu ändern? Wie wird dieser Datensatz geändert? Wenn Nutzer virtuelle Gegenstände über mehrere Titel verstreut haben, wie können sie dann jemals wissen, was sie insgesamt besitzen und wo das, was sie besitzen, verwendet werden kann oder nicht?

Die zu verwendenden (oder nicht zu verwendenden) 3D-Standards, die zu entwickelnden Systeme und die zu strukturierenden Daten, die zu schließenden Partnerschaften, die wertvollen Daten, die geschützt, aber auch gemeinsam genutzt werden müssen – diese und andere Fragen haben reale finanzielle Auswirkungen. Die wichtigste dieser Überlegungen dürfte jedoch die Frage sein, wie eine Wirtschaft mit interoperablen virtuellen Objekten zu verwalten ist.

Videospiele sind nicht dazu da, das „BIP zu maximieren". Sie sollen Spaß machen. Viele Spiele verfügen zwar über eine virtuelle Wirtschaft, die es den Nutzern ermöglicht, virtuelle Güter zu kaufen, zu verkaufen, zu tauschen oder zu verdienen, aber diese Funktion dient nur der Unterstützung des Spiels und ist Teil des Einnahmemodells des Spieleanbieters. Infolgedessen neigen diese Herausgeber dazu, die Wirtschaft im Spiel zu steuern, indem sie Preise und Wechselkurse festlegen, den

Verkauf oder Handel einschränken und es den Nutzern fast nie erlauben, sich in der realen Welt „auszahlen" zu lassen.

Offene Volkswirtschaften, ungehinderter Handel und die Einbindung von Drittanbieter-Titeln erschweren die Entwicklung eines nachhaltigen „Spiels" erheblich. Die Aussicht auf Gewinn bringt natürlich arbeitsähnliche Anreize für die Spieler mit sich, die jedoch den Spaß, also den eigentlichen Zweck des Spiels, konterkartieren können. Und gleiche Wettbewerbsbedingungen, die ebenfalls Teil des Spielspaßes sind, können durch die Möglichkeit, Gegenstände zu kaufen, die man sich sonst verdienen müsste, leicht untergraben werden. Da viele Anbieter ihre Spiele durch den Verkauf von Gegenständen wie Kosmetika im Spiel finanzieren, fürchten sie den Moment, in dem ihre Spieler ihre virtuellen Gegenstände nicht mehr kaufen, weil sie sie bei einem konkurrierenden Entwickler gekauft und dann importiert haben. In Anbetracht all dessen ist es verständlich, dass sich viele Anbieter lieber darauf konzentrieren, ihre Spiele besser, attraktiver und beliebter zu machen, als sich mit einem noch nicht existierenden Marktplatz für virtuelle Güter zu befassen, dessen finanzieller Wert unklar ist und der wahrscheinlich technische Zugeständnisse erfordert.

Um auch nur ein gewisses Maß an Interoperabilität zu erreichen, muss sich die Spielebranche auf eine Handvoll sogenannter Austauschlösungen einigen – gemeinsame Standards, Arbeitskonventionen, „Systeme von Systemen" oder „Rahmenwerke von Rahmenwerken", die Informationen von oder an Dritte sicher weiterleiten, interpretieren und kontextualisieren können, und bisher beispiellosen (aber sicheren und legalen) Datenaustauschmodellen zustimmen, die es Konkurrenten erlauben, ihre Datenbanken sowohl zu „lesen", als auch zu „schreiben" und sogar wertvolle Gegenstände und virtuelle Währung abzuheben.

Interoperabilität ist ein Spektrum

Wenn man liest, wie schwierig es ist, viele virtuelle Welten dazu zu bringen, sich auf einen Baum oder ein Paar Schuhe zu einigen, oder wie schwierig es ist, zu einem Baum zu gehen, um ihn zu fällen und ihn drei virtuelle Welten weiter als Weihnachtsbaum zu verkaufen, fragt man sich vielleicht, ob wir vernünftigerweise erwarten können, dass es irgendwann in der Zukunft ein sinnvoll interoperables Metaverse geben wird. Die Antwort ist ja, aber sie muss fein austariert werden.

Die meisten Kleidungsstücke sind in der realen Welt miteinander kompatibel. So wird beispielsweise davon ausgegangen, dass alle Gürtel mit allen Hosen kompatibel sind. Natürlich gibt es Ausnahmen, aber im

Großen und Ganzen passen die meisten Gürtel zu den meisten Hosen, unabhängig von dem Jahr, in dem Sie den Gürtel gekauft haben, der Gürtelmarke oder dem Land, in dem Sie ihn gekauft haben. Wie gesagt, die *meisten*. Es sind nicht *alle*, auch wenn es gemeinsame Normen für Hosen und Gürtel gibt (bei Kleidern sind die Unterschiede sogar noch größer; europäische und amerikanische Schuhgrößen sind völlig unterschiedlich usw.).

Weltweit gibt es zahlreiche unterschiedliche technische Normen, beispielsweise für Haushaltsspannungen, Geschwindigkeits-, Entfernungs- oder Gewichtsmessungen. In einigen Fällen sind weitere Geräte erforderlich, damit ein ausländisches Gerät verwendet werden kann (z. B. ein Steckdosenadapter), und in anderen Fällen verlangen die örtlichen Behörden einen Austausch, wie den Wechsel des Auspuffs eines Autos, um die örtlichen Emissionsvorschriften zu erfüllen.

Hosen funktionieren überall, obwohl nicht überall, wo Sie hingehen möchten, Jeans erlaubt sind. In Kinos sind fast alle Kleidungsstücke und die meisten Bezahlarten erlaubt, aber man darf weder Essen noch Getränke mitbringen. Eine Schrotflinte kann man in weiten Teilen der amerikanischen Natur mit sich führen, aber nur selten in Städten und fast nie in einer Schule. Autos funktionieren auf allen Straßen in den USA, aber um auf einem Golfplatz zu fahren, müssen Sie ein Golfmobil mieten (auch wenn Sie eines besitzen). Nicht jedes Geschäft akzeptiert jede Währung, aber Währungen können gegen eine Gebühr umgetauscht werden. Viele Geschäfte unterstützen einige, aber nicht alle Kreditkarten, und einige wenige akzeptieren gar keine. Der größte Teil der Welt ist heute handelsfähig, aber nicht alles, nicht für alle Dinge, nicht in allen Mengen und nicht kostenlos.

Bei Fragen zur Identität ist es noch komplizierter. Wir haben Ausweise, Kreditwürdigkeitsprüfungen, Gerichtsakten, Zeugnisse oder Arbeitgeberausweise. Welche davon wofür verwendet werden, welche davon für Außenstehende zugänglich sind oder von Außenstehenden beeinflusst werden können, ist unterschiedlich – und manchmal abhängig davon, wo sich eine Person zu einem bestimmten Zeitpunkt befindet.

Im Internet ist es nicht viel anders. Es gibt immer noch öffentliche und private Netze (und sogar Offline-Netze) sowie Netze, Plattformen und Software, die die meisten gängigen Dateiformate zulassen, aber nicht alle. Während die gängigsten Protokolle kostenlos und offen sind, sind nicht wenige kostenpflichtig und privat.

Interoperabilität im Metaverse ist nicht binär. Es geht nicht darum, ob virtuelle Welten gemeinsam genutzt werden oder nicht. Es geht darum, wie viele sie teilen, wie viel geteilt wird, wann, wo und zu welchen Kosten. Warum bin ich also optimistisch, dass es trotz all dieser Komplikationen ein Metaverse geben wird? Es ist die Wirtschaft.

Beginnen wir mit der Frage nach den Ausgaben der Nutzer. Viele Metaverse-Skeptiker stellen eine Version der Frage: „Wer will den Peely-Skin von *Fortnite* tragen, während er *Call of Duty* spielt?" Fairerweise muss man sagen, dass eine riesige, komisch gestaltete anthropomorphe Banane weder in *Call of Duty* noch in einem virtuellen Klassenzimmer viel Sinn gäbe. Aber es ist ebenso offensichtlich, dass manche Benutzer bestimmte Gegenstände, z. B. ein Darth Vader-Kostüm, ein Lakers-Trikot oder eine Prada-Handtasche, in vielen verschiedenen Räumen haben wollen. Und sie wollen diese Gegenstände sicher nicht immer und immer wieder kaufen. Vielleicht sind sie heute nur widerwillig dazu bereit, aber das liegt daran, dass wir uns noch in der Anfangsphase der Umstellung auf virtuelle Kleidung befinden. Im Jahr 2026 werden Hunderte von Millionen Menschen auf zahlreichen (effektiv) duplizierten Outfits für ihre vielen zuvor gespielten Spiele sitzen – und sie werden sich zweifellos dagegen sträuben, diese Outfits erneut zu kaufen. Die Befreiung der Käufe von einem einzigen Titel wird, so die Theorie, sowohl zu mehr Käufen als auch zu höheren Preisen führen.

Anders gefragt: Würde Disney mehr oder weniger Produkte verkaufen, wenn diese nur in seinen Themenparks getragen oder verwendet werden könnten? Wie viel würde jemand für ein Real-Madrid-Trikot bezahlen, das nur im Santiago-Bernabéu-Stadion getragen werden könnte? Oder wie viel weniger würden die Nutzer bei *Roblox* ausgeben, wenn das Outfit eines Spielers auf ein einziges Roblox-Spiel beschränkt wäre?

Es ist wahrscheinlich, dass die Ausgaben der Verbraucher heute durch das Wissen eingeschränkt werden, dass kein Spiel ewig währt. Denken Sie an alles, was Sie im Urlaub kaufen, aber nicht im Koffer mit nach Hause nehmen wollen – ein Boogie Board, eine Wasserflasche aus Edelstahl, ein Kostüm für den Día de los Muertos. Die erwartete Veralterung schränkt unsere Ausgaben immer ein.

Der Nutzen dieser Güter wird durch Eigentumsbeschränkungen weiter begrenzt. Die meisten Spiele und Spielplattformen verbieten es den Nutzern, Outfits oder Gegenstände an andere Nutzer weiterzugeben oder sie sogar gegen Ingame-Währung zu verkaufen. Und die Anbieter, die den Weiterverkauf und den Handel erlauben, schränken diese Aktivitäten in der Regel stark ein. Die Roblox Corporation erlaubt nur den Weiterverkauf „begrenzter Gegenstände" (andernfalls würde der Peer-to-Peer-Handel den Verkauf von Waren aus dem Roblox-eigenen Shop untergraben) – und nur *Roblox* Premium-Abonnenten können diese Gegenstände verkaufen.

Hinzu kommt, dass wir zwar glauben, diese Gegenstände „gekauft" zu haben, aber in Wirklichkeit haben wir sie nur lizenziert, und das Unternehmen kann sie jederzeit wieder „in Besitz nehmen". Bei Skins und Tänzen für 10 Dollar ist das kein großes Problem, aber niemand wird virtuelles Eigentum im Wert von 10.000 Dollar kaufen, das ihm jederzeit weggenommen werden kann, mit oder ohne Rückzahlung.

Nehmen wir einen Fall von Anfang 2021, über den Josh Ye von der *South China Morning Post* berichtet. Tencent, Chinas größtes Spieleunternehmen, „verklagte eine Handelsplattform für Spielgegenstände, um festzustellen, wem die Spielwährung und die Gegenstände gehören". Konkret argumentierte das Unternehmen, dass diese Vermögenswerte „im wirklichen Leben keinen materiellen Wert" hätten und dass die mit echtem Geld gekauften Spielmünzen „effektiv Dienstleistungsgebühren" seien.[1] Das Ergebnis war Empörung, da sich viele Spieler ausgenutzt und/oder erniedrigt fühlten.

Eigentumsrechte sind die Grundlage für Investitionen und der Preis eines jeden Gutes, während die Chance auf Gewinn ein bewährter Motivator ist. Spekulationen haben schon immer das Wachstum neuer Branchen finanziert, selbst wenn sie zu Blasen führten (ein großer Teil der heute billig zu nutzenden Glasfaserkabel in Amerika wurde im Vorfeld des Dotcom-Crashs verlegt). Wenn wir die größtmögliche Investition von Zeit, Energie und Geld in das Metaverse wollen, wenn wir das Metaverse erreichen wollen, müssen wir feste Eigentumsrechte festlegen.

Jeder Akteur in virtuellen Welten ist mit Anreizen und Risiken konfrontiert, die in diese Richtung weisen. Es ist für jeden Entwickler gefährlich, ein Unternehmen aufzubauen, dessen Produkte oder Dienstleistungen durch die Popularität einer bestimmten Plattform oder deren Ökonomie (oder Wirtschaftspolitik) eingeschränkt werden. Und alles, was zu weniger Investitionen und damit zu weniger und schlechteren Produkten insgesamt führt, nützt weder dem Entwickler, noch dem Nutzer, noch dem Spiel und seiner Plattform.

Die Begrenzung der Reichweite von Identitäts- und Spielerdaten ist ein weiteres Hindernis für die Metaverse-Wirtschaft. Toxizität in Spielen ist für viele ein wichtiges Anliegen, und das zu Recht. Heute kann Activision zwar einen Spieler wegen beleidigender oder rassistischer Äußerungen aus *Call of Duty* sperren, aber dieser Spieler kann dann in *Fortnite* von Epic Games (oder auf Twitter oder Facebook) weiter trollen. Der Spieler könnte auch einfach ein neues PlayStation Network-Konto erstellen oder zu Xbox Live wechseln. Das bedeutet zwar, dass er seine Errungenschaften verringert, aber einige dieser Errungenschaften sind ohnehin an eine bestimmte Plattform gebunden. Natürlich wollen Anbieter die Spiele ihrer Konkurrenten nicht besser machen, und sie sind in der Regel auch nicht geneigt, ihre Spieldaten weiterzugeben. Aber kein Spieleunternehmen profitiert von toxischem Verhalten, und jeder ist davon negativ betroffen.

Die Wirtschaft wird also im Laufe der Zeit Standardisierung und Interoperabilität vorantreiben.

Die sogenannten „Protokollkriege" bieten ein anschauliches Beispiel. Von den 1970er- bis zu den 1990er-Jahren glaubten nur wenige, dass die vielen konkurrierenden Netzwerkstacks durch eine einzige Suite ersetzt werden würden, und schon gar nicht durch eine, die von gemeinnützigen und informellen Arbeitsgremien gesteuert wird. Stattdessen würden wir es mit einem „geteilten Cyberspace" zu tun haben.

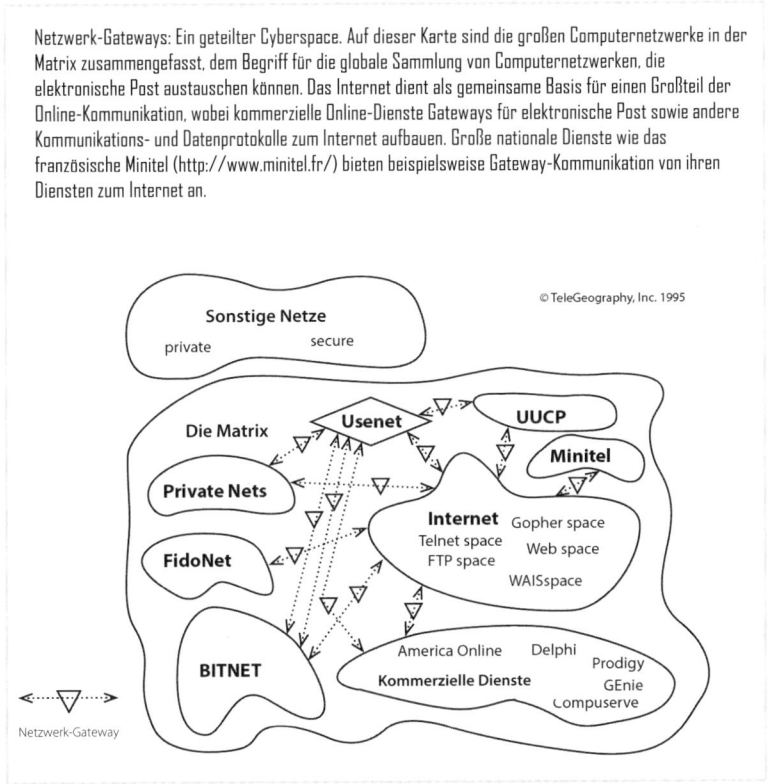

Netzwerk-Gateways: Ein geteilter Cyberspace. Auf dieser Karte sind die großen Computernetzwerke in der Matrix zusammengefasst, dem Begriff für die globale Sammlung von Computernetzwerken, die elektronische Post austauschen können. Das Internet dient als gemeinsame Basis für einen Großteil der Online-Kommunikation, wobei kommerzielle Online-Dienste Gateways für elektronische Post sowie andere Kommunikations- und Datenprotokolle zum Internet aufbauen. Große nationale Dienste wie das französische Minitel (http://www.minitel.fr/) bieten beispielsweise Gateway-Kommunikation von ihren Diensten zum Internet an.

Abbildung 3: Telegeorgrafie-Karte
Diese Karte aus dem Jahr 1995 und ihre Beschriftung spiegeln wider, was viele Experten damals für die Zukunft der Online-Vernetzung hielten: fragmentierte Netze und Protokollsuiten. Das Internet wäre in diesem Fall kein vereinheitlichender Standard, sondern eher eine gemeinsame Basis für verschiedene Sammlungen von Netzen, von denen einige nicht direkt miteinander kommunizieren können. Die meisten dieser Netze würden in der „Matrix" existieren, aber einige würden für immer außerhalb von ihr bleiben. Doch diese Zukunft hat nie stattgefunden. Stattdessen wurde das Internet zum zentralen Gateway zwischen allen privaten und öffentlichen Netzen, sodass jedes Netz mit jedem anderen kommunizieren kann.
TeleGeographie

Auch Banken und andere Finanzinstitute gaben früher keine Kreditdaten weiter, da sie als viel zu wertvoll und exklusiv galten. Doch schließlich waren sie davon überzeugt, dass Kreditwürdigkeitsprüfungen mit besseren Daten und einer größeren Abdeckung zu mehr kollektivem Nutzen führen würden. Die konkurrierenden Homestay-Marktplätze Airbnb und Vrbo arbeiten jetzt mit einer dritten Partei zusammen, um Gäste mit schlechtem Benehmen von zukünftigen Buchungen abzuhalten. Dies schadet zwar den Einzelnen, aber alle anderen Gäste, Gastgeber und Plattformen profitieren davon.

Das beste Beispiel für die „wirtschaftliche Schwerkraft" bei der Entstehung des Metaverse kommt von den Spiele-Engines – jenen Unternehmen, die Pionierarbeit bei der Erschließung des Metaverse geleistet haben.

Obwohl die Möglichkeiten in virtuellen Welten noch nie so groß waren wie heute, war es auch noch nie so schwierig, die Gesamtheit dieses Marktes zu erreichen. In den 1980er-Jahren konnte ein Entwickler ein Spiel für nur eine Konsole entwickeln und damit 70 % der potenziellen Spieler erreichen. Zwei Entwickler erreichten vielleicht alle Spieler. Heute gibt es drei Konsolenhersteller, von denen zwei Konsolen zwei verschiedene Generationen betreiben, plus Cloud-basierte Konsolen, die ihre eigenen Technologie-Stacks verwenden, nämlich Nvidias GeForce Now, Amazons Luna und Googles Stadia. Außerdem gibt es zwei PC-Plattformen, Mac und Windows, die Dutzende bis Hunderte verschiedener Hardware-Builds, und zwei dominierende Plattformen für Handys, iOS und Android, die viele weitere Betriebssystemversionen, GPUs, CPUs und andere Chipsätze umfassen. Jede zusätzliche Plattform, jedes zusätzliche Gerät oder jeder zusätzliche Build erfordert Code, der auf eine bestimmte Hardware zugeschnitten oder so geschrieben ist, dass er auf vielen Plattformen funktioniert, ohne dass die Leistung auf den kleinsten gemeinsamen Nenner reduziert wird. Die Erstellung und Unterstützung all dieses Codes ist kostspielig, zeitaufwendig und mühsam. Eine andere Möglichkeit wäre, einen Großteil des Marktes einfach zu ignorieren, was ebenfalls teuer ist.

Diese Herausforderung in Verbindung mit der ständig wachsenden Komplexität virtueller Welten ist der Grund, warum sich plattformübergreifende Spiele-Engines wie Unity und Unreal so stark ausgebreitet haben. Sie sind als Antwort auf diese Fragmentierung entstanden und lösen das Problem nicht nur, sondern auch zu geringen Kosten und zum Vorteil aller – selbst der etabliertesten Plattformen.

Stellen Sie sich vor, ein Entwickler beschließt, ein neues Spiel für iOS zu entwickeln. Apples mobiles Ökosystem hat einen Anteil von 60 % an den Smartphones in den Vereinigten Staaten (und 80 % bei Teenagern) und erwirtschaftet mehr als zwei Drittel der weltweiten Einnahmen aus mobilen Spielen. Darüber hinaus kann ein Entwickler fast 90 % der iOS-Nutzer erreichen, indem er nur für ein Dutzend iPhone-SKUs schreibt. Der Rest des weltweiten Marktes verteilt sich auf Tausende verschiedener Android-Geräte. Wenn ein Entwickler gezwungen wäre, sich zwischen diesen beiden Plattformen zu entscheiden, würde er immer iOS wählen. Durch den Einsatz von Unity können sie ihr Spiel jedoch problemlos auf allen Plattformen (einschließlich Web) veröffentlichen und so ihr Umsatzpotenzial bei geringen Zusatzkosten um über 50 % steigern.

Apple mag zwar exklusivere und vollständig auf seine Hardware optimierte Spiele bevorzugen, aber es ist für alle besser, auch für iOS-Nutzer und den App Store, dass die meisten Mobilgeräteentwickler Unity verwenden. Indem sie mehr Geld verdienen, können die Entwickler mehr und bessere Spiele entwickeln und so die Ausgaben der Nutzer für mobile Geräte noch weiter steigern.

Die Verbreitung von plattformübergreifenden Spiele-Engines wie Unity und Unreal sollte es auch einfacher machen, die vielen fragmentierten virtuellen Welten, die heute existieren, zu einem einheitlichen Metaverse zusammenzuführen. In der Tat hat sich dies bereits bewährt. Mehr als ein Jahrzehnt lang, nachdem das Online-Konsolenspiel aufkam, weigerte sich Sony, Cross-Play, Cross-Purchasing oder Cross-Progression zwischen Spielen auf seiner PlayStation und anderen Plattformen zu unterstützen. Die Politik von Sony bedeutete, dass selbst dann, wenn ein Entwickler Versionen seines Spiels sowohl für die PlayStation als auch für die Xbox entwickelte und zwei Freunde Kopien desselben Spiels kauften, sie niemals gemeinsam spielen konnten. Selbst wenn ein einzelner Spieler zwei Exemplare desselben Spiels erwarb (z. B. eines für seine PlayStation und ein anderes für seinen Laptop), blieben die Spielwährung und viele der Belohnungen auf der einen oder der anderen Plattform gespeichert.

Kritiker dieser Politik argumentierten, dass Sonys Haltung eine Folge seiner marktbeherrschenden Stellung sei. Die erste PlayStation wurde doppelt so häufig verkauft wie die zweitplatzierte Konsole Nintendo 64 und neun Mal mehr als die Xbox. Die PlayStation 2 verkaufte sich 550 % mehr als die Xbox und der Nintendo GameCube zusammen. Die PlayStation 3 schlug die Xbox 360 nur knapp, was vor allem auf die frühen Innovationen der Xbox im Bereich der Online-Spiele zurückzuführen war, und verlor gegen die Nintendo Wii. Aber Mitte der 2010er-Jahre hatte die PlayStation 4 seine Verkaufszahlen im Vergleich zur Xbox One verdoppelt und im Vergleich zur Wii U vervierfacht.

Infolgedessen sah PlayStation das plattformübergreifende Spielen als Bedrohung an. Wenn die Nutzer keine PlayStation bräuchten, um mit anderen PlayStation-Nutzern – der Mehrheit der Konsolenspieler – spielen zu können, würde die Wahrscheinlichkeit sinken, dass sie sich überhaupt eine PlayStation kaufen, und PlayStation-Nutzer könnten sogar zur Konkurrenz abwandern. Sonys Präsident für interaktive Unterhaltung gab dies 2016 stillschweigend zu, als er erklärte, dass „der technische Aspekt der einfachste" Teil der Öffnung des Zugangs zum PlayStation Network für Cross-Play sein könnte.² Doch nur zwei Jahre später ermöglichte PlayStation Cross-Play, Cross-Purchasing und Cross-Progression. Drei Jahre später boten fast alle Spiele, die diese Funktionen unterstützen konnten, diese auch an. Sony änderte seine Meinung nicht aufgrund interner Vorlieben oder Geschäftsmodelle, es reagierte stattdessen auf den Erfolg von *Fortnite*, das von einem Unternehmen, Epic Games, entwickelt wurde, das sich nicht zufällig auf plattformübergreifende Spiele konzentriert.

Als *Fortnite* auf den Markt kam, verfügte es über eine Reihe seltener Eigenschaften. Es war das erste Mainstream-AAA-Spiel*, das auf fast allen wichtigen Geräten weltweit gespielt werden konnte, darunter zwei Generationen von Playstation und Xbox, Nintendo Switch, Mac, PC, iPhone und Android. Der Titel war außerdem kostenlos, was bedeutete, dass die Spieler nicht mehrere Kopien kaufen mussten, um auf mehreren Plattformen spielen zu können. *Fortnite* war auch als soziales Spiel konzipiert; es wurde besser, je mehr Freunde es nutzten. Und es wurde um Live-Dienste herum aufgebaut, statt einer festen Geschichte oder einem Offline-Spiel: Der Spielinhalt endete nie und wurde bis zu zweimal pro Woche aktualisiert. Dies und die hervorragende kreative Umsetzung trugen dazu bei, dass *Fortnite* bis Ende 2018 zum beliebtesten AAA-Spiel weltweit (ohne China) wurde. Es generierte mehr Umsatz pro Monat als jedes andere Spiel in der Geschichte.

Alle Spielekonkurrenten von Sony haben plattformübergreifende Dienste für *Fortnite* übernommen. PC und Mobilgeräte hatten plattformübergreifende Funktionen nie blockiert; weder Windows noch eine Mobilplattform hatten jemals exklusive Spiele gekauft. Auch Nintendo unterstützte von Anfang an zahlreiche plattformübergreifende Dienste für *Fortnite*, aber im Gegensatz zu Sony hatte das Unternehmen kein wirkliches Online-Netzwerkgeschäft und räumte diesem keine Priorität ein. Microsoft seinerseits hatte lange auf Cross-Play gedrängt (wahrscheinlich aus demselben Grund, aus dem sich Sony dagegen sträubte). Das Fehlen einer plattformübergreifenden Integration bedeutete, dass die PlayStation die schlechteste Version von *Fortnite* hatten. Das führte zu einem grundlegenden Umdenken bei Sony. Die Verweigerung einer solchen Möglichkeit für Titel wie *Call of Duty* hätte sich vielleicht nur geringfügig auf die Anzahl der von Activision verkauften Exemplare

---

* „AAA" ist eine inoffizielle Klassifizierung für Videospiele mit großen Produktions- und Marketingbudgets, die in der Regel von den größten Videospielstudios und -verlagen stammen. Sie ist vergleichbar mit der Bezeichnung „Blockbuster" in der Filmbranche, wobei beide Begriffe nicht bedeuten, dass der Titel ein finanzieller Erfolg wird.

ausgewirkt, aber mit *Fortnite* entging Sony ein Großteil der Einnahmen aus dem Spiel, und PlayStation-Spieler wurden zu konkurrierenden Plattformen getrieben. Sicherlich bot die PlayStation ein besseres technisches Erlebnis als das iPhone, aber die meisten Spieler hielten die sozialen Elemente des Spiels für wichtiger als die technischen Daten. Und Epic aktivierte bei mindestens drei Gelegenheiten „versehentlich" Cross-Play für die PlayStation, angeblich ohne die Erlaubnis von Sony, was noch mehr verärgerte Nutzer dazu veranlasste, eine Petition an Sony zu richten und zu beweisen, dass das Hindernis die Unternehmenspolitik und nicht die Technologie war.

All diese Faktoren zwangen Sony, sein Handeln zu ändern – und offensichtlich zum Wohle aller. Heute können zahlreiche Spielehits von fast allen Computergeräten weltweit abgerufen werden, ohne dass die Nutzer ihre Identität, ihre Erfolge oder ihre Spielernetzwerke zurückgeben oder aufteilen müssen. Außerdem bedeutet plattformübergreifendes Spielen, dass jede Konsole bei Hardware, Inhalten und Diensten konkurrenzfähig ist. Auch Sony floriert nach wie vor: Mehr als 45 % der gesamten *Fortnite*-Umsätze entfallen auf die PlayStation (die PlayStation 5 hat die Xbox Series S und X im Verhältnis von mehr als 2:1 übertroffen).[3]

Die Entscheidung von Sony, seine geschlossene Plattform zu öffnen, bietet auch einen Einblick in mögliche wirtschaftliche Lösungen für die Herausforderung der Interoperabilität. Um „Einnahmeverluste" zu vermeiden, verlangte Sony von Epic, seine Zahlungen an den PlayStation-Store „aufrechtzuerhalten". Wenn ein *Fortnite*-Spieler beispielsweise 100 Stunden auf der PlayStation und 100 Stunden auf der Nintendo Switch gespielt hat, aber nur 40 Dollar auf der PlayStation und 60 Dollar auf der Nintendo Switch ausgab, müsste Epic an Nintendo eine Provision von 25 % für die 60 Dollar zahlen, an die PlayStation jedoch 25 % für die 40 Dollar *und* die 10 Dollar, die ihm aufgrund seines Zeitanteils zustehen würden. Mit anderen Worten: Epic zahlt zweimal für diese 10 Dollar. Es ist nicht klar, ob diese Politik immer noch in Kraft ist – die Öffentlichkeit weiß nur, dass sie aufgrund der Klage von Epic gegen Apple existiert. Unabhängig davon ist das Modell ein Beispiel dafür, wie die Verbreitung von plattformübergreifenden Spielen allen Marktteilnehmern hilft.

Der Erfolg von Discord ist ein weiteres gutes Beispiel. In der Vergangenheit haben Spieleplattformen wie Nintendo, PlayStation, Xbox und Steam ihre Spielernetzwerke und Kommunikationsdienste streng geschützt. Aus diesem Grund kann man sich auf Xbox Live nicht mit jemandem aus dem PlayStation Network „anfreunden" oder mit ihm oder ihr direkt sprechen. Stattdessen sind Nutzer auf anderen Plattformen nur innerhalb von plattformübergreifenden Spielen wie *Fortnite* und über ihre spielspezifischen IDs erreichbar. Dieser Ansatz funktionierte zwar gut, wenn zwei Spieler schon vor dem Einloggen wussten, welches Spiel sie spielen wollten, aber für ungeplantes Abhängen oder Ad-hoc-Spielen war er nicht gut geeignet. Je zentraler das Spielen für den Lebensstil einer Person war, desto weniger passte diese Lösung zu ihr.

Discord wurde entwickelt, um diese Nachfrage zu befriedigen, und hat Spielern zahlreiche Vorteile geboten. Er funktioniert auf allen wichtigen Computerplattformen – PC, Macs, iPhones und Android –, was bedeutet, dass jeder Gamer auf einen einzigen sozialen Graphen zugreifen kann (und Nicht-Gamer können ebenfalls beitreten). Der Dienst bietet Spielern außerdem eine Vielzahl von APIs, die in andere Spiele und sogar in quasi konkurrierende soziale Dienste wie Slack oder Twitch sowie in eigenständige Spiele integriert werden können, die nicht von Discord vertrieben oder anderweitig betrieben werden. Discord hat es geschafft, ein Kommunikationsnetzwerk für Gamer aufzubauen, das größer – und weitaus aktiver – ist als jede einzelne immersive Spieleplattform.

Wichtig ist, dass es für die Plattformen keine Möglichkeit gab, die Nutzer davon abzuhalten, die Discord-Apps auf ihren Handys zu verwenden und insbesondere die Chat-Funktionen zu nutzen. Der Erfolg von Discord veranlasste sowohl Xbox als auch PlayStation dazu, die native Integration von Discord in ihre geschlossenen Plattformen anzukündigen – ein Schritt, der eine neue „Austausch"-Lösung für ihre Spielernetzwerke, Kommunikationsdienste und Online-Socializing schuf.

Einführung gemeinsamer 3D-Formate und Austauschverfahren

Die Standardisierung von Spiele-Engines und Kommunikations-Suites ist im Vergleich zur Entwicklung von Konventionen für 3D-Objekte ziemlich komplex.

Sehen Sie sich das aktuelle Universum der 3D-Assets an. Milliarden von Dollar wurden für nicht standardisierte virtuelle Objekte und Umgebungen in den Bereichen Film und Videospiele, Bau- und Industrietechnik, Gesundheitswesen, Bildung und mehr ausgegeben. Es gibt keine Anzeichen dafür, dass diese Ausgaben in naher Zukunft nicht noch weiter steigen werden. Die ständige Neuerstellung dieser Objekte für ein neues Dateiformat oder eine neue Engine ist finanziell unpraktisch und oft auch verschwenderisch; die größte Eigenschaft eines digitalen „Dings" ist, dass es ohne zusätzliche Kosten endlos wiederverwendet werden kann.

Es entstehen bereits Austauschlösungen, um die „virtuelle Goldmine" der zuvor erstellten und fragmentierten Asset-Bibliotheken zu erschließen. Ein gutes Beispiel ist Omniverse von Nvidia, das 2020 auf den Markt kam und es Unternehmen ermöglicht, gemeinsame virtuelle Simulationen, die auf 3D-Assets und Umgebungen aus verschiedenen Dateiformaten, Engines und anderen Rendering-Lösungen basieren, zu erstellen und zusammenzuarbeiten. Ein Automobilhersteller könnte seine Unreal-basierten Autos in eine in Unity entworfene Umgebung bringen und diese Autos mit Objekten aus Blender interagieren lassen. Omniverse unterstützt zwar nicht alle möglichen Beiträge und auch nicht alle Metadaten und Funktionen, bietet unabhängigen Entwicklern aber einen besseren Grund zur Standardisierung. Die Zusammenarbeit führt inzwischen zu formellen und informellen Konventionen. Omniverse basiert auf Universal Scene Description (USD), einem 2012 von Pixar entwickelten und 2016 freigegebenen Framework für den Austausch von Szenen. USD bietet eine gemeinsame Sprache für die Definition, das Packaging, die Zusammenstellung und Bearbeitung von 3D. Nvidia vergleicht es mit HTML, aber für das Metaverse.[4] Kurz gesagt: Omniverse treibt sowohl eine Austauschplattform als auch einen 3D-Standard voran. Helios, die proprietäre Echtzeit-Rendering-Engine von Industrial Light & Magic, ist ein weiteres gutes Beispiel, da sie nur mit ausgewählten Engines und Dateiformaten kompatibel ist.

In dem Maße, wie die Zusammenarbeit auf diesem Gebiet zunimmt, werden sich natürlich auch Standards herausbilden. Anfang der 2010er-Jahre hatte die Globalisierung beispielsweise dazu geführt, dass viele der größten Unternehmen der Welt Englisch als offizielle Unternehmenssprache vorschreiben, darunter Rakuten, Japans größtes E-Commerce-Unternehmen, Airbus, ein Luft- und Raumfahrtriese, der die Regierungen Frankreichs und Deutschlands zu seinen beiden größten Anteilseignern zählt, Nokia, das viertgrößte Unternehmen Finnlands, Samsung, das größte Unternehmen Südkoreas, und viele mehr. Eine Umfrage von Ipsos aus dem Jahr 2012 ergab, dass 67 % der Personen, die beruflich mit Menschen in anderen Ländern zu tun haben, diese Arbeit lieber auf Englisch erledigen. Danach folgt Spanisch mit 5 %. Entscheidend ist, dass 61 % der Befragten angaben, bei der Zusammenarbeit mit ausländischen Partnern nicht ihre Muttersprache zu verwenden, sodass die Ausrichtung auf Englisch nicht die Tatsache widerspiegelt, die meisten Befragten würden hauptsächlich Englisch sprechen.[5] Die Globalisierung hat auch zu De-facto-Standards bei Währungen (namentlich dem US-Dollar und dem Euro), Einheiten (z. B. dem metrischen System), Tauschmitteln (dem intermodalen Transportcontainer) usw. geführt.

Entscheidend ist, dass, wie Omniverse gezeigt hat, bei Software nicht jeder dieselbe Sprache sprechen muss. Stellen Sie sich stattdessen das System der EU vor, in der 24 Amtssprachen vertreten sind, aber drei (Englisch, Französisch, Deutsch) als „Verfahrenssprachen" Vorrang haben (außerdem spricht ein Großteil der EU-Führung, des Parlaments und der Mitarbeiter mindestens zwei dieser Sprachen).

Epic Games arbeitet unterdessen an der Einführung von Datenstandards, die es ermöglichen, ein einziges „Asset" (eigentlich ein Recht auf Daten) in mehreren Umgebungen wiederzuverwenden. Nicht lange nach der Übernahme von Psyonix kündigte Epic Games an, dass deren Spielehit *Rocket League* kostenlos spielbar sein und zu Epic Online Services wechseln würde. Ein paar Monate später kündigte Epic das erste von mehreren „Llama-Rama"-Events an. Diese zeitlich begrenzten Modi ermöglichten es *Fortnite*-Spielern, Herausforderungen in *Rocket League* zu absolvieren, die exklusive Outfits und Erfolge freischalteten, die in beiden Spielen getragen werden konnten. Ein Jahr später kaufte Epic die Tonic Games Group, die Macher von *Fall Guys* und Dutzenden anderer Spiele, als Teil seiner Investitionen „in den Aufbau des Metaverse".[6] Es ist wahrscheinlich, dass Epic seine *Rocket League*-Experimente auf die Spiele von Tonic ausweiten wird, ebenso wie auf die von Epic Games Publishing, das Spiele von unabhängigen Studios finanziert und vertreibt.

Mit seinen titelübergreifenden Assets und Achievements will Epic wahrscheinlich einen ähnlichen Präzedenzfall schaffen, wie ihn das Unternehmen bei plattformübergreifenden Spielen geschaffen hat. Epic ist der festen Überzeugung, dass es Vorteile – sprich Gewinne – bringt, wenn die Reibungsverluste beim Zugriff auf verschiedene Spiele verringert werden, wenn es einfacher wird, Freunde und Gegenstände in diese Spiele zu bringen, und wenn die Spieler einen Grund haben, neue Spiele auszuprobieren. Die Spieler verbringen dann mehr Zeit mit dem Spielen, mit mehr Leuten, mit einer größeren Vielfalt an Titeln und geben dabei auch mehr Geld aus. Wenn dies der Fall ist, wird ein ständig wachsendes Netzwerk von Spielen von Drittanbietern eine Verbindung zu Epics virtuellen Identitäts-, Kommunikations- und Berechtigungssystemen (d. h. zu Teilen der Epic Online Services) herstellen wollen, wodurch die Standardisierung der verschiedenen Angebote von Epic vorangetrieben wird.

Neben Epic gibt es noch eine Reihe anderer Softwaregiganten, die versuchen, ihre Reichweite zu nutzen, um Standards und Rahmenbedingungen für gemeinsam genutzte virtuelle Güter zu schaffen. Ein Beispiel kommt von Facebook, das „interoperable Avatare" zu seinen Facebook Connect-Authentifizierungs-APIs hinzufügt. Facebook Connect ist in der Öffentlichkeit besser bekannt als „Login with Facebook", das es Facebook-Nutzern erlaubt, ihr Facebook-Log-in durch das eigene Kontosystem einer Website oder App zu ersetzen. Die meisten Entwickler würden es vorziehen, dass die Nutzer ein eigenes Konto erstellen, da sie dadurch mehr Informationen über ihn erhalten und der Entwickler die Kontrolle über diese Informationen und das Konto hat (und nicht Facebook). Facebook Connect ist jedoch viel einfacher und schneller und wird daher von den meisten Nutzern bevorzugt. Infolgedessen profitieren die Entwickler von mehr registrierten Nutzern (im Gegensatz zu einer anonymen Anmeldung). Ein ähnliches Nutzenversprechen wird es für die Avatar-Suite von Facebook geben (oder vielleicht für die von Google, Twitter oder Apple). Wenn benutzerdefinierte Avatare für die Benutzer im 3D-Raum unerlässlich sind, werden nur wenige für jede virtuelle Welt, die sie nutzen, einen neuen, detaillierten Avatar erstellen wollen. Die Dienste, die die Avatare akzeptieren, in die ein Nutzer bereits investiert hat, werden in der Lage sein, ein besseres Erlebnis für den Nutzer zu bieten. Einige Leute argumentieren sogar, dass die Unfähigkeit, einen einheitlichen Avatar zu verwenden, bedeutet, dass kein Avatar den Nutzer wirklich repräsentieren kann – so wie wir nicht sagen würden, dass Steve Jobs eine Uniform anhatte, wenn er Jeans und einen schwarzen Rollkragenpullover oder, je nach Veranstaltungsort, gelegentlich auch eine Chambray-Hose und einen grauen Rollkragenpullover trug. Das ist eher eine Ästhetik als eine Uniform, die dazu dient, die eigene Identität zu stärken. Unabhängig davon wird die Einrichtung von titelübergreifenden Diensten wie Facebook als weiterer De-facto-Standardisierungsprozess dienen (in diesem Fall basierend auf den Spezifikationen von Facebook und gefördert durch seine AR-, VR- und IVWP-Initiativen).

Epic treibt nicht nur die Interoperabilität von Assets voran, sondern auch „Interoperabilität" von konkurrierendem geistigen Eigentum, was ein philosophisches und kein technisches Problem ist (plattformübergreifende Spiele erinnern uns daran, dass dies die schwierigere der beiden Herausforderungen ist). Da sich virtuelle Plattformen wie *Fortnite*, *Minecraft* und *Roblox* zu kulturdefinierenden sozialen Räumen entwickelt haben, sind sie ein zunehmend notwendiger Bestandteil des Konsumentenmarketings, des Markenaufbaus und der multimedialen Franchise geworden. In den letzten drei Jahren hat *Fortnite* Erfahrungen mit der NFL und FIFA, Disneys Marvel Comics, *Star Wars* und *Alien*, Warner Bros.' DC Comics, Lionsgates *John Wick*, Microsofts *Halo*, Sonys *God of War* und *Horizon Zero Dawn*, Capcoms *Street Fighter*, Hasbro's G.I. Joe, Nike und Michael Jordan, Travis Scott und vielen anderen gemacht.

Um an diesen Erlebnissen teilzunehmen, müssen Markeninhaber jedoch etwas akzeptieren, was sie fast nie zulassen: unbegrenzte Lizenzen (die Outfits im Spiel werden von den Spielern für immer behalten), sich überschneidende Marketingfenster (einige Marken-Events liegen nur wenige Tage auseinander oder überschneiden sich ganz) und wenig bis keine redaktionelle Kontrolle. Zusammengefasst bedeutet dies, dass es jetzt möglich ist, sich als Neymar zu verkleiden, einen Baby-Yoda- oder Air-Jordan-Rucksack zu tragen, den Dreizack von Aquaman in der Hand zu halten und virtuell Stark Industries zu erkunden. Und die Besitzer dieser Marken *wollen*, dass dies geschieht.

Wenn Interoperabilität wirklich einen Wert hat, dann werden finanzielle Anreize und Wettbewerbsdruck letztendlich dafür sorgen. Die Entwickler werden schließlich herausfinden, wie sie die Geschäftsmodelle des Metaverse technisch und kommerziell unterstützen können. Und sie werden die größere Wirtschaft des Metaverse nutzen, um die „alten" Spielehersteller zu übertreffen.

Dies ist eine der Lehren aus der zunehmenden Monetarisierung von Free-to-Play-Spielen. Bei diesem Geschäftsmodell müssen die Spieler für das Herunterladen und Installieren eines Spiels – und sogar für das Spielen – nichts bezahlen, können aber optional Käufe im Spiel tätigen, z. B. ein zusätzliches Level oder Kosmetika. Als es in den 2000er Jahren zum ersten Mal eingeführt wurde und auch noch ein Jahrzehnt später glaubten viele, dass Free-to-Play im besten Fall zu geringeren Einnahmen für ein bestimmtes Spiel führen und im schlimmsten Fall die Branche kannibalisieren würde. Stattdessen erwies es sich als die beste Möglichkeit, ein Spiel zu monetarisieren, und als eine der wichtigsten Triebfedern für den kulturellen Aufstieg der Videospiele. Ja, es führte zu vielen nicht zahlenden Spielern, aber es erhöhte ihre Gesamtzahl erheblich und gab sogar zahlenden Spielern einen Grund, mehr Geld auszugeben. Denn je mehr Leuten man einen angepassten Avatar zeigen kann, desto mehr wird man dafür bezahlen.

So wie Free-to-Play zu neuen Produkten geführt hat, die an die Spieler verkauft werden können, von Tänzen bis hin zu Sprachmodulatoren und „Battle-Pässen", so wird es auch mit der Interoperabilität sein. Die Entwickler könnten in den Code eines Gegenstands eine Degradierung einbauen – dieser Skin funktioniert 100 Stunden, 500 Spiele oder drei Jahre lang, bis es sich langsam abnutzt. Oder die Benutzer müssen eine zusätzliche Gebühr zahlen, um einen Gegenstand von einem Spiel zu einem konkurrierenden Publisher mitzunehmen (so wie für viele Waren in der „realen Welt" Einfuhrzölle anfallen), oder sie zahlen mehr für eine „interoperable Ausgabe". Natürlich werden nicht alle virtuellen Welten zu einem weitgehend interoperablen Modell übergehen. Trotz der weiten Verbreitung von kostenlosen Multiplayer-Online-Spielen sind viele Titel immer noch kostenpflichtig, für Einzelspieler, offline – oder alles drei.

Web3-affine Leser fragen sich vielleicht, warum ich noch nicht auf Blockchains, Kryptowährungen und nicht-fungible Token eingegangen bin. Diese drei miteinander verknüpften Innovationen werden wahrscheinlich eine grundlegende Rolle in unserer virtuellen Zukunft spielen und fungieren bereits als eine Art gemeinsamer Standard in einer immer größer werdenden Reihe von Welten und Erfahrungen. Doch bevor wir uns mit diesen Technologien beschäftigen, müssen wir zunächst die Rolle von Hardware und Zahlungen im Metaverse untersuchen.

Kapitel 9
Hardware

Für viele von uns ist der aufregendste Aspekt des Metaverse die Entwicklung neuer Geräte, mit denen wir darauf zugreifen, es darstellen und bedienen können. Dies führt in der Regel zu Visionen von superstarken, aber leichten Augmented-Reality- und immersiven Virtual-Reality-Headsets. Diese Geräte sind für das Metaverse nicht erforderlich, werden aber oft als die beste oder natürlichste Möglichkeit angesehen, die vielen virtuellen Welten zu erleben. Die Führungskräfte der großen Technologiekonzerne scheinen dieser Meinung zu sein, auch wenn sich die angebliche Nachfrage der Verbraucher nach diesen Geräten noch nicht in Verkäufen niedergeschlagen hat.

Microsoft begann 2010 mit der Entwicklung des AR-Headsets und der Plattform HoloLens und brachte das erste Gerät 2016 und das zweite 2019 auf den Markt. Nach fünf Jahren auf dem Markt wurden bisher weniger als eine halbe Million Geräte ausgeliefert. Dennoch wird weiterhin in die Abteilung investiert, und Microsoft-CEO Satya Nadella lobt das Gerät bei Investoren und Kunden immer noch, insbesondere mit Blick auf die Metaverse-Ambitionen des Unternehmens.

Obwohl Google Glass, das AR-Gerät von Google, nach seiner Einführung im Jahr 2013 schnell den Ruf eines der am meisten gehypten und gescheiterten Produkte in der Geschichte der Unterhaltungselektronik erlangte, unterstützt Google es weiterhin. Im Jahr 2017 brachte das Unternehmen ein aktualisiertes Modell mit dem Namen Google Glass Enterprise Edition auf den Markt, ein Nachfolger sollte später im Jahr 2019 folgen. Seit Juni 2020 hat Google 1 bis 2 Milliarden Dollar für die Übernahme von AR-Brillen-Start-ups wie North und Raxium ausgegeben.

Obwohl Googles Bemühungen im Bereich VR in der Presse weniger Beachtung fanden als Google Glass, waren sie bedeutender und wohl auch enttäuschender. Googles erster Vorstoß erfolgte 2014 unter dem Namen Google Cardboard und hatte das erklärte Ziel, das Interesse an immersiver virtueller Realität zu wecken. Für Entwickler produzierte Google ein Cardboard Software Development Kit, mit dem die Entwickler VR-spezifische Apps in Java, Unity oder Apples Metal erstellen konnten. Für die Nutzer entwickelte Google einen ausklappbaren

„Cardboard-Viewer" im Wert von 15 Dollar, in den die Nutzer ihre iPhones oder Android-Geräte einsetzen konnten, um VR zu erleben, ohne ein neues Gerät kaufen zu müssen. Ein Jahr nach der Ankündigung von Cardboard stellte Google Jump vor, eine Plattform und ein Ökosystem für die Erstellung von VR-Filmen, sowie Expeditions, ein Programm, das VR-basierte Exkursionen für Pädagogen anbietet. Die von Cardboard erreichten Spitzenwerte waren beeindruckend: Innerhalb von fünf Jahren verkaufte Google mehr als 15 Millionen Viewer, fast 200 Millionen Cardboard-fähige Apps wurden heruntergeladen, und mehr als eine Million Schüler nahmen innerhalb des ersten Jahres nach der Veröffentlichung an mindestens einer Expeditions-Tour teil. Diese Zahlen spiegeln jedoch eher das Interesse der Verbraucher als die Inspiration wider. Im November 2019 stellte Google das Cardboard-Projekt ein und gab sein SDK frei. (Expeditions wurde im Juni 2021 eingestellt.)

2016 brachte Google seine zweite VR-Plattform, Daydream, auf den Markt, welche die Grundlage von Cardboard verbessern sollte. Die Verbesserungen begannen mit der Qualität des Daydream-Viewers. Das 80- bis 100-Dollar-Headset bestand aus Schaumstoff und war mit weichem Stoff überzogen (erhältlich in vier Farben). Im Gegensatz zum Cardboard-Viewer konnte es um den Kopf des Nutzers geschnallt werden, anstatt dass der Nutzer es bei der Verwendung vor sich halten musste. Der Daydream-Viewer wurde auch mit einer speziellen Handfernbedienung geliefert und verfügte über einen NFC-Chip (Nahfeldkommunikation), der automatisch die Eigenschaften des verwendeten Telefons erkennen und es in den VR-Modus versetzen konnte, ohne dass der Benutzer dies selbst tun musste. Während Daydream von der Presse positiv bewertet wurde und Unternehmen wie HBO und Hulu dazu veranlasste, VR-spezifische Apps zu entwickeln, zeigten die Verbraucher wenig Interesse an der Plattform. Google stellte das Projekt zur gleichen Zeit ein, als Cardboard eingestellt wurde.

Obwohl Google mit AR und VR zu kämpfen hat, scheint es diese Erfahrungen immer noch als zentral für seine Metaverse-Strategie zu betrachten. Nur wenige Wochen, nachdem Facebook im Oktober 2021 seine Zukunftsvision öffentlich vorgestellt hatte, wurde Clay Bavor, Googles Leiter für AR und VR, direkt dem CEO von Google/Alphabet, Sundar Pichai, unterstellt und mit der Leitung einer neuen Gruppe, „Google Labs", betraut. Sie umfasst alle bestehenden AR-, VR- und Virtualisierungsprojekte von Google, den hauseigenen Inkubator Area 120 und alle anderen „langfristigen Projekte mit hohem Potenzial". Presseberichten zufolge plant Google die Veröffentlichung einer neuen VR- und/oder AR-Headset-Plattform im Jahr 2024.

Im Jahr 2014 brachte Amazon sein erstes und einziges Smartphone auf den Markt, das Fire Phone. Was das Gerät von den Marktführern

Android und iOS unterschied, war die Verwendung von vier nach vorne gerichteten Kameras, welche die Benutzeroberfläche als Reaktion auf die Kopfbewegungen des Benutzers anpassten, und Firefly, ein Softwaretool, das automatisch Texte, Töne und visuelle Objekte erkannte. Das Telefon erwies sich als der größte Misserfolg des Unternehmens und wurde kaum ein Jahr nach seiner Markteinführung eingestellt. Amazon musste eine Abschreibung in Höhe von 170 Millionen Dollar vornehmen, hauptsächlich für unverkaufte Bestände. Doch schon bald begann das Unternehmen mit der Arbeit an Echo Frames, einer Brille ohne visuelles Display, aber mit integriertem Audio, Bluetooth (zur Kopplung mit einem Smartphone) und dem Alexa-Assistenten. Die ersten Echo Frames kamen 2019 auf den Markt, ein Jahr später wurde eine aktualisierte Modellversion veröffentlicht. Beide scheinen sich nicht gut verkauft zu haben.

Einer der entschiedensten Befürworter von AR- und VR-Geräten ist Mark Zuckerberg. Im Jahr 2014 erwarb Facebook Oculus VR für 2,3 Milliarden Dollar, mehr als das Doppelte der Summe, die es zwei Jahre zuvor für Instagram bezahlt hatte, obwohl Oculus sein Gerät noch nicht auf den Markt gebracht hatte. Kurz darauf äußerten sich Zuckerberg und seine Mitarbeiter öffentlich über die Aussicht, dass VR-Headset-PCs zum primären Computer für Berufstätige werden könnten, während tragbare AR-Brillen den primären Zugang der Verbraucher zur digitalen Welt darstellen würden. Acht Jahre später gab Facebook bekannt, dass die Oculus Quest 2 zwischen Oktober 2020 und Dezember 2021 mehr als 10 Millionen Mal verkauft wurde – eine Zahl, die Microsofts neue Xbox-Konsolen der Serie S und X übertraf, die etwa zur gleichen Zeit auf den Markt kamen. Allerdings muss das Gerät noch den PC ersetzen, und Facebook muss noch ein AR-Gerät herausbringen. Dennoch wird davon ausgegangen, dass sich der Großteil der jährlichen Metaverse-Investitionen von Facebook in Höhe von 10 bis 15 Milliarden US-Dollar auf AR- und VR-Geräte konzentriert.

Apple hat sich wie üblich bedeckt gehalten, was seine Pläne für AR oder VR angeht oder ob es überhaupt daran glaubt – dennoch sind seine Übernahmen und Patentanmeldungen aufschlussreich: In den letzten drei Jahren hat Apple Start-ups wie Vrvana, das ein AR-Headset namens Totem herstellte, Akonia, das Linsen für AR-Produkte produzierte, Emotient, dessen Software für maschinelles Lernen Gesichtsausdrücke verfolgt und Emotionen erkennt, RealFace, ein Unternehmen für Gesichtserkennung, und Faceshift, das die Gesichtsbewegungen eines Nutzers einem 3D-Avatar zuordnete, gekauft. Apple kaufte auch NextVR, einen Hersteller von VR-Inhalten, sowie Spaces, das ortsbezogene VR-Unterhaltung und VR-basierte Erfahrungen für Videokonferenzsoftware entwickelte. Im Durchschnitt werden Apple über 2.000

Patente pro Jahr erteilt (und es werden noch mehr angemeldet). Hunderte davon beziehen sich auf VR, AR oder Körperverfolgung.

Neben den Tech-Giganten investieren auch eine Reihe mittelgroßer Technologieunternehmen in eigene AR/VR-Hardware, obwohl sie wenig bis gar keine Erfahrung mit der Herstellung, geschweige denn mit dem Vertrieb und der Bedienung von Unterhaltungselektronik haben. Obwohl die erste AR-Brille von Snap, die Spectacles aus dem Jahr 2017, mehr für ihr Pop-up-Automaten-Verkaufsmodell als für ihren technischen, erlebnisorientierten oder vertrieblichen Erfolg gelobt wurde, hat das Unternehmen in den letzten fünf Jahren drei neue Modelle herausgebracht.

Der Umfang der Investitionen in diese Geräte, selbst angesichts der ständigen Ablehnung durch Verbraucher und Entwickler, rührt von dem Glauben her, dass sich die Geschichte wiederholen wird. Jedes Mal, wenn sich die Computer- und Netzwerktechnik in großem Umfang verändert, kommen neue Geräte auf den Markt, die ihren Fähigkeiten besser entsprechen. Die Unternehmen, die diese Geräte als erste auf den Markt bringen, haben wiederum die Möglichkeit, das Gleichgewicht der Kräfte in der Technologie zu verändern und nicht nur einen neuen Geschäftszweig zu schaffen. So sehen Unternehmen wie Microsoft, Facebook, Snap und Niantic die laufenden Kämpfe mit AR und VR als Beweis dafür, dass sie in der Lage sein könnten, Apple und Google zu verdrängen, welche im Augenblick die dominierenden Plattformen des mobilen Zeitalters betreiben, während Apple und Google verstehen, dass sie investieren müssen, um ihre Marktstellung nicht zu gefährden. Es gibt erste Signale, welche die Annahme bestätigen, dass AR und VR die nächste große Gerätetechnologie sind. Im März 2021 gab die US-Armee einen Vertrag über den Kauf von bis zu 120.000 maßgeschneiderten HoloLens-Geräten von Microsoft im Laufe des nächsten Jahrzehnts bekannt. Dieser Vertrag hatte einen Wert von 22 Milliarden Dollar – fast 200.000 Dollar pro Headset (dies beinhaltet Hardware-Upgrades, Reparaturen, maßgeschneiderte Software und andere Azure-Cloud-Computing-Dienste).

Ein weiteres Zeichen dafür, dass Mixed-Reality-Geräte die Zukunft sind, ist die Tatsache, dass es möglich ist, zahlreiche technische Defizite in VR- und AR-Headsets zu identifizieren, welche die Masseneinführung behindern könnten. In diesem Sinne argumentieren einige, dass die aktuellen Geräte für das Metaverse das sind, was Apples erfolgloses Newton-Tablet für die Smartphone-Ära war. Der Newton kam 1993 auf den Markt und bot vieles von dem, was wir von einem mobilen Gerät erwarten – einen Touchscreen, ein spezielles mobiles Betriebssystem und Software –, aber es fehlte ihm noch mehr. Das Gerät hatte fast die Größe einer Tastatur (und wog sogar noch mehr), konnte nicht auf ein mobiles Datennetz zugreifen und erforderte die Verwendung eines digitalen Stifts anstelle des Fingers des Benutzers.

Eine wesentliche Einschränkung bei AR und VR ist das Gerätedisplay. Die erste Oculus-Version, die 2016 auf den Markt kam, hatte eine Auflösung von 1080 × 1200 Pixeln pro Auge, während die Oculus Quest 2, die vier Jahre später auf den Markt kam, eine Auflösung von 1832 × 1920 pro Auge hatte (was in etwa 4K entspricht). Palmer Luckey, einer der Gründer von Oculus, ist der Meinung, dass mehr als die doppelte Auflösung erforderlich ist, damit VR das Problem der Pixilierung überwinden und ein Mainstream-Gerät werden kann. Die erste Oculus erreichte eine Bildwiederholfrequenz von 90 Hz (90 Bilder pro Sekunde), während die zweite 72-80 Hz bot. Die neueste Ausgabe, die Oculus Quest 2 von 2020, ist standardmäßig auf 72 Hz eingestellt, unterstützt aber die meisten Titel mit 90 Hz und bietet „experimentelle Unterstützung" für 120 Hz bei weniger rechenintensiven Spielen. Viele Experten sind der Meinung, dass 120 Hz die Mindestschwelle ist, um das Risiko von Desorientierung und Übelkeit zu vermeiden. Einem von Goldman Sachs veröffentlichten Bericht zufolge geben 14 % derjenigen, die ein immersives VR-Headset ausprobiert haben, an, dass sie bei der Verwendung des Geräts „häufig" unter Motion Sickness leiden, 19 % antworten mit „manchmal" und weitere 25 % mit „selten, aber nicht nie".

AR-Geräte haben sogar noch größere Einschränkungen. Der durchschnittliche Mensch sieht etwa 200°-220° horizontal und 135° vertikal, was einem diagonalen Sichtfeld von etwa 250° entspricht. Die neueste Version der AR-Brille von Snap, die etwa 500 US-Dollar kostet, hat ein diagonales Sichtfeld von 26,3° – das bedeutet, dass etwa 10 % dessen, was man sehen kann, „erweitert" werden kann – und läuft mit 30 Bildern pro Sekunde. Microsofts Holo-Lens 2, die 3.500 US-Dollar kostet, hat ein doppelt so großes Sichtfeld und eine doppelt so hohe Bildrate, lässt aber immer noch 80 % der Sehkraft des Benutzers ohne Augmentation, obwohl die gesamten Augen (und ein Großteil des Kopfes) von dem Gerät abgedeckt werden. HoloLens 2 wiegt 566 Gramm (das leichteste iPhone 13 wiegt 174 Gramm, während das iPhone 13 Pro Max 240 Gramm wiegt) und hält nur zwei bis drei Stunden aktive Nutzung aus. Die Spectacles 4 von Snap wiegt 134 Gramm und kann nur 30 Minuten lang betrieben werden.

Die schwierigste technologische Herausforderung unserer Zeit

Man könnte annehmen, dass Technologieunternehmen unweigerlich Wege finden werden, um Displays zu verbessern, das Gewicht zu reduzieren, die Akkulaufzeit zu erhöhen und gleichzeitig neue Funktionen hinzuzufügen. Schließlich scheinen sich die Auflösungen von Fernsehern jedes Jahr zu erhöhen, während die unterstützten Bildwiederholraten steigen, die Preise sinken und das Profil des Geräts selbst schmaler wird. Dennoch hat Mark Zuckerberg gesagt, dass „die schwierigste technologische Herausforderung unserer Zeit darin bestehen könnte, einen Supercomputer in das Gestell einer normal aussehenden Brille einzupassen".[1] Wie wir bei der Untersuchung der Rechenleistung gesehen haben, zeigen Spielegeräte nicht einfach nur zuvor erstellte Bilder an, wie es ein Fernseher tut – sie müssen diese Bilder selbst rendern. Und wie bei der Herausforderung der Latenzzeit kann es auch bei den Möglichkeiten von AR- und VR-Headsets echte Grenzen geben, die durch die Gesetze des Universums gesetzt sind.

Um die Anzahl der pro Bild gerenderten Pixel und die Anzahl der Bilder pro Sekunde zu erhöhen, ist eine wesentlich höhere Verarbeitungsleistung erforderlich. Diese Rechenleistung muss auch in ein Gerät passen, das man bequem auf dem Kopf tragen kann, anstatt es auf dem Wohnzimmerschrank zu verstauen oder in der Hand zu halten. Und ganz entscheidend ist, dass AR- und VR-Prozessoren mehr können als nur mehr Pixel darzustellen.

Das Oculus Quest 2 zeigt, wie groß das Hindernis ist: Wie die meisten Spieleplattformen verfügt auch Facebooks VR-Gerät über ein Battle-Royale-Spiel, *Population: One*. Aber dieses Battle-Royale-Spiel unterstützt weder 150 gleichzeitige Benutzer wie *Call of Duty Warzone*, noch 100 wie *Fortnite* oder sogar 50 wie *Free Fire*. Stattdessen ist es auf 18 begrenzt. Die Oculus Quest 2 kann nicht viel mehr verarbeiten. Außerdem entspricht die Grafik dieses Spiels eher der der PlayStation 3, die 2006 veröffentlicht wurde, als der PlayStation 4 von 2013, geschweige denn der PlayStation 5 von 2020.

Wir brauchen AR- und VR-Geräte auch, um Arbeiten auszuführen, die wir normalerweise nicht von einer Konsole oder einem PC verlangen. Die Oculus-Quest-Geräte von Facebook sind beispielsweise mit zwei externen Kameras ausgestattet, die den Benutzer warnen können, wenn er gegen ein physisches Objekt oder eine Wand stößt. Gleichzeitig müssen diese Kameras in der Lage sein, die Hände des Benutzers zu verfolgen, damit sie in einer bestimmten virtuellen Welt nachgebildet werden können, oder sie als Controller zu verwenden, wobei bestimmte

Bewegungen oder Fingerbewegungen das Drücken einer physischen Taste ersetzen. Dies mag als schlechter Ersatz für einen echten Controller erscheinen, aber es befreit den Besitzer eines VR- oder AR-Headsets von der Notwendigkeit, mit einem solchen zu reisen (oder die Straße entlangzugehen).

Zuckerberg hat auch den Wunsch geäußert, Kameras in das Innere eines AR- oder VR-Headsets einzubauen, um das Gesicht und die Augen des Benutzers zu scannen und zu verfolgen, sodass das Gerät den Avatar des Benutzers allein anhand der Gesichts- und Augenbewegungen steuern kann. All diese zusätzlichen Kameras erhöhen jedoch das Gewicht und die Masse eines Headsets und erfordern zudem mehr Rechenleistung, ganz zu schweigen von mehr Batterieleistung. Natürlich verursachen sie auch zusätzliche Kosten.

Um dies zu verstehen, können wir die HoloLens 2 von Microsoft mit der Spectacles 4 von Snap vergleichen: Die HoloLens 2 bietet zwar ein doppelt so großes Sichtfeld und eine doppelt so hohe Bildrate wie die Spectacles 4, ist aber auch siebenmal so teuer (3.000 bis 3.500 Dollar gegenüber 500 Dollar), wiegt viermal so viel und sieht nicht wie eine futuristische Ray-Ban-Brille aus, sondern eher wie die Gesichtsplatte und der Schädel eines Cyborgs. Damit sich AR-Geräte für Verbraucher durchsetzen können, brauchen wir wahrscheinlich ein Gerät, das leistungsfähiger ist als die HoloLens, aber kleiner als die Spectacles 4. Industrielle AR-Headsets können zwar größer sein, müssen aber immer noch unter einen Helm passen und die Belastung des Nackens minimieren – und sie müssen außerdem um ein Vielfaches besser werden.

Die immense technische Herausforderung der „Supercomputer-Brille" erklärt, warum jährlich Dutzende von Milliarden Dollar für dieses Problem ausgegeben werden. Doch trotz dieser Investitionen wird es keinen plötzlichen Durchbruch geben. Stattdessen wird es einen ständigen Verbesserungsprozess geben, der den Preis und die Größe von AR- und VR-Geräten verringert und gleichzeitig ihre Rechenleistung und Funktionalität erhöht. Und selbst wenn eine bestimmte Hardwareplattform oder ein bestimmter Komponentenanbieter eine wichtige Hürde genommen hat, folgt der Rest des Marktes in der Regel innerhalb von zwei bis drei Jahren. Was eine bestimmte Plattform letztlich auszeichnet, sind die Erfahrungen, die sie bietet.

Die Geschichte des iPhones, des erfolgreichsten Produkts des mobilen Zeitalters, zeigt diesen Prozess deutlich.

Heute entwickelt Apple viele der Chips und Sensoren in seinen Geräten selbst, aber die ersten Modelle bestanden vollständig aus Komponenten, die von unabhängigen Zulieferern hergestellt wurden. Die CPU des ersten iPhones stammte von Samsung, der Grafikprozessor von Imagination Technologies, verschiedene Bildsensoren von Micron

Technologies, das Glas des Touchscreens von Corning und so weiter. Die Innovationen von Apple waren weniger greifbar – wie diese Komponenten zusammengebracht wurden, wann und warum.

Am offensichtlichsten ist, dass Apple auf den Touchscreen setzte und auf eine physische Tastatur gänzlich verzichtete. Dieser Schritt wurde seinerzeit gemeinhin belächelt, insbesondere von den Marktführern Microsoft und BlackBerry. Apple entschied sich auch dafür, sich auf die Verbraucher zu konzentrieren, anstatt große Unternehmen und kleine bis mittlere Betriebe anzusprechen, die von Mitte der 1990er- bis Ende der 2000er-Jahre den Großteil der Smartphone-Verkäufe ausmachten. Noch radikaler war der Preis des iPhones: 500 bis 600 US-Dollar im Vergleich zu 250 bis 350 US-Dollar für konkurrierende Smartphones wie das BlackBerry (die für den Endverbraucher oft auch kostenlos waren, da sie vom Arbeitgeber zur Verfügung gestellt wurden). Der Mitbegründer und CEO von Apple, Steve Jobs, war der Meinung, dass sein 500-Dollar-Gerät einen höheren Wert bot als ein 200- oder 300-Dollar-Gerät – selbst wenn letzteres kostenlos erhältlich war.

Jobs' Wetten auf Touchscreens, den Zielmarkt und den Preis haben sich alle als richtig erwiesen. Sie wurden auch durch die Wahl der Benutzeroberfläche unterstützt, die oft widersprüchlich erschien, aber dennoch die Spannung zwischen Komplexität und Einfachheit perfekt meisterte. Ein gutes Beispiel dafür ist der „Home-Button" des iPhone.

Obwohl Jobs wenig Interesse an physischen Tastaturen zeigte, entschied er sich dennoch für einen großen „Home-Button" auf der Vorderseite des iPhone. Die Taste ist heute ein vertrautes Designelement, aber damals war es ein neuer Ansatz. Er war auch mit erheblichen Kosten verbunden. Die Taste beanspruchte Platz, der sonst für einen größeren Bildschirm, eine langlebigere Batterie oder einen leistungsfähigeren Prozessor hätte genutzt werden können. Für Jobs war sie jedoch ein wesentlicher Bestandteil der Einführung von Touchscreens und Computern im Taschenformat. Ähnlich wie beim Schließen eines Klapphandys wusste der Benutzer, dass er durch Drücken der Home-Taste immer zum Hauptbildschirm zurückkehren konnte, egal was auf dem Touchscreen des iPhones passierte.

Im Jahr 2011, vier Jahre nach dem Marktstart des ersten iPhones, fügte Apple seinem Betriebssystem eine neue Funktion hinzu: Multitasking. Bis dahin konnten die Nutzer nur einige wenige, vorher festgelegte Programme gleichzeitig nutzen. Es war möglich, über die iPod-App Musik zu hören, während man die *New York Times*-App las, aber wenn der Nutzer dann seine Facebook-App öffnete, wurde die Times-App geschlossen. Wenn der Nutzer zu einem bestimmten Artikel in der Times-App zurückkehren wollte, musste er die App erneut öffnen und dann zu dem Artikel und der entsprechenden Stelle zurücknavigieren.

Dazu musste auch die Facebook-App geschlossen werden. Multitasking ermöglichte es den Nutzern nun, eine App anzuhalten und zu einer anderen zu wechseln, was über die Home-Taste gesteuert wurde. Wenn ein Nutzer auf die Home-Taste klickt, wird die App pausiert und er kehrt zum Startbildschirm zurück. Bei einem Doppelklick wird die App weiterhin angehalten, und es wird eine Liste aller angehaltenen Apps angezeigt, durch die man wischen kann.

Die ersten iPhones hätten Multitasking unterstützen können. Schließlich unterstützten auch andere Smartphones mit ähnlichen CPUs diese Funktion. Apple war jedoch der Ansicht, dass es den Nutzern den Einstieg in das mobile Computerzeitalter erleichtern musste, und das bedeutete, dass man sich nicht nur darauf konzentrierte, welche Technologie möglich war, sondern auch, *wann* die Nutzer dafür bereit waren. Aus diesem Grund fühlte sich Apple erst 2017, mit der Veröffentlichung des zehnten iPhones, in der Lage, den physischen Home-Button abzuschaffen und die Nutzer stattdessen aufzufordern, vom unteren Rand des Bildschirms nach oben zu wischen.

In der Kategorie der brandneuen Geräte gibt es keine „Best Practices". Tatsächlich waren viele der Entscheidungen, die wir heute für selbstverständlich halten, einst umstritten – nicht nur der Touchscreen des iPhone. Einige frühe Android-Builds und -Apps nutzten beispielsweise das „Pinch-to-Zoom"-Konzept von Apple, hielten es aber für rückständig – wenn man die Finger näher zusammenbringt, sollte das, was man betrachtet, dann nicht näher kommen und nicht weiter weg? Es ist fast unmöglich, sich diese Logik heute vorzustellen, aber das liegt zum Teil daran, dass wir 15 Jahre lang darauf trainiert wurden, dass das Gegenteil natürlich ist. Apples „Slide-to-Unlock"-Funktion wurde als so neuartig angesehen, dass das Unternehmen dafür ein Patent erhielt und schließlich über 120 Millionen Dollar gewann, nachdem ein US-Berufungsgericht festgestellt hatte, dass Samsung dieses und andere Apple gehörende Patente verletzt hatte. Sogar das App-Store-Modell war umstritten. Der Smartphone-Marktführer BlackBerry brachte seinen App Store erst 2010 auf den Markt, zwei Jahre nach Apple und ein Jahr nach seiner berühmten „There's an app for that"-Kampagne. Darüber hinaus führte BlackBerrys Fokus auf Geschäftskunden (und damit auf Sicherheit) zu so strengen Richtlinien, wie z. B. die Notwendigkeit notariell beglaubigter Dokumente, nur um Zugang zum BlackBerry Application Development Kit zu erhalten, dass viele Entwickler sich gar nicht erst mit der Plattform befassten.

Wir können bereits Anklänge an die „Smartphone-Kriege" im VR- und AR-Rennen beobachten. Wie wir gesehen haben, kostet die AR-Brille von Snap weniger als 500 Dollar und richtet sich an Verbraucher, während die von Microsoft 3.000 Dollar oder mehr kostet und sich an

Unternehmen und Fachleute richtet. Google war der Meinung, dass die Verbraucher statt eines VR-Headsets, das mehrere Hundert oder Tausend Dollar kostet, ihr teures Smartphone in einen „Viewer" stecken sollten, der weniger als 100 Dollar kostet. Amazons Augmented-Reality-Brille hat nicht einmal ein digitales Display, sondern setzt stattdessen auf den audio-basierten Alexa-Assistenten und den trendigen Formfaktor. Facebook scheint sich im Gegensatz zu Microsoft eher auf VR als auf AR zu konzentrieren, und Zuckerberg und viele seiner hochrangigen Mitarbeiter haben darüber nachgedacht, dass Cloud Game Streaming die einzige Möglichkeit für einen VR-Nutzer sein könnte, an einer reich gerenderten Simulation mit hoher Gleichzeitigkeit teilzunehmen. Zuckerberg hat auch gesagt, dass er glaubt, dass die AR-Geräte von Facebook als sozial ausgerichtetes Unternehmen wahrscheinlich einen größeren Schwerpunkt auf Gesichts- und Augenerkennungskameras, Sensoren und Fähigkeiten legen werden als seine Konkurrenten, die sich ansonsten auf die Minimierung der Größe eines Geräts oder die Maximierung seiner Ästhetik konzentrieren könnten. Doch niemand kennt die genauen Kompromisse zwischen z. B. Geräteprofil und Funktionalität oder Preis und Funktionalität. Um aus der Unzufriedenheit der Entwickler mit den geschlossenen App-Store-Modellen von Apple und Google Kapital zu schlagen (ein Thema, mit dem ich mich im nächsten Kapitel eingehender befassen werde), hat Zuckerberg versprochen, Oculus „offen" zu halten und es Entwicklern zu ermöglichen, ihre Apps direkt an die Benutzer zu vertreiben, und es den Benutzern zu ermöglichen, App Stores anderer Anbieter auf ihren Oculus-Geräten zu installieren. Dies wird zwar sicherlich dazu beitragen, Entwickler anzuziehen, birgt aber auch neue Risiken in Bezug auf den Nutzer- und Datenschutz – vor allem, wenn die Anzahl der Kameras auf dem Gerät wächst.

Bei AR und VR scheint es klar, dass die Hardware-Herausforderungen größer sind als bei Smartphones. Und durch die Anpassung von 2D-Touch-Schnittstellen an einen größtenteils nicht greifbaren 3D-Raum wird wahrscheinlich auch das Schnittstellendesign schwieriger sein. Was wird das „Auf- und Zuziehen" oder „Auf- und Abschieben" von AR und VR sein? Wozu genau sind die Nutzer in der Lage und wann?

Jenseits von Headsets

Neben den vielen Investitionen in immersive Headsets gibt es unzählige andere Bemühungen, neue, auf das Metaverse ausgerichtete Hardware zu entwickeln, die unsere primären Computergeräte ergänzt, anstatt sie zu ersetzen, wie sich manche vorstellen, dass AR- und VR-Geräte eines Tages entstehen könnten.

Meistens stellen sich die Spieler vor, intelligente Handschuhe oder sogar Körperanzüge zu tragen, die ein physisches (d. h. „haptisches") Feedback geben können, um zu simulieren, was mit ihrem Avatar in einer virtuellen Welt geschieht. Es gibt bereits viele solcher Geräte, die jedoch so kostspielig und funktionell eingeschränkt sind, dass sie in der Regel ausschließlich für industrielle Zwecke verwendet werden. Diese Wearables verwenden ein Netzwerk von Motoren und elektroaktiven Aktuatoren, die winzige Lufttaschen aufblasen und so Druck auf ihren Träger ausüben oder dessen Bewegungsfreiheit einschränken.

Die haptische Vibrationstechnologie hat sich seit der Einführung des Rumble Pak für das Nintendo 64 im Jahr 1997 erheblich weiterentwickelt. Heutige Controller-Trigger können beispielsweise mit kontextspezifischem Widerstand programmiert werden – Schrotflinte, Scharfschützengewehr und Armbrust *fühlen sich* beim „Ziehen" unterschiedlich an. Die Armbrust kann sich sogar wehren, wenn der Benutzer versucht, sie nach unten zu drücken und die Vibrationen einer virtuellen Bogensehne spürt, die nicht wirklich existiert.

Eine andere Klasse von haptischen Schnittstellengeräten sendet Ultraschall (d. h. mechanische Energiewellen, die für den Menschen nicht hörbar sind) aus einem Gitter mikroelektromechanischer Systeme (MEMS) aus, die ein „Kraftfeld" in der Luft vor dem Benutzer erzeugen. Das von diesen Geräten erzeugte Kraftfeld, das ein wenig wie eine kurze, perforierte Blechdose aussieht, ist in der Regel weniger als sechs oder acht Zentimeter hoch und breit, aber seine Nuancen überraschen immer wieder. Versuchspersonen behaupten, alles wahrnehmen zu können, vom Plüschteddybär über eine Bowlingkugel bis hin zur Form einer zerbröckelnden Sandburg, was auch darauf zurückzuführen ist, dass die Fingerspitzen mehr Nervenenden enthalten als fast jeder andere Teil des Körpers. Entscheidend ist, dass die MEMS-Bauteile auch die Interaktion des Benutzers erkennen können, sodass die geräuschbasierten Teddybären auf die Berührung durch die Luft reagieren oder die Burg zerbröckelt, wenn sie berührt wird.

Handschuhe und Bodysuits können auch dazu verwendet werden, die Bewegungsdaten eines Benutzers zu erfassen, anstatt nur ein Feedback zu übermitteln, wodurch der Körper und die Gesten des Trägers in einer virtuellen Umgebung in Echtzeit reproduziert werden können. Diese Informationen können auch mit Tracking-Kameras erfasst werden. Solche Kameras benötigen jedoch eine freie Sicht und eine relative Nähe zum Benutzer und haben Schwierigkeiten, wenn sie mehr als einen Benutzer in allen Einzelheiten verfolgen müssen. Viele Nutzer – zum Beispiel Familien – werden mehrere Tracking-Kameras in ihren

„Metaverse-Räumen" haben wollen und vielleicht ein paar intelligente Wearables an ihren Hand- oder Fußgelenken tragen.

Solche Armbänder mögen plump erscheinen (wie könnte ein Armband oder eine Fußfessel eine High-Definition-Kamera ersetzen, die jeden Finger überwacht?), aber selbst die aktuelle Technologie ist beeindruckend. Die Sensoren in der Apple Watch können zum Beispiel unterscheiden, ob ein Nutzer seine Faust ballt oder loslässt, ob er einen Finger an den Daumen presst oder zwei Finger an den Daumen, und können diese Bewegungen zur Interaktion mit der Apple Watch und möglicherweise anderen Geräten nutzen. Darüber hinaus können Träger der Uhr die Ballenbewegung nutzen, um einen Cursor auf dem Zifferblatt der Uhr zu platzieren und ihn dann anhand der Ausrichtung der Hand zu bewegen. Die zugehörige Software, Apples AssistiveTouch, arbeitet mit relativ standardmäßigen Sensoren, darunter ein elektrischer Herzmonitor, ein Gyroskop und ein Beschleunigungsmesser. Andere Ansätze versprechen noch größere Fähigkeiten. Die teuerste Übernahme von Facebook seit Oculus VR im Jahr 2014 war CTRL-labs, ein Start-up-Unternehmen für neuronale Schnittstellen, das Armbänder herstellt, welche die elektrische Aktivität der Skelettmuskeln aufzeichnen (eine Technik, die Elektromyografie genannt wird). Obwohl die Geräte von CTRL-labs mehr als zehn Zentimeter vom Handgelenk und sogar noch weiter von den Fingern entfernt getragen werden, ermöglicht die Software von CTRL-labs die Reproduktion kleinster Gesten in virtuellen Welten – vom Heben einzelner Finger zum Zählen, Zeigen oder der Geste „Komm her" bis hin zum Zwicken zwischen verschiedenen Fingerpaaren. Wichtig ist, dass die elektromyografischen Signale von CTRL-labs über die Nachbildung menschlicher Anhängsel hinausgehen können. Eine berühmte CTRL-labs-Demo zeigt, wie ein Benutzer – in diesem Fall ein Angestellter – seine Finger einem krabbenähnlichen Roboter zuordnet und ihn dann vorwärts, rückwärts und seitwärts bewegt, indem er seine Faust beugt und seine Finger bewegt.

Auch Facebook plant eine eigene Reihe von Smartwatches. Doch im Gegensatz zu Apple betrachtet Facebook das Gerät nicht als zweitrangig oder abhängig von einem Smartphone. Stattdessen soll die Facebook-Uhr über einen eigenen drahtlosen Datentarif verfügen und zwei Kameras enthalten, die beide abnehmbar sind und in Gegenstände von Drittanbietern integriert werden sollen, z. B. in einen Rucksack oder eine Mütze. Die fünftgrößte Übernahme, die Google je getätigt hat, war das Unternehmen Fitbit, welches das Unternehmen Anfang 2021 für über 2 Milliarden Dollar kaufte.

Wearables werden kleiner und leistungsfähiger werden, und mit der Verbesserung der Technologie werden sie in unsere Kleidung integriert werden. Diese Entwicklungen werden den Nutzern helfen, ihre Interaktion mit dem Metaverse zu verbessern und sie in die Lage versetzen, an mehr Orten mit ihm zu interagieren. Es ist unpraktisch, überall einen Controller mit sich herumzutragen, und wenn das Hauptziel von AR darin besteht, die Technologie in einer Alltagsbrille verschwinden zu lassen, dann ist das Herausziehen eines Daumenstifts oder eines Smartphones zur Nutzung der Technologie wirklich nicht sinnvoll.

Manche glauben, dass die Zukunft der Computertechnik nicht in einer AR-Brille, einer Uhr oder einem anderen Wearable liegt, sondern in etwas Kleinerem. Im Jahr 2014, nur ein Jahr nach dem missglückten Start von Google Glass, kündigte Google sein erstes Contact-Lens-Projekt an, das Diabetikern helfen sollte, ihren Blutzuckerspiegel zu überwachen. Konkret bestand dieses „Gerät" aus zwei weichen Linsen mit einem Funkchip, einer Funkantenne, die dünner als ein menschliches Haar ist, und einem Glukosesensor dazwischen. Durch ein Nadelloch zwischen der darunter liegenden Linse und den Augen des Trägers gelangte Tränenflüssigkeit an den Sensor, der den Blutzuckerspiegel misst. Die drahtlose Antenne wurde vom Smartphone des Trägers mit Strom versorgt, das mindestens eine Messung pro Sekunde unterstützen sollte. Google plante auch, eine kleine LED-Leuchte hinzuzufügen, die den Nutzer in Echtzeit vor einem Anstieg oder Abfall des Blutzuckerspiegels warnen könnte.

Google stellte sein Programm für intelligente Linsen für Diabetiker vier Jahre nach dem Start ein, aber das Unternehmen behauptete, die Einstellung sei auf „unzureichende Konsistenz in unseren Messungen der Korrelation zwischen Tränenglukose und Blutzuckerkonzentration" zurückzuführen, was auch von Medizinern festgestellt wurde. Unabhängig davon zeigen die Patentanmeldungen, dass die großen westlichen, östlichen und südostasiatischen Technologieunternehmen weiterhin in die Technologie der intelligenten Linsen investieren.

Auch wenn solche Technologien in einer Welt, in der die Internetverbindungen instabil und die Computer knapp sind, fantastisch erscheinen mögen, so sind sie doch in greifbarer Nähe, wenn man sie mit den sogenannten Brain-to-Computer-Interfaces (BCI) vergleicht, die seit den 1970er-Jahren entwickelt werden und in die immer mehr investiert wird. Viele angebliche BCI-Lösungen sind nicht invasiv – man denke nur an den Helm von Professor X in *X-Men* oder an ein Netz aus verkabelten Sensoren, das unter dem Haar des Trägers versteckt ist. Andere BCI sind teilweise oder vollständig invasiv, je nachdem, wie nahe die Elektroden am Hirngewebe angebracht werden.

Im Jahr 2015 gründete Elon Musk das Unternehmen Neuralink, dessen CEO er nach wie vor ist, und kündigte an, dass das Unternehmen an einem „nähmaschinenähnlichen" Gerät arbeitet, das Sensoren mit einer Dicke von vier bis sechs Mikrometern (etwa 0,000039 Zoll oder ein Zehntel der Breite eines menschlichen Haares) in das menschliche Gehirn implantieren könnte. Im April 2021 veröffentlichte das Unternehmen ein Video, in dem ein Affe mit einem drahtlosen Neuralink-Implantat das Spiel *Pong* spielte. Nur drei Monate später gab Facebook bekannt, dass es nicht mehr in sein BCI-Programm investieren würde. In den Jahren zuvor hatte das Unternehmen mehrere Projekte innerhalb und außerhalb des Unternehmens finanziert, darunter einen Test an der University of California, San Francisco, bei dem ein Helm getragen wurde, der Lichtpartikel durch den Schädel schoss und dann den Sauerstoffgehalt des Blutes in Gruppen von Gehirnzellen maß. In einem Blog-Beitrag zu diesem Thema heißt es: „Die Messung der Sauerstoffzufuhr wird es uns zwar niemals ermöglichen, imaginäre Sätze zu entschlüsseln, aber wenn wir in der Lage wären, auch nur eine Handvoll imaginärer Befehle wie ‚Home', ‚Auswählen' und ‚Löschen' zu erkennen, würden sich völlig neue Möglichkeiten der Interaktion mit den heutigen VR-Systemen und den AR-Brillen von morgen ergeben."[2] Bei einem anderen BCI-Test von Facebook wurde ein physisches Netz von Elektroden auf dem Schädel des Benutzers platziert, das es der Testperson ermöglichte, rein gedanklich mit einer Geschwindigkeit von etwa 15 Wörtern pro Minute zu schreiben (der durchschnittliche Mensch tippt 39 Wörter pro Minute, also zweieinhalb Mal schneller). Facebook teilte mit, dass „wir zwar immer noch an das langfristige Potenzial kopfgetragener optischer [Brain-Computer-Interface]-Technologien glauben, uns aber entschieden haben, unsere unmittelbaren Bemühungen auf einen anderen neuralen Schnittstellenansatz zu konzentrieren, der einen näheren Weg zur Marktreife für AR/VR hat"[3] und dass „ein kopfgetragenes optisches Gerät für stille Sprache noch in sehr weiter Ferne liegt. Möglicherweise länger, als wir es vorausgesehen haben."[4] Bei dem von Facebook erwähnten „differenzierten neuronalen Schnittstellenansatz" handelt es sich wahrscheinlich um CTRL-labs, aber ein Teil des Problems mit dem „Weg zur Marktreife" von BCI liegt in der Ethik, nicht in der Technik. Wie viele Menschen wollen ein Gerät, das ihre Gedanken lesen kann – und nicht nur die Gedanken, die mit der aktuellen Aufgabe zusammenhängen? Vor allem, wenn dieses Gerät dauerhaft ist?

Die Hardware um uns herum

Zusätzlich zu den Geräten, die wir in der Hand halten, tragen und vielleicht sogar als Teil unseres Übergangs zum Metaverse implantieren, gibt es die Geräte, die sich in der Welt um uns herum verbreiten werden.

Im Jahr 2021 stellte Google das Projekt Starline vor. Dabei handelt es sich um eine physische Kabine, die bei Videokonferenzen das Gefühl vermitteln soll, dass man sich mit dem anderen Teilnehmer im selben Raum befindet. Im Gegensatz zu einem herkömmlichen Monitor oder einer Videokonferenzstation werden die Starline-Kabinen von einem Dutzend Tiefensensoren und Kameras (die zusammen sieben Videoströme aus vier Blickwinkeln und drei Tiefenkarten erzeugen) sowie einem mehrschichtigen Lichtfeld-Display auf Stoffbasis und vier räumlichen Audio-Lautsprechern gespeist. Diese Funktionen ermöglichen es, Teilnehmer zu erfassen und dann mit volumetrischen Daten zu rendern, anstatt mit flachem 2D-Video. Bei internen Tests stellte Google fest, dass sich Starline-Nutzer im Vergleich zu herkömmlichen Videoanrufen um 15 % mehr auf ihren Gesprächspartner konzentrieren (basierend auf Blickbewegungsdaten), deutlich mehr nonverbale Kommunikationsformen zeigen (z. B. ~40 % mehr Handgesten, ~25 % mehr Kopfnicken und ~50 % mehr Augenbrauenbewegungen) und sich um 30 % besser erinnern können, wenn sie gebeten werden, sich an Details aus dem Gespräch oder Meeting zu erinnern.[5] Die Magie liegt, wie immer, in der Software, aber sie hängt von der umfangreichen Hardware ab, die realisiert werden soll.

Der renommierte Kamerahersteller Leica verkauft inzwischen 20.000 Dollar teure photogrammetrische Kameras mit bis zu 360.000 „Laserscan-Setzpunkten pro Sekunde", die ganze Einkaufszentren, Gebäude und Häuser mit größerer Klarheit und Detailgenauigkeit erfassen können, als der Durchschnittsmensch jemals sehen würde, wenn er vor Ort wäre. Epic Games' Quixel hingegen verwendet proprietäre Kameras, um „MegaScans" der Umgebung zu erstellen, die aus mehreren Milliarden pixelgenauen Dreiecken bestehen. Das in Kapitel 7 erwähnte Unternehmen für Satellitenbildverarbeitungen Planet Labs scannt täglich fast die gesamte Erde in acht Spektralbändern, was nicht nur täglich hochauflösende Bilder, sondern auch Details wie Wärme, Biomasse und Dunst ermöglicht. Um diese Bilder zu produzieren, betreibt das Unternehmen eine der größten Satellitenflotten der Welt* mit über 150 Satelliten, von denen viele weniger als 5 Kilogramm wiegen und kleiner als 10 × 10 × 30 Zentimeter sind. Jedes Foto dieser Satelliten deckt 20-25 Quadratkilometer ab und besteht aus 47 Megapixeln, wobei jedes Pixel 3 × 3 Meter groß ist. Von jedem dieser Satelliten werden pro Sekunde und aus einer durchschnittlichen Entfernung von 1.000 Kilometern etwa 1,5 GB an Daten gesendet. Will Marshall, der CEO und

---

* Zum Vergleich: China verfügt über etwa 500 Satelliten, Russland über 200. Allerdings sind sie in der Regel viel größer und leistungsfähiger als die von Planet Labs.

Mitbegründer von Planet Labs, glaubt, dass sich die Kosten pro Leistung dieser Satelliten seit 2011 um das 1000-fache verbessert haben.[6] Solche Scan-Geräte machen es für Unternehmen einfacher und billiger, qualitativ hochwertige „Spiegelwelten" oder „digitale Zwillinge" von physischen Räumen zu produzieren – und Scans der realen Welt zu nutzen, um qualitativ hochwertigere und weniger teure Fantasiewelten zu schaffen.

Wichtig sind auch Kameras zur Echtzeitverfolgung. Denken Sie an Amazons kassenlose, bargeldlose und automatisch bezahlende Lebensmittelgeschäfte, Amazon Go. In diesen Geschäften werden zahlreiche Kameras eingesetzt, die jeden Kunden mittels Gesichtserkennung, Bewegungsverfolgung und Ganganalyse verfolgen. Ein Kunde kann einkaufen, was er möchte, und dann einfach aus dem Laden gehen, wobei er nur das bezahlt, was er mitgenommen hat. In der Zukunft wird diese Art von Verfolgungssystem dazu verwendet werden, diese Nutzer in Echtzeit als digitale Zwillinge zu reproduzieren. Technologien wie Googles Starline könnten es gleichzeitig ermöglichen, dass Mitarbeiter im Laden „anwesend" sind (möglicherweise von einem „Metaverse-Callcenter" im Ausland aus) und über verschiedene Bildschirme springen, um dem Kunden zu helfen.

Eine weitere Rolle werden hyperdetaillierte Projektionskameras spielen, die es ermöglichen, virtuelle Objekte, Welten und Avatare in die reale Welt zu verpflanzen, und zwar in realistischen Details. Der Schlüssel zu diesen Projektionen sind verschiedene Sensoren, die es den Kameras ermöglichen, die nicht ebenen, nicht senkrechten Landschaften, gegen die sie projizieren werden, zu scannen und zu verstehen und ihre Projektion entsprechend zu verändern, damit sie dem Betrachter unverzerrt erscheint.

Technologen stellen sich seit Langem ein Internet der Dinge vor, in dem Sensoren und drahtlose Chips so allgegenwärtig sind wie Steckdosen, wenn auch auf vielfältigere Weise, sodass wir überall, wo wir hingehen, eine Vielzahl von Erfahrungen machen können. Stellen Sie sich eine Baustelle mit Drohnen über dem Boden vor, die mit Kameras, Sensoren und drahtlosen Chips ausgestattet sind, und mit Arbeitern darunter, die AR-Headsets oder -Brillen tragen. Auf diese Weise könnte ein Baustellenbetreiber genau wissen, was wo und zu jeder Zeit passiert, einschließlich der Gesamtmenge des Sandes in einem bestimmten Hügel, der Anzahl der Fahrten, die erforderlich sind, um ihn mit einer Maschine zu bewegen, und wer sich am nächsten an einem Problembereich befindet und am besten in der Lage ist, es wann und mit welcher Wirkung zu lösen. Natürlich erfordern nicht alle diese Erfahrungen das Metaverse oder gar eine virtuelle Simulation.

Menschen empfinden 3D-Umgebungen und Datendarstellungen jedoch als viel intuitiver – man denke nur an den Unterschied zwischen einer digitalen Tafel mit dem Status einer Baustelle und der Darstellung dieser Informationen über der Baustelle und ihren Objekten. Die zweitgrößte Übernahme, die Google je getätigt hat (die größte, wenn man Motorola ausklammert, das Google nach drei Jahren veräußert hat), war die Übernahme von Nest Labs, einem Unternehmen, das intelligente Sensorgeräte entwickelt und betreibt, für 3,2 Milliarden Dollar im Jahr 2014. Acht Monate nach der Übernahme gab Google weitere 555 Millionen Dollar aus, um Dropcam, einen Hersteller von intelligenten Kameras, zu erwerben, der dann in Nest Labs eingegliedert wurde.

Lang lebe das Smartphone?

Es macht Spaß, sich all die brillanten neuen Geräte vorzustellen, die es schon bald ermöglichen werden, uns in das Metaverse zu begeben. Aber zumindest in den 2020er-Jahren werden die meisten Geräte für das Metaverse wahrscheinlich diejenigen sein, die wir bereits benutzen. Die meisten Experten, darunter John Riccitiello, CEO von Unity Technologies, schätzen, dass im Jahr 2030 weniger als 250 Millionen aktive VR- und AR-Headsets in Gebrauch sein werden.[7] Natürlich ist es gefährlich, auf solche langfristigen Prognosen zu setzen. Das erste iPhone wurde 2007 auf den Markt gebracht, acht Jahre nach dem ersten BlackBerry-Smartphone und zu einem Zeitpunkt, als die Smartphone-Durchdringung in den USA weniger als 5 % betrug. Acht Jahre später hatte sich das iPhone mehr als 800 Millionen Mal verkauft und die Marktdurchdringung in den USA auf fast 80 % gesteigert. 2007 glaubten nur wenige, dass im Jahr 2020 zwei Drittel aller Menschen auf der Welt ein Smartphone besitzen würden.

Dennoch stehen AR- und VR-Geräte nicht nur vor erheblichen technischen, finanziellen und erfahrungsbedingten Hindernissen, sondern auch vor der Notwendigkeit, sich den Massenmarkt zu erschließen. Hinter dem rasanten Wachstum von Smartphones stehen zwei einfache Tatsachen: Der Personal Computer war eine der bedeutendsten Erfindungen in der Geschichte der Menschheit, aber mehr als 30 Jahre nach seiner Erfindung besaß weniger als einer von sechs Menschen weltweit einen solchen. Und die wenigen Glücklichen, die einen besaßen? Nun, ihre Computer waren groß und unbeweglich. AR- und VR-Geräte werden nicht das erste Computergerät eines Menschen sein, nicht einmal das erste tragbare Gerät. Sie kämpfen darum, das dritte oder sogar vierte Gerät einer Person zu sein – und für eine lange Zeit werden sie wahrscheinlich auch eines der leistungsschwächsten sein.

AR und VR könnten die meisten der Geräte, die wir heute verwenden, ersetzen. Es ist unwahrscheinlich, dass dieser Zeitpunkt bald gekommen ist. Selbst wenn die Zahl der VR- und AR-Headsets (zwei sehr unterschiedliche Gerätetypen), die bis 2030 im Einsatz sind, eine Milliarde übersteigt, was dem Vierfachen der oben genannten Prognose entspricht, würden sie immer noch weniger als jeden sechsten Smartphone-Nutzer erreichen. Und das ist in Ordnung. Im Jahr 2022 werden Hunderte von Millionen Menschen jeden Tag Stunden in virtuellen Welten verbringen, die in Echtzeit über Smartphones und Tablets gerendert werden – und diese Geräte werden immer besser.

In vorausgegangenen Kapiteln habe ich die laufenden Verbesserungen bei den CPUs und der GPU-Leistung von Smartphones besprochen. Dies sind wahrscheinlich die wichtigsten Metaverse-bezogenen Fortschritte bei diesen Geräten, aber sie sind bei weitem nicht die einzigen, die hervorzuheben sind. Seit 2017 verfügen neue iPhone-Modelle über Infrarotsensoren, die 30.000 Punkte im Gesicht des Nutzers erfassen und erkennen. Diese Funktion wird am häufigsten für Face ID, das gesichtsbasierte Authentifizierungssystem von Apple, verwendet, ermöglicht es aber auch App-Entwicklern, das Gesicht eines Nutzers in Echtzeit als Avatar oder mit virtuellen Augmentierungen zu reproduzieren. Beispiele hierfür sind das Apple-eigene Animoji, die AR-Linsen von Snap und die Unreal-basierte Live Link Face-App von Epic Games. In den kommenden Jahren werden viele Betreiber virtueller Welten diese Fähigkeit nutzen, um den Spielern die Möglichkeit zu geben, ihre Gesichtsausdrücke ihren Avataren in der Welt zuzuordnen – live und ohne einen weiteren Dollar für Hardware zu benötigen.

Apple hat auch die Einführung von Lidar-Scannern in Smartphones und Tablets vorangetrieben.* Infolgedessen sehen selbst die meisten Ingenieure nicht mehr die Notwendigkeit, spezielle Lidar-Kameras im Wert von 20.000 bis 30.000 Dollar zu kaufen, und fast die Hälfte der amerikanischen Smartphone-Nutzer kann jetzt Virtualisierungen ihrer Häuser, Büros, Höfe und alles, was sich darin befindet, erstellen und mit anderen teilen. Diese Innovation hat Unternehmen wie Matterport (siehe Kapitel 7) verändert, das nun die tausendfache Anzahl von Scans pro Jahr und eine weitaus größere Vielfalt produziert.

Die hochauflösenden, dreilinsigen Kameras des iPhones ermöglichen es den Nutzern auch, virtuelle Objekte und Modelle mit hoher

---

* Lidar bestimmt die Entfernung und Form von Objekten, indem es die Zeit misst, die ein reflektierter Laser (d. h. ein Lichtstrahl) benötigt, um zu einem Empfänger zurückzukehren, ähnlich wie Radarscanner Radiowellen verwenden.

Wiedergabetreue anhand von Fotos zu erstellen, die im Universal Scene Description Interchange Framework gespeichert werden. Diese Objekte können dann in andere virtuelle Umgebungen verpflanzt werden – wodurch die Kosten gesenkt und die Wiedergabetreue synthetischer Waren erhöht werden – oder in reale Umgebungen für Kunst, Design und andere AR-Erlebnisse eingefügt werden.

Oculus VR hingegen nutzt die hochauflösende, mehrwinklige iPhone-Kamera, um Mixed-Reality-Erlebnisse zu erzeugen. So kann ein Oculus-Nutzer, der *Beat Sabre** spielt, sein iPhone mehrere Meter hinter sich platzieren, um sich selbst in einer VR-Umgebung von seinem VR-Headset aus zu sehen – und das alles aus der Third-Person-Perspektive. Viele neue Smartphones sind auch mit neuen Ultrabreitband-Chips (UWB) ausgestattet, die bis zu 1 Milliarde Radarimpulse pro Sekunde aussenden, sowie mit Empfängern, die die zurückkommenden Informationen verarbeiten. Smartphones können damit umfangreiche Radarkarten von der Wohnung und dem Büro des Nutzers erstellen und wissen genau, wo sich der Nutzer innerhalb dieser Karten (oder anderer wie Googles Straßen- oder Gebäudekarten) und im Verhältnis zu anderen Nutzern und Geräten befindet. Im Gegensatz zu GPS bietet UWB eine Genauigkeit von bis zu einigen Zentimetern. Die Eingangstür Ihres Hauses kann sich automatisch öffnen, wenn Sie sich von außen nähern, aber wenn Sie drinnen das Schuhregal aufräumen, sollte sich die Tür nicht öffnen. Mithilfe einer Live-Radarkarte können Sie durch einen Großteil Ihres Hauses navigieren, ohne Ihr VR-Headset abnehmen zu müssen – Ihr Gerät warnt Sie vor einer möglichen Kollision oder stellt das potenzielle Hindernis in Ihrem Headset dar, sodass Sie es umgehen können. Es ist erstaunlich, dass all dies mit Standard-Hardware für Verbraucher möglich ist. Die wachsende Bedeutung dieser Funktionen für unser tägliches Leben erklärt, warum der durchschnittliche Verkaufspreis des iPhones von Apple von etwa 450 Dollar im Jahr 2007 auf über 750 Dollar im Jahr 2021 gestiegen ist. Anders ausgedrückt: Die Verbraucher haben Apple nicht aufgefordert, die Kostenseite des Mooreschen Gesetzes zu nutzen und die Funktionen der ersten iPhones zu einem niedrigeren Preis anzubieten. Sie haben Apple auch nicht gebeten, die Leistungsseite des Mooreschen Gesetzes zu nutzen, um das Vorjahres-iPhone zu verbessern und gleichzeitig seinen Preis beizubehalten. Stattdessen wollen die Verbraucher mehr – mehr von, nun ja, fast allem, was das iPhone kann.

---

* *Beat Sabre* ist wie *Guitar Hero*, nur dass die Noten nicht durch Drücken einer Taste auf einer Tastatur, sondern mit einem virtuellen Lichtschwert auf eine virtuelle Taste „berührt" werden.

Einige sind der Meinung, dass die künftige Rolle des Smartphones darin besteht, als „Edge-Computer" oder „Edge-Server" des Benutzers zu fungieren, der Konnektivität und Rechenleistung für die Welt um uns herum bereitstellt. Versionen dieses Modells gibt es bereits. Die meisten der heute verkauften Apple Watches verfügen beispielsweise nicht über einen Mobilfunkchip und sind stattdessen über Bluetooth mit dem iPhone ihres Besitzers verbunden. Dieser Ansatz hat seine Grenzen: Die Apple Watch kann nicht telefonieren, wenn sie sich zu weit von ihrem verbundenen iPhone entfernt, sie kann keine Musik über die AirPods des Trägers abspielen, keine neuen Apps herunterladen, keine Nachrichten abrufen, die nicht bereits auf der Uhr gespeichert sind, und so weiter. Dafür ist das Gerät aber viel billiger, leichter und weniger akkubelastet – und das alles, weil das iPhone des Nutzers, ein weitaus leistungsfähigeres Gerät mit höheren Kosten pro Leistung, den Großteil der Arbeit erledigt.

In ähnlicher Weise sendet das iPhone komplexe Siri-Anfragen zur Verarbeitung an Apples Server, während sich viele Nutzer dafür entscheiden, den Großteil ihrer Fotos in der Cloud zu speichern, anstatt iPhones mit größeren Festplatten zu kaufen, die zwischen 100 und 500 Dollar mehr kosten können. Ich habe bereits erwähnt, dass viele der Meinung sind, dass VR-Headsets mindestens die doppelte Bildschirmauflösung der heutigen Spitzengeräte und eine um 33 % bis 50 % höhere Bildwiederholrate (d. h. mehr als die zweieinhalbfache Anzahl von Pixeln pro Sekunde) erreichen müssen, wenn sie sich im Mainstream durchsetzen sollen. Darüber hinaus muss dies mit Kostensenkungen, einer Verkleinerung des Geräteprofils und einer Minimierung der Wärmeentwicklung einhergehen. Zwar gibt es die Technologie noch nicht in einem einzelnen Gerät, aber durch die Verbindung mit einem ausreichend leistungsstarken PC über Oculus Link kann die Oculus Quest 2 ihre Bildrate zuverlässig erhöhen und gleichzeitig die Rendering-Fähigkeiten steigern. Im Januar 2022 kündigte Sony seine PlayStation VR2-Plattform an, die mit 2000 × 2040 Pixeln pro Auge (etwa 10 % mehr als die Oculus Quest 2) und einer Bildwiederholfrequenz von 90-120 Hz (im Vergleich zu 72-120 Hz bei der OQ2), einem Sichtfeld von 110° (im Vergleich zu 90°) und Eye-Tracking (nicht verfügbar) aufwartet. Für das PSVR2 müssen die Benutzer jedoch die PlayStation 5-Konsole von Sony besitzen und physisch anschließen, die mehr kostet als das billigste Oculus Quest 2, und das PSVR2-Headset wird nicht mitgeliefert.

Angesichts der Knappheit, der Bedeutung und der Kosten von Computern ist es sinnvoll, sich auf die Fähigkeiten eines einzigen Geräts zu konzentrieren, anstatt in eine Vielzahl anderer zu investieren, vor allem, wenn diese Geräte größere physische, thermische und finanzielle Einschränkungen haben. Ein Computer, den man am Handgelenk oder im Gesicht trägt, kann einfach nicht mit einem in der Tasche mithalten. Diese Logik gilt für mehr als nur für Computer. Wenn Facebook möchte, dass wir an jedem Glied ein CTRL-labs-Band tragen, warum sollten wir dann jedes einzelne mit eigenen Mobilfunk- und WiFi-Netzwerkchips belasten, wenn es billigere, weniger energieintensive und kleinere Bluetooth-Chips gibt, die die Daten an ein Smartphone senden und verwalten können? Persönliche Daten sind vielleicht die wichtigste Überlegung. Wahrscheinlich wollen wir nicht, dass unsere Daten gesammelt, gespeichert oder an ein breites Netz von Geräten gesendet werden. Stattdessen würden die meisten von uns es vorziehen, dass diese Daten von diesen Geräten an das Gerät gesendet werden, dem wir am meisten vertrauen (und das auf unserer Person gespeichert ist), und dass dieses Gerät verwalten kann, welche anderen Geräte Zugang zu anderen Teilen unserer Online-Geschichte, Informationen und Berechtigungen haben können.

Hardware als Gateway

Die vielen Geräte, die zur Unterstützung des Metaverse erforderlich sind und erwartet werden, können in drei Kategorien eingeteilt werden. Erstens die „primären Datenverarbeitungsgeräte", bei denen es sich für die meisten Verbraucher um Smartphones handelt, die aber irgendwann in der Zukunft auch AR oder immersive VR sein können. Zweitens die „sekundären" oder „unterstützenden Computergeräte", wie PC oder PlayStation und wahrscheinlich AR- und VR-Headsets. Diese Geräte können sich auf ein Hauptgerät stützen oder auch nicht, oder sie werden durch dieses ergänzt, aber sie werden weniger häufig als ein Hauptgerät und für spezifischere Zwecke verwendet. Schließlich gibt es noch die tertiären Geräte, wie z. B. eine Smartwatch oder eine Tracking-Kamera, die das Metaverse-Erlebnis bereichern oder erweitern, es aber nur selten direkt bedienen werden.

Jede Gerätekategorie und -unterkategorie wird die Nutzungsdauer des Metaverse und die Gesamteinnahmen erhöhen – und den Herstellern die Möglichkeit bieten, einen neuen Geschäftszweig zu eröffnen. Die massiven Investitionen in diese Geräte – von denen viele noch Jahre von der Marktreife entfernt sind – haben jedoch umfassendere Beweggründe:

Das Metaverse ist eine größtenteils immaterielle Erfahrung: ein beständiges Netzwerk aus virtuellen Welten, Daten und unterstützenden Systemen. Physische Geräte sind jedoch das Tor zum Zugriff auf diese Erfahrungen und zu deren Schaffung. Ohne sie gibt es keinen Wald, den man kennen, hören, riechen, berühren oder sehen kann. Diese Tatsache verschafft den Geräteherstellern und -betreibern eine erhebliche weiche und harte Macht. Die Hersteller und Betreiber bestimmen, welche Grafikprozessoren und CPUs verwendet werden, welche drahtlosen Chipsätze und Standards zum Einsatz kommen, welche Sensoren eingebaut werden und so weiter. Obwohl diese zwischengeschalteten Technologien für ein bestimmtes Erlebnis von entscheidender Bedeutung sind, haben sie selten eine direkte Schnittstelle zu einem Entwickler oder Endbenutzer. Stattdessen wird auf sie über ein Betriebssystem zugegriffen, das verwaltet, wie, wann und warum die Fähigkeiten von einem Entwickler verwendet werden, welche Art von Erfahrungen sie dem Benutzer bieten dürfen und ob und in welchem Umfang eine Provision an den Hersteller des Geräts gezahlt werden muss. Mit anderen Worten: Bei der Hardware geht es nicht nur darum, was das Metaverse wann anbieten könnte, sondern auch darum, Einfluss darauf zu nehmen, wie es funktioniert, und im Idealfall einen möglichst großen Anteil an seiner wirtschaftlichen Aktivität zu erhalten. Je wichtiger das Gerät ist – und je mehr Geräte daran angeschlossen sind –, desto größer ist die Kontrolle, die das Unternehmen, das es herstellt, hat. Um zu verstehen, was dies in der Praxis bedeutet, müssen wir uns eingehend mit dem Zahlungsverkehr befassen.

Kapitel 10
Zahlungsschienen

Das Metaverse ist als eine parallele Ebene für menschliche Freizeit, Arbeit und Existenz im weiteren Sinne gedacht. Es sollte daher nicht überraschen, dass der Erfolg des Metaverse zum Teil davon abhängt, ob es eine florierende Wirtschaft hat. Wir sind es jedoch nicht gewohnt, in diesen Begriffen zu denken; obwohl Science-Fiction das Metaverse vorausgesagt hat, findet man in solchen Geschichten meist nur flüchtige Hinweise auf die interne Wirtschaft einer virtuellen Welt. Eine virtuelle Wirtschaft mag wie eine seltsame, beängstigende, sogar verwirrende Aussicht klingen, aber das sollte sie nicht sein. Mit einigen wichtigen Ausnahmen wird die Wirtschaft im Metaverse den Mustern der realen Welt folgen. Die meisten Experten sind sich über viele der Merkmale einig, die eine florierende Wirtschaft in der realen Welt ausmachen: Wettbewerb, eine große Anzahl profitabler Unternehmen, Vertrauen in ihre „Regeln" und „Fairness", konsequente Verbraucherrechte und Verbraucherausgaben sowie ein ständiger Zyklus von Disruption und Verdrängung, um nur einige zu nennen.

Wir können diese Eigenschaften in der größten Volkswirtschaft der Welt beobachten.

Die Vereinigten Staaten wurden nicht von einer einzigen Regierung oder einem einzigen Unternehmen aufgebaut, sondern von Millionen verschiedener Firmen. Selbst im heutigen Zeitalter der Megakonzerne und Technologieriesen beschäftigen die mehr als 30 Millionen kleinen und mittleren Unternehmen des Landes mehr als die Hälfte der Arbeitskräfte und sind für die Hälfte des BIP verantwortlich (beide Zahlen ohne Militär- und Verteidigungsausgaben). Amazons Milliardenumsätze entfallen fast ausschließlich auf Dinge, die andere Unternehmen produzieren. Das iPhone von Apple ist eines der bedeutendsten Produkte in der Geschichte der Menschheit, und jedes Jahr wird ein immer größerer Teil der reichhaltig integrierten Komponenten von Apple entwickelt.

Die meisten dieser Komponenten stammen jedoch nach wie vor von Konkurrenten – und viele von ihnen liefern sich mit Apple einen ständigen Preiskampf, während sie die Konkurrenten des Unternehmens unterstützen. Hinzu kommt, dass die Verbraucher dieses unglaubliche Gerät kaufen (und häufig auf neue Versionen umsteigen), um auf Inhalte, Apps und Daten zuzugreifen, die zum großen Teil von anderen Unternehmen als Apple stammen.

Apple ist ein Paradebeispiel für die Dynamik der amerikanischen Wirtschaft. Obwohl das Unternehmen in der PC-Ära der 1970er- und 1980er-Jahre schon früh führend war, hatte es in den 1990er-Jahren zu kämpfen, als das Ökosystem von Microsoft wuchs und die Internetdienste sich ausbreiteten. Doch durch den iPod im Jahr 2001, iTunes im Jahr 2003, das iPhone im Jahr 2007 und den App Store im Jahr 2008 wurde Apple zum wertvollsten Unternehmen der Welt. Es ist nicht schwer, sich ein anderes Ergebnis vorzustellen: ein Ergebnis, bei dem Microsoft, dessen Betriebssystem 95 % der für die Verwaltung eines iPods oder die Ausführung von iTunes verwendeten Computer antreibt, in der Lage war, seinen potenziellen Konkurrenten in die Schranken zu weisen, um seine Angebote für Windows Mobile und Zune zu stärken. Alternativ könnten wir uns eine Version der Erde vorstellen, in der Internet-Provider wie AOL, AT&T oder Comcast in der Lage gewesen wären, ihre Macht über die Datenübertragung zu nutzen, um zu kontrollieren, welche Inhalte wie und mit welchen Lizenzgebühren durch ihre Systeme fließen können.

Die amerikanische Wirtschaft stützt sich auf ein ausgeklügeltes Rechtssystem, das sich auf alles erstreckt, was hergestellt oder investiert wird, was verkauft und gekauft wird, wer eingestellt wird und welche Aufgaben er erfüllt, und auch, was geschuldet wird. Dieses System ist zwar unvollkommen, kostspielig in der Anwendung und oft langsam, aber seine Existenz vermittelt allen Marktteilnehmern das Vertrauen, dass ihre Vereinbarungen eingehalten werden und dass es einen Mittelweg zwischen „freiem Marktwettbewerb" und „Fairness" gibt, der allen Parteien zugutekommt. Der Erfolg von Apple und anderen Internetgiganten, die während der PC-Ära entstanden sind, wie Google und Facebook, ist untrennbar mit dem berühmten Gerichtsverfahren *Vereinigte Staaten gegen Microsoft Corporation* verbunden, in dem festgestellt wurde, dass das Unternehmen sein Betriebssystem durch die Kontrolle von APIs, die erzwungene Bündelung von Software, restriktive Lizenzierung und andere technische Einschränkungen unrechtmäßig monopolisiert hat. Ein weiteres Beispiel ist die „Erstverkaufsdoktrin", die es jemandem, der eine Kopie eines urheberrechtlich geschützten Werks vom Urheberrechtsinhaber erwirbt, erlaubt, über diese Kopie zu verfügen, wie er will. Aus diesem Grund konnte Blockbuster eine VHS-Kassette für 25 Dollar kaufen und sie dann endlos an seine Kunden vermieten, ohne Lizenzgebühren an das Hollywood-Studio zahlen zu müssen, das sie hergestellt hat.

In diesem Buch habe ich bisher viele der Innovationen, Konventionen und Geräte untersucht, die für ein florierendes und vollständig realisier-

Kapitel 10: Zahlungsschienen

tes Metaverse erforderlich sind. Aber eines der wichtigsten Dinge habe ich noch nicht angesprochen: „Zahlungsschienen".

Da die meisten Zahlungssysteme aus der Zeit vor dem digitalen Zeitalter stammen, neigen wir dazu, sie nicht als Technologie zu betrachten. In Wahrheit sind sie die Verkörperung digitaler Ökosysteme – komplexe Reihen von Systemen und Standards, die in einem großen Netzwerk und zur Unterstützung von wirtschaftlichen Aktivitäten in Höhe von Billionen von Dollar eingesetzt werden, und das auf eine hauptsächlich automatisierte Weise. Sie sind in der Regel schwierig aufzubauen und noch schwieriger zu verdrängen und zudem recht profitabel. Visa, MasterCard und Alipay gehören zu den 20 wertvollsten börsennotierten Unternehmen der Welt. Die meisten ihrer Konkurrenten sind Unternehmen wie Google, Apple, Facebook, Amazon und Microsoft sowie große Finanzkonglomerate wie JPMorgan Chase und die Bank of America, die Einlagen in Billionenhöhe halten und täglich den Transfer von weiteren Billionen Dollar an Finanzinstrumenten verwalten.

Größte Aktiengesellschaften nach Marktkapitalisierung
(ohne staatseigene Unternehmen)
in Billionen Dollar

	31. März 2002			1. Januar 2022	
1	General Electric	0,372	1	Apple	2,913
2	Microsoft	0,326	2	Microsoft	2,525
3	Exxon Mobil	0,300	3	Alphabet (Google)	1,922
4	Walmart	0,273	4	Amazon	1,691
5	Citigroup	0,255	5	Tesla	1,061
6	Pfizer	0,249	6	Meta (Facebook)	0,936
7	Intel	0,204	7	Nvidia	0,733
8	BP	0,201	8	Berkshire Hathaway	0,669
9	Johnson & Johnson	0,198	9	TSMC	0,623
10	Royal Dutch Shell	0,190	10	Tencent	0,56

Quellen: „Global 500", Internet Archive Wayback Machine, https://web.archive.org/web/20080828204144/http://specials.ft.com/spdocs/FT3BNS7BW0D.pdf; „Größte Unternehmen nach Marktkapitalisierung", https://companiesmarketcap.com/.

Es überrascht nicht, dass es bereits einen Kampf darum gibt, die dominierende „Zahlungsschiene" im Metaverse zu werden. Mehr noch, dieser Kampf ist wohl das zentrale Schlachtfeld für das Metaverse und möglicherweise auch sein größtes Hindernis. Um die Metaverse-Zahlungsschienen zu entschlüsseln, werde ich zunächst einen Überblick über die wichtigsten Zahlungsschienen der modernen Ära geben, bevor ich die Bedeutung von Zahlungen in der heutigen Spieleindustrie erkläre und wie diese Rolle die Zahlungsschienen der Mobilcomputer-Ära beeinflusst hat. Anschließend werde ich erörtern, wie mobile Zahlungssysteme dazu verwendet werden, aufkommende Technologien zu kontrollieren und den Wettbewerb zu ersticken, bevor ich darauf eingehe, warum so viele auf das Metaverse fokussierte Gründer, Investoren und Analysten Blockchains und Kryptowährungen als das erste „digital native" Zahlungssystem und die Lösung für die Probleme ansehen, die die aktuelle virtuelle Wirtschaft plagen.

Die wichtigsten US-Zahlungssysteme heute

Im Laufe des letzten Jahrhunderts ist die Zahl der verschiedenen Zahlungswege aufgrund neuer Kommunikationstechnologien, der zunehmenden Zahl von Transaktionen pro Person und Tag sowie der Tatsache, dass die meisten Einkäufe nicht in Bargeld getätigt werden, gestiegen. Von 2010 bis 2021 sank der Anteil des Bargelds an den US-Transaktionen von über 40 % auf etwa 20 %.

Die gängigsten Zahlungssysteme in den Vereinigten Staaten sind Fedwire (früher bekannt als Federal Reserve Wire Network), CHIPS (Clearing House Interbank Payment System), ACH (Automated Clearing House), Kreditkarten, PayPal und Peer-to-Peer-Zahlungsdienste wie Venmo. Diese Schienen haben unterschiedliche Anforderungen, Vorzüge und Nachteile, die mit erhobenen Gebühren, der Größe des Netzwerks, der Geschwindigkeit, der Zuverlässigkeit und der Flexibilität zusammenhängen. Wir werden später darauf zurückkommen, wenn ich über Blockchains und Kryptowährungen spreche, daher ist es wichtig, sich diese Kategorien und die damit verbundenen Details zu merken.

Beginnen wir mit der klassischen Zahlungsschiene: dem Draht. Mitte der 1910er-Jahre begannen die US-Notenbanken, Gelder elektronisch zu überweisen. Sie richteten schließlich ein eigenes Telekommunikationssystem ein, das jede der 12 Notenbanken, das Federal Reserve Board und das US-Finanzministerium umfasste. Die ersten Systeme waren telegrafisch und nutzten den Morsecode, aber in den 1970er-Jahren begann Fedwire mit der Umstellung auf Telex, dann auf Computerbetrieb, gefolgt von proprietären digitalen Netzwerken. Drähte können nur zwischen (und damit über) Banken verwendet werden, sodass sowohl der Absender als auch der Empfänger ein Bankkonto haben mussten. Eine Überweisung konnte nur an Werktagen außerhalb der Ferien und während der Geschäftszeiten verschickt werden. Ein Absender konnte zwar wiederkehrende Überweisungen einrichten (z. B. jeden Dienstag 5.000 $), aber es gibt keinen „Überweisungsauftrag". Daher können Überweisungen nicht zur automatischen Begleichung wiederkehrender Rechnungen oder anderer Rechnungen verwendet werden. Einmal per Überweisung gesendete Beträge können nicht mehr rückgängig gemacht werden. Selbst wenn dies möglich gewesen wäre, halten andere Einschränkungen von der regelmäßigen Verwendung von Überweisungen ab. So fallen häufig erhebliche Gebühren sowohl für den Absender (25–45 $) als auch für den Empfänger (15 $) an. Hinzu kamen weitere Gebühren für nicht auf US-Dollar lautende oder fehlgeschlagene Überweisungen, Bestätigungen (die nicht immer möglich sind) und mehr. Den Banken selbst wurden von Fedwire lediglich 0,35 Dollar und 0,9 Dollar pro Transaktion in Rechnung gestellt. Die Höhe dieser meist festen Gebühren machte Überweisungen mit kleinen Dollarbeträgen unpraktisch. Bei größeren Beträgen (Einzelpersonen können bis zu 100.000 Dollar überweisen) waren Überweisungen jedoch die kostengünstigste Option.

In den 1970er-Jahren gründeten die großen US-Banken mit CHIPS einen Konkurrenten (und Kunden) von Fedwire, um ihre Überweisungskosten zu senken. Dies bedeutete insbesondere eine Abkehr von der „Echtzeitabwicklung" durch Fedwire, bei der die Überweisung eines Absenders sofort beim Empfänger ankam und für diesen nutzbar war. Im Gegensatz dazu hält jede Bank ausgehende CHIPS-Überweisungen bis zum Ende des Tages zurück. Zu diesem Zeitpunkt werden sie auf der Grundlage der Empfängerbank gruppiert und dann mit allen eingehenden CHIPS-Überweisungen derselben Bank verrechnet. Vereinfacht ausgedrückt bedeutet CHIPS, dass Bank A der Bank B und Bank B der Bank A nicht Millionen von Überweisungen pro Tag schickt, sondern dass sie bis zum Ende des Tages warten und dann eine einzige Transaktion durchführen. Bei diesem System haben weder der Absender einer Überweisung noch der Empfänger Zugriff auf das Geld der Überweisung (und das bis zu 23 Stunden, 59 Minuten und 59 Sekunden lang). Nur die Bank selbst hat Zugriff, und sie kassiert im Laufe des Tages Zinsen auf einen Großteil dieses Geldes. Natürlich verwenden die Banken in der Regel CHIPS für ihre Überweisungen. Aufgrund von Zeitzonen, Schutz vor Geldwäsche und anderen behördlichen Beschränkungen dauern internationale Überweisungen in der Regel zwei bis drei Tage.

Jeder, der schon einmal eine Überweisung getätigt hat, weiß, dass dies in der Regel die komplizierteste und zeitaufwendigste Art ist, Geld zu transferieren, da umfangreiche Informationen vom Empfänger benötigt werden. Die Unumkehrbarkeit der Transaktion in Verbindung mit der fehlenden (oder verzögerten) Bestätigung bedeutet auch, dass Fehler noch zeitaufwendiger zu korrigieren sind. Dennoch gilt die Überweisung in der Regel immer noch als die sicherste Art, Geld zu versenden, da CHIPS auf nur 47 Mitgliedsbanken beschränkt ist und keinen Vermittler einbezieht, während der einzige Vermittler bei Fedwire die US-Notenbank ist. Im Jahr 2021 wurden über Fedwire in den USA 992 Billionen Dollar in 205 Millionen Transaktionen (durchschnittlich etwa 5 Millionen Dollar) verschickt, während über CHIPS über 700 Billionen Dollar in schätzungsweise 250 Millionen Transaktionen (durchschnittlich 3 Millionen Dollar) abgewickelt wurden.

Ein ACH ist ein elektronisches Netz für die Abwicklung von Zahlungen. Das erste ACH entstand in den späten 1960er-Jahren im Vereinigten Königreich. Wie Überweisungen können auch ACH-Zahlungen nur während der Geschäftszeiten getätigt werden und setzen voraus, dass sowohl der Sender als auch der Empfänger über ein Bankkonto verfügen.

Diese Bankkonten müssen in der Regel Teil des ACH-Netzes sein, sodass ACH-Zahlungen in den meisten Fällen geografischen Beschränkungen unterliegen. Ein kanadisches Bankkonto kann in der Regel eine ACH-Zahlung an ein Konto in den Vereinigten Staaten vornehmen, aber eine ACH-Zahlung nach Vietnam, Russland oder Brasilien ist wahrscheinlich nicht möglich oder erfordert zumindest verschiedene Zwischenhändler, die die Kosten erhöhen. Die mit ACH-Zahlungen verbundenen Gebühren werden als ihr wichtigstes Unterscheidungsmerkmal angesehen. Die meisten Banken bieten ihren Kunden die Möglichkeit, ACH-Überweisungen kostenlos oder gegen eine Gebühr von höchstens 5 Dollar vorzunehmen. Unternehmen können ACH-Zahlungen für weniger als 1 % pro Transaktion vornehmen. Im Gegensatz zu einer Überweisung ist eine ACH-Zahlung auch umkehrbar und erlaubt Zahlungsanforderungen von potenziellen Empfängern. Aufgrund dieser Eigenschaften und der geringen Kosten wird diese Zahlungsart in der Regel für Zahlungen an Lieferanten und Mitarbeiter sowie für die automatische Bezahlung von Strom-, Telefon-, Versicherungs- und anderen Rechnungen verwendet. Im Jahr 2021 wurden schätzungsweise 70 Billionen Dollar über das US ACH abgewickelt, was mehr als 20 Milliarden Transaktionen (durchschnittlich etwa 2.500 Dollar pro Transaktion) entspricht.[1]

Der größte Nachteil von ACH ist, dass es langsam ist: Transaktionen dauern zwischen einem und drei Tagen. Das liegt daran, dass ACH-Zahlungen erst am Ende des Tages „freigegeben" werden (einige Banken führen einige Stapel pro Tag aus). Zu diesem Zeitpunkt fasst eine Bank alles zusammen, was sie an eine andere Bank senden muss (d.h. alle ACHs) und sendet es in einer Summe über Fedwire, CHIPS oder eine ähnliche Lösung. Die daraus resultierende Verzögerung führt zu mehreren Problemen, die über die ein- bis zweieinhalbtägige Zeit hinausgehen, in der weder Sender noch Empfänger über die Mittel verfügen. Bei ACH gibt es zum Beispiel keine Bestätigung für eine erfolgreiche Transaktion – man wird nur benachrichtigt, wenn ein Fehler vorliegt. Und die Behebung dieses Fehlers dauert mehrere Tage: Die Empfängerbank bemerkt den Fehler erst am zweiten Tag, ihr Bericht wird erst am Ende des zweiten Tages verarbeitet, und der ursprüngliche Absender erhält die Benachrichtigung am darauffolgenden Tag (und dann beginnt der dreitägige Prozess von neuem).

Behelfsmäßige Kreditkartensysteme gibt es schon seit dem späten 19. Jahrhundert, aber das, was wir heute als „Kreditkarte" bezeichnen, kam erst in den 1950er-Jahren auf. Heute „ziehen" wir eine physische Karte durch ein Gerät (oder geben unsere Kreditkartendaten online ein), woraufhin ein entfernter Server die Kontoinformationen erfasst und sie digital an die Bank des Händlers sendet, die sie dann an den Kreditkartenanbieter des Kunden weiterleitet, der die Transaktion entweder genehmigt oder ablehnt. Der Vorgang dauert zwar ein bis drei Tage, was der Verbraucher aber nicht bemerkt, und kostet die Händler in der Regel 1,5 % bis 3,5 % der Transaktion. Diese Gebühr ist viel höher als die für eine ACH-Zahlung, aber mit Kreditkarten kann eine Transaktion in Sekundenschnelle und ohne Austausch detaillierter und persönlicher Bankdaten durchgeführt werden. Der Käufer muss nicht einmal ein Bankkonto haben.

Zwar sind Kreditkarten für den Nutzer oft kostenlos, doch können verspätete Zahlungen und Zinsen schnell dazu führen, dass man mehr als 20 % pro Jahr zusätzlich zu den entsprechenden Transaktionen zahlt (wahrscheinlich zahlen Sie Ihre Kreditkartenrechnung per ACH). Die Kreditkartenbetreiber erzielen ein Drittel ihrer Einnahmen durch andere Dienstleistungen, die sie an Händler und Kreditkarteninhaber verkaufen, wie z.B. Versicherungen, oder durch den Verkauf von Daten, die in ihrem Netz generiert werden. Wie bei ACH, aber anders als bei Überweisungen, können Kreditkartenzahlungen rückgängig gemacht werden, obwohl dieser Vorgang Tage dauern kann, oft angefochten wird und nur einige Stunden oder Tage nach einer Transaktion zur Verfügung steht (eine Anfechtung kann natürlich viel später eingereicht werden). Wie Überweisungen funktionieren auch Kreditkarten auf fast allen Märkten weltweit. Und im Gegensatz zu Überweisungen und ACH werden Kreditkartenzahlungen von fast allen Händlern unterstützt, und Transaktionen können jederzeit und jeden Tag getätigt werden. Jeder, der eine Kreditkarte besitzt, weiß, dass sie in der Regel die am wenigsten sichere Art der Zahlung ist und am meisten von Betrug betroffen ist. Im Jahr 2021 wurden in den USA schätzungsweise 6 Billionen Dollar per Kreditkarte ausgegeben, mit einem Durchschnittswert von 90 Dollar bei mehr als 50 Milliarden Transaktionen.

Schließlich gibt es noch die digitalen Zahlungsnetzwerke (auch bekannt als Peer-to-Peer-Netzwerke) wie PayPal und Venmo. Obwohl die Nutzer kein Bankkonto benötigen, um ein PayPal- oder Venmo-Konto zu eröffnen, müssen diese Konten aufgeladen werden, wobei das Geld von einer ACH-Zahlung (einem Bankkonto), einer Kreditkartenzahlung oder einer Überweisung eines anderen Nutzers stammen kann. Nach der Einzahlung dienen diese Plattformen dann als zentrale Bank, die von allen Konten genutzt wird; Überweisungen zwischen den Nutzern sind im Grunde nur Rücküberweisungen von Geld, das sich auf der Plattform selbst befindet. Die Zahlungen erfolgen daher sofort und können unabhängig von Tag und Uhrzeit durchgeführt werden. Für Geldüberweisungen zwischen Freunden und Familienmitgliedern erheben diese Plattformen meistens keine Gebühren. Bei Zahlungen an Unternehmen fallen jedoch in der Regel Gebühren in Höhe von 2 % bis 4 % an. Und wenn ein Nutzer sein Geld von der Plattform auf sein Bankkonto überweisen möchte, muss er in der Regel 1 % (bis zu 10 $) zahlen, damit es noch am selben Tag ankommt, oder er muss zwei bis drei Tage warten (während dieser Zeit erhebt die Plattform Zinsen). Schließlich sind diese Netzwerke in der Regel geografisch begrenzt (Venmo ist z. B. nur in den USA verfügbar) und unterstützen keine Peer-to-Peer-Zahlungen außerhalb ihrer Netzwerke (d. h. ein PayPal-Nutzer kann keine Gelder an ein Venmo-Wallet senden, sondern muss sie über mehrere Vermittlungskonten oder Schienen leiten). Im Jahr 2021 wurden weltweit schätzungsweise 2 Billionen US-Dollar über PayPal, Venmo und die Cash App von Square abgewickelt, mit einem Durchschnitt von etwa 65 US-Dollar pro Transaktion bei mehr als 30 Milliarden Transaktionen.

Zusammenfassend lässt sich sagen, dass sich die verschiedenen US-Zahlungssysteme in Bezug auf Sicherheit, Gebühren und Geschwindigkeit unterscheiden. Keine Zahlungsplattform ist perfekt, aber wichtiger als ihre technischen Eigenschaften ist, dass sie miteinander konkurrieren. Es gibt mehrere Überweisungssysteme, mehrere Kreditkartennetze, mehrere digitale Zahlungsabwickler und Plattformen. Jede dieser Plattformen konkurriert mit ihren Vor- und Nachteilen. Der Kreditkartenbetreiber American Express beispielsweise verlangt weitaus höhere Gebühren als Visa, bietet aber den Verbrauchern lukrativere Punkte und Vergünstigungen und den Händlern eine einkommensstärkere Klientel. Wenn sich ein Nutzer gegen eine Kreditkarte entscheidet oder ein Händler Amex nicht akzeptiert, stehen jedem mehrere Alternativen zur Verfügung. Und auch hier können sie einige Überweisungen kostenlos vornehmen, wenn sie bereit sind, ihr Geld für zwei bis drei Tage an ein bestimmtes digitales Zahlungsnetz zu verleihen.

Die 30 %-Norm

Man könnte annehmen, dass es in der virtuellen Welt „bessere" Zahlungssysteme gibt als in der „realen Welt". Schließlich geht es in der virtuellen Wirtschaft in erster Linie um Waren, die nur virtuell existieren, die über rein digitale (und damit geringe Grenzkosten verursachende) Transaktionen gekauft werden und die zumeist zwischen 5 und 100 Dollar pro Stück kosten. Auch die virtuelle Wirtschaft ist groß. Im Jahr 2021 haben die Verbraucher mehr als 50 Milliarden Dollar für rein digitale Videospiele ausgegeben und weitere fast 100 Milliarden Dollar für spielinterne Waren, Outfits und Extraleben. Zum Vergleich: Im Jahr 2019, dem letzten Jahr vor der COVID-19-Pandemie, wurden an den Kinokassen 40 Milliarden Dollar und für Musikaufnahmen 30 Milliarden Dollar ausgegeben. Darüber hinaus wächst das „BIP" der virtuellen Welt rasant – seit 2005 hat es sich inflationsbereinigt verfünffacht. In der Theorie sollten diese Fakten Kreativität, Innovation und Wettbewerb im Zahlungsverkehr bedeuten. In der Praxis ist das Gegenteil der Fall: Die Zahlungssysteme der heutigen virtuellen Wirtschaft sind teurer, umständlicher, langsamer und weniger wettbewerbsfähig als die der realen Welt. Und warum? Weil das, was wir als virtuelles Zahlungssystem betrachten, beispielsweise die Wallets von PlayStation, Apple Pay oder In-App-Zahlungsdienste, in Wirklichkeit eins Sammlung verschiedener „realer" Zahlungssysteme und ein erzwungenes Bündel vieler anderer Dienste ist.

1983 trat der Spielhallenhersteller Namco an Nintendo heran, um Versionen seiner Spiele, wie z. B. *Pac-Man*, auf dem Nintendo Entertainment System (NES) zu veröffentlichen. Zu dieser Zeit war das NES nicht als Plattform gedacht. Stattdessen spielte es nur von Nintendo hergestellte Titel ab. Schließlich erklärte sich Namco bereit, Nintendo eine Lizenzgebühr von 10 % für alle seine Titel zu zahlen, die für das NES erschienen (Nintendo hatte das Recht, jeden einzelnen Titel zu genehmigen), sowie weitere 20 % für die Herstellung von Namcos Spielkassetten durch Nintendo. Diese Gebühr von 30 % wurde schließlich zum Industriestandard und von Unternehmen wie Atari, Sega und PlayStation übernommen.[2]

40 Jahre später spielt kaum noch jemand *Pac-Man*, und die teuren Cartridges haben sich in preiswerte digitale Discs verwandelt, die von Spieleherstellern hergestellt werden, und in noch preiswertere Band-

breiten für digitale Downloads (bei denen die Kosten größtenteils von den Verbrauchern über Internetgebühren und Konsolenfestplatten getragen werden). Der Standard von 30 % hat sich jedoch gehalten und auf alle Käufe im Spiel ausgeweitet, z. B. für ein zusätzliches Leben, einen digitalen Rucksack, einen Premium-Pass, ein Abonnement, ein Update usw. (diese Gebühr deckt auch die zwei bis drei Prozentpunkte ab, die von einer zugrunde liegenden Zahlungsschiene wie PayPal oder Visa erhoben werden).

Konsolenplattformen haben mehrere Gründe für die Gebühren, die über das reine Geldverdienen hinausgehen. Der Wichtigste ist, dass sie den Spieleentwicklern selbst ermöglichen, Geld zu verdienen. So verkaufen Sony und Microsoft ihre PlayStation- bzw. Xbox-Konsolen in der Regel zu einem Preis, der unter den Herstellungskosten liegt. Dadurch wird es für die Verbraucher billiger, Zugang zu leistungsstarken Grafikprozessoren und CPUs sowie zu anderer zugehöriger Hardware und Komponenten zu erhalten, die zum Spielen erforderlich sind. Und dieser Verlust pro Einheit entsteht, bevor diese Plattformen die Forschungs- und Entwicklungsinvestitionen für das Design ihrer Konsolen, die Marketingkosten, um die Nutzer zum Kauf zu bewegen, und die exklusiven Inhalte (d. h. die internen Spielentwicklungsstudios von Microsoft und Sony), die die Nutzer zum Kauf der Konsolen bei ihrer Veröffentlichung und nicht erst Jahre später bewegen, aufteilen. Da neue Konsolen in der Regel neue oder bessere Funktionen bieten, dürfte eine schnellere Akzeptanz Entwicklern und Spielern gleichermaßen zugutekommen.

Die Plattformen entwickeln und pflegen auch eine Reihe von proprietären Tools und APIs, die Entwickler benötigen, um ihre Spiele auf einer bestimmten Konsole zum Laufen zu bringen. Sie betreiben ebenfalls Online-Multiplayer-Netzwerke und -Dienste wie Xbox Live, Nintendo Switch Online und PlayStation Network. Diese Investitionen helfen den Spieleentwicklern, aber sie führen dazu, dass die Plattform versucht, ihre Ausgaben wieder hereinzuholen und dann davon zu profitieren – daher die Gebühr von 30 %.

Spieleplattformen mögen eine Begründung für eine Gebühr von 30 % haben, aber das bedeutet weder, dass die Gebühr vom Markt festgelegt wird, noch dass sie voll verdient ist. Die Verbraucher sind gezwungen, diese Konsolen zu einem Preis zu kaufen, der unter dem Selbstkostenpreis liegt; es gibt keine Möglichkeit, ein teureres Gerät zu kaufen, das dann 30 % niedrigere Preise für Software bietet. Und obwohl die Konsolen Entwickler anziehen müssen, konkurrieren sie nicht miteinander um diese Entwickler. Die meisten Spielehersteller veröffentlichen ihre Titel auf so vielen Plattformen wie möglich, um so viele Spieler wie möglich zu erreichen. Daher würde keine der großen Konsolen davon profitieren, wenn sie den Entwicklern bessere Bedingungen bieten würde. Eine 15-prozentige Senkung durch Xbox würde bedeuten, dass ein Spielehersteller 21 % mehr an jedem verkauften Exemplar auf der Xbox verdienen würde, aber wenn er sich dafür entscheidet, seinen Titel nicht auf PlayStation oder Nintendo Switch zu veröffentlichen, würde er bis zu 80 % der Gesamtverkäufe verlieren. Dadurch könnte Microsoft einige zusätzliche Kunden gewinnen, aber nicht 400 % mehr, nämlich die Zahl, die erforderlich ist, um den Hersteller zu entschädigen. Wenn Microsoft das gleiche Manöver wie PlayStation oder Nintendo durchführt, würden alle drei Plattformen die Hälfte ihrer Software-Einnahmen verlieren, und das ohne großen Nutzen.

Die schärfste Kritik an der Kürzung um 30 % konzentriert sich auf die proprietären Tools, APIs und Dienste der Konsole. In vielen Fällen verursachen sie den Entwicklern eher zusätzliche Kosten, als dass sie ihnen helfen. In anderen Fällen bieten sie nur einen begrenzten Nutzen. Und in einigen Fällen dienen sie nur dazu, Kunden und Entwickler gleichermaßen an sich zu binden, und zwar zum Nachteil beider Gruppen. Diese Realität lässt sich in drei Bereichen deutlich erkennen: API-Sammlungen, Multiplayer-Dienste und Berechtigungen.

Damit ein Spiel auf einem bestimmten Gerät läuft, muss es wissen, wie es mit den zahlreichen Komponenten dieses Geräts kommunizieren kann, z. B. mit der GPU oder dem Mikrofon. Um diese Kommunikation zu unterstützen, stellen Konsolen-, Smartphone- und PC-Betriebssysteme „Software Development Kits" (sog. SDKs) her, die unter anderem „API-Sammlungen" enthalten. Theoretisch könnte ein Entwickler seinen eigenen „Treiber" schreiben, um mit diesen Komponenten zu kommunizieren, oder kostenlose und quelloffene Alternativen verwenden. OpenGL ist beispielsweise eine Sammlung von APIs, die verwendet wird, um so viele GPUs wie möglich über dieselbe Codebasis anzusprechen. Auf Konsolen und dem iPhone von Apple kann ein Entwickler jedoch nur die APIs verwenden, die vom Betreiber der jeweiligen Plattform bereitgestellt werden. *Fortnite* von Epic Games muss Microsofts DirectX-Sammlung von APIs verwenden, um mit dem Grafikprozessor der Xbox zu kommunizieren. Die PlayStation-Version von *Fortnite* muss GNMX von PlayStation verwenden, während Apple iOS Metal und Nintendo Switch NVM von Nvidia benötigt, und so weiter.

Jede Plattform argumentiert, dass ihre proprietären APIs am besten für ihre proprietären Betriebssysteme und/oder Hardware geeignet sind und Entwickler daher bessere Software entwickeln können, was wiederum zu zufriedeneren Benutzern führt. Dies ist im Allgemeinen richtig, obwohl die meisten virtuellen Welten, die heute in Betrieb sind – und insbesondere die beliebtesten –, so konzipiert sind, dass sie auf so vielen Plattformen wie möglich laufen. Daher sind sie nicht umfassend für eine bestimmte Plattform optimiert. Darüber hinaus benötigen viele

Spiele nicht jedes Quäntchen an Rechenleistung. Die unterschiedlichen API-Sammlungen und das Fehlen offener Alternativen sind zum Teil der Grund, warum Entwickler plattformübergreifende Spiele-Engines wie Unity und Unreal verwenden, da sie so konzipiert sind, dass sie mit jeder API-Sammlung kompatibel sind. Aus diesem Grund ziehen es einige Entwickler vielleicht vor, auf ein wenig Leistungsoptimierung zu verzichten und stattdessen ihr Budget durch die Verwendung von OpenGL zu optimieren, anstatt für Unity oder Epic Games zu zahlen oder einen Teil der Einnahmen mit ihnen zu teilen.

Die Herausforderung des Mehrspielermodus ist ein wenig anders. Mitte der 2000er-Jahre übernahm Microsofts Xbox Live fast die gesamte „Arbeit" eines Online-Spiels: Kommunikation, Matchmaking, Server und so weiter. Diese Arbeit war zwar mühsam und teuer, aber sie steigerte auch das Engagement und die Zufriedenheit der Spieler, was für die Entwickler von Vorteil war. Doch 20 Jahre später werden fast alle diese Kosten von den Spieleherstellern getragen und verwaltet. Dieser Wandel spiegelt die wachsende Bedeutung von Online-Diensten und die Umstellung auf die Unterstützung von Cross-Play wider. Die meisten Entwickler wollen jetzt ihre eigenen Live-Dienste verwalten, z. B. Inhaltsaktualisierungen, Wettbewerbe, Spielanalysen und Benutzerkonten. Es macht keinen Sinn, dass Xbox die Live-Dienste für ein Spiel verwaltet, das in PlayStation, Nintendo Switch und andere Systeme integriert ist. Aber Spieleentwickler sind immer noch verpflichtet, die vollen 30 % an die Spieleplattformen zu zahlen und über deren Online-Kontensysteme zu arbeiten. Wenn das Xbox Live-Netzwerk aufgrund von technischen Schwierigkeiten offline geht, können Spieler beispielsweise nicht auf das Online-Spiel von *Call of Duty: Modern Warfare* zugreifen. Und natürlich zahlen die Spieler selbst bereits eine monatliche Abonnementgebühr an Microsoft für Xbox Live, ohne dass ein Teil dieser Gebühr an die Entwickler geht, deren Spiele die Existenz von Xbox Live rechtfertigen und die den größten Teil der Serverrechnungen bezahlen. Kritiker argumentieren, dass das eigentliche Ziel der Plattformdienste darin besteht, zusätzliche Distanz zwischen Entwicklern und Spielern zu schaffen, beide Gruppen an hardwarebasierte Plattformen zu binden und die 30 %ige Gebühr für die Plattform zu rechtfertigen. Wenn Spieler also eine digitale Kopie von *FIFA 2017* im PlayStation Store kaufen, ist diese Kopie für immer an PlayStation gebunden. Mit anderen Worten: PlayStation hat bereits seine 20 Dollar aus einem 60-Dollar-Kauf eingenommen, aber wenn der Spieler das Spiel auf Xbox spielen möchte, muss er weitere 60 Dollar ausgeben, selbst wenn der Entwickler bereit wäre, es dem Spieler kostenlos zur Verfügung zu stellen. Je mehr ein Nutzer an einen Konsolenhersteller wie Sony zahlt – und damit den Verlust seiner Konsole ausgleicht –, desto teurer wird es, die Konsole zu verlassen.

Die Plattformen verfolgen einen ähnlichen Ansatz, wenn es um spielbezogene Inhalte geht. Wenn ein Spieler *Bioshock* auf der PlayStation besiegt und später zur Xbox wechselt, muss er das Spiel nicht nur erneut kaufen, sondern auch ein zweites Mal spielen, um das letzte Level zu erreichen. Wenn PlayStation-Spieler außerdem Trophäen für *Bioshock* erhalten würden (z. B. dafür, dass sie das Spiel schneller als 99 % der anderen Spieler besiegt haben), würde PlayStation diese Trophäen auf ewig behalten. Wie ich in Kapitel 8 erörtert habe, konnte Sony seine Kontrolle über das Online-Spiel nutzen, um plattformübergreifendes Spielen für mehr als ein Jahrzehnt zu verhindern. Dies half weder den Entwicklern noch den Spielern – es schadete offensichtlich beiden –, aber es half Sony (theoretisch), PlayStation-Kunden zu halten, indem es die Gewinnung von Xbox-Kunden erschwerte.

Die Bezahlschienen von Konsolenspielen sind nicht so diskret wie in der realen Welt. Spielern und Entwicklern ist es gleichermaßen untersagt, Kreditkarten, ACH, Überweisungen oder digitale Zahlungsnetzwerke direkt zu verwenden, und die von einer Plattform angebotene Abrechnungslösung ist mit vielen anderen Dingen gebündelt – Berechtigungen, Speicherdaten, Multiplayer, APIs und mehr. Dabei spielt es keine Rolle, wie hoch der Marktpreis ist oder was ein Entwickler oder Nutzer braucht. Es gibt keinen Rabatt, wenn das Spiel eines Anbieters nur offline ist oder wenn er die Online-Multiplayer-Dienste einer bestimmten Plattform nicht benötigt. Es spielt auch keine Rolle, ob das Spiel bei GameStop oder im PlayStation Store gekauft wurde – obwohl der Spiele-Entwickler GameStop ebenfalls einen Anteil an der Transaktion zukommen lassen musste. Die Gebühr bleibt die Gebühr. Am besten lässt sich diese Realität an einer Plattform veranschaulichen, die über keinerlei Hardware verfügt und sich dennoch als dominanter als Nintendo, Sony oder Microsoft erwiesen hat.

Der Aufstieg von Steam

Im Jahr 2003 brachte der Spielehersteller Valve die PC-exklusive Anwendung Steam auf den Markt, quasi das iTunes der Spiele. Damals konnten auf den meisten PC-Festplatten nur wenige Spiele gleichzeitig gespeichert werden – ein Problem, das sich immer mehr verschärfte, da die Größe der durchschnittlichen Spieldatei schneller wuchs als der verfügbare Speicherplatz. Es war mühsam, diese Spiele zu finden und herunterzuladen, sie zu deinstallieren, um Speicherplatz für andere Spiele freizugeben, das alte Spiel später wieder zu installieren, wenn der Benutzer es wieder spielen wollte, und es auf einen neuen PC zu übertragen. Ein Benutzer musste mehrere Anmeldeinformationen, zahlreiche Kreditkartenbelege, Webadressen usw. verwalten. Außerdem gingen viele Online-Multiplayer-Spiele, wie z. B. Valve's *Counter-Strike*, zu einem „Games-as-a-Service"-Modell über, bei dem das Spiel regelmäßig aktualisiert oder gepatcht wurde. Dadurch konnten die Spiele mit neuen Funktionen, Waffen, Modi und Kosmetika „aufgefrischt" werden. Aber es bedeutete auch, dass die Spieler ihre Spiele ständig aktualisieren mussten, was nicht wenig Frust verursachte. Stellen Sie sich vor, Sie kommen nach einem langen Arbeitstag nach Hause, um *Counter-Strike* zu spielen, und müssen dann feststellen, dass Sie eine Stunde warten müssen, bis ein Update heruntergeladen und installiert ist.

Steam löste diese Probleme, indem es einen „Game Launcher" schuf, der die Installationsdateien für Spiele indizierte und zentral verwaltete, sich aber auch um die Rechte des Nutzers an diesen Spielen kümmerte und die Spiele, die ein Spieler auf seinem PC installiert hatte, automatisch herunterlud und aktualisierte. Im Gegenzug würde Steam 30 % vom Verkauf jedes Spiels über sein System einbehalten – genau wie die Konsolenspieleplattformen.

Im Laufe der Zeit fügte Valve weitere Dienste zu Steam hinzu, die unter dem Namen Steamworks zusammengefasst wurden. Zum Beispiel nutzte Valve das Steam-Kontosystem, um ein frühes „soziales Netzwerk" von Freunden und Teamkollegen zu schaffen, auf das jedes Spiel zugreifen konnte. Die Spieler mussten nicht mehr jedes Mal, wenn sie ein neues Spiel kauften, nach ihren Freunden suchen und sie erneut hinzufügen (oder ihre Teams neu zusammenstellen). Die Matchmaking-Funktion von Steamworks ermöglichte es Entwicklern, die Spielernetzwerke von Steam zu nutzen, um ausgewogene und faire Online-Multiplayer-Erlebnisse zu schaffen. Steam Voice ermöglichte es den Spielern, in Echtzeit zu sprechen. Diese Dienste wurden den Entwicklern ohne zusätzliche Kosten zur Verfügung gestellt, und im Gegensatz zu Konsolenplattformen verlangte Steam auch von den Spielern selbst keine Gebühren für den Zugang zu Online-Netzwerken oder -Diensten. Später stellte Valve Steamworks auch für Spiele zur Verfügung, die nicht über Steam verkauft wurden, wie z. B. ein physisches Exemplar von *Call of Duty*, das bei GameStop oder Amazon erworben wurde, und baute so ein größeres und umfassenderes Netzwerk von Online-Gaming-Diensten auf. Steamworks war für die Entwickler theoretisch kostenlos, zwang aber jedes Spiel dazu, den Zahlungsdienst von Steam für alle nachfolgenden Transaktionen im Spiel zu nutzen. So zahlten die Entwickler für Steamworks, indem sie Steam 30 % der laufenden Einnahmen überließen.

Steam gilt als eine der wichtigsten Innovationen in der Geschichte der PC-Spiele und ist ein entscheidender Grund dafür, dass dieses

Segment trotz der komplexeren Nutzung und der höheren Einstiegskosten (ein guter Spiele-PC kostet immer noch mehr als 1.000 Dollar, während für die Erfüllung der Spezifikationen neuerer Konsolen 2.000 Dollar oder mehr erforderlich sind) immer noch so groß ist wie das der Konsolen. Doch fast 20 Jahre später sind die technischen Innovationen in den Bereichen Spielevertrieb, Rechteverwaltung und Online-Dienste weitgehend zur Massenware geworden. In einigen Fällen verzichten Benutzer und Hersteller ganz darauf. Viele PC-Spieler verwenden jetzt beispielsweise Discord für den Audio-Chat und nicht mehr den Voice-Chat von Steam. Die Zunahme des plattformübergreifenden Spielens bedeutet auch, dass die meisten Trophäen und Spielrekorde im Spiel von einem Spielehersteller vergeben und verwaltet werden und nicht von Steam.

Dennoch ist es niemandem gelungen, mit der Plattform von Valve zu konkurrieren oder sie zu stören, obwohl PCs im Gegensatz zu Konsolen offene Ökosysteme sind. Ein Spieler kann so viel Software Stores herunterladen, wie er möchte, und sogar ein Spiel direkt beim Verlag kaufen. Ein Verlag kann einen Titel auch von Steam zurückhalten und trotzdem seine Kunden erreichen. Aber die Macht und die zentrale Stellung von Steam bleiben bestehen.

Im Jahr 2011 startete der Spielegigant Electronics Arts seinen eigenen Store, EA Origin, in dem ausschließlich PC-Versionen seiner Titel verkauft werden sollten (wodurch die Vertriebsgebühren von 30 % auf 3 % oder weniger gesenkt wurden). Acht Jahre später gab EA bekannt, dass es zu Steam zurückkehren würde. Activision Blizzard, das Studio hinter Hits wie *Warcraft* und *Call of Duty*, hat 20 Jahre lang versucht, Steam zu verlassen, aber mit Ausnahme von Free-to-Play-Titeln wie *Call of Duty: Warzone* werden die meisten seiner Titel weiterhin über die Plattform verkauft. Und Amazon, die größte E-Commerce-Plattform der Welt und Eigentümer von Twitch, dem größten Livestreaming-Dienst für Videospiele außerhalb Chinas, hat sich schwergetan, einen nennenswerten Anteil an PC-Spielen zu gewinnen – selbst nachdem das Unternehmen damit begonnen hat, seinem beliebten Prime-Abonnement kostenlose Spiele und In-Game-Artikel hinzuzufügen. Nichts davon hat Valve dazu veranlasst, auch nur die Gebühren zu senken oder seine Politik zu ändern.

Der anhaltende Erfolg von Steam ist zum Teil auf den hervorragenden Service und den großen Funktionsumfang zurückzuführen. Er ist auch durch die erzwungene Bündelung von Vertrieb, Zahlungen, Online-Diensten, Berechtigungen und anderen Richtlinien geschützt – genau wie bei Konsolen.

Ein Beispiel dafür ist, dass jedes Spiel, das über den Steam-Store gekauft wurde oder über Steamworks läuft, für immer Steam benötigt, um gespielt werden zu können. Selbst Jahrzehnte, nachdem Steam seine

Dienste für einen Spieler und Entwickler erbracht hat, wird die Plattform weiterhin einen Anteil an den laufenden Einnahmen erhalten. Die einzige Möglichkeit, dies zu umgehen, wäre, dass der Entwickler sein Spiel ganz von Steam abzieht – was bedeuten würde, dass die Nutzer den Titel über einen anderen Kanal neu kaufen müssten. Da Steam es den Spielern nicht erlaubt, ihre auf der Plattform erzielten Erfolge zu exportieren, würden sie alle über Steamworks vergebenen Auszeichnungen verlieren, wenn sie Steam verlassen würden.

Einigen Berichten zufolge verwendet Steam auch Meistbegünstigungsklauseln („most favored nations", MFN), um sicherzustellen, dass ein Spiele-Hersteller selbst dann, wenn ein konkurrierender Shop niedrigere Vertriebsgebühren verlangt, nicht in der Lage wäre, dies auszunutzen, um die Preise von Steam für den Verbraucher zu unterbieten. Nehmen wir ein Spiel im Wert von 60 Dollar, das über Steam verkauft wird. Steam nimmt 18 Dollar (30 %) von den 60 Dollar ein und lässt dem Entwickler 42 Dollar zukommen. Wenn ein Konkurrent 10 % Gebühren anbietet, könnte ein Verlag das Spiel immer noch für 60 Dollar verkaufen und damit 54 bzw. 12 Dollar mehr einnehmen. Die Nutzer werden jedoch nicht umsonst von einem Shop abspringen, den sie lieben (und der von all ihren Freunden genutzt wird und jahrelange Spielekäufe und Auszeichnungen enthält). Ein konkurrierender Store könnte Steam stören, indem er die Gebührensenkung mit Entwicklern und Verbrauchern teilt. Das Spiel könnte für 50 Dollar verkauft werden, was dem Herausgeber 45 Dollar einbringt (3 Dollar mehr) und dem Verbraucher 10 Dollar spart (diese Preissenkung könnte auch zu mehr Gesamtkäufen führen). Leider haben die Meistbegünstigungsklauseln von Steam dies unmöglich gemacht. Wenn ein Entwickler seine Preise im Shop eines Konkurrenten senkt, müsste er das auch auf Steam tun. Alternativ könnten sie den Shop verlassen – aber ein Hersteller würde zweifellos mehr Kunden verlieren, als er durch die Gewinnspanne wieder wettmachen könnte. Entscheidend ist, dass diese Meistbegünstigungsvereinbarung auch für den eigenen Shop eines Herstellers gilt und nicht nur für Drittanbieter-Aggregatoren wie Steam.

Der bemerkenswerteste Versuch, mit Steam zu konkurrieren, kam von Epic Games, das 2018 den Epic Games Store (EGS) mit dem ausdrücklichen Ziel ins Leben rief, die Vertriebsgebühren in der PC-Spielebranche zu senken. Um sowohl Entwickler als auch Nutzer anzulocken, wollte Epic alle Vorteile von Steam anbieten, aber mit weniger Einschränkungen und besseren Preisen.

Bei Spielen, die über den EGS verkauft werden, wäre der Spieler nicht verpflichtet, EGS so lange zu nutzen, wie er das Spiel spielen möchte. Die Spieler besaßen eine Kopie des Spiels und nicht das Recht auf eine Kopie des Spiels innerhalb von EGS; die Spielehersteller konnten daher jederzeit den Laden verlassen, ohne ihre Kunden im Stich zu lassen. Die Spieler waren auch Eigentümer ihrer Spieldaten. Wenn sie die Plattform jemals verlassen wollten, um zu dem Shop eines Entwicklern oder einem anderen zu wechseln, konnten sie ihre Trophäen und Spielernetzwerke mitnehmen. EGS bot eine Gebühr von 12 % an (die auf 7 % sank, wenn der Entwickler bereits Unreal nutzte, wodurch sichergestellt wurde, dass ein Entwickler, selbst wenn er die Engine und den Store von Epic nutzte, insgesamt nicht mehr als 12 % zahlen musste, auch dann, wenn mehrere verschiedene Produkte gekauft, genutzt oder lizenziert wurden).

Epic nutzte auch sein Erfolgsspiel *Fortnite*, das mehr Umsatz pro Jahr generierte als jedes andere Spiel in der Geschichte, um Spieler in den Store zu bringen. Mit einem Update wurden PC-Kopien des Spiels in den Epic Games Store selbst verwandelt, in dem *Fortnite* ein startfähiger Titel ist. Epic gab außerdem Hunderte von Millionen aus, um kostenlose Kopien von Hits wie *Grand Theft Auto V* und *Civilization V zu* verschenken, und weitere Hunderte von Millionen für exklusive Möglichkeiten für eine Reihe noch nicht veröffentlichter PC-Titel. Aufgrund der Meistbegünstigungsklausel von Steam konnte das Unternehmen jedoch keine niedrigeren Preise für nicht exklusive Titel anbieten.

Am 3. Dezember 2018 – nur drei Tage vor dem Start des Epic-Stores – kündigte Steam an, dass es seine Provision auf 25 % senken würde, wenn der Titel eines Entwicklern einen Bruttoumsatz von 10 Millionen US-Dollar überschreitet, und auf 20 % bei 50 Millionen US-Dollar. Dies war ein früher Sieg für Epic, obwohl das Unternehmen feststellte, dass das Zugeständnis von Valve vor allem den größten Spieleentwicklern zugutekam, d. h. den wenigen globalen Giganten, die am ehesten ihre eigenen Stores eröffnen oder ihre Spiele von Steam abziehen würden. Es galt nicht für die vielen Tausend unabhängigen Entwickler, die darum kämpfen, sich über Wasser zu halten, und keine großen Gewinn erzielen. Valve lehnte es auch ab, Steamworks zu öffnen. Nichtsdestotrotz wurden durch diesen Schritt Hunderte von Millionen Dollar an jährlichen Gewinnen von Steam auf die Entwickler verlagert.

Im Januar 2020 hatte Epic riesige Summen ausgegeben, aber keine weiteren Zugeständnisse von Steam (oder den Konsolenplattformen) erhalten. Der CEO von Epic, Tim Sweeney, äußerte jedoch die Ansicht, dass konkurrierende Shops ihre Preise senken müssten, und twitterte, EGS sei ein „Münzwurf": „Kopf, andere Stores reagieren nicht, also gewinnt der Epic Games Store [indem er Marktanteile stiehlt] und alle Entwickler. Zahl, die Konkurrenten ziehen mit uns gleich, wir verlieren unseren Vorteil bei der Umsatzbeteiligung, und vielleicht gewinnen andere Stores, aber alle Entwickler gewinnen trotzdem".[3] Sweeneys Schachzug könnte sich letztendlich als richtig erweisen, aber im Februar 2022 hatte sich die Politik von Valve noch kein zweites Mal bewegt.

In der Zwischenzeit häufte EGS enorme Verluste an und zeigte nur begrenzte Anzeichen für nachhaltigen Erfolg bei den Spielern. Aus den öffentlichen Angaben von Epic ging hervor, dass die Einnahmen der Plattform von 680 Millionen US-Dollar im Jahr 2019[4] auf 700 Millionen US-Dollar im Jahr 2020[5] und 840 Millionen US-Dollar im Jahr 2021 stiegen.[6] Allerdings entfielen 64 % dieser Ausgaben auf *Fortnite*, das auch 70 % des Umsatzwachstums der Plattform im Dreijahreszeitraum ausmachte. Mit fast 200 Millionen einzigartigen Nutzern im Jahr 2021, von denen etwa 60 Millionen im Dezember aktiv waren, scheint EGS sehr beliebt zu sein (Steam hat schätzungsweise 120-150 Millionen monatliche Nutzer). Aber wie die Einnahmen der Plattform vermuten lassen, nutzen viele dieser Spieler EGS wahrscheinlich nur, um *Fortnite* zu spielen, das nur über EGS auf PCs zugänglich ist. Es ist auch wahrscheinlich, dass viele Nicht-*Fortnite*-Spieler EGS nur wegen der kostenlosen Spiele nutzen. Allein im Jahr 2021 veröffentlichte Epic 89 kostenlose Titel im Gesamtwert von 2.120 US-Dollar im Einzelhandel (oder etwa 24 US-Dollar pro Stück). Mehr als 765 Millionen Exemplare wurden in diesem Jahr eingelöst, was einem fiktiven Wert von 18 Milliarden US-Dollar entspricht, verglichen mit 17,5 Milliarden US-Dollar im Vorjahr und 4 Milliarden US-Dollar im Jahr 2019.* Diese Werbegeschenke zogen zwar Spieler an, führten aber nicht zu hohen Ausgaben der Nutzer (sie schadeten ihnen wahrscheinlich). Der durchschnittliche Nutzer gab im gesamten Jahr 2021 zwischen 2 und 6 US-Dollar für Nicht-*Fortnite*-Inhalte aus (und erhielt 90 bis 300 US-Dollar an kostenlosen Spielen). Durchgesickerte Dokumente von Epic Games deuten darauf hin, dass EGS im Jahr 2019 181 Millionen Dollar, im Jahr 2020 273 Millionen Dollar und im Jahr 2021 zwischen 150 und 330 Millionen Dollar verlor, wobei der Break-even frühestens im Jahr 2027 erreicht wird.[7]

Man könnte argumentieren, dass aufgrund der Tatsache, dass PCs eine offene Plattform sind, kein Geschäft ein Monopol haben kann – und vor allem ist der dominierende Online-Spielevertrieb sowohl von Microsoft als auch von Apple unabhängig, die die Betriebssysteme Windows und Mac betreiben und ihre eigenen Stores anbieten. Gleichzeitig ist es bezeichnend, dass es nur einen großen profitablen Shop gibt und seine größten Anbieter außerhalb dieses Stores kaum existieren können. Nur wenige dürften dies für ein gesundes Ergebnis halten, insbesondere bei einer Gebühr von 20 % oder sogar 30 %. Denn wie immer sind Zahlungen ein Bündel, das nicht nur die Abwicklung einer Transaktion umfasst, sondern auch die Online-Existenz eines Nutzers, seinen

---

* Epic zahlte einen stark vergünstigten Großhandelspreis an die Entwickler, wobei die Zahlungen für 2021 auf etwa 500 Millionen Dollar geschätzt werden.

Speicherplatz, seine Freundschaften und seine Erinnerungen sowie die Verpflichtung eines Entwicklers gegenüber seinen ältesten Kunden.

Von Pac-Man zum iPod

Sie fragen sich vielleicht, was *Pac-Man*-Cartridges, Steam-MFNs und *Call of* Duty-Kopien mit dem Metaverse zu tun haben. Nun, die Spieleindustrie beeinflusst nicht nur die kreativen Designprinzipien und die zugrunde liegenden Technologien für das „Internet der nächsten Generation". Sie dient auch als wirtschaftlicher Präzedenzfall für das Metaverse.

Im Jahr 2001 führte Steve Jobs mit iTunes den digitalen Vertrieb in der ganzen Welt ein. Für sein Geschäft wählte er das 30 %-Provisionsmodell, wie es bereits bei Nintendo und der übrigen Spieleindustrie bekannt ist (obwohl der iPod im Gegensatz zu den Konsolen selbst Bruttomargen von über 50 % und nicht unter 0 % aufwies). Sieben Jahre später wurden diese 30 % auf den App Store des iPhones übertragen, und Google zog mit seinem Android-Betriebssystem schnell nach.

Steve Jobs entschied sich zu diesem Zeitpunkt auch für ein geschlossenes Softwaremodell, das bei den Konsolenplattformen zum Einsatz kam, aber nicht bei den Mac-Laptops und -Computern oder dem iPod verwendet wurde.* Bei iOS müssen jede Software und alle Inhalte aus dem App Store von Apple heruntergeladen werden, und wie bei PlayStation, Xbox, Nintendo und Steam hat nur Apple ein Mitspracherecht darüber, welche Software vertrieben werden darf und wie die Nutzer abgerechnet werden.

Google verfolgte mit Android einen freizügigeren Ansatz, der es Nutzern zumindest technisch ermöglichte, Apps ohne den Google Play Store zu installieren – und ohne App Stores von Drittanbietern. Dies erforderte jedoch, dass die Nutzer tief in ihre Kontoeinstellungen vordringen und einzelnen Anwendungen (z. B. Chrome, Facebook oder dem mobilen Epic Games Store) die Erlaubnis erteilen mussten, „unbekannte Apps" zu installieren. Obwohl Google keine Verantwortung für Schäden oder Datenverluste übernimmt, die durch die Nutzung von Apps entstehen, die über den Google Play Store vertrieben werden, führten die zusätzlichen Schritte und Warnungen dazu, dass die meisten PC-Nutzer Software direkt vom Hersteller herunterluden, wie z. B. Microsoft

---

* Die meisten iPod-Benutzer kauften ihre Musik über iTunes, konnten aber auch Titel importieren, die sie bei anderen Diensten gekauft, von CDs hochgeladen oder sogar bei Diensten wie Napster raubkopiert hatten. Technisch versiertere Nutzer konnten ihre Songs sogar ohne iTunes auf den iPod laden.

Office von Microsoft.com oder Spotify von Spotify.com, während dies bei Android fast niemand tat.

Es hat mehr als ein Jahrzehnt gedauert, bis die Probleme im Zusammenhang mit dem von Apple und – in anderer Form – von Google angewandten proprietären Modell auf der globalen Bühne auftauchten. Im Juni 2020 verklagte die Europäische Union Apple, nachdem Spotify und Rakuten, zwei Streaming-Medienunternehmen, behauptet hatten, Apple nutze seine Gebühren, um seine eigenen Softwaredienste (wie Apple Music) zu begünstigen und Konkurrenten zu unterdrücken. Zwei Monate später verklagte Epic Games sowohl Apple als auch Google mit der Behauptung, ihre 30 %-Gebührenmodelle und Kontrollen seien rechtswidrig und wettbewerbswidrig. Eine Woche vor der Klage hatte Sweeney getwittert, dass „Apple das Metaverse verboten hat".

Die Verzögerung hatte mehrere Ursachen. Eine davon war die ungleiche Auswirkung von Apples Store-Politik, die vor allem Unternehmen der „New Economy" belastete und die der „Old Economy" von Gebühren befreite. Apple legte drei große Kategorien von Apps fest, wenn es um In-App-Käufe ging. Die erste Kategorie waren Transaktionen, die für ein physisches Produkt getätigt wurden, z. B. der Kauf von Dove-Seife bei Amazon oder das Aufladen einer Starbucks-Geschenkkarte. Hier kassierte Apple keine Provision und erlaubte diesen Apps sogar die direkte Nutzung von Zahlungssystemen Dritter, wie PayPal oder Visa, um eine Transaktion abzuschließen. Die zweite Kategorie waren die sogenannten Leser-Apps, zu denen Dienste gehören, die nicht transaktionsbezogene Inhalte bündeln (z. B. ein All-you-can-eat-Abonnement für Netflix, die *New York Times* oder Spotify), oder die es dem Nutzer ermöglichen, auf Inhalte zuzugreifen, die er zuvor gekauft hat, z. B. einen Film, den er auf der Amazon-Website erwarb und nun über die iOS-App Prime Video von Amazon streamen möchte. Die dritte Kategorie waren interaktive Apps, bei denen die Nutzer den Inhalt beeinflussen können (z. B. in einem Spiel oder einem Cloud-Laufwerk) oder einzelne Transaktionen für digitale Inhalte vornehmen können (z. B. eine bestimmte Filmausleihe oder einen Kauf in der Prime Video-App). Diese Apps hatten keine andere Wahl, als die Abrechnung per In-App-Kauf anzubieten.

Zwar konnten diese interaktiven Apps browserbasierte Online-Zahlungsalternativen anbieten, wie z. B. Lesegeräte-Apps, doch konnten die Spieler in der App selbst nicht über diese Optionen informiert werden. Daher wurden diese Alternativen nur selten genutzt – wenn sie überhaupt bekannt waren. Stellen Sie sich vor, Sie haben das letzte Mal eine App verwendet, die In-App-Zahlungen von Apple unterstützt. Haben Sie sich jemals gefragt, ob der Entwickler der App online bessere Preise anbietet? Und wenn ja, wie viel billiger müssten sie sein, damit Sie sich die Mühe machen, sich für Ihr Konto anzumelden und Ihre Zahlungsinformationen einzugeben, anstatt einfach im App Store auf „Kaufen" zu klicken? 10 %? 15 %? Wie groß müsste der Kauf sein (eine Ersparnis von 20 % für ein zusätzliches Leben von 0,99 $ scheint es nicht wert zu sein)? Vielleicht würden 20 % für die meisten Käufe ausreichen, aber dann würde ein Entwickler nur 7 % „sparen", da er die von PayPal oder Visa erhobenen Gebühren abdecken müsste. Könnte ein Spiel stattdessen verlangen, dass der Kunde woanders hingeht, z. B. zu Netflix oder Spotify, könnte er vielleicht 20 % oder sogar 27 % sparen.

Aus verschiedenen E-Mails und Dokumenten aus dem Gerichtsverfahren von Epic gegen Apple geht hervor, dass die Bezahlmodelle des App Store für mehrere Kategorien in erster Linie daraus resultierten, wo Apple glaubte, Einfluss ausüben zu können. Die Einflussnahme hing aber auch damit zusammen, wo Apple überzeugt war, Mehrwert schaffen zu können. Der mobile Handel ist natürlich schon seit einiger Zeit entscheidend für das Wachstum der Weltwirtschaft, aber das meiste davon war eine Verlagerung aus dem physischen Einzelhandel. Für viele Menschen war die *New York Times* auf dem Tablet dank des iPad-Formfaktors attraktiver als in gedruckter Form, aber Apple hat die Journalismusbranche nicht unterstützt. Bei den mobilen Spielen war das anders. Als der App Store auf den Markt kam, erwirtschaftete die Spieleindustrie etwas mehr als 50 Milliarden Dollar pro Jahr, davon 1,5 Milliarden Dollar im mobilen Bereich. Im Jahr 2021 machte der Mobilbereich mehr als die Hälfte der 180 Milliarden Dollar schweren Branche aus und stand für 70 % des Wachstums seit 2008.

Die wirtschaftlichen Aspekte des App Store veranschaulichen diese Dynamik. Im Jahr 2020 wurden schätzungsweise 700 Milliarden Dollar mit iOS-Apps ausgegeben. Weniger als 10 % davon wurden jedoch von Apple in Rechnung gestellt. Von diesen 10 % entfielen fast 70 % auf Spiele. Anders ausgedrückt: Sieben von 100 Dollar, die in iPhone- und iPad-Apps ausgegeben werden, entfallen auf Spiele, aber 70 von 100 Dollar, die im App Store umgesetzt werden, entfallen auf diese Kategorie. Angesichts der Tatsache, dass diese Geräte nicht auf Spiele ausgerichtet sind, nur selten zu diesem Zweck gekauft werden und Apple fast keine Online-Dienste einer Spieleplattform anbietet, ist diese Zahl oft überraschend. Die Richterin, die den Prozess von Epic Games gegen Apple leitete, sagte zu Apple-CEO Tim Cook: „Sie stellen Wells Fargo keine Rechnung, richtig? Oder die Bank of America? Aber Sie verlangen von den Spielern Geld, um Wells Fargo zu subventionieren."[8]

Da die Einnahmen des App Store in erster Linie aus einem winzigen, aber schnell wachsenden Segment der Weltwirtschaft stammten, dauerte es auch eine Weile, bis der App Store zu einem großen Unternehmen wurde, das es wert war, genauer unter die Lupe genommen zu werden.

Ironischerweise schien selbst Apple daran zu zweifeln, dass er sich zu einem solchen entwickeln würde. Zwei Monate nach dem Start des App Store gab Steve Jobs dem *Wall Street Journal* einen Überblick über das entstehende Geschäft. In diesem Bericht hieß es, dass „Apple wahrscheinlich nicht viel direkten Gewinn aus dem Geschäft ziehen wird ... Jobs setzt darauf, dass die Anwendungen mehr iPhones und drahtlose iPod touch-Geräte verkaufen und die Attraktivität der Produkte auf die gleiche Weise steigern werden, wie die über Apples iTunes verkaufte Musik den iPod begehrenswerter gemacht hat." Zu diesem Zweck erklärte Jobs gegenüber dem *Journal*, dass die 30 % Gebühren von Apple zur Deckung der Kreditkartengebühren und anderer Betriebskosten für den Store gedacht seien. Er sagte auch, dass der App Store „bald eine halbe Milliarde Umsatz machen wird ... Wer weiß, vielleicht wird es irgendwann ein 1-Milliarde-Dollar-Marktplatz sein." Der App Store überschritt diese 1-Milliarde-Dollar-Marke im zweiten Jahr seines Bestehens, wobei Apple feststellte, dass er nun „etwas mehr als kostendeckend arbeitete".[9]

Bis 2020 war der App Store zu einem der besten Unternehmen der Welt geworden. Mit einem Umsatz von 73 Milliarden Dollar und einer geschätzten Gewinnspanne von 70 % wäre er groß genug gewesen, um in die Fortune-15-Liste aufgenommen zu werden, wenn er von seiner Muttergesellschaft abgespalten worden wäre (die nach Marktkapitalisierung das wertvollste Unternehmen der Welt und in Dollar ausgedrückt auch das profitabelste ist). Und das, obwohl der App Store weniger als 10 % der Transaktionen abrechnete, die über sein System liefen und die ihrerseits weniger als 1 % der Weltwirtschaft ausmachten. Wäre iOS eine „offene Plattform", wären diese Gewinne wahrscheinlich zumindest teilweise weggewirtschaftet worden. Visa und Square würden geringere In-App-Gebühren anbieten, während konkurrierende App Stores auftauchen würden, die vergleichbare Dienste wie Apple anbieten, aber zu niedrigeren Preisen. Aber das ist nicht möglich, weil Apple die gesamte Software auf seinem Gerät kontrolliert und sie, wie bei Spielkonsolen, geschlossen und gebündelt hält. Und sein einziger großer Konkurrent, Google, ist mit der aktuellen Situation ebenso zufrieden.

Diese Probleme sind natürlich nicht ausschließlich auf das Metaverse beschränkt, aber ihre Folgen für das Metaverse werden tiefgreifend sein, und zwar aus demselben Grund, aus dem Richterin Yvonne Gonzalez Rogers die Spielepolitik von Apple unter die Lupe genommen hat: Die gesamte Welt wird zu einem Spiel. Das bedeutet, dass sie in die 30 %-Modelle der großen Plattformen gezwungen wird.

Nehmen wir als Beispiel Netflix. Im Dezember 2018 beschloss der Streaming-Dienst, die In-App-Rechnung aus seiner iOS-App zu entfernen. Als „Leser-App" war dies das Recht des Unternehmens, und sein

Finanzteam hatte entschieden, dass die Aufforderung an die Nutzer, sich auf Netflix.com anzumelden und ihre Kreditkarte manuell einzugeben, zwar einige Anmeldungen im Vergleich zu Apples One-Klick-In-App-Alternative kosten würde, diese entgangenen Einnahmen aber geringer waren als die 30 %, die es an Apple zahlen müsste.* Im November 2021 fügte Netflix seinem Abonnementplan jedoch mobile Spiele hinzu, wodurch das Unternehmen zu einer „interaktiven App" wurde und gezwungen war, zu Apples eigenem Zahlungsdienst zurückzukehren (oder das Angebot einer iOS-App ganz einzustellen).

Aber warum genau „verbieten" die 30 % von Apple das Metaverse, um auf Sweeneys Bemerkung vor der Klage zurückzukommen? Dafür gibt es drei Hauptgründe. Erstens werden dadurch Investitionen in das Metaverse unterdrückt und die Geschäftsmodelle beeinträchtigt. Zweitens schränkt es genau die Unternehmen ein, die heute Pionierarbeit im Metaverse leisten, nämlich integrierte Plattformen für virtuelle Welten. Drittens verhindert das Bestreben von Apple, diese Einnahmen zu schützen, effektiv die Weiterentwicklung vieler der am stärksten auf das Metaverse ausgerichteten Technologien.

Hohe Kosten und umgeleitete Gewinne

In der „realen Welt" liegen die Kosten für die Zahlungsabwicklung bei 0 % (Barzahlung), bei maximal 2,5 % (Standard-Kreditkartenkäufe) und manchmal sogar bei 5 % (im Falle von Transaktionen mit geringem Dollarwert und hohen Mindestgebühren). Diese Zahlen sind niedrig, weil es einen starken Wettbewerb zwischen den Zahlungssystemen (z. B. Überweisung versus ACH) und innerhalb dieser Systeme (Visa vs. MasterCard vs. American Express) gibt.

Aber im „Metaverse" kostet alles 30 %. Es stimmt, dass Apple und Android mehr als nur die Zahlungsabwicklung anbieten. Sie betrei-

---

* Im Jahr 2016 bot Apple Abonnement-Apps eine Senkung der Provision auf 15 % an, wenn ein Jahr eines Abonnements erreicht wurde (d. h. den 13. Monat). Dies erscheint zwar bedeutsam, da die meisten Abonnements darauf abzielen, die Abonnenten für immer zu halten, was in diesem Fall bedeuten würde, dass die 30 % nur für einen kleinen Teil der Kunden gilt. Nur ist das Gegenteil der Fall. Bei Netflix beispielsweise liegt die monatliche Abwanderungsrate bei etwa 3,5 %. Das bedeutet, der durchschnittliche Kunde bleibt 28 Monate lang, was einen Durchschnitt von 21,5 % bedeuten würde. Anders ausgedrückt: Nur 62 % der Abonnenten erreichen jemals ein zweites Jahr. Die durchschnittliche Abwanderung bei Online-Video-Abonnements liegt in der Branche sogar nur bei etwa 6 % oder durchschnittlich 17 Monaten pro Abonnent, d. h. weniger als 48 von 100 Abonnenten erreichen ein zweites Jahr.

ben auch ihre App Stores, Hardware, Betriebssysteme, eine Reihe von Live-Diensten und so weiter. Aber all diese Funktionen sind zwangsweise gebündelt und daher nicht dem direkten Wettbewerb ausgesetzt. Viele Zahlungssysteme sind ebenfalls gebündelt. American Express beispielsweise bietet Verbrauchern Zugang zu Krediten sowie zu seinen Zahlungsnetzwerken, Vergünstigungen und Versicherungen, während Händler Zugang zu lukrativen Kunden, Betrugsservice und mehr erhalten. Sie sind jedoch auch entbündelt erhältlich und konkurrieren auf der Grundlage der Besonderheiten dieser Pakete. Bei Smartphones und Tablets gibt es keinen solchen Wettbewerb. Alles ist gebündelt, und zwar in nur zwei Varianten: Android und iOS. Und keines der beiden Systeme hat einen Anreiz, die Gebühren zu senken.

Das bedeutet nicht unbedingt, dass das Paket übertuert oder problematisch ist. Aber sie scheinen es zu sein. Der durchschnittliche Jahreszins für ungesicherte Kreditkartenkredite liegt bei 14 % bis 18 %, während in den meisten Staaten Wucherverbote gelten, die die Sätze auf 25 % begrenzen. Selbst die teuersten Einkaufszentren der Welt verlangen keine Mieten, die sich auf 30 % der Einnahmen eines Unternehmens belaufen, und auch die Steuersätze in den Ländern mit den höchsten Steuern liegen nicht annähernd bei 30 %. Wenn dies der Fall wäre, würden alle Verbraucher, Arbeitnehmer und Unternehmen abwandern und die Finanzbehörden darunter leiden. Aber in der digitalen Wirtschaft gibt es nur zwei „Länder", und beide sind mit ihrem „BIP" zufrieden.

Außerdem liegen die durchschnittlichen Gewinnspannen kleiner und mittlerer Unternehmen in den USA zwischen 10 und 15 %. Mit anderen Worten: Apple und Google kassieren mehr Gewinn aus der Gründung eines neuen digitalen Unternehmens oder dem Verkauf digitaler Produkte als diejenigen, die investiert haben (und das Risiko auf sich nahmen), um diese Produkte herzustellen. Es ist schwer zu bestreiten, dass dies ein gesundes Ergebnis für jede Wirtschaft ist. Anders betrachtet, würde eine Senkung der Provisionen dieser Plattformen von 30 % auf 15 % die Gewinne unabhängiger Entwickler mehr als verdoppeln – und ein Großteil dieses Geldes würde dann wieder in ihre Produkte investiert werden. Viele, wenn nicht sogar die meisten, würden zustimmen, dass dies wahrscheinlich besser ist, als mehr Geld an zwei der reichsten Unternehmen der Welt zu leiten.

Die derzeitige Dominanz von Apple und Google führt auch zu unerwünschten wirtschaftlichen Anreizen. Nike, das im Metaverse bereits Pionierarbeit für virtuelle Sportbekleidung leistet, ist dafür ein gutes Beispiel. Wenn Nike physische Schuhe über seine Nike-iOS-App verkauft, kassiert Apple eine Gebühr von 0 %. Wenn Nike später beschließt, den Käufern seiner realen Schuhe die Rechte an virtuellen Kopien zu geben (z. B. „Air Jordans im Laden kaufen und ein Paar in *Fortnite* erhalten"), nimmt Apple zwar immer noch keine Gebühr. Auch wenn der Besitzer diese virtuellen Schuhe in der realen Welt „trägt", z. B. über ein iPhone oder ein demnächst erscheinendes Apple AR-Headset, schuldet er Apple immer noch nichts. Dasselbe gilt, wenn die physischen Schuhe von Nike mit Bluetooth- oder NFC-Chips ausgestattet sind, die mit den iOS-Geräten von Apple kommunizieren. Wenn Nike jedoch eigenständige virtuelle Schuhe, virtuelle Laufstrecken oder virtuelle Laufstunden an den Nutzer verkaufen will, schuldet es Apple 30 %. Theoretisch würde Apple auch einen Anteil erhalten, wenn es feststellt, dass die primäre Wertquelle eines kombinierten virtuellen und physischen Schuhsets ebenfalls virtuell ist. Das Ergebnis ist eine Menge Chaos für eine Reihe von Ergebnissen, bei denen die Funktion von Apples Geräten, Komponenten und Fähigkeiten weitgehend gleich ist.

Hier ist ein weiteres hypothetisches Beispiel, das sich diesmal auf Activision konzentriert, ein Unternehmen, das im Gegensatz zu Nike zuerst virtuell arbeitet. Wenn ein Nutzer von *Call of Duty: Mobile* ein Paar virtuelle Turnschuhe im Wert von 2 Dollar für seine Figur kauft, kassiert Apple 60 Cent. Fordert Activision den Nutzer jedoch auf, im Tausch gegen ein kostenloses Paar virtueller Turnschuhe Werbung im Wert von 2 Dollar zu sehen, kassiert Apple 0 Dollar. Kurz gesagt, die Folgen von Apples Politik werden bestimmen, wie das Metaverse monetarisiert wird und wer diesen Prozess anführt. Für Nike sind die 18 % Differenz zwischen Apples 30 % Gebühr und den von Epic geltend gemachten 12 % zwar nett, aber nicht notwendig. Und wenn Nike möchte, kann es diese Gebühr ganz auslassen, indem es sein bestehendes, physisches Geschäft nutzt. Die meisten Start-ups brauchen jedoch die zusätzliche Marge und können sich nicht auf einen Geschäftszweig vor dem Metaverse verlassen.

Diese Probleme werden in den kommenden Jahren noch zunehmen. Heute kann ein Nachhilfelehrer videobasiertes Lehrmaterial direkt über den Webbrowser an Kunden verkaufen, und wenn er sich dafür entscheidet, eine iOS-App anzubieten, kann er sich gegen In-App-Zahlungen entscheiden. Das liegt daran, dass videofokussierte Apps „Leser-Apps" sind. Wenn er jedoch interaktive Erlebnisse hinzufügen möchte, beispielsweise einen Physikkurs, der den Bau einer simulierten Rube-Goldberg-Maschine beinhaltet, oder einen Lehrgang über die Reparatur von Automotoren mit umfassender 3D-Darstellung, ist er verpflichtet, In-App-Zahlungen zu unterstützen, da es sich nun um eine „interaktive App" handelt. Apple oder Android erhalten einen Anteil, weil der Tutor sich entschieden hat, in eine schwierigere und teurere Übung zu investieren.

Apple würde argumentieren, dass der zusätzliche Nutzen des Eintauchens in die Materie seinen Anteil rechtfertigen würde, aber die

Rechnung ist hier schwierig. Ein nicht interaktives Lehrbuch im Wert von 100 Dollar, das außerhalb des App Stores verkauft wird, müsste 143 Dollar kosten, um die Gebühr von Apple auszugleichen. Eine Lehrkraft bräuchte also einen noch höheren Preis, um ihre zusätzlichen Investitionen und ihr Risiko wieder hereinzuholen – und für jeden zusätzlichen Dollar, den sie verlangt, würde Apple 30 Cent kassieren. Bei einem Preis von 200 US-Dollar erhält Apple 60 Dollar für die neue Unterrichtsstunde, während sich die Einnahmen des Lehrers nur um 40 Dollar erhöht und die Schüler zusätzlich 100 US-Dollar verloren haben. Es ist schwierig, dies als positives gesellschaftliches Ergebnis zu betrachten – vor allem, wenn man bedenkt, dass sich die Qualität der Bildungserfahrung der Schüler wahrscheinlich nicht verdoppelt hat, unabhängig von der Bedeutung von 3D-Erweiterungen.

Beschränkte Margen auf den Plattformen der virtuellen Welt

Das Problem des 30 %-Modells ist bei Plattformen der virtuellen Welt besonders akut.

Roblox ist voll von glücklichen Benutzern und talentierten Kreativen. Allerdings verdienen nur wenige dieser Kreativen Geld. Obwohl die Roblox Corporation im Jahr 2021 einen Umsatz von fast 2 Milliarden US-Dollar erzielte, verdienten in diesem Jahr nur 81 Entwickler (d. h. Unternehmen) mehr als eine Million US-Dollar und nur sieben übertrafen die 10 Millionen US-Dollar-Marke. Das ist wirklich schlecht für alle, denn mehr Einnahmen der Entwickler würden mehr Investitionen der Entwickler und bessere Produkte für die Nutzer bedeuten, was wiederum die Ausgaben der Nutzer erhöht.

Leider ist es für Entwickler schwierig, ihre Einnahmen zu steigern, da Roblox ihnen nur 25 % jedes für ihre Spiele, Assets oder Gegenstände ausgegebenen Dollars auszahlt. Das lässt Apples Auszahlungsraten von 70-85 % zwar großzügig erscheinen, aber auch hier ist das Gegenteil der Fall.

Stellen Sie sich einen hypothetischen Fall vor, in dem Roblox iOS-Einnahmen in Höhe von 100 Dollar erzielt. Basierend auf der Leistung des Geschäftsjahres 2021 gehen 30 US-Dollar an Apple, 24 US-Dollar werden durch die Kerninfrastruktur und die Sicherheitskosten von Roblox verbraucht und weitere 16 US-Dollar werden durch Gemeinkosten aufgezehrt. Damit verbleiben insgesamt 30 US-Dollar an Bruttomarge vor Steuern, die Roblox in seine Plattform reinvestieren kann. Diese Reinvestitionen verteilen sich auf drei Kategorien: Forschung und Entwicklung (wodurch die Plattform für Benutzer und Entwickler besser wird), Nutzerakquise (wodurch die Netzwerkeffekte, der Wert für den einzelnen Spieler und die Einnahmen für die Entwickler erhöht werden) und Zahlungen an Entwickler (was zur Entwicklung besserer Spiele auf Roblox führt). Diese Kategorien erhalten 28 Dollar, 5 Dollar und 28 Dollar (dies übersteigt die von Roblox angestrebten 25 % aufgrund von Anreizen, Mindestgarantien und anderen Verpflichtungen gegenüber den Entwicklern), also insgesamt 60 Dollar. Daraus ergibt sich, dass Roblox auf iOS derzeit mit einer Gewinnspanne von etwa -30 % arbeitet. (Die gemischte Marge von Roblox ist mit -26 % etwas besser. Das liegt daran, dass iOS und Android 75-80 % der Gesamteinnahmen nach Plattformen ausmachen, während der Rest von Plattformen wie Windows stammt, die keine Gebühren erheben).

Zusammenfassend lässt sich sagen, dass Roblox die digitale Welt bereichert und Hunderttausende von Menschen zu neuen digitalen Schöpfern gemacht hat. Aber für jede 100 Dollar, die auf einem mobilen Gerät erzielt werden, verliert Roblox 30 Dollar, die Entwickler kassieren 25 Dollar an Nettoeinnahmen (d. h. vor all ihren Entwicklungskosten), und Apple kassiert etwa 30 Dollar an reinem Gewinn, obwohl das Unternehmen nichts riskiert. Die einzige Möglichkeit für Roblox, die Einnahmen der Entwickler zu steigern, besteht darin, die Verluste zu erhöhen oder Forschung und Entwicklung einzustellen, was wiederum sowohl Roblox als auch den Entwicklern langfristig schaden würde. Die Gewinnspannen von Roblox dürften sich im Laufe der Zeit verbessern, da weder die Gemeinkosten noch die Vertriebs- und Marketingkosten so schnell wachsen werden wie die Einnahmen. Allerdings werden diese beiden Kategorien nur wenige Prozentpunkte einbringen – nicht genug, um die beträchtlichen Verluste zu decken oder die Umsatzanteile der Entwickler geringfügig zu erhöhen. F&E sollte ebenfalls einige skalenbedingte Margenverbesserungen bieten, aber schnell wachsende Unternehmen sollten ihre Rentabilität nicht durch operative F&E-Hebel erhöhen. Die größte Kostenkategorie von Roblox, Infrastruktur und Sicherheit, wird wahrscheinlich nicht sinken, da sie größtenteils von der Nutzung abhängt (die wiederum den Umsatz antreibt), und wenn überhaupt, werden F&E des Unternehmens wahrscheinlich Erlebnisse ermöglichen, die *mehr* Kosten pro Stunde verursachen (z. B. virtuelle Welten mit hoher Gleichzeitigkeit oder mit mehr Cloud-Daten-Streaming). Die zweitgrößte (und einzige verbleibende) Kostenkategorie sind die Shop-Gebühren, auf die Roblox keinen Einfluss hat.

Für Apple sind die Margenbeschränkungen von Roblox (und die Folgen dieser Beschränkungen für die Einnahmen der Roblox-Entwickler) ein Merkmal und kein Fehler des App Store-Systems. Apple möchte kein Metaverse, das aus integrierten Plattformen für virtuelle Welten besteht, sondern aus vielen verschiedenen virtuellen Welten, die durch den App Store von Apple und die Nutzung der Standards und Dienste von Apple miteinander verbunden sind. Indem Apple diesen integrierten virtuellen Plattformen (IVWP) den Geldfluss vorenthält, während es den Entwicklern viel mehr davon bietet, kann es das Metaverse zu diesem Ergebnis führen.

Kehren wir zu meinem Beispiel des Nachhilfelehrers zurück, der interaktive Kurse anbieten möchte. Er muss den Preis seiner Lektion um 43 % oder mehr erhöhen, nur um aufgrund der 30 %-igen Kürzung durch Apple kostendeckend zu arbeiten. Wenn er jedoch zu Roblox wechselt, müsste sein Preis um *400 %* steigen, um die 75,5 % auszugleichen, die Roblox und Apple zusammen einnehmen. Roblox ist zwar viel einfacher zu bedienen als Unity oder Unreal, übernimmt viele zusätzliche Kosten für den Tutor (z. B. Servergebühren) und hilft bei der Kundenakquise, aber die enorme Preislücke wird die meisten Entwickler dazu bringen, eigenständige Anwendungen mit Unity und Unreal zu veröffentlichen oder sie in einem bildungsspezifischen IVWP zu bündeln. In beiden Fällen wird Apple zum Hauptvertreiber von virtueller Software, wobei der App Store die Identifizierungs- und Abrechnungsdienste bereitstellt.

Disruptive Technologien stoppen

Die Politik von Apple und Google schränkt das Wachstumspotenzial nicht nur von Plattformen für virtuelle Welten, sondern auch des Internets insgesamt ein. Für viele ist das World Wide Web das beste „Proto-Metaverse". Obwohl ihm einige Komponenten meiner Definition fehlen, handelt es sich um ein massiv skaliertes und interoperables Netzwerk von Websites, die alle auf gemeinsamen Standards basieren und auf nahezu jedem Gerät, unter jedem Betriebssystem und über jeden Webbrowser verfügbar sind. Viele in der Metaverse-Gemeinschaft sind daher der Meinung, dass das Web und der Webbrowser im Mittelpunkt der gesamten Metaverse-Entwicklung stehen sollten. Mehrere offene Standards werden bereits entwickelt, darunter OpenXR und WebXR für das Rendering, WebAssembly für ausführbare Programme, Tivoli Cloud für persistente virtuelle Räume, WebGPU, das „moderne 3D-Grafik- und Berechnungsfunktionen" innerhalb eines Browsers bereitstellen soll, und andere.

Apple hat häufig argumentiert, dass seine Plattform nicht geschlossen ist, weil sie Zugang zum „offenen Web" bietet, d. h. zu Websites und Webanwendungen. Entwickler müssen also keine Apps entwickeln, um die iOS-Nutzer zu erreichen, vor allem, wenn sie mit den Gebühren oder Richtlinien von Apple nicht einverstanden sind. Außerdem, so argumentiert das Unternehmen, entscheiden sich die meisten Entwickler trotz dieser Alternative für die Erstellung von Apps, was beweist, dass Apples gebündelte Dienste die Gesamtheit des Webs ausstechen und nicht wettbewerbsfeindlich sind.

Das Argument von Apple ist aber nicht überzeugend. Erinnern Sie sich an die Geschichte, die ich zu Beginn dieses Buches erwähnt habe, über das, was Mark Zuckerberg einmal als den „größten Fehler" von Facebook bezeichnet hat. Vier Jahre lang war die iOS-App des Unternehmens eigentlich nur ein „Thin Client", auf dem HTML lief. Das heißt, die App enthielt sehr wenig Code und lud größtenteils nur verschiedene Facebook-Webseiten. Innerhalb eines Monats nach der Umstellung auf eine App, die von Grund auf mit nativem Code neu entwickelt wurde, lasen die Nutzer doppelt so viele Facebook-Newsfeed-Meldungen.

Wenn eine App nativ für ein bestimmtes Gerät geschrieben wird, wird die Programmierung speziell für die Prozessoren oder Komponenten des Geräts konfiguriert. Das Ergebnis ist eine effizientere, optimierte und konsistente Leistung der Anwendung. Webseiten und Webanwendungen können nicht direkt auf native Treiber zugreifen. Stattdessen müssen sie die Komponenten eines Geräts über eine Art „Übersetzer" und mit allgemeinerem (und oft umfangreicherem) Code ansprechen. Dies führt zum gegenteiligen Ergebnis von nativen Anwendungen, nämlich Ineffizienz, Suboptimierung und weniger zuverlässige Leistung, die dann beispielsweise zu Abstürzen führen können.

Doch so sehr die Verbraucher native Apps für alles, von Facebook über die *New York Times* bis hin zu Netflix, bevorzugen, so wichtig sind sie für reichhaltige, in Echtzeit gerenderte 2D- und 3D-Umgebungen. Diese Erlebnisse sind rechenintensiv – weitaus mehr als das Rendern eines Fotos, das Laden eines Textartikels oder das Abspielen einer Videodatei. Webbasierte Erlebnisse schließen umfangreiche Spiele wie *Roblox*, *Fortnite* und *Legend of Zelda* weitgehend aus. Dies ist einer der Gründe, warum Apple so strenge Regeln für die In-App-Abrechnung in den Spielekategorien aufstellen konnte.

Außerdem muss der Zugriff auf das Web über einen Webbrowser erfolgen, der eine Anwendung ist. Und Apple nutzt seine Kontrolle über seinen App Store, um konkurrierende Browser auf seinen iOS-Geräten zu verhindern. Das mag überraschen, wenn Sie regelmäßig Chrome auf Ihrem iPhone oder iPad verwenden. Laut dem Apple-Experten John Gruber handelt es sich dabei jedoch nur um die „iOS-Systemversion von [Apples Safari] WebKit, die um Googles eigene Browser-Benutzeroberfläche gewickelt wurde", und die iOS-Chrome-App kann „weder die Chrome-Rendering- noch die JavaScript-Engine verwenden." Was wir uns als Chrome auf iOS vorstellen, ist einfach eine Variante des Apple-eigenen Safari-Browsers, die sich jedoch bei Googles Account-System anmeldet.*[10]

Da Safari allen iOS-Browsern zugrunde liegt, bestimmen die technischen Entscheidungen von Apple für seinen Browser, was das nominell „offene Web" Entwicklern und Nutzern bieten kann und was nicht. Kritiker argumentieren, dass Apple seine Position ausnutzt, um sowohl Entwickler als auch Nutzer auf native Apps zu lenken, für die das Unternehmen eine Provision kassiert.

Das beste Beispiel hierfür ist die zögerliche Übernahme von WebGL durch Safari, einer JavaScript-API, die komplexere browserbasierte 2D- und 3D-Rendering-Funktionen mit lokalen Prozessoren ermöglicht. WebGL bringt zwar keine „appähnlichen" Spiele in den Browser, aber es steigert die Leistung und vereinfacht gleichzeitig den Entwicklungsprozess.

Der mobile Browser von Apple unterstützt jedoch in der Regel nur einen Teil der gesamten WebGL-Funktionen und das oft erst Jahre nach ihrer Veröffentlichung. Mac Safari hat WebGL 2.0 18 Monate nach der Veröffentlichung übernommen, das mobile Safari mehr als vier Jahre später.** Die iOS-Richtlinien von Apple verringern den Spielraum, den die ohnehin schon niedrigen Obergrenzen für webbasierte Spiele bieten, und drängen dadurch mehr Entwickler und Nutzer in den App Store, wodurch ein interoperables „Metaverse" vermieden wird, dass wie das World Wide Web auf HTML basiert.

Unterstützt wird diese Hypothese durch den Ansatz, den Apple für eine andere Methode des Echtzeit-Renderings gewählt hat: die Cloud. In Kapitel 6 habe ich diese Technologie ausführlich besprochen. Wie Sie sich erinnern werden, wird beim Cloud-Game-Streaming ein Großteil der „Arbeit", die normalerweise von einem lokalen Gerät (z. B. einer Konsole oder einem Tablet) erledigt wird, in ein Datenzentrum verlagert. Ein Benutzer kann dann auf Rechenressourcen zugreifen, die weit über die hinausgehen, die in einem kleinen Gerät der Unterhaltungselektronik erschwinglich sind (wenn überhaupt), was theoretisch sowohl für den Benutzer als auch für die Entwickler gut ist.

Es ist jedoch nicht gut für diejenigen, deren Geschäftsmodell auf dem Verkauf dieser Geräte und der darauf laufenden Software beruht.

---

* Apple zwingt Browser von Drittanbietern in der Regel dazu, ältere und damit langsamere und weniger leistungsfähige Versionen von WebKit zu verwenden als iOS Safari.

** Dass Apple nun WebGL 2.0 unterstützt, ist eher nebensächlich. Die Entwickler warten nicht jahrelang in der Hoffnung, dass ein bestimmter Standard unterstützt wird.

Warum eigentlich? Diese Geräte sind am Ende kaum mehr als ein Touchscreen mit einer Datenverbindung, auf dem lediglich eine Videodatei abgespielt wird. Wenn ein iPhone aus dem Jahr 2018 und eines aus dem Jahr 2022 beide gleich gut *Call of Duty* spielen – die komplexeste Anwendung, die wahrscheinlich auf dem Gerät läuft –, warum sollte man dann 1.500 US-Dollar für ein neues Gerät ausgeben? Wenn Sie keine Multi-Gigabyte-Spiele mehr herunterladen müssen, warum sollten Sie dann die teureren (und margenstärkeren) iPhones mit großen Festplatten kaufen?

Cloud-Gaming ist eine noch größere Bedrohung für die Beziehung zwischen Apple und den Entwicklern mobiler Anwendungen. Um heute ein iPhone-Spiel zu veröffentlichen, muss ein Entwickler über den App Store von Apple vertrieben werden und die Apple-eigene API-Sammlung Metal verwenden. Aber um ein Cloud-Streaming-Spiel zu veröffentlichen, konnte ein Entwickler es über fast jede Anwendung vertreiben, von Facebook bis Google, der *New York Times* oder Spotify. Und nicht nur das: Der Entwickler konnte auch jede beliebige API-Sammlung verwenden, z. B. WebGL oder sogar solche, die er selbst geschrieben hat, und dabei beliebige GPUs und Betriebssysteme nutzen – und trotzdem jedes funktionierende Apple-Gerät erreichen.

Jahrelang blockierte Apple im Wesentlichen jede Form von Cloud-Gaming-Anwendungen. Googles Stadia und Microsofts Xbox durften technisch gesehen zwar *eine* Anwendung haben, aber nur, wenn sie nicht tatsächlich Spiele luden. Stattdessen handelte es sich bei diesen Anwendungen um Showrooms, in denen das Angebot dieser hypothetischen Dienste präsentiert wurde – wie bei einer Netflix-Version mit Miniaturkacheln, die nicht angeklickt werden konnten.

Da es sich bei Cloud-Spielen um Videostreams handelt und der Safari-Browser Videostreaming unterstützt, war Cloud-Gaming auf iOS-Geräten technisch immer noch möglich (obwohl Apple diesen Anwendungen untersagt hat, die Nutzer auf diese Tatsache hinzuweisen). Der Safari-Browser beinhaltet jedoch zahlreich Beschränkungen, die das browserbasierte Spielen unbefriedigend machen. So ist es Webanwendungen beispielsweise nicht gestattet, Daten im Hintergrund zu synchronisieren, automatisch eine Verbindung zu Bluetooth-Geräten herzustellen oder Push-Benachrichtigungen zu senden, etwa eine Einladung zum Spielen eines Spiels. Auch hier gilt, dass diese Einschränkungen Anwendungen wie die *New York Times* oder Spotify nicht wirklich betreffen, interaktive Anwendungen jedoch stark beeinträchtigen.

Ursprünglich argumentierte Apple, dass das Cloud-Gaming zum Schutz der Nutzer verboten wurde. Apple wäre nicht in der Lage, alle Titel und ihre Aktualisierungen zu überprüfen und zu genehmigen, sodass die Nutzer durch unangemessene Inhalte, Verletzungen der Privatsphäre oder minderwertige Qualität geschädigt werden könnten. Dieses Argument steht jedoch im Widerspruch zu anderen App-Kategorien und Richtlinien. Netflix und YouTube bündeln Millionen von Videos, die von Apple nicht geprüft wurden. Außerdem verlangten die App Store-Richtlinien von den Entwicklern keine perfekte Moderation, sondern lediglich solide Bemühungen und Richtlinien.

Angesichts dessen haben Kritiker gekontert, dass Apples Politik durch den Wunsch motiviert war, sein eigenes Hardware- und Spieleverkaufsgeschäft zu schützen. Der Aufstieg des Musikstreaming könnte in dieser Hinsicht ein abschreckendes Beispiel für Apple gewesen sein. Im Jahr 2012 hatte iTunes in den USA einen Marktanteil von fast 70 % bei den Umsätzen mit digitaler Musik und erzielte eine Bruttogewinnspanne von fast 30 %. Heute hat Apple Music einen Anteil von weniger als einem Drittel am Musik-Streaming und arbeitet vermutlich mit einer negativen Bruttomarge. Spotify, der Marktführer, verkauft sich nicht einmal über iTunes. Amazon Music Unlimited, das an dritter Stelle steht, wird fast ausschließlich von Prime-Kunden genutzt und bringt Apple keine Einnahmen ein.

Im Sommer 2020 überarbeitete Apple schließlich seine Richtlinien, sodass Dienste wie Google Stadia und Microsofts xCloud auf iOS und als Apps existieren können. Aber die neuen Richtlinien sind kompliziert und werden weithin als verbraucherfeindlich bezeichnet. Um nur ein markantes Beispiel zu nennen: Cloud-Gaming-Dienste müssten zunächst jedes einzelne Spiel (und künftige Updates) zur Prüfung an den App Store übermitteln und dann einen separaten Eintrag für das Spiel im App Store führen.

Diese Vorschrift hat mehrere Auswirkungen. Erstens würde Apple die Zeitpläne für die Veröffentlichung von Inhalten für diese Dienste effektiv kontrollieren. Zweitens könnte Apple einseitig jeden Titel ablehnen (was erst nach der Lizenzierung geschehen würde, und der Dienst hätte keine direkte Möglichkeit, das Spiel so zu ändern, dass es die Anforderungen von Apple erfüllt). Drittens würden die Nutzerbewertungen auf die App des Streamingdienstes und den App Store verteilt. Viertens müssten die Entwickler dieser Spiele eine Beziehung zum App Store, einem konkurrierenden Distributionskanal, aufbauen.

In den Richtlinien von Apple heißt es auch, dass Stadia-Abonnenten weiterhin nicht in der Lage sein werden, Stadia-Spiele über die Stadia-App (die ein Katalog bleiben wird) zu spielen. Stattdessen müssten die Nutzer für jedes einzelne Spiel, das sie spielen wollen, eine eigene Stadia-App herunterladen. Dies wäre vergleichbar mit dem Herunterladen einer Netflix-App für *House of Cards*, einer für *Orange Is the New Black* und einer für *Bridgerton*, wobei die Netflix-App selbst nur als Katalog bzw. Verzeichnis für die Rechteverwaltung und nicht als

Videostreaming-Dienst dienen würde. Laut durchgesickerten E-Mails zwischen Microsoft und Apple wäre jede App fast 150 Megabyte groß und müsste jedes Mal aktualisiert werden, wenn die zugrunde liegende Cloud-Streaming-Technologie aktualisiert wird.

Obwohl Stadia den Nutzern ihr Spieleabonnement in Rechnung stellt, die Inhalte innerhalb dieses Abonnements kuratiert und für die Bereitstellung sorgt, würde Apple das Cloud-Spiel (über den App Store) vertreiben, und iOS-Kunden würden über den iOS-Startbildschirm (und nicht über die Stadia App) auf den Titel zugreifen. Die Politik von Apple führt auch zu einer unvermeidlichen Verwirrung der Verbraucher. Wenn ein Spiel beispielsweise von mehreren Diensten angeboten würde, gäbe es im App Store mehrere Einträge (*Cyberpunk 2077* – Stadia, *Cyberpunk 2077* – Xbox, *Cyberpunk 2077* – PlayStation Now usw.). Und jedes Mal, wenn ein Dienst einen Titel aus seinem Angebot entfernt, hätten die Nutzer eine leere App auf ihrem Gerät.

Apple erklärte außerdem, dass alle Spiele-Streaming-Dienste auch über den App Store verkauft werden müssen, womit sie anders behandelt werden als andere Medienpakete wie die von Netflix und Spotify, deren Apps zwar über den App Store vertrieben werden, die aber keine iTunes-Abrechnung anbieten können (und wollen). Schließlich sagte Apple, dass jedes Spiel, das auf einem Abonnement basiert, auch als À-la-carte-Kauf über den App Store angeboten werden muss. Dies wiederum unterscheidet sich von der Politik bei Musik, Video, Audio und Büchern. Netflix muss *Stranger Things* nicht über iTunes zum Kauf oder Verleih anbieten (und tut dies auch nicht).

Microsoft und Facebook (das ebenfalls an einem eigenen Cloud-Game-Streaming-Dienst arbeitete) kritisierten die geänderte Politik von Apple umgehend öffentlich. „Dies ist nach wie vor eine schlechte Erfahrung für die Kunden", teilte Microsoft am Tag von Apples Update mit. „Gamer wollen direkt in ein Spiel aus ihrem kuratierten Katalog innerhalb einer App einsteigen, so wie sie es bei Filmen oder Songs tun, und nicht gezwungen sein, über 100 Apps herunterzuladen, um einzelne Spiele [die aus der Cloud gestreamt werden] zu spielen." Facebooks Video President of Gaming sagte gegenüber *The Verge*: „Wir sind zu demselben Schluss gekommen wie andere: Web-Apps sind derzeit die einzige Option für das Streaming von Cloud-Spielen auf iOS. Wie viele bereits angemerkt haben, lässt Apples Politik, Cloud-Spiele im App Store zu ‚erlauben', nicht viel zu. Apples Anforderung, dass jedes Cloud-Spiel eine eigene Seite haben, eine Prüfung durchlaufen und in den Suchergebnissen erscheinen muss, macht den Zweck von Cloud-Spielen zunichte. Sie bedeutet, dass Spieler daran gehindert werden, neue Spiele zu entdecken, geräteübergreifend zu spielen und sofort auf hochwertige Spiele in nativen iOS-Apps zuzugreifen – selbst für diejenigen, die nicht die neuesten und teuersten Geräte verwenden."

Die Blockchain blockieren

Trotz aller Beschränkungen, die Apple interaktiven Erlebnissen auferlegt, konzentrieren sich die strengsten Kontrollen auf neu entstehende Zahlungssysteme.

Ein Beispiel dafür ist die Kontrolle von Apple über seinen NFC-Chip. NFC steht für Nahfeldkommunikation, ein Protokoll, das es zwei elektronischen Geräten ermöglicht, drahtlos Informationen über kurze Entfernungen auszutauschen. Apple verbietet allen iOS-Anwendungen und browserbasierten Anwendungen die Verwendung von NFC für mobile Zahlungen, mit der einzigen Ausnahme von Apple Pay. Nur Apple Pay kann „Tap-and-go"-Zahlungen anbieten, die eine Sekunde oder weniger in Anspruch nehmen und bei denen der Nutzer nicht einmal sein Telefon öffnen, geschweige denn zu einer Anwendung oder einem Untermenü navigieren muss. Bei Visa hingegen muss der Nutzer genau das tun und dann einen Einzelhändler bitten, eine virtuell reproduzierte Version einer physischen Karte oder einen Strichcode zu scannen.

Apple behauptet, dass seine Richtlinien dazu dienen, seine Kunden und deren Daten zu schützen. Es gibt jedoch keine Hinweise darauf, dass Visa, Square oder Amazon die Nutzer gefährden würden – und Apple könnte problemlos eine Richtlinie einführen, die den NFC-Zugang nur regulierten Bankinstituten gewährt. Alternativ könnte das Unternehmen zusätzliche Sicherheitsanforderungen für NFC-Einkäufe festlegen, z. B. ein Limit von 100 oder nur 5 Dollar. Apple ermöglicht es Entwicklern von Drittanbietern, den NFC-Chip für andere Anwendungsfälle zu nutzen, die wohl gefährlicher sind als der Kauf einer Tasse Kaffee oder einer Jeans. Marriott und Ford zum Beispiel nutzen NFC, um Hotelzimmer und Autotüren zu entriegeln. Man könnte daraus schließen, dass dies mit der Tatsache zusammenhängt, dass Apple nicht in der Hotel- oder Automobilbranche tätig ist. Das Unternehmen nimmt jedoch schätzungsweise 0,15 % jeder Apple Pay-Transaktion ein – selbst wenn Apple Pay die eigentliche Transaktion über die Visa- oder MasterCard des Kunden abwickelt.

Das Problem mit Apple Pay mag heute bescheiden erscheinen. Wie ich in Kapitel 9 erläutert habe, bewegen wir uns jedoch möglicherweise auf eine Zukunft zu, in der unser Smartphone nicht nur ein Smartphone ist, sondern ein Supercomputer, der die vielen Geräte um uns herum steuert. Es wird wahrscheinlich auch als unser Reisepass für die virtuelle und die physische Welt dienen. Die Apple iCloud ID wird heute nicht nur für den Zugriff auf die meisten Online-Programme verwendet, sondern Apple hat auch von mehreren amerikanischen Bundesstaaten die Genehmigung erhalten, digitale Versionen staatlicher Ausweise, wie z. B. Führerscheine, zu betreiben, die dann zum Ausfüllen von Bankanträgen oder zum Betreten eines Flugzeugs verwendet werden können. Wie genau diese Ausweise verwendet, welchen Entwicklern sie zur Verfügung gestellt werden und unter welchen Bedingungen, könnte dazu beitragen, die Art und den Zeitpunkt des Metaverse zu bestimmen. Eine weitere Fallstudie ist der Ansatz von Apple in Bezug auf Blockchains und Kryptowährungen. Im nächsten Kapitel werde ich erläutern, wie diese Technologien funktionieren, was sie dem Metaverse bieten könnten und warum die Politik von Apple so problematisch ist, wenn man an Blockchains glaubt. Zunächst möchte ich jedoch kurz darauf eingehen, wie sie bereits mit den Richtlinien des App Store und den Anreizen der Plattform in Konflikt stehen. Zum Beispiel erlauben weder Apple noch eine der großen Konsolenplattformen Anwendungen, die für Krypto-Mining oder dezentrale Datenverarbeitung verwendet werden. Apple begründet dieses Verbot damit, dass solche Anwendungen „den Akku schnell entleeren, übermäßig Wärme erzeugen oder die Geräteressourcen unnötig belasten".[11] Die Nutzer könnten berechtigterweise argumentieren, dass sie – und nicht Apple oder Sony – das Recht haben, zu entscheiden, ob ihr Akku zu schnell entleert wird. Unabhängig davon existiert der Effekt, dass keines dieser Geräte an der Blockchain-Wirtschaft teilnehmen oder seine ungenutzte Rechenleistung denjenigen zur Verfügung stellen kann, die sie benötigen (über dezentrales Computing).

Darüber hinaus lassen diese Plattformen (mit Ausnahme des Epic Games Store) keine Spiele zu, die Kryptowährungen als Zahlungsmittel akzeptieren oder auf Kryptowährungen basierende virtuelle Güter (d. h. nicht fungible Token, NFTs) verwenden. Obwohl dies manchmal als Protest gegen den zu hohen Verbrauch von Energie dargestellt wird, der beim Betrieb von Blockchains anfällt, halten solche Behauptungen einer genauen Prüfung nicht stand. Sonys Musiklabel hat in NFT-Startups investiert und seine eigenen NFTs geschaffen, während Microsofts Azure Blockchain-Zertifizierungen anbietet und sein Corporate Venture Arm zahlreiche Investitionen in Start-ups getätigt hat. Apple-CEO Tim Cook hat zugegeben, dass er Kryptowährungen besitzt und NFTs für „interessant" hält. Es ist viel wahrscheinlicher, dass diese Plattformen deshalb Blockchain-Spiele ablehnen, weil sie einfach nicht mit ihren Einnahmemodellen kompatibel sind. *Call of Duty: Mobile* die Verbindung mit einem Kryptowährungs-Wallet zu erlauben, wäre so, als würde ein Nutzer das Spiel direkt mit seinem Bankkonto verbinden, anstatt über den App Store zu bezahlen. Die Akzeptanz von NFTs wäre wie ein

Kino, das seinen Kunden erlaubt, ihre Einkäufe mitzubringen – einige Besucher würden vielleicht trotzdem eine Packung M&Ms kaufen, die meisten aber nicht. Darüber hinaus ist es unmöglich, sich vorzustellen, wie eine Plattform es rechtfertigen könnte, eine 30 %-ige Provision für den Kauf oder Verkauf eines NFT im Wert von mehreren Tausend oder Millionen Dollar zu verlangen – und wenn solche Provisionen anfallen würden, wäre der gesamte Wert des NFT aufgezehrt, wenn er oft genug gehandelt würde. Apples Bestreben, Kryptowährungen zu unterstützen und gleichzeitig seine Spieleinnahmen im App Store zu schützen, hat zu weiterer Verwirrung geführt. Apple ermöglicht es seinen Nutzern, Kryptowährungen über Handelsanwendungen wie Robinhood oder Interactive Brokers zu kaufen und zu verkaufen, aber sie können über dieselben Anwendungen keine NFTs kaufen. Der einzige Unterschied besteht darin, dass Bitcoin ein „fungibler" kryptobasierter Token ist, d. h., jeder Bitcoin kann durch einen anderen ersetzt werden, während der Kauf eines NFT-Kunstwerks ein nicht-fungibler Token ist, d. h. er kann durch keinen anderen Token ersetzt werden. Die Dinge werden noch verwirrender, wenn das Recht an diesem nicht-fungiblen Token in fungible Token fraktioniert wird (denken Sie an den Verkauf von Anteilen an einem Kunstwerk). Diese „Anteile" können über die iPhone-App gekauft und verkauft werden. Unabhängig davon führen die undurchsichtigen Richtlinien von Apple zu einer Erfahrung, von der weder die Entwickler noch die Kunden profitieren – eine Erfahrung, die der von Cloud-Game-Streaming-Apps ähnelt. Die iOS-Apps für NFT-Marktplätze wie OpenSea können nur als Katalog dienen; die Nutzer können sehen, was sie besitzen und was andere verkaufen, aber um selbst zu kaufen oder zu handeln, müssen sie zum Webbrowser wechseln. Darüber hinaus sind die einzigen Blockchain-basierten Spiele, die auf dem iPhone laufen können, solche, die den Webbrowser verwenden. Aus diesem Grund konzentrierten sich fast alle Blockchain-Hits der Jahre 2020 und 2021 auf das Sammeln (virtuelle Sportkarten, digitale Kunstwerke usw.) oder beschränkten sich auf einfache 2D-Grafiken und rundenbasiertes Spiel (z. B. *Axie Infinity*, eine Art Neuinterpretation des Game-Boy-Hits *Pokémon* aus den 1990er-Jahren). Viel mehr ist nicht möglich.

Digital first erfordert zunächst Physical first

Der Kern des Problems der virtuellen Zahlungsschienen ist ein Konflikt. Die Idee des Metaverse geht davon aus, dass die „nächste Plattform" weder auf Hardware noch auf einem Betriebssystem basiert. Stattdessen handelt es sich um ein beständiges Netz virtueller Simulationen, die unabhängig von einem bestimmten Gerät oder System existieren und in der Tat agnostisch sind, also gewissermaßen ohne die zugrunde liegenden Details eines Systems funktionieren. Der Unterschied ist der zwischen einer App der *New York Times*, die auf dem iPhone eines einzelnen Nutzers läuft, und einem iPhone, das für den Zugriff auf ein lebendiges *New York Times*-Universum verwendet wird. Dieser Übergang lässt sich bereits heute beobachten. Die beliebtesten virtuellen Welten, wie die von *Fortnite*, *Roblox* und *Minecraft*, sind so konzipiert, dass sie auf möglichst vielen Geräten und Betriebssystemen laufen und nur geringfügig für ein bestimmtes Gerät optimiert sind.

Natürlich kann man ohne Hardware nicht auf das Metaverse zugreifen. Und jeder Hardwareanbieter kämpft darum, ein (wenn nicht sogar *das*) Zahlungsportal für diese Multi-Billionen-Dollar-Chance zu sein. Um diesen Kampf zu gewinnen, bündeln sie ihre Hardware zwangsweise mit verschiedenen APIs und SDKs, App Stores, Zahlungsmöglichkeiten, Identitäten und Berechtigungsmanagement, ein Prozess, der die Ladengebühren erhöht, den Wettbewerb verhindert und die Rechte der einzelnen Nutzer und Entwickler verletzt. Wir können dies an der Sperrung von WebGL, browserbasierten Benachrichtigungen, Cloud-Gaming, NFC und Blockchains sehen. Es gibt immer Rechtfertigungen für einzelne Maßnahmen, aber sie sind für den Markt unmöglich zu validieren, wenn es nur zwei Smartphone-Plattformen gibt und ihre jeweiligen Stacks so umfangreich gebündelt sind. Selbst die Bemühungen der Regulierungsbehörden, mehr Wettbewerb in die einzelnen Serviceangebote zu bringen, sind gescheitert. Im August 2021 wurde in Südkorea ein Gesetz verabschiedet, das es den Betreibern von App Stores verbietet, eigene Zahlungssysteme zu verlangen, mit der Begründung, eine solche Anforderung sei monopolistisch und schade sowohl den Verbrauchern als auch den Entwicklern. Drei Monate später und bevor die Gesetzesänderung in Kraft treten sollte, kündigte Google an, dass Apps, die sich für einen alternativen Zahlungsdienst entscheiden, eine neue Gebühr für die Nutzung ihres App Stores zahlen müssen. Der Preis? Vier Prozent weniger als die alte Gebühr – fast genau die Kosten der alten Gebühr, abzüglich der von Visa, MasterCard oder PayPal erhobenen Gebühren. Jeder Entwickler, der sich für eine andere Zahlungsmethode entschied, musste also mit einer Ersparnis von weniger als 1 % rechnen. Die Spanne war so gering, dass ein Systemwechsel sinnlos und eine Preissenkung für die Verbraucher unmöglich gewesen wäre. Im Dezember 2021 wiesen die niederländischen Regulierungsbehörden Apple an, Dating-Apps die Nutzung von Zahlungsdiensten Dritter zu gestatten (die kategoriespezifischen Anforderungen ergaben sich aus der Tatsache, dass der Marktführer Match Group eine Beschwerde bei der niederländischen Behörde für Verbraucher und Märkte eingereicht hatte). Als Reaktion darauf aktualisierte Apple seine Store-Richtlinien in den Niederlanden und erlaubte es den Entwicklern, eine ausschließlich auf die Niederlande beschränkte Version ihrer App herauszugeben (und somit beizubehalten), die alternative Zahlungsmöglichkeiten unterstützt. Diese neue Version würde jedoch nicht die Apple-eigene Zahlungslösung verwenden können, und Apple würde eine neue Transaktionsgebühr von 27 % (d. h. die alten 30 % minus 3 %) erheben. Darüber hinaus müsste die App einen Haftungsausschluss anzeigen, der besagt, dass sie „die privaten und sicheren Zahlungssysteme des App Stores nicht unterstützt".[12] Verschiedene Regulierungsbehörden, Führungskräfte und Analysten argumentierten, dass die von Apple gewählte Formulierung darauf abzielt, den Nutzern „Angst zu machen"[13], und dass die Entwickler Apple einen monatlichen Bericht vorlegen müssen, in dem jede einzelne Transaktion aufgeführt ist, die über dieses System abgewickelt wurde.

Die zentrale Bedeutung und der Einfluss von Hardware erklärt, warum sich insbesondere Facebook so sehr für den Bau eigener AR- und VR-Geräte einsetzt und in fantasievolle Projekte wie Brain-to-Machine-Schnittstellen und Smartwatches mit eigenen Funkchips und Kameras investiert. Als einziges Mitglied der großen Technologieriesen ohne ein führendes Gerät und/oder Betriebssystem ist Facebook bestens damit vertraut, dass es ein Hindernis darstellt, ausschließlich auf den Plattformen seiner größten Konkurrenten zu arbeiten. Sein Cloud-Gaming-Dienst wurde auf allen wichtigen Mobil- und Konsolenplattformen blockiert. Und jedes Mal, wenn Facebook etwas an einen seiner Nutzer verkauft, kassiert es so viel Nettoeinnahmen, wie es an seine Konkurrenten überweist. Die integrierte Plattform des Unternehmens für virtuelle Welten, *Horizon Worlds*, wird unterdessen durch die Tatsache eingeschränkt, dass sie einem Entwickler niemals einen größeren Anteil an den Einnahmen bieten kann als iOS oder Android. Das vielleicht schmerzhafteste Beispiel sind Apples Änderungen in seiner „App Tracking Transparency" (ATT), die 2021, 14 Jahre nach dem ersten iPhone, eingeführt wurden. Vereinfacht ausgedrückt verlangte ATT von App-Entwicklern die ausdrückliche Zustimmung der Nutzer, um auf wichtige Nutzer- und Gerätedaten zugreifen zu können, wobei gleichzeitig genau erklärt werden musste, welche Daten gesammelt wurden und warum (ein Großteil dieses Skripts wurde von Apple geschrieben, und das App Store-Team des Unternehmens hatte die Genehmigungsrechte für alle Änderungen). Apple argumentierte, die Änderungen lägen im Interesse der Nutzer, von denen 75 % bis 80 % die Aufforderung bis Dezember 2021 abgelehnt haben sollen.[14] Andere sahen in dem Schritt einen bewussten Versuch, die auf Werbung ausgerichteten Konkurrenten des Unternehmens auszubremsen, Apples eigenes Werbegeschäft aufzubauen und durch die Verringerung der Wirksamkeit von Werbung mehr Entwickler dazu zu bewegen, ihr Geschäftsmodell auf In-App-Zahlungen zu konzentrieren, bei denen Apple eine Gebühr von 15 % bis 30 % kassiert. Im Februar 2022 erklärte Mark Zuckerberg, dass die Änderung der Apple-Richtlinien die Einnahmen in diesem Jahr um 10 Milliarden Dollar verringern würde (ungefähr so viel wie Facebook für seine Metaverse-Investitionen ausgibt). Einigen Berichten zufolge war Apples Anzeigengeschäft für 17 % aller iOS-App-Installationen verantwortlich, bevor ATT eingeführt wurde. Sechs Monate später hatte es einen Marktanteil von fast 60 %.

Um dieses Problem zu lösen, muss Facebook nicht nur seine eigenen kostengünstigen, leistungsstarken und leichten Geräte bauen. Diese Geräte müssen unabhängig von einem iPhone oder Android-Gerät funktionieren, d. h. ohne deren Rechen- oder Netzwerkchips zu nutzen, wie es Apple und Google wahrscheinlich tun werden. Das Ergebnis ist, dass die Geräte von Facebook wahrscheinlich teurer, technisch begrenzt und schwerer sein werden als die der heutigen Smartphone-Giganten. Das ist vielleicht der Grund, warum Mark Zuckerberg gesagt hat, dass „die schwierigste technologische Herausforderung unserer Zeit darin bestehen könnte, einen Supercomputer in das Gestell einer normal aussehenden Brille einzubauen" – seine Konkurrenten haben den größten Teil dieses Supercomputers bereits in die Tasche einer Person gesteckt.

Aus ähnlichen Gründen ist das häufigste Störungsmuster im digitalen Zeitalter, nämlich neue Computergeräte, möglicherweise eine falsche Hoffnung. Die Hegemonie von Microsofts Windows wurde durch ein eigenständiges Gerät, das Mobiltelefon, gebrochen. Aber wenn unsere AR- und VR-Headsets, intelligenten Linsen und sogar Brain-to-Machine-Schnittstellen von denselben Mobiltelefonen gesteuert werden, dann kann es keinen neuen König geben.

Neue Zahlungsschienen

In diesem Kapitel habe ich die Rolle von Zahlungssystemen bei der Bestimmung der „Geschäftskosten" im digitalen Zeitalter untersucht und wie sie die technische, kommerzielle und wettbewerbliche Entwicklung des Metaverse beeinflussen. Was ich nicht direkt angesprochen habe, ist, wie sie eine Wirtschaft aktiv umgestalten können. China bietet eine nützliche Fallstudie.

Als WeChat von Tencent im Jahr 2011 auf den Markt kam, war China in erster Linie eine Bargeldgesellschaft. Doch innerhalb weniger Jahre stürzte die Messaging-App das Land in das Zeitalter der digitalen

Zahlungen und Dienstleistungen. Dies war eine Folge vieler einzigartiger – und im Westen praktisch unvorstellbarer – Möglichkeiten und Entscheidungen, die WeChat bot. WeChat ermöglichte es den Nutzern beispielsweise, sich direkt mit ihrem Bankkonto zu verbinden, anstatt eine Kreditkarte oder ein digitales Zahlungsnetzwerk zwischenzuschalten, was bei den großen Spielkonsolen und Smartphone-App-Stores verboten ist. Ohne Zwischenhändler und weil Tencent sein soziales Messaging-Netzwerk ausbauen wollte, bot WeChat winzige Transaktionsgebühren an: 0 % bis 0,1 % für Peer-to-Peer-Überweisungen und weniger als 1 % für Zahlungen von Händlern, ohne Gebühren für die Lieferung in Echtzeit oder Zahlungsbestätigungen. Und da diese Zahlungsmöglichkeit auf gemeinsamen Standards (QR-Codes) beruhte und in eine Messaging-App integriert war, konnte sie von jedem, der ein Smartphone besaß, leicht angenommen und genutzt werden. Der Erfolg von WeChat half Tencent auch beim Aufbau der heimischen Videospielindustrie, die ansonsten durch das Fehlen von Kreditkarten im ganzen Land eingeschränkt worden wäre.

Im Westen wären diese Systeme normalerweise der Gnade der Hardware-Torwächter ausgeliefert. Tencent wurde jedoch in China so mächtig und schnell, dass sogar Apple gezwungen war, WeChat zu erlauben, seinen eigenen In-App-Store zu betreiben und In-App-Zahlungen direkt zu verarbeiten – das iPhone kam in China zwei Jahre vor dem Messaging-Dienst auf den Markt. Im Jahr 2021 wickelte WeChat schätzungsweise 500 Milliarden Dollar an Zahlungen ab, deren durchschnittlicher Wert bei nur wenigen Dollar pro Transaktion lag.

Damit das Metaverse entstehen kann, müssen Entwickler und Kreative im Westen wahrscheinlich Wege finden, um die Torwächter zu umgehen. Hier kommen wir endlich dazu, warum die Begeisterung für Blockchains so groß ist.

Kapitel 11
Blockchains

Einige Beobachter sind heute der Meinung, dass die Blockchain strukturell erforderlich ist, damit das Metaverse Realität werden kann, während andere diese Behauptung für absurd halten.

Über die Blockchain-Technologie selbst herrscht nach wie vor große Verwirrung. Noch bevor wir auf ihre Bedeutung für das Metaverse zu sprechen kommen, liefere ich deshalb zunächst eine Definition. Einfach ausgedrückt sind Blockchains Datenbanken, die von einem dezentralen Netzwerk von „Validierern" verwaltet werden. Die meisten Datenbanken sind heute zentralisiert. Ein einzelner Datensatz wird in einer Art digitalem Lagerhaus aufbewahrt, das von einem Unternehmen verwaltet wird. JPMorgan Chase verwaltet zum Beispiel eine Datenbank, in der gespeichert ist, wie viel Geld Sie auf Ihrem Girokonto haben, sowie detaillierte Aufzeichnungen über frühere Transaktionen, die belegen, wie dieses Guthaben zustande gekommen ist. Natürlich hat JPMorgan viele Sicherungskopien dieser Aufzeichnungen (und Sie vielleicht auch) und betreibt ein Netzwerk verschiedener Datenbanken, aber entscheidend ist, dass diese digitalen Aufzeichnungen von einer einzigen Partei verwaltet werden und ihr gehören: JPMorgan. Dieses Modell wird für fast alle digitalen und virtuellen Informationen verwendet, nicht nur für Bankdaten.

Im Gegensatz zu einer zentralen Datenbank befinden sich die Blockchain-Datensätze nicht an einem einzigen Ort und werden auch nicht von einer einzigen Partei – oder in vielen Fällen sogar von einer identifizierbaren Gruppe von Personen oder Unternehmen – verwaltet. Stattdessen wird ein Blockchain-„Ledger" (ein Kontobuch) durch einen Konsens in einem Netzwerk von autonomen Computern auf der ganzen Welt geführt. Jeder dieser Computer steht im Wettbewerb (und wird dafür bezahlt), dieses Kontobuch zu validieren, indem er im Wesentlichen kryptografische Gleichungen löst, die sich aus einer einzelnen Transaktion ergeben. Ein Vorteil dieses Modells ist seine relative Unbestechlichkeit. Je größer (d.h. je dezentraler) das Netzwerk ist, desto schwieriger ist es, Daten zu überschreiben oder anzufechten, da die Mehrheit des dezentralen Netzwerks zustimmen muss und nicht etwa eine Einzelperson oder eine Bank.

Die Dezentralisierung hat aber ihre Schattenseiten. Beispielsweise ist sie von Natur aus teurer und verbraucht viel mehr Energie als die Verwendung einer Standarddatenbank, da so viele verschiedene Computer dieselbe „Arbeit" verrichten müssen. Aus ähnlichen Gründen dauert es bei vielen Blockchain-Transaktionen Dutzende von Sekunden oder sogar noch länger, bis sie abgeschlossen sind, da das Netzwerk zunächst einen Konsens herstellen muss – was bedeuten kann, dass Informationen über einen großen Teil der Welt gesendet werden, nur um eine Transaktion zu bestätigen, die vielleicht einen Meter entfernt ist. Und je dezentraler das Netzwerk ist, desto schwieriger wird das Problem der Konsensfindung in der Regel.

Aufgrund dessen werden so viele „Daten" wie möglich in herkömmlichen Datenbanken und nicht „in der chain" („in der Kette") gespeichert. Das ist in etwa so, als würde JPMorgan Ihren Kontostand auf einem dezentralen Server, Ihre Anmeldedaten und Ihr Bankkonto aber in einer zentralen Datenbank verwalten. Kritiker argumentieren, dass alles, was nicht vollständig dezentralisiert ist, in Wirklichkeit vollständig zentralisiert ist – in diesem Fall wird also Ihr Geld immer noch von JPMorgan kontrolliert und bestätigt.

Dies veranlasst einige Menschen zu der Behauptung, dass dezentrale Datenbanken einen technischen Rückschritt darstellen – weniger effizient, langsamer und immer noch abhängig von ihren zentralen Pendants. Und selbst wenn die Daten vollständig dezentralisiert sind, scheinen die Vorteile bescheiden zu sein. Schließlich macht sich kaum jemand Sorgen, dass JPMorgan und seine zentrale Datenbank die Kontostände seiner Kunden verlegen oder sie bestehlen könnte. Viel beängstigender ist dagegen die Vorstellung, dass eine Ansammlung von unbekannten Prüfern (Validierer) unser Vermögen schützt. Wenn Nike behauptet, dass man einen virtuellen Turnschuh besitzt oder verwaltet und dann einen Datensatz verfolgt, der besagt, dass man ihn an einen anderen Online-Sammler verkauft hat, wer würde ihn dann anfechten oder seinen Wert herabsetzen, weil Nike die Transaktion aufgezeichnet hat? Warum also wird eine dezentralisierte Datenbank oder Serverarchitektur als die Zukunft angesehen? Für die Beantwortung dieser Frage hilft es zunächst, die Idee von NFTs (Non-Fungible Token) sowie Kryptowährungen und die Ängste vor Diebstahl von Aufzeichnungen und Ähnlichem beiseitezuschieben. Denn was zählt, ist, dass Blockchains *programmierbare* Zahlungsschienen sind, die von vielen als die ersten digital nativen Zahlungssysteme bezeichnet werden – während PayPal, Venmo oder WeChat kaum mehr als Faksimiles der alten Systeme sind.

Blockchains, Bitcoin und Ethereum

Die erste Mainstream-Blockchain, Bitcoin, wurde im Jahr 2009 veröffentlicht. Der einzige Schwerpunkt der Bitcoin-Blockchain ist der Betrieb ihrer eigenen Kryptowährung bitcoin (ersteres wird in der Regel großgeschrieben, letzteres nicht, um zwischen den beiden unterscheiden zu können). Zu diesem Zweck ist die Bitcoin-Blockchain so programmiert, dass sie Prozessoren, die bitcoin-Transaktionen abwickeln, durch die Ausgabe von bitcoin entschädigt (diese Transaktionsgebühr wird als „gas" fee bezeichnet und in der Regel vom Nutzer für die Übermittlung einer Transaktion bezahlt).

Natürlich ist es nichts Neues, jemanden oder sogar mehrere Personen für die Abwicklung einer Transaktion zu bezahlen. In diesem Fall geschehen Arbeit und Bezahlung jedoch automatisch und sind miteinander verbunden; eine Transaktion kann nicht stattfinden, ohne dass der Verarbeiter entschädigt wird. Dies ist einer der Gründe, warum Blockchains als „vertrauenslos" bezeichnet werden. Kein Validierer muss sich fragen, ob, wie und wann er bezahlt wird oder ob sich die Zahlungsbedingungen ändern könnten. Die Antworten auf diese Fragen sind transparent in der Zahlungsschiene integriert – es gibt weder versteckte Gebühren noch das Risiko plötzlicher Änderungen der Bedingungen. Außerdem muss sich kein Nutzer Gedanken darüber machen, ob nicht benötigte Daten von einem einzelnen Netzbetreiber weitergegeben oder gespeichert und somit missbraucht werden könnten. Dies steht im Gegensatz zur Verwendung einer Kreditkarte, die in einer zentralen Datenbank gespeichert ist, die später von einem Außenstehenden gehackt oder von einem Mitarbeiter missbräuchlich verwendet werden könnte. Blockchains sind auch „erlaubnisfrei": Im Fall von Bitcoin kann jeder ein Netzwerk-Validator werden, ohne eingeladen oder zugelassen werden zu müssen, und jeder kann bitcoin annehmen, kaufen oder verwenden.

Diese Eigenschaften schaffen ein sich selbst tragendes System, durch das eine Blockchain die Kapazität erhöhen, gleichzeitig die Kosten senken und die Sicherheit verbessern kann. Wenn die Transaktionsgebühren im Wert oder im Volumen steigen, treten weitere Validierer dem Netzwerk bei, was die Preise senkt. Dies wiederum erhöht die Dezentralität einer Blockchain, was es für jeden, der versucht, einen Ledger (ein Kontobuch) zu manipulieren, schwieriger macht, einen Konsens herzustellen (man denke an einen Wahlkandidaten, der versucht, 300 Wahlurnen zu manipulieren, im Gegensatz zu drei).

Befürworter betonen auch gern, dass das vertrauens- und erlaubnisfreie Blockchain-Modell bedeutet, dass die „Einnahmen" und „Gewinne" aus dem Betrieb des Zahlungsnetzwerks vom Markt bestimmt werden. Dies unterscheidet sich von der traditionellen Finanzbranche, die von einer Handvoll jahrzehntealter Giganten kontrolliert wird, die nur wenige Wettbewerber und wenig Anreiz haben, die Gebühren zu senken. Der einzige Wettbewerbsdruck auf die Gebühren von PayPal sind beispielsweise die Gebühren von Venmo oder der Cash App von Square. Bei Bitcoin werden die Gebühren von jedem gedrückt, der sich für eine Transaktionsgebühr entscheidet. Nicht lange nach der Entstehung von Bitcoin (dessen Schöpfer anonym bleibt) begannen zwei frühe Nutzer, Vitalik Buterin und Gavin Wood, mit der Entwicklung einer neuen Blockchain, Ethereum, die sie als „dezentrales Mining-Netzwerk und Softwareentwicklungsplattform in einem" beschrieben.[1] Wie Bitcoin bezahlt auch Ethereum die Betreiber seines Netzwerks über seine eigene Kryptowährung Ether. Buterin und Wood haben jedoch darüber hinaus mit Solidity eine Programmiersprache entwickelt, die es Entwicklern ermöglicht, ihre eigenen erlaubnis- und vertrauensfreien Anwendungen (sogenannte „DApps", was für dezentralisierte Anwendungen steht) zu erstellen, die auch ihre eigenen kryptowährungsähnlichen Token an Mitwirkende ausgeben können.

Ethereum ist also ein dezentrales Netzwerk, das so programmiert ist, dass es seine Betreiber automatisch bezahlt. Diese Betreiber müssen weder einen Vertrag unterzeichnen, um diese Bezahlung zu erhalten, noch müssen sie sich darum kümmern, bezahlt zu werden. Während sie miteinander um die Bezahlung konkurrieren, steigert dieser Wettbewerb die Leistung des Netzwerks, was wiederum mehr Nutzer anzieht, wodurch mehr Transaktionen zu verwalten sind. Darüber hinaus kann mit Ethereum jeder seine eigenen Anwendungen auf diesem Netzwerk programmieren und sie gleichzeitig so einrichten, dass sie ihre Mitwirkenden entschädigt und im Erfolgsfall auch diejenigen, die das zugrunde liegende Netzwerk betreiben, einen Mehrwert bietet. All dies geschieht ohne einen einzigen Entscheidungsträger oder eine verwaltende Institution.

Der Ansatz der dezentralen Verwaltung schließt nicht aus, dass die zugrunde liegende Programmierung überarbeitet oder verbessert wird. Die Gemeinschaft bestimmt jedoch über diese Änderungen und muss daher davon überzeugt sein, dass alle Überarbeitungen ein kollektiven Nutzen haben.* Entwickler und Nutzer müssen sich keine Sorgen ma-

---

* Dies ist nicht automatisch gegeben, da Blockchains so programmiert werden können, dass sie den Token-Inhabern ein breites Spektrum an Verwaltungsrechten gewähren (oder vorenthalten), während die Schöpfer der Blockchain die anfängliche Verteilung dieser Token kontrollieren. Die meisten großen „öffentlichen Blockchains" sind jedoch im Gegensatz zu „privaten Blockchains", die in der Regel im Besitz eines Unternehmens sind, dezentralisiert und werden von der Gemeinschaft betrieben.

chen, dass beispielsweise die „Ethereum Corp." plötzlich die Ethereum-Transaktionsgebühren erhöht oder neue auferlegt, eine aufkommende Technologie oder einen Standard ablehnt oder einen First-Party-Service einführt, der mit den erfolgreichsten DApps konkurriert. Die vertrauens- und erlaubnisfreie Programmierung von Ethereum ermutigt Entwickler dazu, mit den Kernfunktionen von Ethereum zu „konkurrieren".

Ethereum hat seine Kritiker, die vor allem drei Punkte bemängeln: die Bearbeitungsgebühren sind zu hoch, die Bearbeitungszeiten zu lang und die Programmiersprache ist zu schwierig. Einige Unternehmer haben sich dafür entschieden, eines oder alle diese Probleme zu lösen, indem sie konkurrierende Blockchains wie Solana und Avalanche entwickelt haben. Andere Unternehmer haben stattdessen sogenannte „Layer 2"-Blockchains auf Ethereum (Layer 1) aufgesetzt. Diese Layer-2-Blockchains arbeiten als „Mini-Blockchains" und verwenden ihre eigene Programmierlogik und ihr eigenes Netzwerk, um eine Transaktion zu verwalten. Einige „Layer-2-Skalierungslösungen" fassen Transaktionen zusammen, anstatt sie einzeln zu verarbeiten. Dadurch verzögert sich natürlich eine Zahlung oder Überweisung, aber die Verarbeitung in Echtzeit ist nicht immer erforderlich (so wie auch Ihr Mobilfunkanbieter nicht zu einer bestimmten Tageszeit bezahlt werden muss). Andere „Skalierungslösungen" versuchen, den Prozess der Transaktionsvalidierung zu vereinfachen, indem sie nur einen Teil des Netzes und nicht das gesamte Netz abfragen. Eine andere Technik besteht darin, dass Validierer Transaktionen vorschlagen können, ohne zu beweisen, dass sie die zugrunde liegende kryptografische Gleichung gelöst haben, während sie ehrlich bleiben, indem sie anderen Validierern Kopfgelder anbieten, wenn diese den Vorschlag als unehrlich empfinden, wobei das Kopfgeld meist vom unehrlichen Validierer gezahlt wird. Diese beiden Ansätze verringern die Sicherheit des Netzes, aber viele halten diesen Kompromiss für Käufe im kleinen Wert für angemessen. Stellen Sie sich den Unterschied zwischen dem Kauf eines Kaffees und dem eines Autos vor. Es gibt einen Grund, warum Starbucks nicht die Rechnungsadresse Ihrer Kreditkarte verlangt, während ein Honda-Händler dies zusammen mit einer Bonitätsprüfung und einem amtlichen Ausweis tut. „Sidechains" ermöglichen es, Token je nach Bedarf auf Ethereum zu verschieben und von dort zu entfernen, ähnlich wie eine Schublade für die Portokasse oder ein verschlossener Safe.

Manche argumentieren, dass Layer 2 eine Flickschusterei sind und dass Entwickler und Benutzer besser mit leistungsfähigeren Layer 1 arbeiten sollten. Damit könnten sie Recht haben. Dennoch ist es von Bedeutung, dass ein Entwickler einen Layer 1 verwenden kann, um seine eigene Blockchain zu starten und um diesen Layer 1 dann von seinen Nutzern, Entwicklern und Netzwerkbetreibern zu trennen, indem er eine Layer 2-Blockchain verwendet oder sogar baut. Darüber hinaus bedeutet die vertrauens- und erlaubnisfreie Programmierung von Layer 1, dass konkurrierende Layer 1 eine „Brücke" zu ihm schlagen können, was es Entwicklern und Nutzern ermöglicht, ihre Token für immer auf eine andere Blockchain zu verschieben.

Die Entwicklung von Android

Ein offensichtlicher Gegensatz zu vertrauens- und erlaubnisfreien Blockchains ist die Politik von Apple und seiner iOS-Plattform. Allerdings wurde iOS nie als „offene Plattform" oder als gemeinschaftsorientiert angepriesen. In dieser Hinsicht ist es natürlich ein unfairer Vergleich. Ein besseres Beispiel ist Android. Dieses Betriebssystem wurde 2005 von Google für „mindestens 50 Millionen Dollar" gekauft, und der Suchmaschinengigant hatte schon immer eine überragende Rolle bei der Entwicklung gespielt. Um irgendwelche Bedenken zu zerstreuen, gründete Google 2007 die Open Handset Alliance (OHA), die gemeinsam das „quelloffene mobile Betriebssystem" auf der Grundlage des quelloffenen Linux OS-Kernels steuern und „quelloffenen Technologien und Standards" Vorrang einräumen sollte. Beim Start zählte die OHA 34 Mitglieder, darunter die Telekommunikationsriesen China Mobile und T-Mobile, die Softwareentwickler Nuance Communications und eBay, die Komponentenhersteller Broadcom und Nvidia sowie die Gerätehersteller LG, HTC, Sony, Motorola und Samsung. Um der OHA beizutreten, mussten die Mitglieder zustimmen, Android nicht zu „forken", also keine Kopie der „Open-Source"-Software zu verwenden und sie unabhängig weiterzuentwickeln, oder diejenigen zu unterstützen, die dies taten (Amazons Fire OS, das seinen Fire TV und seine Tablets antreibt, ist ein Android-Fork).

Das erste Android kam 2008 auf den Markt, und bis 2012 war das Betriebssystem das beliebteste der Welt geworden. Das OHA und die „offene" Philosophie von Android waren dagegen weniger erfolgreich. Im Jahr 2010 begann Google mit dem Bau seiner eigenen „Nexus"-Reihe von Android-Geräten, die das Unternehmen als „Referenzgeräte" positionierte und „als Leuchtturm dienen sollten, um der Branche zu zeigen, was möglich ist".[2] Nur ein Jahr später kaufte Google einen der größten unabhängigen Hersteller von Android-Geräten, Motorola. Im Jahr 2012 begann das Unternehmen dann damit, seine wichtigsten Dienste (Karten, Zahlungen, Benachrichtigungen, den Google Play Store und mehr) aus dem Betriebssystem selbst herauszulösen und in eine Softwareschicht, die „Google Play Services", einzubinden. Um auf diese Suite zugreifen zu können, mussten Android-Lizenznehmer Googles eigene „Zertifizierungen" einhalten. Außerdem würde Google nicht zertifizierten Geräten nicht erlauben, das Android-Branding zu verwenden.

Viele Analysten sahen in der progressiven „Schließung" von Android eine Reaktion auf den wachsenden Erfolg des Betriebssystems bei Samsung. Im Jahr 2012 verkaufte der südkoreanische Riese fast 40 % der Smartphones mit Android-Betriebssystem (und die Mehrheit der High-End-Smartphones) – mehr als sieben Mal so viel wie der zweitgrößte Hersteller Huawei. Darüber hinaus wurde Samsung mit seinen Änderungen an der „Standard"-Version von Android immer aggressiver und produzierte und vermarktete seine eigene Oberfläche (TouchWiz), während es seine Geräte mit einer eigenen Reihe von Apps vorinstallierte, von denen viele mit denen von Google konkurrierten. Samsung hat sogar einen eigenen mobilen App Store eingerichtet. Der Erfolg als Android-Hersteller ist unbestreitbar mit diesen Investitionen verbunden, aber ihr Ansatz ist dem des „Forking" nicht unähnlich. Unabhängig davon drohte Samsungs TouchWiz OS de facto, Google von seinen Entwicklern und Nutzern abzukoppeln und gleichzeitig als echtes „Referenzgerät" zu dienen.

Die Entwicklung von Android ist wichtig für das Verständnis der Zukunft des Metaverse. Das Metaverse bietet die Möglichkeit, die heutigen Gatekeeper wie Apple oder Google zu stören, aber viele befürchten, dass wir nur neue bekommen werden – vielleicht die Roblox Corporation oder Epic Games. Während Tencents WeChat beispielsweise niedrige Gebühren für reale Transaktionen erhebt, hat das Unternehmen seine Kontrolle über digitale Zahlungen und Videospiele genutzt, um 40-55 % für alle In-App-Downloads und virtuellen Gegenstände zu verlangen – ein Betrag, der weit über dem von Apple liegt, dessen Macht Tencent überwinden konnte. So wie ein Eintrag in einem Blockchain-Ledger als unbestechlich gilt, glauben viele, dass auch die Blockchain selbst unbestechlich ist.

DApps

Im Gegensatz zu den großen Blockchains sind viele DApps nur teilweise dezentralisiert. Das Gründerteam der App hält in der Regel einen großen Teil der Token der App (da sie von Natur aus an den Erfolg der App glauben, haben sie Anreize, diese Token auch weiterhin zu halten) und kann daher die App nach Belieben verändern. Der Erfolg einer App hängt jedoch von ihrer Fähigkeit ab, Entwickler, Netzwerkteilnehmer,

Nutzer und oft auch Kapitalgeber anzuziehen. Dies erfordert den Verkauf und die Vergabe von zumindest einigen Token an externe Gruppen und Early Adopters. Und um die Unterstützung der Gemeinschaft zu erhalten, verpflichten sich viele Apps zu einer sogenannten „progressiven Dezentralisierung", die manchmal ausdrücklich so programmiert ist, dass sie mit der vertrauenslosen Natur von Blockchains vereinbar ist.

Dies mag wie ein konventioneller Ansatz für Start-ups erscheinen. Die meisten Anwendungen und Plattformen müssen ihre Entwickler und Nutzer bei Laune halten – besonders zu Beginn. Und im Laufe der Zeit werden die Anteile der Entwickler (Gründer und Mitarbeiter) verwässert. Vielleicht gehen sie sogar an die Börse, wodurch die Verwaltung der Anwendung „dezentralisiert" wird und jeder ohne Erlaubnis Aktionär werden kann. Aber genau hier kommen die Nuancen der Blockchain zum Tragen.

Je erfolgreicher eine Anwendung wird, desto mehr wird sie auch kontrolliert. Googles Android und Apples iOS haben diesen Weg eingeschlagen. Viele Technologieexperten betrachten das Phänomen als die natürliche Entwicklung eines gewinnorientierten Technologieunternehmens – wenn es nämlich Nutzer, Entwickler, Daten, Einnahmen usw. anhäuft, nutzt es seine wachsende Macht, um Entwickler und Nutzer aktiv einzubinden. Aus diesem Grund ist es schwierig, sein Konto von Instagram zu exportieren und es anderswo neu zu erstellen. Das ist auch der Grund, warum viele Anwendungen ihre APIs in dem Moment schließen, wenn sie skalieren oder Konkurrenz bekommen.

Facebook zum Beispiel hat Tinder-Nutzern lange Zeit erlaubt, ihr Facebook-Konto als Tinder-Profil zu verwenden. Tinder hätte es natürlich lieber, wenn seine Nutzer ein eigenes Tinder-Konto hätten – aber Tinder ist nicht als lebenslanger Dienst gedacht, und es war vor allem in der Anfangszeit wichtiger, dass es einfach zu bedienen war. Die Anwendung profitierte auch davon, dass die Nutzer ihre „besten" Facebook-Fotos schnell in der Anwendung platzieren konnten, anstatt sich durch ihre vollen Cloud-Speicher wühlen zu müssen. Facebook ermöglichte es den Nutzern auch, ihr soziales Profil mit Tinder zu verbinden, sodass sie sehen konnten, ob sie mit einem potenziellen Partner gemeinsame Freunde hatten, und wenn ja, mit wem. Einige Nutzer zogen es aus Sicherheitsgründen vor, sich mit jemandem zu treffen, den sie anhand von Referenzen überprüfen konnten. Andere mochten es, zu einem Date gehen zu können, um einen echten „ersten Eindruck" zu gewinnen, und wischten daher nur bei Personen nach rechts, mit denen sie keine gemeinsamen Freunde hatten. Obwohl viele Nutzer von Tinder (und Bumble) diese Social-Graph-Funktion genossen haben, hat Facebook sie 2018 eingestellt – nicht lange bevor es seinen eigenen Dating-Service ankündigte, der natürlich auf seiner einzigartigen Social-Graph-Funktionalität und dem Netzwerk basiert.*

Die meisten Blockchains sind strukturell so konzipiert, dass sie dieses Konzept verhindern. Wie?

Sie behalten das, was für einen DApp-Entwickler wertvoll ist – ihre Token –, während der Nutzer über seine Daten, seine Identität, seine Brieftasche und seine Vermögenswerte (z. B. seine Bilder) verfügt, und zwar über Aufzeichnungen, die sich ebenfalls auf der Blockchain befinden. Vereinfacht ausgedrückt würde ein vollständig auf der Blockchain basierendes Instagram niemals die Fotos eines Nutzers speichern, sein Konto betreiben oder seine Likes oder Freundschaftsverbindungen verwalten.** Der Dienst kann nicht diktieren, geschweige denn kontrollieren, wie diese Daten verwendet werden. Vielmehr kann ein konkurrierender Dienst an den Start gehen und dann sofort auf dieselben Daten zugreifen und so den Marktführer unter Druck setzen. Dieses Blockchain-Modell bedeutet nicht, dass Anwendungen zu Waren werden – das reale Instagram hat seine Konkurrenten zum Teil aufgrund seiner überlegenen Leistung und technischen Konstruktion ausmanövriert –, aber wir erkennen im Allgemeinen an, dass das Eigentum an dem Konto, dem sozialen Graphen und den Daten eines Nutzers den primären Wert darstellen.*** Indem sie das meiste davon außerhalb einer Anwendung (oder in diesem Fall einer DApp) halten, glauben Blockchain-Enthusiasten, dass sie das traditionelle Entwicklervorgehen durchbrechen können.

---

* Facebook erlaubt es Tinder-Nutzern nach wie vor, ihr Facebook-Konto zu verwenden, um sich zu registrieren und anzumelden und ihr Tinder-Profil mit Fotos aus ihrem Facebook-Profil zu füllen. Diese Funktion beizubehalten, während der Zugriff auf den sozialen Graphen eines Nutzers abgeschaltet wurde, macht durchaus Sinn. Facebook kann die Nutzer nicht davon abhalten, auf Facebook hochgeladene Fotos weiterzuverwenden, da sie leicht zu speichern sind („Rechtsklick, Speichern unter") und durch die Anzahl der Likes auch dabei helfen, die besten Fotos zu identifizieren. Wenn Facebook-User Tinder nutzen, ist es für Facebook außerdem von Vorteil, wenn sie das wissen. Zumindest ermöglicht es Facebook, diesem Nutzer seinen Dating-Service zu empfehlen, der immer noch seinen Social Graph nutzt.

** Vereinfacht ausgedrückt werden diese Daten dem Dienst nur bei Bedarf „offengelegt".

*** Einige Risikokapitalgeber und Technologieexperten sagen, dass Blockchains „fette Protokolle" sind, die „dünne Anwendungen" unterstützen, im Gegensatz zum „dünnen Protokoll" und dem „fetten Anwendungsmodell" des heutigen Internets. Die Internet Protocol Suite ist zwar von enormem Wert – und glücklicherweise kein gewinnorientiertes Produkt –, aber sie verwaltet nicht die Identität des Nutzers, speichert seine Daten oder seine sozialen Verbindungen. Stattdessen werden all diese Informationen von denjenigen erfasst, die auf TCP/IP aufbauen.

Wir haben nun ein recht einfaches Verständnis von Blockchain-Vorgängen, -Fähigkeiten und -Philosophien erlangt. Dazu gehört auch, dass die Technologie weit hinter den modernen Leistungserwartungen zurückbleibt (heute würde ein Blockchain-basiertes Instagram wahrscheinlich fast alles außerhalb der Chain speichern; jedes Foto würde dann ein oder zwei Sekunden zum Laden benötigen). Außerdem ist die Geschichte voll von Technologien, die bestehende Konventionen disruptieren könnten, nur um dann hinter ihren Versprechungen oder ihrem Potenzial zurückzubleiben. Könnte es bei Blockchains besser laufen?

NFTs

Der beste Indikator dafür, was Blockchains erreichen könnten, ist das, was sie bereits erreicht haben. Im Jahr 2021 überstieg der Gesamtwert der Transaktionen 16 Billionen US-Dollar – mehr als fünfmal so viel wie die digitalen Zahlungsriesen Pay-Pal, Venmo, Shopify und Stripe zusammen. Im vierten Quartal wickelte Ethereum mehr Transaktionen ab als Visa, immerhin das größte Zahlungsnetzwerk und das zwölftgrößte Unternehmen der Welt nach Marktkapitalisierung.

Dass dies ohne eine zentrale Behörde, einen geschäftsführenden Partner oder gar einen Hauptsitz möglich war, dass dies alles über unabhängige (und manchmal anonyme) Spender geschah, ist ein Wunder. Hinzu kommt, dass diese Zahlungen über Dutzende verschiedener Wallets erfolgten (und nicht auf ein streng kontrolliertes Netzwerk beschränkt waren, wie es bei Peer-to-Peer-Schienen wie Venmo oder Pay-Pal der Fall ist), jederzeit erfolgen konnten (im Gegensatz zu ACH und Überweisungen) und innerhalb von Sekunden bis Minuten abgeschlossen waren (im Gegensatz zu ACH). Sowohl der Absender als auch der Empfänger konnten eine erfolgreiche oder fehlgeschlagene Transaktion bestätigen (ohne zusätzliche Gebühren). Darüber hinaus war für keine dieser Transaktionen ein Bankkonto erforderlich, und die Unternehmen mussten auch keine langfristige Vereinbarung mit bestimmten Blockchains, Blockchain-Prozessoren oder Wallet-Anbietern unterzeichnen, geschweige denn aushandeln. Und wie wir noch sehen werden, können Blockchain-Wallets auch für automatische Abbuchungen, Gutschriften, Rückbuchungen und mehr programmiert werden.

Obwohl der Großteil dieses Transaktionsvolumens auf Investitionen und den Handel mit Kryptowährungen und nicht auf Zahlungen zurückzuführen ist, wurde es auch durch kryptobasierte Entwicklungen unterstützt. Die einfachsten Produktionen sind NFT-Sammlungen. Entwickler und einzelne Nutzer legen das Eigentum an einem Gegenstand

(z. B. einem Bild) in einem als „Minting" bezeichneten Prozess auf einer Blockchain ab, sodass das Recht an dem Bild ähnlich wie bei jeder Kryptowährungstransaktion verwaltet wird. Der Unterschied besteht darin, dass das Recht auf einen „nicht fungiblen Token" besteht, d. h. einen Token, der im Gegensatz zu einem bitcoin oder einem US-Dollar, die vollständig austauschbar sind, einzigartig ist.

Befürworter der Blockchain sind der Meinung, dass diese Struktur den Wert dieser virtuellen Güter steigert, weil sie dem Käufer ein echtes Gefühl des „Eigentums" vermittelt. Denken Sie an das Sprichwort „Besitz ist neun Zehntel des Gesetzes".[3] Bei zentralisierten Servermodellen kann ein Nutzer niemals wirklich Eigentum an einem virtuellen Gut erwerben. Stattdessen wird ihm lediglich der Zugang zu einem Gut gewährt, das mittels digitaler Aufzeichnungen auf dem Eigentum einer anderen Person (d. h. einem Server) gespeichert ist. Und selbst wenn der Nutzer die Daten von diesem Server auf seine eigene Festplatte übertragen würde, wäre das noch nicht genug. Warum? Weil der Rest der Welt diese Daten anerkennen und ihrer Verwendung zustimmen muss. Blockchains können dies von vornherein leisten.

Das Gefühl des Besitzes wird durch ein weiteres wichtiges Eigentumsrecht ergänzt: das uneingeschränkte Recht auf Weiterverkauf. Wenn ein Nutzer ein NFT von einem bestimmten Spiel kauft, bedeutet die vertrauens- und erlaubnisfreie Natur einer Blockchain, dass der Hersteller des Spiels den Verkauf dieses NFT zu keinem Zeitpunkt blockieren kann. Er wird nicht einmal aktiv darüber informiert (obwohl die Transaktion in einem öffentlichen Ledger aufgezeichnet wird). Aus ähnlichen Gründen ist es für einen Entwickler unmöglich, Blockchain-basierte Vermögenswerte in seiner virtuellen Welt zu „sperren". Wenn Spiel A einen NFT verkauft, können die Spiele B, C, D usw. es übernehmen, wenn der Eigentümer dies wünscht – die Eigentumsdaten in der Blockchain sind erlaubnisfrei, und der Eigentümer hat die Kontrolle über den Token. Und schließlich bedeuten Token-Strukturen, dass das Original auch dann unverwechselbar und „original" bleibt, selbst wenn ein Duplikat dieses virtuellen Gutes geprägt wird – wie ein signiertes und datiertes Gemälde, das als eines von mehreren Exemplaren aufgeführt ist.

Im Jahr 2021 wurden rund 45 Milliarden Dollar für NFTs in einer Vielzahl von Kategorien ausgegeben.[4] Dazu gehörten die NBA Top Shots von Dapper Labs, die einzelne Momente aus den NBA-Spielzeiten 2020/2021 und 2021/2022 in sammelkartenähnliche NFTs verwandelten; Larva Labs' Cryptopunks, eine Serie von 10.000 algorithmisch generierten 24 × 24 Pixel großen 2D-Avataren, die typischerweise als Profilbilder verwendet werden; Axies, eine Art Blockchain-basiertes Pokémon, das gesammelt, gezüchtet, gehandelt und bekämpft werden kann; und 3D-Pferde, die auf den virtuellen Casino-Rennbahnen von *Zed Run* eingesetzt werden. Gelangweilte Affen, eine weitere Profilbild-NFT-Serie, werden auch als eine Art Mitgliedskarte für den Bored Apes Yacht Club verwendet.

45 Milliarden Dollar sind genug, um selbst virtuelle Augen zum Leuchten zu bringen. Unklar ist aber, wie man diese Summe mit den fast 100 Milliarden Dollar vergleichen kann, die 2021 für Videospielinhalte ausgegeben und von einer herkömmlichen Datenbank verwaltet wurden. Wenn jemand ein Cryptopunk-Spiel für 100 Dollar kauft und es dann für 200 Dollar verkauft, wurden insgesamt 300 Dollar „ausgegeben", aber nur 100 Dollar auf Nettobasis. Umgekehrt sind fast alle Käufe *traditioneller* virtueller Güter einseitig, d. h. die Güter können nicht weiterverkauft oder gehandelt werden. Jeder ausgegebene Dollar ist „netto". Das bedeutet, dass im Jahr 2022 vielleicht weitere 100 Milliarden Dollar für traditionelle Spiele ausgegeben werden, aber selbst wenn sich die Ausgaben für NFT verdoppeln, werden vielleicht nur etwa 10 Milliarden Dollar zusätzlich ausgegeben. Plötzlich scheint das Argument, dass NFTs die Hälfte der Einnahmen der Spieleindustrie generieren, um das Zehnfache übertrieben zu sein. Ein genauerer Vergleich wäre vielleicht der zwischen den jährlichen Ausgaben für traditionelle virtuelle Güter und dem Marktwert von NFTs. Die Marktkapitalisierung der 100 größten NFT-Sammlungen wurde Ende 2021 auf etwa 20 Milliarden US-Dollar geschätzt – etwa die Hälfte des Handelsvolumens, aber immer noch ein Viertel des traditionellen Spielemarktes. Bei den „Floor Market Caps" wird jedoch davon ausgegangen, dass jedes NFT in einer bestimmten Sammlung zum Preis des günstigsten NFT in dieser Sammlung verkauft würde. Diese Art von Analyse ist eine hilfreiche Methode, um das Wachstum verschiedener Sammlungen zu vergleichen, nicht aber ihren Marktwert.

Einige Kritiker argumentieren, dass der größte Teil des Wertes von NFTs spekulativ ist, d. h. auf dem Gewinnpotenzial und nicht auf dem Nutzen basiert, wie es bei *Fortnite*-Skins der Fall ist. Dies würde jede Art von Vergleich unmöglich machen. Gleichzeitig wurden auf dem weltweiten Kunstmarkt im Jahr 2021 Ausgaben in Höhe von 50,1 Milliarden US-Dollar (durch Kauf und Handel) verzeichnet, und nur wenige würden bestreiten, dass es den zugrunde liegenden Käufen an Nutzen mangelte, auch wenn sie ebenfalls einen spekulativen Wert haben. Die Nähe zwischen diesen beiden Kategorien ist auch aufschlussreich für das Ausmaß des NFT-Marktes. Darüber hinaus ist es gerade die Tatsache, dass NFTs weiterverkauft werden können, die Blockchain-Enthusiasten glauben lassen, dass die Nutzer ihnen mehr Wert beimessen. NFTs können sogar an andere Spieler oder Spiele verliehen werden, wobei der

Besitzer eine programmatische „Miete" erhält, wenn diese NFTs verwendet werden, oder einen „Ertrag", wenn sie Einnahmen generieren.

Unabhängig davon, ob oder wie man die Ausgaben für NFTs mit denen für Videospielartikel und -inhalte vergleichen möchte, ihre Wachstumsraten sind völlig unterschiedlich – und damit auch ihr vorhersehbares Wachstumspotenzial. Die Gesamtausgaben für NFTs im Jahr 2021 waren mehr als 90 Mal so hoch wie die rund 350 bis 500 Millionen Dollar, die im Jahr zuvor für NFTs ausgegeben wurden, was wiederum mehr als das Fünffache des Jahres 2019 war. Im Gegensatz dazu wuchs der Umsatz mit traditionellen virtuellen Gütern mit einer durchschnittlichen Wachstumsrate von etwa 15 %. Darüber hinaus wird der Nutzen von NFTs heute durch die Tatsache stark eingeschränkt, dass die meisten Videospiele sie noch nicht unterstützen. Und da keine der großen Konsolenplattformen oder mobilen App Stores den Kauf in Blockchain-basierten Spielen unterstützen, sind die meisten Spiele, die NFT-Titel verwenden, auf den Webbrowser beschränkt und verfügen daher nur über rudimentäre Grafiken und Spielabläufe. Dies ist einer der Gründe, warum viele der erfolgreichsten NFT-Erlebnisse auf dem Sammeln und nicht auf dem aktiven „Spielen" basieren. Und es ist auch der Grund, warum die meisten der beliebtesten Spiele, Spiele- und Medienserien, Marken oder Unternehmen noch nicht einmal NFTs herausgeben – und warum vermutlich nur ein paar Millionen Menschen ein NFT gekauft haben, während jedes Jahr Milliarden von Menschen Käufe in Spielen tätigen. In dem Maße, wie sich die Funktionalität von NFTs verbessert und die Zahl der Marken und teilnehmenden Nutzer steigt, wird der Wert von NFTs natürlich zunehmen. Es gibt auf jeden Fall noch viel Spielraum für jeden.

Der wichtigste Vorteil könnte in der Verwirklichung der Interoperabilität von NFTs liegen. Obwohl Mitglieder der Blockchain Community oft sagen, dass Blockchain-NFTs von Natur aus interoperabel sind, stimmt das nicht wirklich. Ich habe bereits erwähnt, dass die Nutzung eines virtuellen Gutes sowohl den Zugang zu seinen Daten als auch den Code zu seinem Verständnis erfordert. Die meisten Blockchain-Erlebnisse und Spiele verfügen nicht über einen solchen Code. Tatsächlich legen die meisten NFTs heute die Rechte an dem virtuellen Gut auf die Blockchain, nicht aber die Daten des virtuellen Gutes, die auf einem zentralen Server gespeichert bleiben. Daher kann der Eigentümer der NFTs die Daten des Gutes nur mit Genehmigung des zentralen Servers, auf dem sie gespeichert sind, in eine andere Erfahrung bzw. Umgebung exportieren. Aus ähnlichen Gründen sind fast keine Blockchain-basierten Erlebnisse wirklich dezentralisiert – selbst diejenigen, die NFTs ausgeben. Die Entwickler können zum Beispiel die Rechte an diesen

NFTs nicht widerrufen, aber sie könnten den Code, der sie verwendet, ändern oder das Spielkonto eines Nutzers löschen.

Die Tatsache, dass „dezentralisierte" Vermögenswerte „zentralisierte" Abhängigkeiten haben, führt zu zwei wichtigen Schlussfolgerungen. Erstens sind NFTs durch Betrug, Spekulation und Missverständnisse nutzlos geworden. Dies war im Jahr 2021 häufig der Fall und wird wahrscheinlich auch in den kommenden Jahren noch weitgehend zutreffen. Zweitens: Das ungenutzte Potenzial dieser Technologie ist außerordentlich und wird mit der Ausweitung des Nutzens von und des Zugangs zu Blockchain-basierten Spielen und Produkten realisiert werden.

Die zweite Schlussfolgerung verweist auf die Bedeutung der Blockchain für das Metaverse. So schaffen Blockchains nicht nur ein gemeinsames und unabhängiges Register für virtuelle Güter, sondern sie bieten auch eine potenzielle technische Lösung für das größte Hindernis für die Interoperabilität virtueller Güter: das Entgehen von Einnahmen.

Viele Spielerinnen und Spieler würden ihre Güter und Berechtigungen gern von Spiel zu Spiel mitnehmen. Eine Reihe von Spieleentwicklern erzielt jedoch den Großteil ihrer Einnahmen durch den Verkauf von Gütern, die ausschließlich in ihren Spielen verwendet werden. Die Möglichkeit für einen Spieler, „woanders zu kaufen, hier zu benutzen", gefährdet das Geschäftsmodell eines Spieleentwicklers. Die Spieler könnten so viele virtuelle Güter anhäufen, dass sie keine Notwendigkeit mehr sehen, weitere zu kaufen. Oder die Spieler könnten beginnen, all ihre Skins in Spiel A zu kaufen, sie dann aber ausschließlich in Spiel B spielen, was zu Verzerrungen führen würde. Es ist sogar wahrscheinlich, dass Anbieter virtueller Güter auf den Plan treten, die die Preise für die im Spiel verkauften Waren stark unterbieten könnten, da sie weder die Entwicklungs- noch die Betriebskosten eines Spiels amortisieren müssen.

Viele Entwickler werden von der Sorge zurückgehalten, dass eine Open-Item-Wirtschaft weit mehr Wert schaffen könnte, als sie selbst einnehmen. Entwickler A könnte Skin A für Spiel A produzieren, nur um dann festzustellen, dass Spiel A in der Nutzung nachlässt und Skin A zu einem beliebten (und wertvollen) Gegenstand in dem länger laufenden Titel von Entwickler B wird. In diesem Fall hat Entwickler A tatsächlich Inhalte für einen Konkurrenten erstellt. Oder es stellt sich einfach heraus, dass die Kreationen von Entwickler A ikonisch und sehr wertvoll geworden sind, sodass ein Spieler mit den Kreationen von Entwickler A weitaus mehr Gewinn macht, als Entwickler A es jemals könnte. (Erschwerend kommt hinzu, dass Entwickler A nach dem ersten Verkauf vielleicht nie wieder einen zusätzlichen Dollar sieht). Der Handel ist natürlich ein chaotischer Prozess, bei dem es einige Verlierer gibt, auch wenn die wirtschaftlichen Auswirkungen insgesamt sehr positiv sind. Die Interoperabilität kann jedoch teilweise durch eine Mischung aus Steuern und Abgaben erleichtert werden (wie es in der realen Welt der Fall ist). So sind beispielsweise die meisten NFTs so programmiert, dass sie ihrem ursprünglichen Entwickler beim Handel oder Wiederverkauf automatisch eine Provision zahlen. Ähnliche Systeme können eingerichtet werden, um bei der „Einfuhr" oder Verwendung einer „fremden" Ware zu zahlen. Andere Beobachter schlagen eine programmierte Degradierung virtueller Güter vor, wodurch der „Nutzung" implizite „Kosten" auferlegt werden, die den Wert eines Gutes langsam mindern und den Wiederkauf fördern. Die Blockchain-Programmierung allein kann Brüche oder Lücken nicht verhindern, da dies voraussetzen würde, dass diese Systeme und deren Anreize „perfekt" sind. Die Lehren aus der Globalisierung zeigen uns aber, dass dies unmöglich ist. Viele glauben jedoch, dass Blockchains durch ihre vertrauenslosen, erlaubnisfreien und automatischen Kompensationsmodelle dennoch eine interoperablere virtuelle Welt schaffen können.

Spiele auf der Blockchain

Unabhängig davon, ob man langfristig an NFTs glaubt, gibt es weitere interessante Aspekte von Blockchain-basierten virtuellen Welten und Communities. Ich habe bereits erwähnt, dass DApps ihre eigenen kryptowährungsähnlichen Token für ihr Netzwerk und ihre Nutzer ausgeben können. Diese müssen nicht für Rechenressourcen ausgegeben werden, wie es bei der Transaktionsverarbeitung von Bitcoin und Ethereum der Fall ist. Sie können auch für die Bereitstellung von Zeit, die Gewinnung neuer Nutzer, die Eingabe von Daten, IP-Rechte, Kapital, Bandbreite, gutes Verhalten (z. B. Community Scores), Hilfe bei der Moderation und mehr vergeben werden. Diese Token können mit Governance-Rechten ausgestattet werden und können natürlich zusammen mit dem zugrunde liegenden Projekt an Wert gewinnen. Jeder Nutzer (d. h. Spieler) kann diese Token häufig auch kaufen und so am finanziellen Erfolg der Spiele, die er liebt, teilhaben.

Die Entwickler glauben, dass dieses Modell dazu genutzt werden kann, die Notwendigkeit einer Finanzierung durch Investoren zu verringern, die Beziehung zur Community zu vertiefen und das Engagement deutlich zu erhöhen. Wenn wir es lieben, *Fortnite* zu spielen oder Instagram zu nutzen, liegt es auf der Hand, dass wir mehr in sie investieren und häufiger verwenden, wenn wir davon profitieren und/oder mitbestimmen können. Schließlich haben Millionen von Menschen Milliarden von Stunden damit verbracht, in *Farmville* Felder zu bestellen und Pflanzen zu säen, ohne dafür ein Einkommen zu erhalten oder Eigentümer von *Farmville* oder gar ihrer eigenen Farm zu sein. Wie immer sind Blockchains keine technische Voraussetzung für diese Art von Erlebnissen, aber viele glauben, dass ihre vertrauenswürdigen, erlaubnisfreien und reibungslosen Strukturen es wahrscheinlicher machen, dass solche Erlebnisse sich durchsetzen, florieren und – was am wichtigsten ist – sich als nachhaltig erweisen. Die Nachhaltigkeit ergibt sich nicht nur aus der stärkeren Beteiligung der Nutzer an einer Anwendung und der Übernahme von Verantwortung für diese, sondern auch aus der Art und Weise, wie die Blockchain die Anwendung davon abhält, das Vertrauen der Nutzer zu missbrauchen, und sie stattdessen zwingt, es sich zu verdienen.

Ein gutes Beispiel für die Dynamik der Blockchain zwischen DApp und Nutzer ist der Wettbewerb zwischen Uniswap und Sushiswap. Uniswap war eine der ersten Ethereum-DApps, die von einer großen Nutzerzahl akzeptiert wurde, da sie Pionierarbeit für das automatisierte Market-Maker-Modell leistete, das es den Nutzern ermöglichte, einen Token über eine zentralisierte Börse gegen einen anderen zu tauschen. Der überwiegend offene Code von Uniswap wurde von einem Konkurrenten, Sushiswap, kopiert und geforkt. Um seine Akzeptanz zu erhöhen, gab Sushiswap Token an seine Nutzer aus. Die Nutzer hatten genau dieselbe Funktionalität wie bei Uniswap, erhielten dafür aber eine Beteiligung an Sushiswap. Dadurch war Uniswap gezwungen, mit einem eigenen Token zu kontern und gleichzeitig alle früheren Nutzer rückwirkend zu belohnen. Ein nutzerfreundliches „Wettrüsten" wie dieses ist typisch. DApps haben nur wenige Barrieren, die das Aufkommen von Versionen mit besserer Funktionalität verhindern, insbesondere weil Blockchains und nicht DApps, einen Großteil der Daten aufbewahren, die wir im digitalen Zeitalter typischerweise schätzen – die Identität des Kunden, seine Daten, seinen digitalen Besitz usw.

Neben dem Betrieb von DApps und Kontoservices können Blockchains auch für die Bereitstellung von rechnergestützter Spieleinfrastruktur genutzt werden. In Kapitel 6 habe ich den unstillbaren Bedarf nach mehr Rechenressourcen und die seit Langem bestehende Überzeugung hervorgehoben, dass für die Realisierung des Metaverse die Milliarden von CPUs und GPUs angezapft werden müssen, die zu einem bestimmten Zeitpunkt meist ungenutzt sind. Mehrere Blockchain-basierte Start-ups verfolgen dieses Ziel – und sie sind erfolgreich. Eines davon, Otoy, hat das Ethereum-basierte RNDR-Netzwerk und Token geschaffen, damit diejenigen, die zusätzliche GPU-Leistung benötigen, ihre Aufgaben an ungenutzte Computer senden können, die mit dem RNDR-Netzwerk verbunden sind, anstatt an teure Cloud-Anbieter wie Amazon oder Google. Alle Verhandlungen und Vertragsabschlüsse zwischen den Parteien werden innerhalb von Sekunden durch das

RNDR-Protokoll abgewickelt, keine Seite kennt die Identität oder die Besonderheiten der auszuführenden Aufgabe, und alle Transaktionen erfolgen mit RNDR-Kryptowährungstoken.

Ein weiteres Beispiel ist Helium, das die *New York Times* als „dezentrales drahtloses Netzwerk für ‚Internet der Dinge'-Geräte, angetrieben durch Kryptowährung" beschrieben hat.[5] Helium funktioniert durch den Einsatz von 500-Dollar-Hotspot-Geräten, die es ihrem Besitzer ermöglichen, seine Internetverbindung zu Hause sicher weiterzuleiten – und zwar bis zu 200 Mal schneller als ein herkömmliches Wi-Fi-Gerät. Dieser Internetdienst kann von jedem genutzt werden, vom Verbraucher (z. B. um Facebook zu checken) bis zur Infrastruktur (z. B. eine Parkuhr, die eine Kreditkartentransaktion verarbeitet). Das Transportunternehmen Lime ist ein wichtiger Kunde und nutzt Helium, um seine Flotte von mehr als 100.000 Fahrrädern, Rollern, Mopeds und Autos zu verfolgen, von denen viele regelmäßig in „tote Zonen" des Mobilfunknetzes geraten.[6] Wer einen Helium-Hotspot betreibt, wird mit dem HNT-Token von Helium und im Verhältnis zur Nutzung entschädigt. Am 5. März 2022 umfasste das Helium-Netz mehr als 625.000 Hotspots – ein Jahr zuvor waren es noch weniger als 25.000 –, verteilt auf fast 50.000 Städte in 165 Ländern.[7] Der Gesamtwert der Token von Helium übersteigt 5 Milliarden US-Dollar.[8] Auffällig ist, dass das 2013 gegründete Unternehmen lange mit einer geringen Nutzerakzeptanz kämpfte, bis es von einem traditionellen (d. h. unbezahlten) Peer-to-Peer-Modell zu einem Modell wechselte, das den Mitwirkenden eine direkte Vergütung über Kryptowährung bot. Die langfristige Lebensfähigkeit und das Potenzial von Helium bleiben ungewiss, denn die meisten Internetserviceprovider (ISPs) verbieten ihren Kunden das Rebroadcasting ihrer Internetverbindung. Zwar haben die ISPs solche Verstöße bisher in der Regel ignoriert, was sich aber ändern kann, sobald die Gesamtdatennutzung sehr groß wird. Unabhängig davon dient Helium als weitere Erinnerung an das Potenzial dezentraler Zahlungsmodelle – und schließt nun auch direkte Verträge mit ISPs ab.

Das Ausmaß und die Vielfalt des Krypto-Gaming-Booms im Jahr 2021, gepaart mit der relativen Unerfahrenheit und den enormen Einnahmen pro Spieler, haben zu einem Entwicklungsschub geführt. Eine der führenden Gaming-Investorinnen der Welt erzählte mir, dass sich fast alle talentierten Spieleentwickler, die sie kennt, mit Ausnahme derer, die bereits weltberühmte Studios betreiben, auf die Entwicklung von Spielen auf der Blockchain konzentrieren. Insgesamt wurden in Blockchain-basierte Spiele und Spieleplattformen mehr als 4 Milliarden Dollar[9] an Risikokapital investiert (die gesamte VC-Finanzierung für Blockchain-Unternehmen und -Projekte belief sich auf etwa 30 Milliarden Dollar; einige spekulieren sogar, dass weitere 100 bis 200 Milliarden Dollar von Risikokapitalfonds aufgebracht wurden).[10]

Der Zustrom von Talenten, Investitionen und Experimenten kann schnell zu einem positiven Kreislauf führen, bei dem mehr Nutzer ein Krypto-Wallet einrichten, Blockchain-Spiele spielen und NFTs kaufen, was den Wert und Nutzen aller anderen Blockchain-Produkte erhöht, was weitere Entwickler motiviert, die wiederum mehr Nutzer anziehen, und so weiter. Letztendlich führt uns dies in eine Zukunft, in der eine Handvoll austauschbarer Kryptowährungen die Wirtschaft verschiedener Spiele antreibt. Und in dieser Zukunft sind alle virtuellen Güter zumindest teilweise für die Interaktion gedacht. Bei ausreichendem Umfang werden selbst die erfolgreichsten Spieleentwickler der Vor-Blockchain-Ära, darunter Activision Blizzard, Ubisoft und Electronic Arts, die Technologien als finanziell unwiderstehlich und wettbewerbsentscheidend empfinden. Der Übergang wird durch die Tatsache erleichtert, dass sie ihre Wirtschaft und ihre Kontosysteme für ein System öffnen, das nicht ihren Plattformkonkurrenten wie Valve und Epic Games gehört, sondern der Spielergemeinschaft.

Dezentralisierte autonome Organisationen

Der bahnbrechendste Aspekt der digital nativen „programmierbaren" Zahlungssysteme ist jedoch, wie sie eine größere unabhängige Zusammenarbeit und eine einfachere Finanzierung neuer Projekte ermöglichen. Dies ist kein strukturell getrennter Punkt von allem, was ich bisher besprochen habe, aber es ist wichtig, ihn in einem breiteren Kontext zu verstehen.

Zu diesem Zweck möchte ich über Verkaufsautomaten sprechen. Die ersten dieser Geräte kamen bereits vor 2000 Jahren auf (um 50 n. Chr.) und ermöglichten es, eine Münze einzuwerfen und dafür Weihwasser zu erhalten. In den späten 1800er-Jahren konnte man an diesen Automaten eine Vielzahl von Produkten kaufen – Kaugummis, Zigaretten oder Briefmarken. Kein Ladenbesitzer oder Anwalt verwaltete die Verteilung der Waren, noch nahm er Zahlungen an oder bestätigte sie, sondern das System funktionierte nach der festen Regel: „Wenn dies, dann das." Jeder vertraute dem System.

Blockchains kann man sich wie einen virtuellen Verkaufsautomaten vorstellen. Nur viel, viel intelligenter. Sie können zum Beispiel mehrere Beitragszahler verfolgen und sie unterschiedlich bewerten. Stellen Sie sich vor, jemand wollte einen Schokoriegel an einem realen Automaten kaufen. Vielleicht hatte die Person nur 0,75 Dollar dabei, wollte einen

Schokoriegel für einen Dollar kaufen. Also bat sie einen Passanten um 25 Cent, um die Transaktion abzuschließen. Vielleicht stimmte der Passant zu, aber nur, wenn er die Hälfte des Schokoriegels erhielt und nicht seinen Anteil von einem Viertel. Ein „Blockchain-Automat" würde es beiden Personen ermöglichen, einen sogenannten „intelligenten Vertrag" für diese Vereinbarung zu unterschreiben. Nach Annahme jeder einzelnen Zahlung würde das Gerät dann automatisch (und unbestechlich) die entsprechenden Beträge (halb und halb) an den jeweiligen Besitzer ausgeben. Gleichzeitig hätte der Blockchain-Automat automatisch auch alle für den Schokoriegel Verantwortlichen bezahlt: 5 Cent an die Person, die den Automaten bestückt hat, 7 Cent an den Besitzer des Automaten und 2 Cent an den Hersteller.

Intelligente Verträge können innerhalb von Minuten geschrieben werden und fast jedem Zweck dienen – sie können kurz und temporär, umfangreich und dauerhaft sein. Eine Reihe unabhängiger Autoren und Journalisten nutzen Smart Contracts, um Geld für ihre Recherchen, Nachforschungen und Texte zu beschaffen – als eine Art Vorschuss auf künftige Einnahmen, der jedoch von der Community und nicht von einem Unternehmen stammt. Nach der Fertigstellung werden ihre Werke auf die Blockchain übertragen und verkauft oder vielleicht hinter eine kryptobasierte Bezahlschranke gestellt, wobei die Erlöse an ihre Gönner zurückgegeben werden. In anderen Fällen hat ein Autorenkollektiv Token ausgegeben, um Geld für ein neues Magazin zu beschaffen, das dann ausschließlich den Token-Inhabern zur Verfügung steht. Einige Autoren verwenden intelligente Verträge, um automatisch Gelder mit denjenigen zu teilen, die ihnen geholfen oder sie inspiriert haben. Nichts davon erfordert Kreditkartennummern, die Eingabe von ACH-Daten, Rechnungen oder auch nur viel Zeit – nur eine Kryptowährung in einem Kryptowallet.

Manche stellen sich Smart Contracts als die Metaverse-Ära-Version der LLC (Gesellschaft mit beschränkter Haftung) oder gemeinnütziger Organisationen vor. Ein intelligenter Vertrag kann geschrieben und sofort finanziert werden, ohne dass die Teilnehmer Dokumente unterschreiben, Bonitätsprüfungen durchführen, Zahlungen bestätigen oder Bankkonten zuweisen, Anwälte beauftragen oder gar die Identität der anderen Teilnehmer kennen müssen. Darüber hinaus verwaltet der intelligente Vertrag „vertrauenslos" einen Großteil der laufenden Verwaltungsarbeit für die Organisation, einschließlich der Zuweisung von Eigentumsrechten, der Berechnung von Abstimmungen über Satzungen, der Verteilung von Zahlungen usw. Diese Organisationen werden in der Regel als „dezentrale autonome Organisationen" oder „DAOs" bezeichnet.

Tatsächlich wurden viele der teuersten NFTs nicht von Einzelpersonen gekauft, sondern von DAOs, die sich aus Dutzenden (und in einigen Fällen aus vielen Tausenden) pseudonymen Krypto-Nutzern zusammensetzten, die den Kauf niemals allein hätten tätigen können. Mithilfe der Token der DAO kann das Kollektiv bestimmen, wann diese NFTs verkauft werden und zu welchem Mindestpreis, und gleichzeitig die Auszahlungen verwalten. Das bemerkenswerteste Beispiel für eine solche DAO ist die ConstitutionDAO, die am 11. November 2021 gegründet wurde, um eine der dreizehn überlebenden Erstausgaben der Verfassung der Vereinigten Staaten zu erwerben, die am 18. November bei Sotheby's versteigert werden sollte. Trotz begrenzter Planung und ohne ein „traditionelles" Bankkonto konnte die DAO mehr als 47 Millionen Dollar aufbringen – weit mehr als die 15 bis 20 Millionen Dollar, die nach Schätzungen von Sotheby's nötig wären, um die Auktion zu gewinnen. ConstitutionDAO verlor schließlich gegen einen privaten Bieter, den milliardenschweren Hedgefonds-Manager Ken Griffin. *Bloomberg* berichtete darüber, dass dies „die Macht der DAO zeigt … das Potenzial, die Art und Weise zu verändern, wie Menschen Dinge kaufen, Unternehmen aufbauen, Ressourcen teilen und gemeinnützige Organisationen leiten".[11]

Gleichzeitig hat ConstitutionDAO auch viele der Probleme mit der Ethereum-Blockchain aufgezeigt. So wurden beispielsweise schätzungsweise 1 bis 1,2 Millionen US-Dollar für die Verarbeitung von Transaktionen zur Finanzierung der DAO ausgegeben. Dies machte etwa 2,1 % der Beiträge aus und lag innerhalb der durchschnittlichen Spanne von traditionellen Zahlungssystemen. Der durchschnittliche Beitrag wurde auf 217 Dollar pro Spender, wobei fast 50 Dollar für das „Gas" fee ausgegeben wurden. Natürlich kann die Ethereum-Blockchain nicht auf Gebühren für die Rückgängigmachung oder Erstattung einer Transaktion „verzichten". Infolgedessen wurden diese Gebühren durch die Auktion praktisch verdoppelt, da die meisten ihre Spende zurückforderten. Viele Spenden verblieben aber deshalb in der DAO, weil die Kosten für diese Rückforderung den eigentlichen Wert der Spende überstiegen. (Viele dieser Probleme sind auf eine schlampige Smart-Contract-Kodierung zurückzuführen und hätten vermieden werden können, insbesondere wenn eine andere Blockchain- oder Layer-2-Lösung verwendet worden wäre).

Obwohl ein Mitglied der „traditionellen Finanzwelt" die Gemeinschaft der dezentralen Finanzcommunity ausmanövrieren konnte, nutzt auch die Welt der Hochfinanz DAOs für ihre Investitionen. Ein solches Beispiel ist das Komorebi Collective, das Risikoinvestitionen in „außergewöhnliche weibliche und nicht-binäre Krypto-Gründer" tätigt und zu seinen Mitgliedern eine Reihe von hochkarätigen Risikokapitalgebern, Technologieführern, Journalisten und Menschenrechtsaktivisten zählt. Ende 2021 nutzten etwa 5.000 Outdoor-Enthusiasten eine DAO, um ein zehn Hektar großes Grundstück in der Nähe des Yellowstone-Nationalparks in Wyoming zu erwerben, wo zu Beginn des Jahres ein Gesetz zur Anerkennung der Legitimität von DAOs verabschiedet hatte. „CityDAO" ist größtenteils über Discord organisiert und hat keinen offiziellen Anführer (Ethereum-Mitbegründer Vitalik Buterin ist Mitglied), wobei alle wichtigen Entscheidungen durch Abstimmung getroffen werden und die Mitglieder ihre Mitgliedstoken jederzeit verkaufen können. Ein Mitglied, das de facto das Aushängeschild der CityDAO ist, erklärte gegenüber der *Financial Times*, dass er hoffe, dass Wyomings Übernahme der DAO-Struktur „zu einem grundlegenden Bindeglied zwischen digitalen Vermögenswerten, Kryptowährungen und der physischen Welt wird".[12] Wyoming war übrigens auch der erste Bundesstaat, der per Gesetz ab 1977 die Gründung von LLCs zuließ, etwa 19 Jahre bevor es landesweit verabschiedet wurde.

„Friends with Benefits" (FWB) ist im Grunde ein DAO-basierter Mitgliedsclub, in dem Token verwendet werden, um Zugang zu privaten Discord-Kanälen, Veranstaltungen und Informationen zu erhalten. Einige haben argumentiert, dass FWB einfach das jahrhundertealte Beitragsmodell von jedem exklusiven Club repliziere, nur um jetzt am „Krypto"-Hype partizipieren zu können. Diese Sichtweise ignoriert jedoch die Potenz des Token-Designs der FWB. Die Mitglieder zahlen keine jährlichen Beiträge. Stattdessen müssen sie eine bestimmte Anzahl von FWB-Tokens kaufen, um Mitglied zu werden – und diese dann halten, um Mitglied zu bleiben. Somit ist jedes Mitglied Miteigentümer der FWB und kann jederzeit durch den Verkauf seiner Token austreten. Da diese Token an Wert gewinnen, je erfolgreicher oder begehrter der Club wird, hat jedes Mitglied einen Anreiz, seine Zeit, Ideen und Ressourcen in den Club zu investieren. Durch die Wertsteigerung wird es auch für Spammer immer unpraktischer, dem FWB beizutreten, während unter normalen Umständen die Popularität einer sozialen Online-Plattform nur Trolle ermutigt. Wertschätzung bedeutet, dass der Club härter arbeiten muss, um sich seine Rolle im Leben eines Mitglieds zu verdienen. Wenn Sie einem Club durch den Kauf von Token im Wert von 1.000 Dollar beigetreten sind und sich der Wert dieser Token vervierfacht, muss der Club mehr tun, um Sie als Mitglied zu halten. Denn wenn Sie austreten, drückt Ihr Verkauf den Marktwert der verbleibenden Token. Schließlich verwenden viele soziale DAOs intelligente Verträge, um Token an einzelne Mitglieder für ihre Beiträge auszugeben, oder an diejenigen, die es sich nicht leisten können, dem Kollektiv beizutreten, aber von den Mitgliedern als würdig erachtet werden.

„Nouns DAO" ist quasi eine Mischung aus FWB und Cryptopunks. Jeden Tag wird ein neues Noun – der NFT eines niedlichen verpixelten

Avatars – versteigert, wobei 100 % der Nettoerlöse in die Schatzkammer der Nouns DAO fließen, die ausschließlich dazu dient, den Wert von Nouns NFTs zu steigern. Wie macht diese Schatzkammer das genau? Durch die Finanzierung von Vorschlägen, die von den Besitzern der NFTs verfasst und über die sie abgestimmt haben. Im Grunde handelt es sich um einen ständig wachsenden Investmentfonds, der von einem ständig wachsenden Vorstand verwaltet wird.

Einige sehen in sozialen DAOs und Token eine Möglichkeit, gegen gezielte Belästigung und Toxizität in großen sozialen Online-Netzwerken vorzugehen. Man stelle sich zum Beispiel ein Modell vor, bei dem Twitter-Nutzer wertvolle Twitter-Token für das Melden von schlechtem Verhalten erhalten, mehr für das Überprüfen von zuvor gemeldeten Tweets verdienen können und sie verlieren, wenn sie gegen die Regeln verstoßen. Gleichzeitig könnten Super-User und Influencer mit Token für die Ausrichtung von Veranstaltungen belohnt werden, anstatt sich auf Tipps oder das Posten von Werbe-Tweets im Auftrag von Werbetreibenden zu verlassen, um Einkommen zu generieren. Bis Ende 2021 hatten Kickstarter, Reddit und Discord öffentlich Pläne für den Wechsel zu Blockchain-basierten Token-Modellen beschrieben.

Hindernisse

Einer möglichen Blockchain-Revolution stehen noch zahlreiche Hindernisse entgegen. Vor allem ist die Blockchain nach wie vor zu teuer und zu langsam. Aus diesem Grund laufen die meisten „Blockchain-Spiele" und „Blockchain-Erlebnisse" immer noch auf Nicht-Blockchain-Datenbanken. Infolgedessen sind sie nicht wirklich dezentralisiert.

In Anbetracht der Rechenanforderungen groß angelegter, in Echtzeit gerenderter virtueller 3D-Welten und der Notwendigkeit einer extrem niedrigen Latenzzeit stellen einige Experten infrage, ob wir ein solches Erlebnis jemals vollständig dezentralisieren können – ganz zu schweigen vom Metaverse. Anders ausgedrückt: Wenn Computer knapp sind und die Lichtgeschwindigkeit bereits eine Herausforderung darstellt, wie könnte es dann jemals Sinn machen, dieselbe „Arbeit" unzählige Male auszuführen und darauf zu warten, dass sich ein globales Netzwerk auf die richtige Antwort einigt? Und selbst wenn uns das gelänge, würde der Energieverbrauch nicht den Planeten zum Schmelzen bringen?

Doch die Meinungen gehen auseinander. Viele Menschen glauben, dass die wichtigsten technischen Probleme mit der Zeit gelöst werden. Ethereum zum Beispiel überarbeitet weiterhin seinen Validierungsprozess, sodass die Netzwerkteilnehmer weniger Arbeit (und vor allem weniger doppelte Arbeit) leisten müssen, und es verbraucht bereits weniger als ein Zehntel der Energie pro Transaktion der Bitcoin-Blockchain. Layer 2 und Sidechains sind ebenfalls auf dem Vormarsch und lösen viele der Defizite von Ethereum, während neuere Layer 1, wie Solana, die gleiche Flexibilität bei der Programmierung bieten, jedoch mit einer weitaus besseren Leistung. Die Solana Foundation behauptet, dass eine einzige Transaktion etwa so viel Energie verbraucht wie zwei Suchen bei Google.

In den meisten Ländern und US-Bundesstaaten sind DAOs und intelligente Verträge rechtlich nicht anerkannt. Doch das beginnt sich zu ändern, auch wenn deren rechtliche Anerkennung keine ausreichende Lösung darstellt. Es gibt ein gängiges Sprichwort: „Die Blockchain lügt nicht" bzw. „Die Blockchain kann nicht lügen." Das mag stimmen, aber Nutzer können die Blockchain anlügen. Ein Musiker könnte die Tantiemen für seinen Song in Token umwandeln und damit sicherstellen, dass intelligente Verträge alle Zahlungen ausführen. Diese Tantiemen werden jedoch möglicherweise nicht „auf der Chain" empfangen. Stattdessen könnte ein Musiklabel eine Überweisung an die zentralisierte Datenbank des Musikers senden, und dann muss der Musiker die entsprechenden Beträge in das entsprechende Wallet einzahlen, und so weiter. Außerdem werden viele NFTs von Personen geprägt, die nicht die Rechte an den zugrunde liegenden Werken besitzen. Mit anderen Worten: Blockchains machen nicht alles vertrauenswürdig – so wie Verträge nicht die schlechten Verhaltensweisen aus der Welt schaffen.

Und dann ist da noch das Problem mit den App Stores: Wenn Apple und Google keine Blockchain-Spiele oder -Transaktionen zulassen, was ist dann der Sinn? Nun, die Blockchain-Maximalisten glauben, dass die Gesamtheit ihrer wirtschaftlichen Kräfte selbst die mächtigsten Unternehmen der Welt dazu zwingen wird, sich zu ändern, und nicht nur die Spielehersteller und Game Conventions.

Was man von Blockchains und dem Metaverse halten könnte

Meiner Meinung nach gibt es fünf Richtungen, über die Bedeutung der Blockchain nachzudenken, sowohl im Kontext des Metaverse als auch der Gesellschaft im Allgemeinen. Erstens ist sie eine verschwenderische Technologie, die durch Betrug und Modeerscheinungen gefördert wird, und die nicht aufgrund ihrer Vorzüge, sondern aufgrund kurzfristiger Spekulationen Aufmerksamkeit erhält.

Zweitens sind Blockchains in der Tat den meisten, wenn nicht allen alternativen Datenbanken, Verträgen und Rechenstrukturen unterlegen, können aber dennoch zu einem kulturellen Wandel in Bezug auf Nutzer- und Entwicklerrechte, Interoperabilität in virtuellen Welten und Kompensationen für diejenigen führen, die Open-Source-Software unterstützen. Vielleicht sind diese Entwicklungen ja auch unabhängig von Blockchains unvermeidlich, aber Blockchains könnten sie schneller und demokratischer herbeiführen.

Drittens werden Blockchains – hoffentlich – nicht das vorherrschende Mittel für die Speicherung von Daten, zur Datenverarbeitung oder von Zahlungen werden, aber in ihnen liegt ein Potenzial für viele neue Erfahrungen, Anwendungen und Geschäftsmodelle. Jensen Huang von Nvidia hat argumentiert, dass „Blockchains für eine lange Zeit hier und eine grundlegende neue Form der Datenverarbeitung sein werden"[13]. Der globale Zahlungsgigant Visa hat eine Abteilung für Kryptowährungszahlungen ins Leben gerufen und erklärt dazu auf seiner Website: „Krypto erreicht ein außergewöhnliches Maß an Akzeptanz und Investitionen und eröffnet eine Welt neuer Möglichkeiten für Unternehmen, Regierungen und Verbraucher."[14] Erinnern Sie sich an die vielen Probleme, die entstehen (Kapitel 8), wenn in einer virtuellen Welt ein einzigartiger Vermögenswert mit einer anderen „geteilt" werden soll, wie es beispielsweise bei der Verwendung eines Avatars in *Call of Duty* von Activision der Fall wäre, der in *Fortnite* von Epic Games gekauft wurde. Wo wird der Vermögenswert gespeichert, wenn er nicht in Gebrauch ist? Auf dem Server von Epic, auf dem von Activision, auf beiden oder ganz woanders? Wie wird der Aufbewahrer entschädigt? Wenn der Gegenstand verändert oder verkauft wird, wer hat das Recht, eine solche Änderung vorzunehmen und sie zu registrieren? Wie lassen sich diese Lösungen auf Hunderte, wenn nicht Milliarden verschiedener virtueller Welten übertragen? Auch wenn Blockchains nur ein unabhängiges System bieten, das einige dieser Probleme teilweise löst, glauben viele, dass sie dennoch eine Revolution in der virtuellen Kultur, im Handel und bei den Rechten bewirken werden. Eine vierte Ansicht besagt, dass Blockchains nicht nur kritische Technologien für die Zukunft sind, sondern auch der Schlüssel zum Umbruch der heutigen Plattformparadigmen. Erinnern Sie sich daran, warum geschlossene Plattformen dazu neigen, zu gewinnen. Freie, quelloffene und von der Gemeinschaft betriebene Technologien sind seit Jahrzehnten verfügbar und versprechen Entwicklern und Nutzern oft eine gerechtere und bessere Zukunft, nur um dann gegen bezahlte, geschlossene und in Privatbesitz befindliche Alternativen zu verlieren. Der Grund dafür ist, dass die Unternehmen enorme Investitionen in konkurrierende Dienste und Tools, technische Talente, Kundenakquise und exklusive Inhalte tätigen können. Solche

Investitionen ziehen wiederum Nutzer an, wodurch ein lukrativer Markt für Entwickler entsteht, und/oder sie ziehen Entwickler an, die wiederum Nutzer anziehen, die wiederum weitere Entwickler anziehen. Im Laufe der Zeit nutzt das Unternehmen, das diese Entwickler und Nutzer verwaltet, diese Kontrolle zusammen mit seinen ständig wachsenden Gewinnen, um dieselben Gruppen an sich zu binden und Wettbewerber auszuschalten.

Wie könnten Blockchains diese Dynamik verändern? Sie bieten einen Mechanismus, durch den bedeutende und vielfältige Ressourcen – von Vermögen über Infrastruktur bis hin zu Zeit – leicht und in einer Größenordnung gebündelt werden können, die es mit den mächtigsten Privatunternehmen aufnehmen können. Mit anderen Worten: Die einzige Möglichkeit, Billionen-Dollar-Konzerne zu bekämpfen, die Billionen-Dollar-Chancen verfolgen, besteht darin, dass Milliarden von Menschen weitere Billionen beisteuern.

Blockchains haben auch ein eingebautes Wirtschaftsmodell, um diejenigen zu entschädigen, die zum Erfolg oder zum laufenden Betrieb beitragen, anstatt auf Altruismus und Empathie zu setzen, wie es bei den meisten Open-Source-Projekten der Fall ist. Außerdem scheinen Blockchain-basierte Erfahrungen zumindest bisher den Entwicklern weitaus größere Gewinne zu versprechen als geschlossene Spieleplattformen. Ebenso wichtig ist, dass die Führenden von Blockchain-Plattformen und -Unternehmen deutlich weniger Kontrolle über ihre Nutzer und Entwickler haben als diejenigen, die auf traditionellen Datenbanken und Systemen aufbauen, da sie die Identität eines Nutzers, seine Daten, Zahlungen oder Inhalte nicht zwangsweise bündeln können. Chris Dixon, ein auf Krypto fokussierter Risikokapitalgeber bei Andreessen Horowitz, argumentiert, dass, wenn das vorherrschende Ethos des Web 2.0 „Don't be evil" lautete – Googles berühmtes und inoffizielles Motto –, es dann beim (Blockchain-basierten) Web3 heißt: „Can't be evil".

Es ist jedoch unwahrscheinlich, dass alle Daten „on chain" sind, d. h. nur wenige Erfahrungen werden vollständig „dezentralisiert" sein und daher de facto zentralisiert oder zumindest stark von einer bestimmten Partei kontrolliert werden. Darüber hinaus ergibt sich die Kontrolle nicht nur aus dem Besitz von Daten, sondern auch aus proprietärem Code und geistigem Eigentum. Es ist relativ einfach, den Code von Uniswap zu kopieren, der größtenteils Open Source ist, aber die Möglichkeit, den Code zu kopieren, mit dem ein Blockchain-basiertes *Call of Duty* läuft, bedeutet nicht, dass ein Entwickler das Recht hat, dies zu tun. Ein Disney-Blockchain-Spiel kann Nutzern unbegrenzte Rechte an Disney-basierten NFTs einräumen, aber das bedeutet nicht, dass andere Entwickler Disney-Spiele mit Disneys geistigem Eigentum entwickeln können. Anders ausgedrückt: Ein Kind kann mit einer Darth-Vader-

Actionfigur und einer Micky Maus in der Badewanne seine eigenen Geschichten erzählen, aber Hasbro kann diese Figuren nicht kaufen und sie für den Verkauf eines Disneyland-Brettspiels verwenden. Eine andere Form der „Begrenzung" sind Gewohnheiten – die Suchergebnisse von Bing mögen genauer (und weniger werblich) sein als die von Google, aber nur wenige von uns denken daran, sie zu nutzen. Und selbst wenn sie besser sind, wie viel besser müssen sie sein, um einen Nutzer davon zu überzeugen, sein Verhalten zu ändern oder die Synergien bei der Verwendung von Googles Suchmaschine und Browser zu überwinden? Chris Dixons Aussage ist zwar übertrieben, aber in den obigen Beispielen geht es darum, wie unabhängige Entwickler und Kreative Macht aufbauen – und nicht um die Art und Weise, wie die zugrunde liegende Plattform (z. B. Ethereum) ihre eigene aufbaut oder schützt.

Im Allgemeinen ist die Gesellschaft der Ansicht, dass die Rechte der ersteren Gruppe für die wirtschaftliche Gesundheit wichtiger sind als die der letzteren.

Die fünfte Perspektive auf Blockchains legt nahe, dass sie im Wesentlichen eine Voraussetzung für das Metaverse sind – zumindest für ein Metaverse, das unseren hochfliegenden Vorstellungen entspricht und in dem wir tatsächlich leben möchten. Tim Sweeney sagte 2017, dass wir „zu der Erkenntnis kommen werden, dass die Blockchain wirklich ein allgemeiner Mechanismus für die Ausführung von Programmen, die Speicherung von Daten und die nachweisbare Durchführung von Transaktionen ist. Sie ist eine Obermenge von allem, was es im Computerbereich gibt. Irgendwann werden wir sie als einen Computer betrachten, der verteilt ist und eine Milliarde Mal schneller läuft als der Computer, der auf unserem Schreibtisch steht, weil er eine Kombination aus den Computern aller ist."[15] Wenn wir jemals reichhaltige, in Echtzeit gerenderte und beständige Weltsimulationen erstellen möchten, müssen wir herausfinden, wie wir die gesamte Rechen-, Speicher- und Netzwerkinfrastruktur der Welt nutzen können (auch wenn dafür keine Blockchain-Technologie erforderlich ist). Im Januar 2021, kurz bevor der Hype um das Metaverse und NFTs begann, twitterte Sweeney: „Blockchain-basierte Grundlagen für ein offenes Metaverse. Dies ist der plausibelste Weg zu einem ultimativen, langfristig offenen Rahmen, in dem jeder die Kontrolle über seine eigene Präsenz hat, frei von Gatekeeping." In einem Folge-Tweet fügte Sweeney zwei Vorbehalte hinzu: „1.) Der Stand der Technik ist weit von dem 60Hz-Transaktionsmedium entfernt, das für 100 Millionen gleichzeitige Nutzer in einer Echtzeit-3D-Simulation benötigt wird" und „2.) Verstehen Sie dies nicht als Befürwortung von Investitionen in Kryptowährungen; das ist ein wildes, spekulatives Durcheinander ... Aber die Technologie wird sich weiterentwickeln."[16]

Im September 2021 blieb Sweeney optimistisch, was das Potenzial der Blockchain anbelangt, zeigte sich aber auch entmutigt angesichts ihres Missbrauchs und erklärte: „[Epic Games] rührt NFTs nicht an, da das gesamte Feld derzeit in einer unlösbaren Mischung aus interessanten dezentralen Tech-Gründungen und Betrug verstrickt ist."[17] Im darauffolgenden Monat verbot Steam Spiele, die die Blockchain-Technologie nutzten, woraufhin Sweeney ankündigte: „Im Epic Games Store sind Spiele, die die Blockchain-Technologie nutzen, willkommen, sofern sie die einschlägigen Gesetze befolgen, ihre Bedingungen offenlegen und von einer geeigneten Gruppe eine Altersfreigabe erhalten. Obwohl Epic keine Kryptowährungen in seinen Spielen verwendet, begrüßen wir Innovationen in den Bereichen Technologie und Finance."[18] Sweeneys Kritik machte auf ein Problem aufmerksam, das von Blockchain-Enthusiasten oft übersehen wird, einer Gruppe, die in der Regel die Dezentralisierung nur als eine Möglichkeit sieht, ihren Reichtum zu schützen. Ohne Vermittler, behördliche Aufsicht oder Identitätsüberprüfung wuchert der Kryptoraum mit Urheberrechtsverletzungen, Geldwäsche, Diebstahl und Lügen. Viele NFTs und Blockchain-basierte Spiele stützten sich auf die Verwirrung der Nutzer, nämlich darüber, was genau gekauft wird, wie es verwendet werden kann und wie es in Zukunft sein könnte (vielen ist es egal, solange die Preise steigen).

Wie viel von der Blockchain ein Hype bleibt und wie viel (potenzielle) Realität ist, bleibt ungewiss – das ist nicht anders als der aktuelle Stand des Metaverse. Eine der zentralen Lehren der Computer-Ära ist jedoch, dass die Plattformen, die Entwicklern und Nutzern am besten dienen, gewinnen werden. Blockchains haben noch einen langen Weg vor sich, aber viele sehen in ihrer Unveränderlichkeit und Transparenz den besten Weg, um sicherzustellen, dass die Interessen dieser beiden Gruppen im Zuge des Wachstums der Metaverse-Wirtschaft weiterhin im Vordergrund stehen.

Dritter Teil
Wie das Metaverse alles revolutionieren wird

Kapitel 12
Wann wird das Metaverse kommen?

Im zweiten Teil meines Buches habe ich umrissen, was erforderlich ist, um die Vision des Metaverse, wie ich es definiert habe, vollständig zu verwirklichen. Dieses erste Kapitel von Teil III greift die unvermeidlichen Fragen auf, wann das Metaverse nun kommen und wie es in verschiedenen Branchen aussehen wird.

Selbst diejenigen, die jährlich Dutzende von Milliarden in den „Quasi-Nachfolgestaat" des Internets investieren, sind sich über den Zeitpunkt der Entstehung des Metaverse nicht einig. Satya Nadella, CEO von Microsoft, sagte, dass das Metaverse „bereits da ist", und Microsoft-Gründer Bill Gates prognostizierte, dass „in den nächsten zwei oder drei Jahren die meisten virtuellen Meetings von 2D-Kamerabildrastern zum Metaverse übergehen werden"[1]. Facebook-CEO Mark Zuckerberg sagte, dass „vieles davon in den nächsten fünf bis zehn Jahren Mainstream werden wird"[2], während der ehemalige CTO und jetzige Berater von Oculus, John Carmack, gewöhnlich ein späteres Auftauchen vorhersagt. Der CEO von Epic, Tim Sweeney, und der CEO von Nvidia, Jensen Huang, neigen dazu, einen bestimmten Zeitrahmen zu vermeiden und sagen stattdessen, dass das Metaverse in den kommenden Jahrzehnten entstehen wird. Sundar Pichai, CEO von Google, äußert sich lediglich dahingehend, dass immersives Computing „die Zukunft" ist. Steven Ma, Senior Vice President von Tencent, der den größten Teil des Spielegeschäfts des Unternehmens leitet und im Mai 2021 die Vision der „hyperdigitalen Realität" von Tencent öffentlich vorstellte, warnt, dass „die Zeit des Metaverse zwar kommen wird, dieser Tag aber nicht heute sei ... Was wir heute sehen, ist in der Tat ein Sprung im Vergleich zu dem, was wir noch vor ein paar Jahren hatten. Aber es ist auch noch primitiv [und] experimentell."[3]

Um die Zukunft des Internets und der Datenverarbeitung vorauszusagen, ist es hilfreich, einen Blick in ihre gemeinsame Vergangenheit zu werfen. Fragen Sie sich selbst: Wann hat die Ära des mobilen Internets begonnen? Einige von uns könnten diese Geschichte mit den ersten Mobiltelefonen beginnen. Andere verweisen auf die kommerzielle

Einführung von 2G, dem ersten digitalen drahtlosen Netz. Vielleicht begann sie ja 1999 mit der Einführung des Wireless Application Protocol-Standards, der uns WAP-Browser und die Möglichkeit bot, von fast jedem „Dumbphone" aus auf eine (eher primitive) Version der meisten Websites zuzugreifen. Oder vielleicht begann die Ära des mobilen Internets mit der BlackBerry 6000-, 7000- oder 8000-Serie? Zumindest eines dieser Geräte war das erste Mainstream-Mobilgerät, das für die drahtlose Datenübertragung von unterwegs entwickelt wurde. Die meisten Menschen würden jedoch wahrscheinlich sagen, dass die Antwort mit dem iPhone zusammenhängt, das fast ein Jahrzehnt nach WAP und dem ersten BlackBerry, fast zwei Jahrzehnte nach 2G und 34 Jahre nach dem ersten Mobiltelefonanruf auf den Markt kam. Seitdem hat es viele der visuellen Gestaltungsprinzipien, wirtschaftlichen Aspekte und Geschäftspraktiken der Ära des mobilen Internets definiert.

In Wahrheit gibt es jedoch nie einen Moment, in dem ein Schalter umgelegt wird.

Wir können feststellen, wann eine bestimmte Technologie entwickelt, getestet oder eingesetzt wurde, aber nicht, wann eine Ära genau begann oder endete. Transformation ist ein iterativer Prozess, in dem viele verschiedene Veränderungen zusammenlaufen.

Nehmen wir als Fallstudie den Prozess der Elektrifizierung, der im späten 19. Jahrhundert begann und bis in die Mitte des 20. Jahrhunderts andauerte. Die Elektrifizierung war weder eine einzige Periode stetigen Wachstums noch ein Prozess, bei dem ein bestimmtes Produkt eingeführt wurde. Vielmehr bestand sie aus zwei getrennten Wellen technologischer, industrieller und prozessbezogener Veränderungen. Die erste Welle begann um 1881, als Thomas Edison elektrische Kraftwerke in Manhattan und London errichtete. Doch obwohl Edison die Elektrizität schnell kommerzialisierte – er hatte nur zwei Jahre zuvor die erste funktionierende Glühbirne erfunden –, war die Nachfrage nach dieser Ressource gering. Ein Vierteljahrhundert später wurden schätzungsweise 5 bis 10 % der mechanischen Antriebsleistung in den Vereinigten Staaten mit Strom erzeugt (zwei Drittel davon vor Ort und nicht aus dem Netz). Doch dann begann ziemlich plötzlich die zweite Welle. Zwischen 1910 und 1920 verfünffachte sich der Anteil der Elektrizität an der mechanischen Antriebsleistung auf über 50 % (wobei fast zwei Drittel davon von unabhängigen Stromversorgern stammten). Im Jahr 1929 lag er bei 78 %.[4]

Der Unterschied zwischen der ersten und der zweiten Welle bestand nicht darin, welcher Teil der amerikanischen Industrie Elektrizität nutzte, sondern in dem Ausmaß, in dem dieser Teil sie nutzte – und sich um sie herum entwickelte.[5]

Als Fabriken zum ersten Mal elektrische Energie einsetzten, wurde sie in der Regel für die Beleuchtung und als Ersatz für die betriebseigene Energiequelle (in der Regel Dampf) verwendet. Die Eigentümer ersetzten weder die bestehende Infrastruktur, die die Energie durch die gesamte Fabrik transportieren musste, noch nutzten sie sie für Arbeitsprozesse. Stattdessen wurde weiterhin ein schwerfälliges Netzwerk aus Rädchen und Zahnrädern verwendet, das unordentlich, laut und gefährlich war, das sich nur schwer aufrüsten oder verändern ließ, das entweder „ganz an" oder „ganz aus" war (und daher die gleiche Menge an Strom benötigte, um jede einzelne Betriebsstation oder das gesamte Werk zu versorgen, und unter zahllosen Schwachstellen litt) und das nur schwer spezialisierte Arbeiten unterstützen konnte.

Doch mit der Zeit gaben neue Technologien und Erkenntnisse den Eigentümern sowohl den Grund als auch die Möglichkeit, die Fabriken gänzlich auf Elektrizität umzurüsten, von dem Ersatz von Zahnrädern durch elektrische Drähte bis hin zur Installation einzelner Stationen mit maßgeschneiderten und eigens dafür vorgesehenen Elektromotoren für Funktionen wie Nähen, Schneiden, Pressen und Schweißen.

Die Vorteile waren weitreichend. Dieselbe Fabrik verfügte nun über wesentlich mehr Platz, mehr Licht, bessere Luft und weniger lebensgefährliche Geräte. Außerdem konnten die einzelnen Arbeitsstationen individuell mit Strom versorgt (was die Sicherheit erhöhte und gleichzeitig Kosten und Ausfallzeiten reduzierte) und speziellere Geräte wie elektrische Steckschlüssel verwendet werden.

Die Fabrikbesitzer richteten die Produktionsbereiche nun nach der Logik des Produktionsprozesses und nicht mehr nach den schwerfälligen Maschinen aus, zumal diese Bereiche regelmäßig umgestaltet werden konnten. Die Veränderungen bedeuteten, dass viel mehr Branchen Fließbänder einsetzen (die erstmals Ende des 17. Jahrhunderts aufkamen) bzw. sie effizienter ausbauen konnten. 1913 entwickelte Henry Ford das erste Fließband, das mithilfe von Elektrizität und Förderbändern die Produktionszeit pro Auto von 12,5 Stunden auf 93 Minuten reduzierte und gleichzeitig weniger Energie verbrauchte. Dem Historiker David Nye zufolge wurde Fords berühmtes Werk in Highland Park „unter der Annahme gebaut, dass elektrisches Licht und Strom überall verfügbar sein sollten".[6]

Sobald einige Fabriken mit dieser Umstellung begannen, war der gesamte Markt gezwungen, aufzuholen, was zu weiteren Investitionen und Innovationen in Bezug auf strombasierte Infrastruktur, Ausrüstung und Prozesse führte. Innerhalb eines Jahres nach dem ersten Fließband produzierte Ford mehr Autos als die übrige Branche zusammen. Mit dem zehnmillionsten Auto hatte das Unternehmen mehr als die Hälfte aller Autos in den USA gebaut.

Die „zweite Welle" der industriellen Elektrifizierung hing nicht von einem einzelnen Visionär wie Thomas Edison ab. Sie wurde auch nicht nur durch eine wachsende Zahl von Kraftwerken angetrieben. Vielmehr spiegelte sie eine kritische Masse miteinander verbundener Innovationen wider, die das Energiemanagement, den Maschinenpark, die Produktionstheorie und vieles mehr umfassten. Einige dieser Innovationen passten in die Hand eines Werkleiters, andere brauchten einen Raum, einige eine Stadt – und alle hingen von Menschen und Prozessen ab. In ihrer Gesamtheit ermöglichten diese Innovationen die sogenannten „Roaring Twenties", in denen die durchschnittliche jährliche Steigerung der Arbeits- und Kapitalproduktivität in den letzten hundert Jahren am höchsten war und die zweite industrielle Revolution vorantrieb.

Ein iPhone 12 im Jahr 2008?

Die Elektrifizierung kann uns helfen, den Aufstieg des Mobilfunks besser zu verstehen. Das iPhone *scheint* der Ausgangspunkt für das mobile Zeitalter zu sein, weil es all die Dinge, die wir heute als „mobiles Internet" bezeichnen – Touchscreens, App Stores, Hochgeschwindigkeitsdaten, Instant Messaging –, in einem einzigen Produkt vereint oder destilliert hat, das wir anfassen, in der Hand halten und jeden Tag nutzen können. Aber das mobile Internet wurde durch so viel mehr geschaffen und angetrieben.

Erst mit dem zweiten iPhone, das 2008 auf den Markt kam, begann die Plattform richtig durchzustarten. Die Verkaufszahlen stiegen um fast 300 % pro Generation – ein Rekord, der auch 11 Generationen später noch gilt. Das zweite iPhone war das erste mit 3G, womit das mobile Web nutzbar wurde, und mit dem App Store, der drahtlose Netzwerke und Smartphones verband.

Weder 3G noch der App Store waren Innovationen, die ausschließlich von Apple stammten. Das iPhone erhielt Zugang zu 3G-Netzen über Chips von Infineon, die über Standards von Gruppen wie der International Telecommunication Union der Vereinten Nationen und der GSM Association der Mobilfunkbranche verbunden wurden. Diese Standards wurden dann von Mobilfunkanbietern wie AT&T auf Funktürmen eingesetzt, die von Mobilfunkunternehmen wie Crown Castle und American Tower gebaut wurden.

Das iPhone hatte „Apps dafür", weil Millionen von Entwicklern sie gebaut haben. Diese Apps wiederum basierten auf einer Vielzahl von Standards – von KDE über Java bis hin zu HTML und Unity –, die von externen Parteien (von denen einige in wichtigen Bereichen mit Apple konkurrierten) eingeführt und/oder gepflegt wurden. Die Zahlungen im App Store funktionierten aufgrund digitaler Zahlungssysteme und -schienen, die von den großen Banken eingerichtet wurden. Das iPhone war darüber hinaus von zahllosen anderen Technologien abhängig, von einer Samsung-CPU (die wiederum von ARM lizenziert wurde) über einen Beschleunigungssensor von STMicroelectronics bis hin zu Gorilla Glass von Corning und anderen Komponenten von Unternehmen wie Broadcom, Wolfson und National Semiconductor. All diese Entwicklungen und Beiträge zusammen haben das iPhone ermöglicht. Und sie haben auch den Weg zur Verbesserung des Geräts geebnet.

Wir können dies am iPhone 12 sehen, das 2020 veröffentlicht wurde und das erste 5G-Gerät des Unternehmens war. Ungeachtet der Genialität von Steve Jobs hätte Apple nicht so viel Geld ausgeben können, um das iPhone 12 bereits im Jahr 2008 zu veröffentlichen. Selbst wenn Apple damals einen 5G-Netzwerkchip hätte entwickeln können, es gab weder 5G-Netzwerke noch 5G-Mobilfunkstandards, über die mit diesen Netzwerken hätte kommuniziert werden können, und auch keine Apps. Wäre Apple 2008 in der Lage gewesen, seinen eigenen ARM-ähnlichen Grafikprozessor herzustellen (mehr als ein Jahrzehnt vor ARM selbst), hätten Spieleentwickler (die 70 % der App-Store-Einnahmen generieren) nicht die Game-Engine-Technologien zur Verfügung gehabt, die erforderlich sind, um die Vorteile seiner leistungsfähigen Technologie zu nutzen.

Die Entwicklung des iPhone 12 erforderte Innovationen und Investitionen in das gesamte Ökosystem, die größtenteils außerhalb des Zuständigkeitsbereichs von Apple lagen, auch wenn die lukrative iOS-Plattform der Hauptantrieb für diese Fortschritte war. Das Geschäft mit 4G-Netzen von Verizon und dem Ausbau der Funktürme der American Tower Corporation hing von der Nachfrage von Verbrauchern und Unternehmen nach schnellerem und besserem Mobilfunk für Apps wie Spotify, Netflix und Snapchat ab. Ohne sie wäre die „Killerapplikation" von 4G ... eine etwas schnellere E-Mail gewesen. Bessere Grafikprozessoren wurden in der Zwischenzeit von besseren Spielen genutzt, und bessere Kameras wurden durch Foto-Sharing-Dienste wie Instagram relevant. Leistungsfähigere Hardware ermöglichte ein größeres Engagement, was zu mehr Wachstum und Gewinn für diese Unternehmen führte, was wiederum bessere Produkte, Apps und Services zur Folge hatte.

In Kapitel 9 bin ich darauf eingegangen, wie veränderte Verbrauchergewohnheiten – und nicht nur die sich weiterentwickelnden technologischen Möglichkeiten – Verbesserungen sowohl bei der Hardware als auch bei der Software ermöglichen. Ein Jahrzehnt nach der Markteinführung des iPhones war Apple zuversichtlich, den damals noch physischen Home-Button abschaffen zu können und stattdessen die Besitzer des Geräts aufzufordern, zum Home-Bildschirm zurückzukehren und Multitasking durch berührungsgesteuerte Wischbewegungen vom unteren Bildschirmrand aus zu steuern. Dieses neue Design eröffnete zusätzlichen Platz im Inneren des iPhones für anspruchsvollere Sensoren und Computerkomponenten und half Apple (und seinen Entwicklern), komplexere softwarebasierte Interaktionsmodelle einzuführen. Viele Video-Apps begannen, Gesten (z. B. das Ziehen von zwei Fingern auf dem Bildschirm nach oben oder unten) zum Erhöhen oder Verringern der Lautstärke einzuführen, anstatt dass die Benutzer den Bildschirm mit unnötigen Tasten vollstopfen mussten.

Eine kritische Masse an funktionierenden Einzelteilen

Mit Blick auf die Elektrifizierung und die Mobilität können wir mit Sicherheit nur sagen, dass das Metaverse nicht plötzlich kommen wird. Es wird kein klares „vor dem Metaverse" und „nach dem Metaverse" geben, sondern nur die Möglichkeit, auf einen Zeitpunkt in der Geschichte zurückzublicken, an dem das Leben anders war. Einige Führungskräfte argumentieren, dass wir diese Schwelle mit dem Metaverse bereits überschritten haben. Ihr Argument erscheint verfrüht. Weniger als einer von 14 Menschen beschäftigt sich heute routinemäßig mit der virtuellen Welt – und bei diesen virtuellen Welten handelt es sich fast ausschließlich um Spiele, die keine sinnvolle Verknüpfung (wenn überhaupt) aufweisen und nur einen geringen Einfluss auf die Gesellschaft insgesamt haben.

Aber es tut sich etwas. Es gibt einen Grund, warum selbst die Führungskräfte, die glauben, dass das Metaverse noch weit in der Zukunft liegt wie Zuckerberg, Sweeney und Huang, aber meinen, dass jetzt die Zeit gekommen ist, sich öffentlich dazu zu verpflichten, es (virtuell) Realität werden zu lassen. Wie Sweeney sagte, hat Epic Games schon „seit sehr, sehr langer Zeit Metaverse-Ambitionen. Es begann mit Text-Chat in Echtzeit 3D mit 300-Polygon Fremden. Aber erst in den letzten Jahren hat sich eine kritische Masse an funktionierenden Teilen schnell zusammengefunden."

Dazu gehört die Verbreitung von erschwinglichen mobilen Computern mit hochauflösenden Touchscreens, die nur wenige Zentimeter von den Gesichtern von mehr als zwei Drittel aller Menschen über 12 Jahren entfernt sind. Darüber hinaus sind diese Geräte mit CPUs und GPUs ausgestattet, die in der Lage sind, komplexe, in Echtzeit gerenderte Umgebungen mit Dutzenden von gleichzeitigen Nutzern zu betreiben und zu rendern, von denen jeder seinen eigenen Avatar steuert und eine breite Palette von Aktionen ausführen kann. Diese Funktionalität wird durch 4G-Mobilchipsätze und drahtlose Netze unterstützt, die es den Nutzern ermöglichen, von überall auf diese Umgebungen zuzugreifen. Das Aufkommen programmierbarer Blockchains bietet die Hoffnung und die Möglichkeit, die geballte Macht und die Ressourcen aller Menschen und Computer auf der Welt zu nutzen, um nicht nur das Metaverse, sondern ein dezentrales und gesundes Metaverse aufzubauen.

Ein weiteres Element ist das „plattformübergreifende Spielen", das es den Nutzern ermöglicht, gegeneinander zu spielen, auch wenn sie unterschiedliche Betriebssysteme verwenden (Cross-Play), virtuelle Güter und Währungen über eine Plattform zu kaufen und sie dann auf einer anderen zu verwenden (Cross-Purchase) und ihre Speicherdaten und ihren Spielverlauf über Plattformen hinweg zu übertragen (Cross-Progression).

Diese Art von Erlebnissen ist technisch schon seit fast zwei Jahrzehnten möglich, wurde aber erst 2018 von den großen Spieleplattformen (vor allem PlayStation) ermöglicht.

Der plattformübergreifende Ansatz war in dreierlei Hinsicht wichtig. Erstens steht die Vorstellung einer virtuellen, dauerhaften Simulation in der Cloud im Widerspruch zu den gerätespezifischen Einschränkungen. Wenn das von Ihnen verwendete Betriebssystem das, was Sie im „Metaverse" sehen oder tun können, verändert und Sie vielleicht ganz daran hindert, es zu besuchen, kann es weder ein „Metaverse" noch eine parallele Existenzebene geben – stattdessen läuft auf Ihrem Gerät nur eine Software, die Sie in eine von mehreren virtuellen Realitäten blicken lässt. Zweitens hat die Möglichkeit, jedes Gerät zu benutzen und mit jedem anderen Nutzer zu interagieren, zu einem starken Anstieg des Engagements geführt. Stellen Sie sich nur einmal vor, wie viel weniger Sie Facebook nutzen würden, wenn Sie auf Ihrem PC ein anderes Konto mit anderen Freunden und anderen Fotos hätten als auf Ihrem iPhone, und wenn Sie nur denjenigen Nachrichten schicken könnten, die dasselbe Gerät wie Sie benutzen. Wenn das digitale Zeitalter von Netzwerkeffekten und dem Metcalfe'schen Gesetz geprägt ist, dann hat die Möglichkeit, plattformübergreifend zu spielen, diese virtuellen Welten sofort wertvoller gemacht, indem sie ihre verzweigten Netzwerke miteinander verbunden haben. Drittens hatte dieses verstärkte Engagement unverhältnismäßige Auswirkungen auf diejenigen, die virtuelle Welten aufbauen. Fast alle Kosten für die Erstellung eines Spiels, eines Avatars oder eines Gegenstands auf *Roblox* sind im Voraus festgelegt und fix. Infolgedessen erhöhte jeder Anstieg der Spielerausgaben die Gewinne eines unabhängigen Entwicklers drastisch und damit seine Fähigkeit, in bessere oder mehr Spiele, Avatare und Gegenstände zu investieren.

Wir können auch kulturelle Veränderungen beobachten. Vom Start im Jahr 2017 bis Ende 2021 erwirtschaftete *Fortnite* schätzungsweise 20 Milliarden Dollar an Umsatz, der Großteil davon durch den Verkauf von digitalen Avataren, Rucksäcken und Tänzen (auch als „Emotes" bekannt). *Fortnite* machte Epic Games zu einem der größten Modeverkäufer der Welt, der Giganten wie Dolce & Gabbana, Prada und Balenciaga um ein Vielfaches übertraf, und zeigte gleichzeitig, dass selbst „Shooter"-Spiele nicht mehr nur „Spiele" sind. Der Aufstieg der NFTs im Jahr 2021 begann die Vorstellung zu entdramatisieren, dass rein virtuelle Objekte Millionen von Dollar oder mehr wert sein können.

In diesem Zusammenhang sollten wir die fortschreitende Entstigmatisierung der in virtuellen Welten verbrachten Zeit sowie die Art und Weise, in der die COVID-19-Pandemie diesen Prozess beschleunigt hat, betrachten. Jahrzehntelang haben Gamer „falsche" Avatare erstellt und ihre Freizeit in digitalen Welten verbracht, während sie nicht-spielähnliche Ziele verfolgten, wie z. B. ein Zimmer in *Second Life* zu gestalten, anstatt einen Terroristen in *Counter-Strike* zu töten. Ein großer Teil der Gesellschaft betrachtete solche Bemühungen als seltsam, verschwenderisch oder unsozial (wenn nicht noch schlimmer). Manche sahen in virtuellen Welten die moderne Version eines erwachsenen Mannes, der allein in seinem Keller eine Eisenbahnanlage baut. Virtuelle Hochzeiten und Beerdigungen, die seit den 1990er-Jahren regelmäßig stattfinden, wurden von den meisten Menschen als völlig absurd empfunden – eher als eine Pointe denn als etwas wirklich *Ergreifendes*.

Es ist schwer vorstellbar, was unsere Wahrnehmung virtueller Welten schneller verändert haben könnte als die Zeit, die wir während der verschiedenen COVID-19-Lockdowns in den Jahren 2020 und 2021 zu Hause verbracht haben. Millionen von Skeptikern haben nun an virtuellen Welten und Aktivitäten wie *Animal Crossing*, *Fortnite* und *Roblox* teilgenommen (und diese genossen). Sie suchten nach Unternehmungen, die einst für die reale Welt geplant waren, oder versuchten, Zeit mit ihren Kindern drinnen zu verbringen. Diese Erfahrungen haben nicht nur dazu beigetragen, das virtuelle Leben für die Gesellschaft als Ganzes zu entstigmatisieren, sie könnten sogar dazu führen, dass eine weitere (ältere) Generation am Metaverse teilnimmt.*

---

* Ich sehe hier eine Reihe von Parallelen zu Online-Lebensmittelgeschäften. Millionen von Verbrauchern haben seit Jahren von Online-Lebensmittelservices gewusst, sich aber geweigert, sie auszuprobieren, selbst wenn sie regelmäßig Kleidung oder Toilettenpapier online kauften. Diese Verweigerer glaubten einfach, dass die Lebensmittel verdorben, beschädigt oder auf irgendeine unbeschreibliche Weise einfach „falsch" wären, wenn jemand anderes sie aussuchen würde. Und dieses Zögern ließ sich auch durch noch so viel Marketing oder Werbung nicht überwinden. Aber die COVID-19-Pandemie hat viele Menschen dazu veranlasst, zum

Die Auswirkungen dieser zwei Jahre waren tiefgreifend. Auf der einfachsten Ebene profitierten die Entwickler virtueller Welten von mehr Einnahmen, was wiederum zu mehr Investitionen und besseren Produkten, mehr Nutzer und einer intensiveren Nutzung führte, was wiederum zu mehr Einnahmen führte, und so weiter. Aber als virtuelle Welten entstigmatisiert wurden und klar wurde, dass jeder ein Gamer ist und nicht nur 13- bis 34-jährigen alleinstehenden Männer, begannen die größten Marken der Welt, in diesen Bereich zu investieren und ihn dadurch weiter zu legitimieren und zu diversifizieren. Bis Ende 2021 hatten Automobilgiganten (Ford), Fitnessmarken (Nike), gemeinnützige Organisationen (Reporter ohne Grenzen), Musiker (Justin Bieber), Sportstars (Neymar Jr.), Auktionshäuser (Christie's), Modehäuser (Louis Vuitton) und Franchise-Unternehmen (Marvel) das Metaverse zu einem wichtigen Bestandteil ihres Geschäfts gemacht – wenn nicht sogar zum Mittelpunkt ihrer Wachstumsstrategie.

Die nächsten Wachstumstreiber

Was sind die nächsten „kritischen Elemente", die die „Metaverse-Einnahmen" oder die „Metaverse-Akzeptanz" in die Höhe schnellen lassen? Eine Antwort könnte sein, dass regulatorische Maßnahmen Unternehmen wie Apple und Google dazu zwingen, ihre Betriebssysteme, Stores, Zahlungslösungen und die damit verbundenen Dienstleistungen zu entflechten und so in jedem Bereich einzeln zu konkurrieren. Eine andere populäre Antwort ist, dass wir auf ein AR- oder VR-Headset warten, das wie das iPhone eine Gerätekategorie für Hunderte von Millionen Verbrauchern und viele Tausend von Entwicklern öffnet. Zu den weiteren Antworten gehören Blockchain-basiertes dezentrales Computing, Cloud-Computing mit niedriger Latenz und die Einführung eines gemeinsamen und weithin akzeptierten Standards für 3D-Objekte. Die Zeit wird die Wahrheit ans Licht bringen, aber in absehbarer Zukunft können wir auf drei Hauptfaktoren setzen.

Erstens verbessert sich jede der für das Metaverse erforderlichen Basistechnologien von Jahr zu Jahr. Internet-Dienste werden immer breiter verfügbar, schneller und weniger latent. Auch die Rechenleistung wird immer besser, kostengünstiger und steht mehr Nutzern zur Verfügung. Spiele-Engines und integrierte Plattformen für virtuelle Welten

---

ersten Mal einen Lebensmittellieferdienst in Anspruch zu nehmen, was zu der Erkenntnis führte, dass Online-Lebensmittel gut sind und das Verfahren nicht nur einfach, sondern auch angenehm ist. Einige werden wieder persönlich einkaufen, aber nicht alle und nicht immer.

werden immer einfacher zu benutzen, billiger und leistungsfähiger sein. Der langwierige Prozess der Standardisierung und Interoperabilität ist im Gange, der zum Teil durch den Erfolg integrierter Plattformen für virtuelle Welten und die Kryptobewegung, aber auch durch wirtschaftliche Anreize vorangetrieben wird. Auch der Zahlungsverkehr öffnet sich langsam durch eine Mischung aus behördlichen Maßnahmen, Rechtsstreitigkeiten und Blockchains. Denken Sie daran, dass Sweeneys „kritische Masse an funktionierenden Einzelteilen" nicht statisch ist, sondern ständig „zusammenwächst".

Die zweite Triebkraft ist der fortschreitende Generationswechsel. Zu Beginn dieses Buches habe ich die Bedeutung der „iPad-nativen" Generation für den Aufstieg von *Roblox* erörtert. Dieser Teil der Bevölkerung ist mit der Erwartung aufgewachsen, dass die Welt interaktiv ist – dass sie durch ihre Berührungen und Entscheidungen beeinflusst wird –, und jetzt, da sie konsumieren können, können die jungen Generationen erkennen, wie sehr sich ihr Verhalten und ihre Vorlieben von denen älterer Menschen unterscheiden. Das ist natürlich nicht neu. Aber die Tendenz ist eindeutig. Wir wissen, dass die Generation Y mehr spielt als die Generation X, Z mehr als Y und Alpha mehr als Z. Mehr als 75 % der US-amerikanischen Kinder spielen auf einer einzigen Plattform, *Roblox*. Mit anderen Worten: Fast jeder, der heute geboren wird, ist ein Gamer. Das bedeutet, dass jedes Jahr weltweit 140 Millionen neue Gamer geboren werden.

Der dritte Treiber ergibt sich aus dem Zusammentreffen des ersten und des zweiten.

Letztendlich wird das Metaverse durch Erfahrungen eingeleitet. Smartphones, Grafikprozessoren und 4G haben nicht auf magische Weise dynamische, in Echtzeit gerenderte virtuelle Welten hervorgebracht – sie brauchten Entwickler und deren Vorstellungskraft. Beachten Sie auch, dass mit dem Älterwerden der Generation der „iPad Natives" immer mehr Menschen dieser Generation von Konsumenten virtueller Welten zu professionellen Entwicklern und Geschäftsführern werden.

Kapitel 13
Meta-Businesses

Was könnten die Entwickler also bald produzieren? In diesem Buch habe ich es vermieden, „das Metaverse im Jahr 2030" zu beschreiben oder Aussagen darüber zu machen, wie die Gesellschaft insgesamt aussehen wird, wenn das Metaverse da ist. Die Herausforderung bei solch weit gefassten Prognosen sind die Rückkopplungsschleifen zwischen heute und diesem Datum. Im Jahr 2023 oder 2024 wird eine unvorhergesehene Technologie entwickelt, die wiederum neue Kreationen inspiriert, zu neuem Nutzerverhalten führt oder einen neuen Anwendungsfall für diese Technologie manifestiert, was wiederum zu anderen Innovationen, Veränderungen und Anwendungen führt, und so weiter. Es gibt jedoch einige Bereiche, die sich durch das Metaverse wahrscheinlich in einer Weise verändern werden, die zumindest kurzfristig als vorhersehbar bezeichnet werden kann. Millionen, wenn nicht Milliarden von Nutzern und Dollars werden von den neuen Erfahrungen angezogen werden, die sich daraus ergeben. Unter Berücksichtigung aller notwendigen Vorbehalte lohnt es sich, einen Blick darauf zu werfen, wie diese Umwälzungen aussehen könnten.

Bildung

Das beste Beispiel für den bevorstehenden Wandel dürfte das Bildungswesen sein. Dieser Sektor ist sowohl für die Gesellschaft als auch für die Wirtschaft von entscheidender Bedeutung, und die Bildungsressourcen sind knapp und sehr ungleich verteilt. Er ist auch das führende Beispiel für die sogenannte „Baumol'sche Kostenkrankheit", die sich auf „den Anstieg der Gehälter in Berufen, die keine oder nur eine geringe Steigerung der Arbeitsproduktivität erfahren haben, als Reaktion auf steigende Gehälter in anderen Berufen, die ein höheres Wachstum der Arbeitsproduktivität vorweisen"[1], bezieht.

Dies ist keine Kritik an den Lehrern. Vielmehr spiegelt es die Tatsache wider, dass die meisten Berufe durch die vielen neuen digitalen Technologien und Entwicklungen der letzten Jahrzehnte in wirtschaftlicher Hinsicht viel „produktiver" geworden sind. Ein Buchhalter beispielsweise ist durch computergestützte Datenbanken und Software wie Microsoft Office sehr viel effizienter geworden. Er kann heute mehr „Arbeit" pro Zeiteinheit erledigen oder mehr Kunden in der gleichen Zeitspanne betreuen als in den 1950er-Jahren. Das Gleiche gilt für Hausmeister- und Sicherheitsdienste, die heute über leistungsfähigere Reinigungsgeräte verfügen oder ein Gebäude mithilfe eines Netzwerks aus digitalen Kameras, Sensoren und Kommunikationsgeräten überwachen können. Das Gesundheitswesen ist nach wie vor ein arbeitsintensiver Sektor, aber Fortschritte in der Diagnostik und in den therapeutischen und lebenserhaltenden Technologien haben dazu beigetragen, viele der mit einer alternden Bevölkerung verbundenen Kosten auszugleichen.

Im Vergleich zu fast allen anderen Kategorien ist die Produktivität im Lehrerberuf weniger stark gestiegen. Ein Lehrer kann im Jahr 2022 nach den meisten Maßstäben nicht mehr Schüler unterrichten als noch vor Jahrzehnten, ohne dass die Qualität der Ausbildung darunter leidet. Darüber hinaus haben wir auch keine Möglichkeiten gefunden, in weniger Zeit zu unterrichten (d. h. schneller zu unterrichten). Die Gehälter von Lehrern müssen jedoch mit den Gehältern konkurrieren, die jemandem angeboten werden, der ansonsten Buchhalter (oder Software-Ingenieur oder Spieleentwickler) werden könnte, und sie müssen mit den steigenden Lebenshaltungskosten infolge einer wachsenden Wirtschaft steigen. Abgesehen von der Arbeitszeit der Lehrer ist die Bildung nach wie vor unglaublich ressourcenintensiv, was die physischen Ressourcen betrifft, angefangen bei der Größe der Schule über die Qualität ihrer Einrichtungen bis hin zur Qualität der Ausstattung. Die mit diesen Ressourcen verbundenen Kosten sind zum Teil aufgrund neuer, teurerer Technologien (z. B. hochauflösende Kameras und Projektoren, iPads usw.) gestiegen.

Der relative Mangel an Produktivitätswachstum in der Bildung wird durch den relativen Kostenanstieg deutlich. Das US Bureau of Labor Statistics schätzt, dass die Kosten für die durchschnittliche Ware im Januar 1980 bis Januar 2020 um über 260 % gestiegen sind, während die Kosten für Studiengebühren um 1.200 % gestiegen sind.[2] Der zweitnächste Sektor, medizinische Versorgung und Dienstleistungen, ist um 600 % gestiegen.

Während das Bildungswesen im Westen lange Zeit hinter dem Produktivitätswachstum zurückgeblieben ist, haben Technologen erwartet, dass es die meisten Benchmarks der Industrie übertreffen würde. Man ging davon aus, dass die Oberschule, die Hochschulen und vor allem die Berufsschulen grundlegend umgestaltet und durch Fernunterricht ersetzt werden würden. Viele, wenn nicht sogar die meisten Schüler würden aus der Ferne lernen, nicht im Klassenzimmer, sondern durch On-Demand-Videos, Livestreams und KI-gestützte Multiple-Choice-Kurse.

Aber eine der wichtigsten Lehren von COVID war, dass „Zoomschool" schrecklich ist. Es gibt viele Herausforderungen, wenn es um das Lernen am Bildschirm geht, aber in den meisten Fällen gehen wir davon aus, dass wir mehr verlieren als gewinnen (oder finanziell sparen) können.

Der offensichtlichste Verlust beim Fernunterricht ist der der „Präsenz". Wenn sie im Klassenzimmer sind, befinden sich die SchülerInnen in einem Bildungsumfeld; sie haben eine Handlungsmöglichkeit und können sich in das Geschehen hineinversetzen, was ihnen eine Kamera, durch die sie in eine unzugängliche Schulumgebung blicken können, nicht bieten kann. Warum Präsenz wichtig ist, ist eher nebensächlich – aber die pädagogische Forschung zeigt die eindeutigen Vorteile, wenn man Schüler auf Exkursionen schickt, anstatt sie auf Videos zu beschränken, wenn man sie bittet, in die Schule zu kommen, anstatt sich zu Hause Aufnahmen anzuhören, und wenn man sie ermutigt, wann immer möglich „praktisch" zu lernen. Der Verlust der Anwesenheit bedeutet den Verlust von allem, vom Blickkontakt mit dem Lehrer (und der Kontrolle durch ihn) über die Möglichkeit, gemeinsam mit Freunden zu lernen, bis hin zur Fähigkeit, einen hydraulischen Roboter mit Spritzen zu bauen, einen Bunsenbrenner zu benutzen und einen Frosch, ein fötales Schwein oder eine wilde Katze zu sezieren.

Es ist schwer vorstellbar, dass der Unterricht zu Hause oder in der Ferne den Unterricht vor Ort jemals vollständig ersetzen kann. Aber wir schließen langsam die Lücke durch neue, vorwiegend auf das Metaverse ausgerichtete Technologien wie volumetrische Displays, VR- und AR-Headsets, Haptik und Kameras zur Blickerfassung.

3D-Technologien mit Echtzeit-Rendering helfen Lehrkräften nicht nur dabei, das Klassenzimmer (und die Klassenkameraden) überall hin mitzunehmen, sondern die sich abzeichnenden umfangreichen virtuellen Simulationen können den Lernprozess erheblich verbessern. Zunächst hatte man sich unter VR im Klassenzimmer nicht viel mehr vorgestellt als die Möglichkeit, das antike Rom zu „besuchen" (übrigens galt der „Besuch" Roms lange Zeit als die „Killer-App" für VR-Headsets, was sich jedoch als eher langweilig herausstellte). Stattdessen werden die Studierenden „Rom in einem Semester bauen" und durch den Bau von Aquädukten lernen, wie diese funktionieren. Viele Schüler heute und in den vergangenen Jahrzehnten lernten etwas über die Schwerkraft, indem sie ihrem Lehrer dabei zusahen, wie er eine Feder und einen Hammer fallen ließ, und dann ein Video sahen, in dem der Apollo-15-Kommandant David Scott dasselbe auf dem Mond tat (Spoiler: sie fielen mit derselben Geschwindigkeit). Solche Demonstrationen müssen nicht verschwinden, aber sie können durch den Bau von ausgeklügelten und rein virtuellen Rube-Goldberg-Maschinen ergänzt werden, die die Schüler dann unter erdähnlicher Schwerkraft, auf dem Mars und sogar unter schwefelhaltigen Regenfällen in der oberen Atmosphäre Venedigs testen können. Anstatt einen Vulkanausbruch mit Essig und Backpulver zu erzeugen, tauchen die SchülerInnen in einen Vulkan ein und schütteln dessen Magmabecken, bevor sie beide in den Himmel geschleudert werden.

Mit anderen Worten: Alles, was einst in *The Magic School Bus* vorgestellt wurde, wird nun virtuell möglich sein – und zwar in größerem Umfang. Im Gegensatz zu einem physischen Klassenzimmer werden diese Lektionen auf Abruf von überall auf der Welt verfügbar und für Schüler mit körperlichen oder sozialen Behinderungen vollständig zugänglich (und leichter anzupassen) sein. Einige Klassen werden Präsentationen von professionellen Lehrern enthalten, deren Live-Darbietungen in bewegten Bildern und Audioaufnahmen festgehalten wurden. Und da diese Erfahrungen keine Grenzkosten verursachen – d. h. sie erfordern weder zusätzliche Zeit des Lehrers, noch verbrauchen sie das Material, egal wie oft sie durchgeführt werden – können sie zu einem Bruchteil der Kosten angeboten werden, die mit dem Lernen im Klassenzimmer verbunden sind. Jeder Schüler wird in der Lage sein, eine Sezierung durchzuführen, unabhängig davon, wie wohlhabend seine Eltern oder wie hoch die Mittel der örtlichen Schulbehörde sind. Die Schüler müssen noch nicht einmal eine Schule besuchen (und wenn sie möchten, können sie die verschiedenen Organsysteme des Lebewesens durchwandern, anstatt es nur aufzuschneiden).

Entscheidend ist, dass dieser virtuelle Unterricht durch einen engagierten, realen Lehrer ergänzt werden kann. Stellen Sie sich vor, dass die „echte" Jane Goodall in einer virtuellen Umgebung reproduziert wird und die Schüler durch den Gombe Stream Nationalpark in Tansania führt, wobei der Lehrer, den die Schüler zu Hause haben, hinzukommt und die Erfahrung noch persönlicher gestaltet. Die Kosten für eine solche Erfahrung betragen nur einen Bruchteil der Kosten einer realen Exkursion – vor allem nach Tansania – und bieten vielleicht sogar mehr als eine solche Reise.

Damit soll nicht gesagt werden, dass Bildung mit VR und virtuellen Welten einfach sein wird.

Pädagogik ist eine Kunst, und Lernen ist schwer zu messen. Aber es ist nicht schwer, sich vorzustellen, wie virtuelle Erfahrungen das Lernen verbessern und gleichzeitig den Zugang erweitern und die Kosten senken können. Die Kluft zwischen Präsenz- und Fernunterricht wird kleiner werden, es wird wettbewerbsfähige Marktplätze für vorgefertigte Lektionen und Live-Tutoren geben und eine exponentiell größere Reichweite für großartige Lehrer und ihre Arbeit.

Aufmerksamen Lesern wird auffallen, dass solche Erfahrungen für sich genommen weder das Metaverse ausmachen noch erfordern. Es ist möglich, dass überzeugende, in Echtzeit gerenderte 3D-Welten, die sich auf Bildung konzentrieren, auch ohne das Metaverse existieren. Allerdings ist die Interaktion zwischen diesen Erfahrungen und allen anderen sowie der realen Welt von offensichtlichem Wert. Wenn die Nutzer ihre Avatare in diese Welten mitnehmen können, werden sie sie wahrscheinlich häufiger nutzen. Wenn die Geschichte ihres Bildungskontos „in der Schule" geschrieben und dann an anderer Stelle gelesen und erweitert werden kann, werden die Lernenden eher dazu geneigt sein, weiter zu lernen, und ihre Erfahrungen werden stärker personalisiert sein.

Lifestyle

Bildung ist nur eine von vielen sozial ausgerichteten Erfahrungen, die durch das Metaverse verändert werden. Heute trainieren Millionen von Menschen täglich mit digitalen Diensten wie Peloton, das live und auf Abruf videobasierte Radfahrkurse mit spielerischen Bestenlisten und Highscore-Tracking anbietet, oder Mirror, einer Tochtergesellschaft von Lululemon, die eine breitere Palette von Fitnessübungen zur Verfügung stellt, die durch eine Art transparenten Trainer durch einen reflektierenden Spiegel vermittelt werden. Peloton hat sich inzwischen auf virtuelle Spiele mit Echtzeit-Rendering ausgeweitet, wie z. B. *Lanebreak*, bei dem ein Radfahrer ein Rad steuert, das über eine fantastische Strecke rollt, um Punkte zu sammeln und Hindernissen auszuweichen. Dies ist ein Zeichen für die Zukunft. Vielleicht wird es schon bald zu unserer morgendlichen Routine gehören, dass unser *Roblox*-Avatar über eine Peloton-Anwendung auf unserem Facebook-VR-Headset über den verschneiten *Star Wars*-Planeten Hoth radelt, während wir mit unseren Freunden chatten.

Achtsamkeit, Meditation, Physiotherapie und Psychotherapie werden sich wahrscheinlich in ähnlicher Weise verändern, und zwar durch eine Mischung aus elektromyografischen Sensoren, volumetrischen holografischen Displays, immersiven Headsets und Projektions- und Tracking-Kameras, die zusammen eine nie zuvor mögliche Unterstützung, Stimulation und Simulation bieten.

Dating ist eine weitere faszinierende Kategorie, wenn man die Auswirkungen des Metaverse betrachtet. Vor der Markteinführung von Tinder glaubten einige, dass das Problem der Online-Dating-Suche gelöst sei – man müsse nur Dutzende bis Hunderte von Multiple-Choice-Tests ausfüllen, die dann zu einem geheimnisvollen Kompatibilitätswert zusammengefügt würden, mit dem zwei potenzielle Turteltauben zusammengebracht werden könnten. Dieser Glaube und die darauf aufbauenden Unternehmen wurden jedoch durch ein fotobasiertes Modell erschüttert, bei dem die Nutzer nach rechts oder links wischen, um zu sehen, ob ein gemeinsames Interesse an einem Chat besteht, wobei der durchschnittliche Nutzer zwischen drei und sieben Sekunden für eine solche Entscheidung benötigt.[3] In den letzten Jahren haben Dating-Anwendungen neue Funktionen für zusammenpassende Paare hinzugefügt, z. B. Gelegenheitsspiele und Quizze, Sprachnotizen und die Möglichkeit, ihre Lieblings-Playlists auf Spotify und Apple Music zu teilen. In Zukunft werden Dating-Anwendungen Paaren wahrscheinlich eine Vielzahl von virtuellen Welten bieten, die ihnen helfen, sich gegenseitig kennen zu lernen. Diese könnten die simulierte Realität („Abendessen in Paris") oder das Fantastische („Abendessen in Paris ... auf dem Mond") umfassen, Live-Auftritte von bewegungserfassten Avataren* beinhalten (stellen Sie sich Mariachis oder einen digitalen Zwilling des Londoner Royal Ballet vor, aber von Atlanta aus) und möglicherweise zu einer Neuerfindung klassischer Spielshowformate wie *The Dating Game* führen. Es ist auch wahrscheinlich, dass diese Apps in virtuelle Welten von Drittanbietern integriert werden können (schließlich handelt es sich um das Metaverse), sodass beispielsweise ein zusammengeführtes Paar einfach in ein virtuelles Peloton oder Headspace einsteigen kann.

Unterhaltung

Immer häufiger hört man, dass die Zukunft der „linearen Medien" wie Filme und Fernsehsendungen in VR und AR liegt. Anstatt *Game of Thrones* oder das Spiel der Golden State Warriors gegen die Cleveland Cavaliers auf der Couch vor dem 30 × 60-Zoll-Flachbildschirm zu verfolgen, setzen wir uns ein VR-Headset auf und sehen uns Sendungen auf simulierten Bildschirmen in IMAX-Größe an oder sitzen mit unseren Freunden neben dem Spielfeld. Oder wir schauen über eine Augmented-Reality-Brille, die den Eindruck erweckt, wir hätten immer noch einen Fernseher im Wohnzimmer. Die Filme und Fernsehsendungen werden natürlich so gefilmt, dass wir sie in 360° erleben können. Wenn Travis Bickle sagt „You talkin' to me?", können Sie virtuell vor oder sogar hinter ihm stehen.

Diese Vorhersagen erinnern mich daran, wie viele sich einst vorstellten, dass sich Zeitungen wie die *New York Times* durch das Inter-

---

* Neal Stephenson beschrieb diese Art von Technologie und Erfahrung ausführlich in seinem 1995, drei Jahre nach *Snow Crash* erschienenen Buch *The Diamond Age*, das er als interaktives Buch oder kurz „ractive" bezeichnete, wobei die Darsteller „ractors" genannt werden.

Unterhaltung

net verändern würden.⁴ In den 1990er-Jahren glaubten einige, dass die *Times* „in der Zukunft" eine PDF-Datei der Tagesausgabe an den Drucker jedes Abonnenten senden würde, der sie dann pflichtgemäß vor dem Aufwachen des Besitzers ausdrucken würde – und damit teure Druckmaschinen und aufwendige Zustellsysteme überflüssig machen würde. Die kühnsten Theoretiker stellten sich vor, dass diese PDF-Datei sogar Abschnitte ausschließen könnte, die der einzelne Leser nicht wünscht, und so sowohl Papier als auch Tinte spart. Jahrzehnte später bietet die *Times* diese Option zwar an, aber fast niemand nutzt sie. Stattdessen greifen die Abonnenten auf eine sich ständig ändernde und nie gedruckte Online-Ausgabe der Zeitung zu, die keine klare Unterteilung zwischen den Abschnitten aufweist und im Grunde nicht von vorn nach hinten gelesen werden kann. Die meisten Nachrichtenleser fangen gar nicht erst mit einer Zeitung an. Stattdessen konsumieren sie ihre Nachrichten über Aggregator-Lösungen wie Apple News und Social-Media-Newsfeeds, die unzählige Geschichten von verschiedenen Verlagen mit Fotos von Freunden und Familienmitgliedern vermischen.

Die Zukunft der Unterhaltung wird wahrscheinlich ein ähnliches Remixing beinhalten. „Film" und „Fernsehen" werden nicht verschwinden – so wie mündlich überlieferte Erzählungen, Serien, Romane und Radiosendungen noch Jahrhunderte nach ihrer Entstehung existieren –, aber wir können eine reiche Verflechtung zwischen Film und interaktiven Erlebnissen (im weiteren Sinne als „Spiele" bezeichnet) erwarten. Erleichtert wird dieser Wandel durch den zunehmenden Einsatz von Echtzeit-Rendering-Engines wie Unreal und Unity in der Filmproduktion.

In der Vergangenheit wurde bei Filmen wie *Harry Potter* oder *Star Wars* Rendering-Software verwendet, die nicht in Echtzeit arbeitet. Es bestand keine Notwendigkeit, während des Produktionsprozesses ein Bild in Millisekunden zu erzeugen, und so war es sinnvoll, mehr Zeit (von einer zusätzlichen Millisekunde bis zu mehreren Tagen) darauf zu verwenden, das Bild realistischer oder detaillierter aussehen zu lassen. Darüber hinaus bestand das Ziel der Computergrafikabteilung darin, ein bereits bekanntes Bild (d. h. ein Bild, das auf einem Storyboard basierte) virtuell zu erzeugen. Die Filmemacher mussten also nicht „Manhattan" oder auch nur eine einzige Straße im West Village „bauen", um ein Stück vom Set in *The Avengers* zu unterstützen, und schon gar nicht eine Straße, die das „echte New York" und alles, was damit passieren könnte, wenn Außerirdische einfallen und Infinity-Steine im Spiel sind, simulieren könnte.

Doch in den letzten fünf Jahren hat Hollywood nach und nach Echtzeit-Rendering-Engines, vor allem Unity und Unreal, in den Filmprozess integriert. Für *Der König der Löwen* (2019), ein rein CGI-basierter Film, der jedoch wie „Live-Action" aussehen sollte, tauchte Regisseur

Jon Favreau in jede Szene durch eine Unity-basierte Nachbildung ein, oft mit einem VR-Headset. Dies ermöglichte es ihm, ein rein virtuelles Set so zu verstehen, als ob es sich um einen typischen Filmdreh in der realen Welt handeln würde – ein Prozess, der laut Favreau alles unterstützt hat, von der Platzierung und dem Winkel einer Aufnahme bis hin zur Art und Weise, wie die Kamera ihre fiktiven Hauptdarsteller verfolgt, sowie der Beleuchtung und Farbgebung der Umgebung. Das endgültige Rendering wurde noch in Maya, einer von Autodesk herausgegebenen Nicht-Echtzeit-Animationssoftware, erstellt.

Aufbauend auf seiner Arbeit an *König der Löwen* war Favreau einer der Pioniere der „virtuellen Produktion", bei der ein riesiger kreisförmiger Raum mit Wänden und Decken aus hochdichten LEDs gebaut wird (die Räume selbst werden „Volumes" genannt). Die LEDs wurden dann mit Unreal-basierten Echtzeit-Renderings beleuchtet. Diese Innovation bot eine Reihe von Vorteilen. Der einfachste bestand darin, dass jeder im Inneren des „Volumes" das erleben konnte, was Favreau in VR gemacht hat, ohne ein Headset zu tragen. Es bedeutete auch, dass „echte Menschen" in der Umgebung zu sehen waren, anstatt nur vorgefertigte Animationen von *Timon und Pumbaa* zu sehen. Außerdem konnten die Darsteller von den LEDs des „Volumes" beeinflusst werden; das von einer virtuellen Sonne herabfallende Licht würde einen Darsteller direkt neu einfärben und ihm einen akkuraten Schatten verleihen – es müsste nicht in der „Nachbearbeitung" angewendet oder korrigiert werden. Ein Set könnte das ganze Jahr über den perfekten Sonnenuntergang haben – und Jahre später könnte genau dieselbe Einstellung in Sekundenschnelle reproduziert werden.

Eines der führenden Unternehmen im Bereich der virtuellen Produktion ist Industrial Light & Magic, das von *Star Wars*-Schöpfer George Lucas gegründete Unternehmen für visuelle Effekte, das jetzt Disney gehört. ILM schätzt, dass ein Film oder eine Serie, die für LED-Volumen ausgelegt ist, 30 bis 50 % schneller gedreht werden kann als mit einer Mischung aus „realer Welt" und „grünem Bildschirm", und dass auch die Postproduktionskosten niedriger sind. ILM verweist auf die erfolgreiche *Star Wars*-Fernsehserie *The Mandalorian*, die von Favreau entwickelt und inszeniert wurde und pro Minute nur etwa ein Viertel so viel kostete, wie ein typischer *Star Wars*-Film (außerdem wurde sie von Kritikern und Zuschauern besser aufgenommen). Fast die gesamte erste Staffel der Serie – die sich über eine namenlose Eiswelt, den Wüstenplaneten Nevarro, den bewaldeten Sorgan, den Weltraum und Dutzende von Nebenschauplätzen erstreckt – wurde auf einer einzigen virtuellen Bühne in Manhattan Beach, Kalifornien, gedreht.

Was hat die virtuelle Produktion mit dem Metaverse zu tun, abgesehen von der Verwendung ähnlicher Motoren und virtueller Welten?

Die Verbindungen beginnen mit „virtuellen Kulissen". Wenn Sie Disneys physisches Studiogelände besuchen, finden Sie dort Bühnen und Schränke voller alter *Captain America*-Kostüme, Miniaturmodelle des Todessterns und die buchstäblichen Wohnzimmer von *Modern Family*, *New Girl* und *How I Met Your Mother*. Jetzt werden Disneys Server mit virtuellen Versionen jedes 3D-Objekts, jeder Textur, jedes Outfit, jeder Umgebung, jedes Gebäudes, jedes Gesichtsscans und allem anderen, was Disney hergestellt hat, gefüllt. Das macht es nicht nur einfacher, eine Fortsetzung zu drehen, sondern auch alle abgeleiteten Werke. Wenn Peloton einen Parcours auf dem Todesstern oder dem Avengers-Campus verkaufen will, kann es vieles von dem, was Disney gemacht hat, neu verwenden (mit anderen Worten: lizenzieren). Wenn Tinder virtuelle Verabredungen auf Mustafar anbieten möchte, gilt das Gleiche. Warum nicht auf Canto Bight spielen, anstatt Blackjack über das videobasierte iCasino zu spielen? Anstatt eine *Star Wars*-Integration in *Fortnite* zu starten, wird Disney einfach seine eigenen Mini-Welten in *Fortnite Creative* einrichten und dabei das nutzen, was sie bereits aufgebaut haben.

Das sind nicht nur Gelegenheiten, die filmische Welt von *Star Wars* persönlich zu erleben. Sie werden ein zentraler Bestandteil der Erzählung sein. Zwischen den wöchentlichen Episoden von *The Mandalorian* oder *Batman* werden die Fans ihre Helden bei kanonischen (oder nicht-kanonischen) Ereignissen und Nebenmissionen begleiten können. Um 21 Uhr an einem Mittwochabend könnte Marvel zum Beispiel twittern, dass die Avengers „unsere Hilfe brauchen", wobei Tony Stark, live dargestellt von Robert Downey Jr. (oder vielleicht jemandem, der ihm wenig ähnelt, aber einen Avatar steuert, der ihm ähnelt), die Führung übernimmt. Alternativ haben die Fans die Möglichkeit, das, was sie in einem Film oder einer Serie gesehen haben, selbst zu erleben. Das Ende von *The Avengers: Age of Ultron* im Jahr 2015 kämpften die Titelhelden gegen eine Legion böser Roboter auf einem Stück Land, das über der Erde schwebt. Im Jahr 2030 werden die Spieler die Möglichkeit haben, dasselbe zu tun.

Ähnliche Möglichkeiten werden sich auch für Sportfans eröffnen. Wir können VR nutzen, um virtuell am Spielfeldrand zu sitzen, aber es ist wahrscheinlicher, dass die Spiele, die wir sehen, fast augenblicklich erfasst und in ein „Videospiel" umgewandelt werden. Wenn Sie NBA 2K27 besitzen, werden Sie in der Lage sein, in einen bestimmten Moment eines Spiels zu springen, das nur wenige Minuten zuvor zu Ende gegangen ist, und dann zu sehen, ob Sie das Spiel hätten gewinnen können – oder zumindest den Wurf gemacht haben, den ein Starspieler nicht geschafft hat. Derzeit ist die Sportbegeisterung isoliert zwischen dem Anschauen eines Spiels, dem Spielen eines Sportvideospiels, der

Teilnahme an Fantasiesportarten, Online-Wetten und dem Kauf von NFTs, aber wir werden wahrscheinlich feststellen, dass jede dieser Erfahrungen miteinander verschmilzt und dabei neue Erfahrungen schafft.

Auch Wetten und Glücksspiele werden sich verändern. Es gibt bereits mehrere Millionen Menschen, die online Wetten abschließen, Zoombasierte Casinos nutzen oder spielbasierte Casinos wie Be Lucky: Los Santos in *Grand Theft Auto* genießen. In Zukunft werden viele von uns in Metaverse-Casinos gehen, in denen wir von Live-Motion-Capture-gesteuerten Dealern bedient werden, während wir Live-Motion-Capture-gesteuerte Musikdarbietungen genießen. Oder erinnern Sie sich an *Zed Run* aus Kapitel 11. Jede Woche werden Hunderttausende von Dollar auf virtuelle Pferderennen gewettet, wobei viele dieser Pferde Millionen wert sind. Die Wirtschaft von *Zed Run* wird durch seine Blockchain-basierte Programmierung aufrechterhalten, die den Wettern das Vertrauen gibt, dass die Rennen nicht manipuliert werden, und den Pferdebesitzern die Gewissheit, dass die „Gene" ihrer virtuellen Pferde programmatisch weitergegeben werden, wenn sie gezüchtet werden.

Andere stellen die Unterhaltung auf einer abstrakteren Ebene neu dar. Von Dezember 2020 bis März 2021 veranstaltete Genvid Technologies ein „Massively Interactive Live Event" (MILE) mit dem Namen *Rival Peak* auf Facebook Watch. Der Titel war eine Art virtuelles Mashup aus *American Idol*, *Big Brother* und *Lost*. Dreizehn KI-Kandidaten waren in einem abgelegenen Teil des pazifischen Nordwestens gefangen, und das Publikum konnte ihnen dabei zusehen, wie sie interagierten, ums Überleben kämpften und verschiedene Geheimnisse aufdeckten. Das Publikum hatte zwar keine direkte Kontrolle über eine bestimmte Figur, konnte aber dennoch in Echtzeit Einfluss auf die Simulation nehmen – indem es Rätsel löste, um einem bestimmten Helden zu helfen oder ein Hindernis für einen Bösewicht zu schaffen, indem es die Entscheidungen der KI-Figuren mitbestimmte und darüber abstimmte, wer von der Insel verwiesen werden sollte. Obwohl visuell und kreativ primitiv, ist *Rival Peak* ein Hinweis darauf, wie die Zukunft der interaktiven Live-Unterhaltung aussehen könnte – nämlich nicht als Unterstützung linearer Geschichten, sondern als kollektive Produktion einer interaktiven Geschichte. 2022 brachte Genvid *The Walking Dead: The Last M.I.L.E.* in Zusammenarbeit mit Robert Kirkman und seinem Unternehmen Skybound Entertainment auf den Markt, das für die Comic-Franchise steht.

Das Erlebnis ermöglicht es den Zuschauern zum ersten Mal, zu entscheiden, wer in *The Walking Dead* lebt und wer stirbt, und gleichzeitig konkurrierende Fraktionen von Menschen in Richtung eines Konflikts oder weg davon zu steuern. Die Zuschauer können auch ihre eigenen Avatare entwerfen, die dann in die Welt entlassen und in die Geschichte eingebunden werden. Was könnte als Nächstes kommen? Nun, die meisten von uns wollen keine echten „Hungerspiele", aber es könnte Spaß machen, eine in Echtzeit gerenderte Version zu sehen, die von unseren Lieblingsschauspielern, Sportstars und sogar Politikern gespielt wird, von denen jeder über einen Avatar teilnimmt.

Sex und Sexarbeit

Die Veränderungen in der Sexarbeitsbranche werden wahrscheinlich noch tiefgreifender sein als die in Hollywood und dabei die Grenze zwischen Pornografie und Prostitution weiter verwischen. Im Jahr 2022 kann man eine Sexarbeiterin für eine private Online-Show engagieren und sogar die Kontrolle über ihre intelligenten Sexspielzeuge übernehmen (oder ihnen die Kontrolle über die eigenen geben). Wie könnte es aussehen und sich anfühlen, wenn es immer mehr mit dem Internet verbundene haptische Geräte, Verbesserungen beim Echtzeit-Rendering, immersive AR- und VR-Headsets und Grafikprozessoren mit hohem Gleichzeitigkeitsgrad gibt? Einige der Ergebnisse sind relativ leicht vorstellbar („Sex, aber in VR!"), andere weniger. Erinnern Sie sich an Kapitel 9, in dem beschrieben wurde, wie Armbänder von CTRL-labs Elektromyografie nutzen könnten, um präzise Fingerbewegungen zu reproduzieren – oder um die Muskelbewegungen, mit denen ein Finger bewegt wird, einer ganz anderen Bewegung zuzuordnen, z. B. der Steuerung der Beine einer Spinne. Wie sieht es also mit Sex aus, der durch ein Ultraschall-Kraftfeld erlebt wird? Oder wenn sich fünf, 100 oder 10.000 „gleichzeitige Nutzer" zusammentun, um eine Art in Echtzeit gerenderte Mixed-Reality-Orgie zu veranstalten, anstatt ein Konzert oder ein Battle Royale?

Solche Erfahrungen bergen natürlich ein erhebliches Missbrauchspotenzial (mehr dazu in Kürze), aber auch Fragen der Macht der Plattform. Keine der großen Plattformen für Mobil- oder Konsolencomputer ermöglicht sex- oder pornografiebasierte Anwendungen. PornHub.com, das in der Regel zu den 70-80 meistgenutzten Websites der Welt gehört, Chaturbate, das zu den Top 50 gehört, und OnlyFans, das zu den Top 500 gehört, aber dessen Umsatz den von The Match Group (Eigentümer von Tinder, Match.com, Hinge, PlentyofFish, OkCupid und anderen) übersteigt, sind in den App Stores von iOS und Android nicht zugelassen. Die Rechtfertigung für das Verbot variiert. Steve Jobs sagte einmal zu einem Benutzer, dass Apple „glaubt, dass wir eine moralische Verantwortung dafür haben, Pornos vom iPhone fernzuhalten", obwohl einige spekulieren, dass diese Richtlinien darauf abzielen, die Haftung und die

Optik der Annahme einer Provision aus der Sexarbeit zu vermeiden. Das Ergebnis schadet zweifellos den einzelnen Sexarbeitern – wie ich in diesem Buch schon oft erwähnt habe, übertreffen die Anwendungen die browserbasierten Erfahrungen in Bezug auf Nutzung und Monetarisierung bei weitem – obwohl Pornografie als Kategorie immer noch floriert. Videos und Fotos funktionieren gut genug in einem mobilen Webbrowser, und im Großen und Ganzen lassen sich die Verbraucher nicht von der Notwendigkeit abschrecken, sie zu nutzen.

Aber wie wir gesehen haben, sind reichhaltig gerenderte VR- und AR-Erlebnisse über mobile Webbrowser praktisch unmöglich. Dementsprechend blockiert die Politik von Apple, Amazon, Google, PlayStation und anderen effektiv den Fortschritt der gesamten Kategorie. Einige mögen dies als eine gute Sache ansehen; andere könnten argumentieren, dass es Sexarbeiterinnen und Sexarbeitern höhere Einkommen und mehr Sicherheit vorenthält.

Mode und Werbung

In den letzten 60 Jahren wurden virtuelle Welten von Werbetreibenden und Modehäusern weitgehend ignoriert. Heute stammen weniger als 5 % der Einnahmen aus Videospielen aus der Werbung. Im Gegensatz dazu erwirtschaften die meisten großen Medienkategorien wie Fernsehen, Audio (einschließlich Musik, Talk-Radio, Podcasts usw.) und Nachrichten 50 % oder mehr ihrer Einnahmen durch Werbekunden und nicht durch das Publikum. Und obwohl sich jedes Jahr Hunderte von Millionen Menschen in den virtuellen Welten vergnügen, war 2021 das erste Mal, dass Marken wie Adidas, Moncler, Balenciaga, Gucci und Prada diesen Bereichen echte Aufmerksamkeit schenkten. Das wird sich ändern müssen.

Werbung in virtuellen Räumen ist aus mehreren Gründen schwierig. Erstens war die Spieleindustrie in den ersten Jahrzehnten „offline" und die Produktion jedes Titels dauerte Jahre. Daher gab es keine Möglichkeit, die spielinterne Werbung zu aktualisieren, was bedeutete, dass platzierte Werbung schnell veraltet sein konnte. Das ist auch der Grund, warum Bücher in der Regel keine Werbung enthalten, mit Ausnahme derjenigen, die für andere Werke des Autors werben, obwohl Zeitungen und Zeitschriften in der Vergangenheit darauf angewiesen waren. Ford wird nicht viel für eine Anzeige zahlen, die für die meisten Leser die „technischen Daten" eines alten Autos anpreist (Ford würde solche Eindrücke wahrscheinlich als schädlich betrachten). Für Videospiele gibt es solche technischen Beschränkungen nicht mehr, da sie jetzt über das

Internet aktualisiert werden können, aber die kulturellen Folgen bleiben bestehen. Mit Ausnahme von mobilen Gelegenheitsspielen wie *Candy Crush* ist die Spielergemeinschaft mit In-Game-Werbung größtenteils nicht vertraut und äußerst resistent dagegen. Auch wenn nur wenige Konsumenten von Fernsehen, Printmagazinen, Zeitungen und Radio die Werbung mögen, die diese Medien oft übersät, war Werbung schon immer ein Teil der Erfahrung.

Das größere Problem könnte darin bestehen, zu bestimmen, was eine Anzeige in einer in Echtzeit gerenderten virtuellen 3D-Welt ist oder sein sollte – und wie man sie bepreist und verkauft. Über weite Strecken des 20. Jahrhunderts wurden die meisten Anzeigen individuell ausgehandelt und geschaltet. D.h., jemand von einem Unternehmen wie Procter & Gamble arbeitete mit jemandem von CBS zusammen, damit eine Elfenbeinseifenwerbung als erster Werbespot im zweiten Werbeblock der 21-Uhr-Ausstrahlung von *I Love Lucy* zu einem bestimmten Preis ausgestrahlt wurde. Die meiste digitale Werbung wird heute programmatisch geschaltet. Die Werbetreibenden geben z.B. an, wen sie mit welcher Werbung ansprechen wollen (ein Bannerbild, ein gesponserter Social-Media-Post, ein gesponsertes Suchergebnis usw.), bis ein bestimmter Geldbetrag zu einem bestimmten Preis pro Klick ausgegeben wurde oder eine bestimmte Zeitspanne verstrichen ist.

Die Suche nach dem zentralen „Werbeblock" für virtuelle 3D-Welten ist eine Herausforderung. Viele Spiele haben Billboards im Spiel, darunter das PlayStation 4-Spiel *Marvel's Spider-Man*, das in Manhattan spielt, und der plattformübergreifende Hit *Fortnite*. Die Umsetzungen sind jedoch recht unterschiedlich. Die Größe dieser Plakate kann um ein Vielfaches variieren, was bedeutet, dass für ein Plakat wahrscheinlich ein anderes Bild benötigt wird als für ein anderes (während Google Ad Words unabhängig von der Bildschirmgröße funktioniert). Darüber hinaus könnten die Spieler diese Plakate mit unterschiedlicher Geschwindigkeit, aus unterschiedlichen Entfernungen und in verschiedenen Situationen (ein gemütlicher Spaziergang oder ein intensives Feuergefecht) passieren. All dies macht es schwer, die Plakatwände eines Spiels zu bewerten, geschweige denn sie programmatisch zu kaufen. Es gibt viele andere potenzielle Werbeeinheiten in einer virtuellen Welt – Werbespots, die von Autoradios im Spiel abgespielt werden, virtuelle Erfrischungsgetränke mit der gleichen Marke wie in der realen Welt –, aber diese sind noch schwieriger zu gestalten und zu messen. Hinzu kommt die technische Komplexität des Einfügens personalisierter Werbung in synchrone Erlebnisse, die Festlegung, wann eine Werbung mit Ihren Freunden geteilt werden soll oder nicht (es ist sinnvoll, dass die ganze Truppe ein Banner für den nächsten Avengers-Film sieht, aber nicht unbedingt für eine medizinische Creme), und so weiter.

Augmented-Reality-Werbung ist konzeptionell einfacher, da die Leinwand für die Werbung die reale Welt ist und nicht unzählige virtuelle Welten, aber die Ausführung ist vielleicht noch schwieriger. Wenn die Nutzer mit unaufgeforderter oder aufdringlicher Werbung über der realen Welt überflutet werden, werden sie das Headset wechseln. Das Risiko, dass diese Werbung einen Unfall verursacht, ist ebenfalls hoch. In den Vereinigten Staaten machen die Werbeausgaben seit mehr als einem Jahrhundert 0,9 % bis 1,1 % des BIP aus (mit vorübergehenden Ausnahmen während der Weltkriege). Wenn das Metaverse zu einer bedeutenden Wirtschaftskraft werden soll, müssen die Werbeeinkäufer einen Weg finden, um darin relevant zu sein, und die Ad-Tech-Branche wird schließlich herausfinden, wie sie programmatische Werbung, die in unzähligen virtuellen Räumen und Objekten im Metaverse platziert wird, anbieten und angemessen messen kann. Dennoch argumentieren einige, dass das Metaverse ein grundsätzliches Überdenken der Art und Weise, wie ein bestimmtes Produkt beworben wird, erforderlich machen wird.

2019 baute Nike unter der Marke Air Jordan eine immersive Fortnite-Kreativmodus-Welt mit dem Titel „Downtown Drop". Darin rasen die Spieler mit raketenbetriebenen Schuhen durch die Straßen einer fantastischen Stadt, führen Tricks aus und sammeln Münzen, um andere Spieler zu schlagen. Während dieses zeitlich begrenzten Modus konnten die Spieler exklusive Air Jordan-Avatare und -Gegenstände kaufen und freischalten. Das Ziel von Downtown Drop war es, das Ethos von Nike Air Jordan zum Ausdruck zu bringen – die Spieler sollten wissen, wie sich die Marke anfühlt, egal in welchem Medium. Im September 2021 erklärte Tim Sweeney gegenüber der *Washington Post*, dass ein Autohersteller, der im Metaverse präsent sein will, keine Werbung schalten wird. „Er wird sein Auto in Echtzeit in die [virtuelle] Welt stellen, und man kann damit herumfahren. Und sie werden mit vielen Autoren von Inhalten mit unterschiedlichen Erfahrungen zusammenarbeiten, um sicherzustellen, dass ihr Auto hier und da spielbar ist und die Aufmerksamkeit erhält, die es verdient."[5] Natürlich ist es viel schwieriger, ein neues, fahrbares Automodell in eine virtuelle Welt zu bringen, als einen Werbetext in gezielten Suchergebnissen zu platzieren, eine überzeugende 30-sekündige oder zweiminütige Geschichte in einem Werbespot zu erzählen oder eine „native Werbung" mit einem YouTuber zu produzieren. Es geht darum, Erlebnisse und virtuelle Produkte zu schaffen, mit denen sich die Nutzer aktiv beschäftigen und die sie anstelle der ursprünglich gesuchten Unterhaltung nutzen wollen. Und fast keine Werbeagentur oder Marketingabteilung verfügt heute auch nur über die grundlegenden Fähigkeiten, die für die Entwicklung solcher Erlebnisse erforderlich sind. Dennoch dürften die wahrscheinlichen Gewinne aus erfolgreicher

Werbung im Metaverse, die Notwendigkeit der Differenzierung und die Lehren aus der Ära des Consumer-Internets in den kommenden Jahren zu umfangreichen Experimenten anregen. Aufstrebende Marken wie Casper, Quip, Ro, Warby Parker, Allbirds und Dollar Shave Club haben sich nicht nur die Vorteile von E-Commerce-Modellen für den Direktvertrieb zunutze gemacht, sondern auch durch neuartige Marketingtechniken wie Suchmaschinenoptimierung, A/B-Tests und Empfehlungscodes sowie durch die Entwicklung einzigartiger Identitäten in den sozialen Medien Marktanteile von den alteingesessenen Unternehmen gewonnen. Aber im Jahr 2022 sind diese Strategien nicht mehr neu – sie sind Standard, langweilig. Sie ermöglichen es keiner Marke, ob neu oder alt, neue Zielgruppen zu finden oder sich abzuheben. Virtuelle Welten bleiben jedoch weitgehend unbesiedeltes Gebiet.

Aus denselben Gründen müssen auch die Modemarken von heute das Metaverse „betreten". Da sich die menschliche Kultur immer mehr in virtuelle Welten verlagert, werden die Menschen nach neuen Möglichkeiten suchen, ihre Identität auszudrücken und sich zu zeigen. Das bemerkt man deutlich an *Fortnite*, das über mehrere Jahre hinweg mehr Umsatz generiert hat als jedes andere Spiel in der Geschichte und sich in erster Linie durch den Verkauf von kosmetischen Gegenständen finanziert (und wie ich bereits erwähnt habe, übersteigen diese Umsätze auch viele der Top-Modemarken). Auch die NFTs bestätigen dies. Die erfolgreichsten NFT-Kollektionen sind nicht für virtuelle Güter oder Sammelkarten, sondern für identitäts- und gemeinschaftsorientierte „Profilbilder" wie Cryptopunks und Bored Apes.

Wenn die heutigen Labels diesen Bedarf nicht decken, werden neue Labels auftauchen, die sie ersetzen werden. Darüber hinaus wird das Metaverse den physischen Verkauf vieler Unternehmen wie Louis Vuitton und Balenciaga unter Druck setzen. Wenn mehr Arbeit und Freizeit in virtuellen Räumen stattfinden, werden wir weniger Geldbörsen brauchen und wahrscheinlich auch weniger für die ausgeben, die wir kaufen. Aber zu diesem Zweck werden diese Marken wahrscheinlich ihre physischen Verkäufe nutzen, um den Wert ihrer digitalen Verkäufe zu fördern und zu steigern. So könnte ein Verbraucher, der ein physisches Brooklyn Nets-Trikot oder eine Prada-Tasche kauft, auch die Rechte an einem virtuellen oder NFT-Simulakra oder einen Rabatt beim Kauf eines solchen erhalten. Oder vielleicht kann nur derjenige, der „das Richtige" kauft, eine digitale Kopie erhalten. In anderen Fällen könnte ein digitaler Kauf zu einem physischen Kauf führen. Unsere Identitäten sind schließlich nicht nur online oder offline, physisch oder metaphysisch. Sie bleiben bestehen, genau wie das Metaverse.

Industrie

In Kapitel 4 habe ich dargelegt, wie und warum das Metaverse mit der Freizeitgestaltung der Verbraucher beginnt und dann in die Industrie und Unternehmen vordringt, und nicht umgekehrt, wie es bei früheren Computer- und Netzwerkwellen der Fall war. Die Ausweitung auf die Industrie wird nur langsam erfolgen. Die technischen Anforderungen an die Simulationstreue und Flexibilität sind viel höher als bei Spielen oder Filmen, und der Erfolg hängt letztlich von der Umschulung der Mitarbeiter ab, die für die veralteten Softwarelösungen und Geschäftsprozesse ausgebildet wurden. Und zu Beginn werden die meisten „Metaverse-Investitionen" eher auf Hypothesen als auf Best Practices beruhen, was bedeutet, dass die Investitionen begrenzt und die Gewinne oft enttäuschend sein werden. Aber irgendwann, und mit dem heutigen Internet, wird ein Großteil des Metaverse und seiner Einnahmen außerhalb des Blickfelds des Durchschnittsverbrauchers existieren und stattfinden.

Nehmen wir als Beispiel die milliardenschwere Sanierung der Water Street in Tampa, Florida, mit einer Fläche von 140.000 m² und 20 Gebäuden. Im Rahmen dieses Projekts erstellte Strategic Development Partners (SDP) ein 3D-gedrucktes, modulares Modell der Stadt mit einem Durchmesser von 15 Metern, das von zwölf 5K-Laserkameras unterstützt wurde, die 25 Millionen Pixel auf dieses Modell projizierten, basierend auf städtischen Daten für Wetter, Verkehr, Bevölkerungsdichte und mehr. All dies wurde von einer Unreal-basierten Echtzeit-Rendering-Simulation gesteuert, die über einen Touchscreen oder ein VR-Headset betrachtet werden konnte.

Die Vorteile einer solchen Simulation lassen sich nur schwer in schriftlicher Form beschreiben, weshalb SDP von Anfang an Wert darauflegte, ein physisches Modell und einen digitalen 3D-Zwilling zu erstellen. Das ermöglichte es der Stadt, das Projekt potenziellen Mietern, Investoren sowie den Baupartnern auf einzigartige Weise zu verstehen und zu planen. Es war möglich, genau zu sehen, wie das heutige Tampa durch den Bauprozess und das fertige Projekt beeinflusst werden würde. Wie würde sich eine fünfjährige Bauzeit auf den örtlichen Verkehr auswirken und wie würden sich diese Auswirkungen von denen einer sechsjährigen Bauzeit unterscheiden? Was würde passieren, wenn ein bestimmtes Gebäude durch einen Park ersetzt oder seine Stockwerke von 15 auf 11 reduziert würden? Wie würde sich die Bebauung auf die Aussicht auf andere Gebäude und Parks in der Umgebung auswirken, auch durch gebrochenes Licht oder Wärmestrahlung – und zwar zu jeder Tageszeit und an jedem Tag im Jahr? Wie würden sich diese Gebäude auf die Reaktionszeiten bei Notfällen in der Gegend auswirken? Könnte eine neue Polizei-, Feuerwehr- oder Krankenwagenstation erforderlich werden? An welchen Seiten der Gebäude sollte eine Feuertreppe gebaut werden?

Heute werden diese Simulationen in erster Linie dazu verwendet, ein Gebäude oder Projekt zu entwerfen und zu verstehen. Später werden sie für den Betrieb der Gebäude und der darin untergebrachten Unternehmen eingesetzt. So wird beispielsweise die (physische, digitale und virtuelle) Beschilderung in einem Starbucks auf der Grundlage der Echtzeitverfolgung, welche Art von Kunden den Laden wann nutzen, sowie des verbleibenden Bestands an diesem Standort ausgewählt und geändert. Das Einkaufszentrum, in dem sich ein Starbucks befindet, wird ebenfalls Kunden zu diesem Standort leiten oder sie davon abhalten, dies zu tun, basierend auf den Linien und der Nähe von Ersatzgeschäften (oder einem anderen Starbucks). Und das Einkaufszentrum wird sich mit den zugrunde liegenden Infrastruktursystemen der Stadt verbinden, sodass KI-gesteuerte Ampelnetzwerke mit mehr (d. h. besseren) Informationen arbeiten können und die städtischen Dienste wie Feuerwehr und Polizei besser auf Notfälle reagieren können.

Obwohl sich diese Beispiele auf den Bereich Architektur, Ingenieur- und Bauwesen konzentrieren, lassen sich solche Ideen leicht auf andere Anwendungsfälle übertragen. Verschiedene Streitkräfte auf der ganzen Welt setzen seit Jahren 3D-Simulationen ein – und wie im Hardware-Kapitel beschrieben, hat die US-Armee Microsoft einen Auftrag im Wert von mehr als 20 Milliarden US-Dollar für HoloLens-Headsets und -Software erteilt. Der Nutzen digitaler Zwillinge in der Luft- und Raumfahrt und in Verteidigungsunternehmen liegt ebenfalls auf der Hand (auch wenn er vielleicht noch erschreckender ist als der Einsatz von VR durch die Armee).

Hoffnungsvoller ist die Medizin und das Gesundheitswesen. So wie Studenten 3D-Simulationen nutzen können, um den menschlichen Körper zu erforschen, werden dies auch Ärzte tun. Im Jahr 2021 führten Neurochirurgen am Johns Hopkins die allererste AR-Operation an einem lebenden Patienten durch. Dr. Timothy Witham, der die Operation leitete und Direktor des Wirbelsäulenfusionslabors des Krankenhauses ist, sagte: „Es ist, als hätte man ein GPS-Navigationsgerät auf natürliche Weise vor den Augen, sodass man nicht auf einen separaten Bildschirm schauen muss, um den CT-Scan des Patienten zu sehen".[6] Die GPS-Analogie von Dr. Witham verdeutlicht den entscheidenden Unterschied zwischen dem sogenannten Minimum Viable Product von kommerzieller AR/VR und dem für den Freizeitbereich. Um sich durchzusetzen, müssen VR/AR-Headsets für Verbraucher überzeugender oder funktionaler sein als die Erfahrungen, die Alternativen wie Konsolen-Videospiele oder Smartphone-Messaging-Apps bieten. Die Immersion, die Mixed-Reality-Geräte bieten, ist ein Unterscheidungsmerkmal, aber wie in Kapitel 9 erläutert, gibt es immer noch viele Nachteile. So kann *Fortnite* beispielsweise auf fast jedem Gerät gespielt werden, was bedeutet, dass ein Nutzer mit jedem spielen kann, den er kennt. Man ist im Wesentlichen auf diejenigen beschränkt, die ein VR-Headset besitzen. Darüber hinaus kann *Fortnite* auch in einer höheren Auflösung, mit größerer visueller Wiedergabetreue, höheren Bildraten, mehr gleichzeitigen Nutzern und ohne das Risiko von Übelkeit erlebt werden. Für viele Gamer sind VR-Spiele noch nicht gut genug, um mit Konsolen-, PC- oder Smartphone-basierten Titeln zu konkurrieren. Der Vergleich zwischen Chirurgie mit AR und Chirurgie ohne AR ist jedoch wie der Vergleich zwischen Autofahren mit und ohne GPS: Die Reise wird unabhängig davon unternommen, ob die Technologie existiert, während ihr Einsatz davon abhängt, ob sie einen bedeutenden Einfluss auf das Ergebnis hat (z. B. eine kürzere Fahrzeit). Bei chirurgischen Eingriffen bedeutet dies eine höhere Erfolgsquote, eine kürzere Genesungszeit oder geringere Kosten. Und obwohl die technischen Grenzen der heutigen AR/VR-Geräte ihren Beitrag zur Chirurgie zweifellos einschränken, rechtfertigt selbst eine geringe Auswirkung ihre Kosten und ihren Einsatz.

Kapitel 14
Gewinner und Verlierer im Metaverse

Wenn das Metaverse ein „Quasi-Nachfolgestaat" der mobilen und Cloud-Ära des Computing und der Vernetzung ist und schließlich die meisten Branchen umgestalten und fast jeden Menschen betreffen wird, müssen einige sehr allgemeine Fragen beantwortet werden. Was wird der Wert einer neuen „Metaverse-Wirtschaft" sein? Wer wird sie anführen? Und was wird das Metaverse für die Gesellschaft bedeuten?

Der wirtschaftliche Wert des Metaverse

Obwohl sich die Führungskräfte der Unternehmen noch nicht darüber einig sind, was das Metaverse genau ist und wann es kommen wird, glauben die meisten, dass es viele Milliarden Dollar wert sein wird. Jensen Huang von Nvidia sagt voraus, dass der Wert des Metaverse irgendwann den der physischen Welt „übersteigen" wird.

Der Versuch, den Umfang der Metaverse-Wirtschaft zu prognostizieren, ist eine lustige, aber auch frustrierende Übung. Selbst wenn das Metaverse „da" ist, wird es wahrscheinlich noch keinen Konsens über seinen Wert geben. Schließlich befinden wir uns mindestens 15 Jahre in der Ära des mobilen Internets, fast 40 Jahre in der Ära des Internets und mehr als ein Dreivierteljahrhundert in der Ära der digitalen Datenverarbeitung und haben immer noch keine einheitliche Antwort darauf, wie viel die „mobile Wirtschaft", die „Internetwirtschaft" oder die „digitale Wirtschaft" wert sein könnten. Tatsächlich versucht kaum jemand, sie zu bewerten.* Stattdessen summieren die meisten Analysten und Journalisten einfach die Bewertungen oder Umsätze der Unternehmen auf, die diese lose definierten Kategorien hauptsächlich ausmachen. Die Herausforderung bei dem Versuch, diesen Wirtschaftszweig zu messen,

---

* Falls Ihnen doch einige Bemühungen bekannt vorkommen, dann liegt das wahrscheinlich daran, dass ich in diesem Buch bereits mehrere Schätzungen vorgenommen habe.

besteht darin, dass es sich nicht wirklich um eine „Wirtschaft" handelt. Vielmehr handelt es sich um Ansammlungen von Technologien, die eng mit der „traditionellen Wirtschaft" verflochten und von ihr abhängig sind. Daher ist der Versuch, ihre vermeintliche Wirtschaft zu bewerten, eher eine Kunst der Zuordnung als eine Wissenschaft der Messung oder Beobachtung.

Denken Sie an das Buch, das Sie gerade lesen. Die Chancen stehen gut, dass Sie es online gekauft haben. Zählt das Geld, das Sie dafür bezahlt haben, als „digitaler Umsatz", obwohl das Buch physisch hergestellt, physisch vertrieben und physisch konsumiert wurde? Sollte *ein Teil* Ihres Kaufs digital sein, und wenn ja, wie viel und warum? Wie ändert sich das Verhältnis, wenn Sie ein E-Book lesen? Was wäre, wenn Sie ein Flugzeug besteigen, feststellen würden, dass Sie während des Fluges nichts zu tun haben, und Ihr iPhone benutzen würden, um ein digitales Exemplar herunterzuladen, das nur als Hörbuch erhältlich ist – ändert sich dann das Beziehung? Was ist, wenn Sie nur durch einen Facebook-Post von dem Buch erfahren haben? Spielt es eine Rolle, ob ich das Buch mit einem cloudbasierten Textverarbeitungsprogramm geschrieben habe und nicht mit einem Offline-Programm (oder, wie ich es wage zu sagen, mit der Hand)?

Noch schwieriger wird es, wenn wir an Untergruppen der digitalen Einnahmen denken, wie z. B. Einnahmen aus dem Internet oder aus dem Mobilfunk, die beide methodisch am ehesten mit der „Metaverse-Wirtschaft" vergleichbar sein dürften. Hat Netflix, ein internetbasierter Videodienst, mobile Einnahmen? Das Unternehmen hat zwar einige reine Mobilabonnenten, aber wenn man die Einnahmen dieser Kunden als „Mobilfunkeinnahmen" isoliert, bleiben die Einnahmen der Abonnenten unberücksichtigt, die Netflix zwar manchmal, aber nicht immer über Mobilgeräte ansehen und für den Zugang zum Dienst über alle möglichen Geräte bezahlen. Sollte „Mobile" einen Anteil an der monatlichen Abonnementgebühr erhalten, der sich nach dem Zeitanteil des Nutzers richtet? Bedeutet das nicht, dass ein Nutzer einen Film auf einem 65-Zoll-Fernsehbildschirm im Wohnzimmer genauso wertschätzt wie ein 5 Zoll × 5 Zoll großes Smartphone in der U-Bahn? Ist ein Wi-Fi-only iPad, das nie das Haus verlässt, ein „mobiles" Gerät? Wahrscheinlich, aber warum gilt ein intelligenter Fernseher, der sich mit Wi-Fi verbindet, nicht als mobiles Gerät? Und kann man überhaupt von „mobilen" Breitbandeinnahmen sprechen, wenn die Bits, die sie übertragen, hauptsächlich über Festnetzkabel laufen? Stimmt es übrigens nicht, dass die meisten „digitalen Geräte", die heute gekauft werden, ohne das Internet nicht gekauft worden wären? Wenn Tesla die Software eines Autos über das Internet aktualisiert, um die Batterielebensdauer und/

oder die Ladeeffizienz zu verbessern, wie genau soll dieser Wert gezählt oder gemessen werden?

Wir können jetzt schon einige Vorboten dieser Probleme erkennen. Wenn man von einem drei Jahre alten iPad auf ein neueres iPad Pro umsteigt, nur wegen der GPU, um in virtuellen 3D-Welten mit vielen gleichzeitigen Nutzern in Echtzeit zu spielen, wie hoch ist dann die Metaverse-Zuweisung? Wenn Nike Turnschuhe mit einer gebündelten NFT- oder *Fortnite*-Edition verkauft, gibt es dann Metaverse-Einnahmen, und wenn ja, wie viel? Gibt es eine Interoperabilitätsschwelle für virtuelle Güter, die als Metaverse-Käufe gelten, und nicht nur als Videospielartikel? Macht es einen Unterschied, ob man in US-Dollar auf ein Blockchain-Pferd oder in Kryptowährung auf ein echtes Pferd wettet? Wenn, wie Bill Gates sich vorstellt, die meisten Videoanrufe auf Microsoft Teams in Echtzeit gerenderte 3D-Umgebungen verlagern, welcher Teil der Abonnementgebühr fällt dann unter „Metaverse"? Wenn ein Gebäude über einen digitalen Zwilling betrieben wird, welcher Teil der Ausgaben sollte dann angerechnet werden? Wenn die Breitbandinfrastruktur durch eine Echtzeit-Übertragung mit höherer Kapazität ersetzt wird, ist das dann eine „Metaverse-Investition"? Fast alle Anwendungen, die diesen Sprung nutzen und davon profitieren werden, haben mit dem Metaverse wenig zu tun, zumindest heute. Die treibende Kraft hinter den Investitionen in Netzwerke mit niedriger Latenz sind jedoch die wenigen Erfahrungen, die dies erfordern: synchrone Echtzeit-Rendering virtueller Welten, Augmented Reality und Cloud-Game-Streaming.

Die oben beschriebenen Fragen sind zwar hilfreiche Denkübungen, haben aber keine einheitliche Antwort. Besonders schwierig ist es, sich zu den Fragen zu äußern, die sich auf das Metaverse beziehen, das noch nicht existiert und für das es kein klares Startdatum gibt. Vor diesem Hintergrund ist der praktischere Ansatz zur Bewertung der „Metaverse-Wirtschaft" eher philosophischer Natur.

Seit Jahrzehnten ist der Anteil der digitalen Wirtschaft an der Weltwirtschaft gewachsen. Die wenigen Schätzungen, die es gibt, gehen davon aus, dass heute etwa 20 % der Weltwirtschaft digital sind, was einem Wert von etwa 19 Billionen Dollar im Jahr 2021 entspräche. In den 1990er- und frühen 2000er-Jahren wurde das Wachstum der digitalen Wirtschaft größtenteils, aber nicht ausschließlich, durch die Verbreitung von PCs und Internetdiensten vorangetrieben, während es in den folgenden zwei Jahrzehnten vor allem, aber nicht ausschließlich, von mobilen Geräten und der Cloud getragen wurde. Die beiden letztgenannten Wellen bedeuteten, dass digitale Unternehmen, Inhalte und Dienste von mehr Menschen, an mehr Orten, häufiger und einfacher genutzt werden konnten, während gleichzeitig neue Anwendungsfälle unterstützt wurden. Die mobile und die Cloud-Welle stellten auch alles in den Schatten, was ihnen vorausging. In den meisten Fällen sind die „digitalen Einnahmen" nicht neu. Die Branche der Partnervermittlungsdienste beispielsweise war vor dem Internet unbedeutend und wuchs dann durch den Mobilfunk in neue Größenordnungen. Die Musikindustrie hat sich durch digitale CDs mehr als verdoppelt, ist dann aber durch die internetbasierte Bereitstellung um 75 % zurückgegangen.

Die Entwicklung des Metaverse wird im Großen und Ganzen ähnlich verlaufen. Insgesamt wird es zum Wachstum der Weltwirtschaft beitragen, auch wenn es Teile davon schrumpfen lässt (z. B. Gewerbeimmobilien). Auf diese Weise wird der Anteil des Digitalen an der Weltwirtschaft steigen, ebenso wie der Anteil des Metaverse am Anteil des Digitalen.

Wenn wir von dieser Annahme ausgehen, können wir einige Modellrechnungen anstellen. Wenn das Metaverse im Jahr 2032 beispielsweise 10 % der digitalen Wirtschaft ausmacht und der Anteil der digitalen Wirtschaft an der Weltwirtschaft in diesem Zeitraum von 20 % auf 25 % steigt und die Weltwirtschaft weiterhin um durchschnittlich 2,5 % wächst, dann wäre die Metaverse-Wirtschaft in einem Jahrzehnt jährlich 3,65 Billionen Dollar wert. Diese Zahl würde auch bedeuten, dass das Metaverse ein Viertel des Wachstums der digitalen Wirtschaft seit 2022 und fast 10 % des realen BIP-Wachstums im selben Zeitraum ausmacht (ein Großteil des Rests wäre auf den Bevölkerungszuwachs und veränderte Konsumgewohnheiten zurückzuführen, wie z. B. mehr Autos zu kaufen, mehr Wasser zu verbrauchen usw.). Bei einem Anteil von 15 % an der digitalen Wirtschaft würde das Metaverse jährlich 5,45 Milliarden Dollar ausmachen, ein Drittel des digitalen Wachstums und 13 % des Wachstums der Weltwirtschaft. Bei 20 % wären es 7,25 Billionen Dollar, die Hälfte und ein Sechstel. Manche stellen sich vor, dass das Metaverse bis zu 30 % der digitalen Wirtschaft im Jahr 2032 ausmachen könnte.

Auch wenn dies spekulativ ist, beschreibt die obige Übung genau, wie sich die Wirtschaft verändert. Diejenigen, die im Metaverse Pionierarbeit leisten, werden gegenüber den jungen Menschen überindiziert sein, schneller wachsen als die Unternehmen, die entweder in der „digitalen" oder „physischen" Wirtschaft führend sind, und unsere Geschäftsmodelle, Verhaltensweisen und Kultur neu definieren. Im Gegenzug werden diese Unternehmen von Risikokapitalgebern und Anlegern an der Börse höher bewertet als der Rest des Marktes, was denjenigen, die diese Unternehmen gründen, in ihnen arbeiten oder in sie investieren, ein Vermögen in Billionenhöhe bescheren wird.

Einige wenige dieser Unternehmen werden sich zu wichtigen Vermittlern zwischen Verbrauchern, Unternehmen und Regierungen entwickeln – zu eigenständigen Multimilliarden-Dollar-Unternehmen. Das ist das Seltsame an der Aussage, dass die digitale Wirtschaft 20 % der Weltwirtschaft ausmacht. Ganz gleich, wie solide die Methodik ist, die Schlussfolgerung lässt die Tatsache außer Acht, dass der größte Teil der verbleibenden 80 % digital angetrieben oder informiert wird. Das ist auch der Grund, warum wir die fünf großen Technologieriesen als noch mächtiger ansehen, als es ihre Umsätze allein vermuten lassen. Google, Apple, Facebook, Amazon und Microsoft erzielten im Jahr 2021 zusammen einen Umsatz von 1,4 Billionen US-Dollar, was weniger als 10 % der gesamten digitalen Ausgaben und 1,6 % der gesamten Weltwirtschaft entspricht. Diese Unternehmen haben jedoch einen unverhältnismäßig großen Einfluss auf alle Umsätze, die sie nicht in ihrer Bilanz ausweisen, erhalten einen Anteil an vielen dieser Umsätze (z. B. über Amazons Datenzentren oder Googles Anzeigen) und legen manchmal auch ihre technischen Standards und Geschäftsmodelle fest.

Wie die heutigen Tech-Giganten für das Metaverse positioniert sind

Welche Unternehmen werden in der Metaverse-Ära führend sein? Die Geschichte kann uns Aufschluss darüber geben, wie wir auf diese Frage antworten.

Es gibt fünf Kategorien, anhand derer wir die Entwicklung von Unternehmen verstehen können. Erstens werden zahllose neue Unternehmen, Produkte und Dienstleistungen entwickelt werden, die letztendlich fast jedes Land, jeden Verbraucher und jede Branche beeinflussen, erreichen oder verändern werden. Einige der neuen Marktteilnehmer werden die heutigen Marktführer verdrängen, die entweder untergehen oder in der Bedeutungslosigkeit verschwinden werden. Beispiele hierfür sind AOL, ICQ, Yahoo, Palm und Blockbuster (die zweite Kategorie). Einige der verdrängten Giganten expandieren sogar als Folge des allgemeinen Wachstums der digitalen Wirtschaft. IBM und Microsoft hatten noch nie einen geringeren Marktanteil bei Computern, und doch sind beide wertvoller als zu irgendeinem Zeitpunkt während ihrer angeblichen Blütezeit. Eine fünfte Kategorie von Unternehmen wird sich gegen Verdrängung und Störung wehren und in ihrem Kerngeschäft wachsen. Wer könnten also die Fallbeispiele für den Übergang zum Metaverse sein?

Im Gegensatz zu MySpace hat Facebook den Übergang zum Mobilfunk erfolgreich gemeistert. Aber das Unternehmen muss sich erneut wandeln, und das zu einer Zeit, in der es unwahrscheinlich ist, dass die Aufsichtsbehörden ähnliche Übernahmen wie die von Instagram und WhatsApp, die dem Unternehmen den Übergang zum Mobilbereich erleichterten, und Oculus VR und CTRL-labs, die den Grundstein für seine Metaverse-Pläne legten, unterstützen werden. Das Unternehmen sieht sich auch mit strategischen Blockaden durch die hardwarebasierten Plattformen konfrontiert, auf denen seine Dienste normalerweise laufen – und gleichzeitig war sein Ruf noch nie so negativ. Dennoch wäre es ein Fehler, Facebook zu unterschätzen. Der Social-Networking-Riese hat drei Milliarden monatliche Nutzer, zwei Milliarden tägliche Nutzer und das meistgenutzte Identitätssystem im Internet. Das Unternehmen gibt bereits 12 Milliarden Dollar pro Jahr für Initiativen im Zusammenhang mit dem Metaverse aus (und erwirtschaftet bei einem Umsatz von fast 100 Milliarden Dollar einen Cashflow von über 50 Milliarden Dollar pro Jahr), hat einen mehrjährigen Vorsprung bei der Auslieferung von VR-Hardware und einen Gründer, der das Metaverse genauso gut im Griff hat wie jeder andere Unternehmensleiter.

Aber so wie man Facebook nicht ausschließen kann, sind Investitionen und Überzeugung allein kein Garant für Erfolg. Disruption ist kein linearer Prozess, sondern ein rekursiver und unvorhersehbarer. Und wie wir gesehen haben, gibt es eine Menge Verwirrung und offene Fragen im Zusammenhang mit dem Metaverse. Wann werden die wichtigsten technologischen Fortschritte eintreten? Wie lassen sie sich am besten realisieren? Welches ist das ideale Monetarisierungsmodell dafür? Welche neuen Anwendungsfälle und Verhaltensweisen werden durch die neue Technologie entstehen? In den 1990er-Jahren glaubte Microsoft sowohl an das Handy als auch an das Internet und verfügte über viele der Produkte, Technologien und Ressourcen, die erforderlich waren, um das aufzubauen, was Google, Apple, Facebook und Amazon stattdessen taten. Wie sich herausstellte, lag Microsoft in allen Bereichen falsch – von der Rolle von App Stores und Smartphones bis hin zur Bedeutung von Touchscreens für normale Verbraucher – und wurde durch die Notwendigkeit abgelenkt, sein äußerst erfolgreiches Windows-Betriebssystem und die integrierten Microsoft Exchange-, Server- und Office-Suiten aufrechtzuerhalten. Das Microsoft, das heute so wertvoll ist, ist das Ergebnis einer Entscheidung, sich endlich von der Bindung an die eigenen Stacks und Suites zu lösen und stattdessen das zu unterstützen, was der Kunde bevorzugt.

In vielen Kategorien wurde Microsoft von Google überholt, das nun das weltweit beliebteste Betriebssystem (Android, nicht Windows), den beliebtesten Browser (Chrome, nicht Internet Explorer/Edge-Browser) und die beliebtesten Online-Dienste (Gmail, nicht Hotmail oder Windows Live) betreibt. Doch welche Rolle wird Google im Metaverse spielen? Die Mission des Unternehmens ist es, „die Informationen der Welt zu organisieren und sie universell zugänglich und nützlich zu machen", aber es kann nur auf wenige der in virtuellen Welten vorhandenen Informationen zugreifen, geschweige denn sie nutzen. Und es hat keine eigenen virtuellen Welten, Plattformen für virtuelle Welten, Maschinen für virtuelle Welten oder ähnliche Dienste. Niantic war ursprünglich eine Tochtergesellschaft von Google, wurde aber 2015 ausgegliedert. Zwei Jahre später verkaufte Google sein Satellitenbildgeschäft an Planet Labs. Im Jahr 2016 begann das Unternehmen mit dem Aufbau eines Cloud-Game-Streaming-Dienstes, Stadia, der Ende 2019 auf den Markt kam. Anfang desselben Jahres kündigte Google auch die Abteilung Stadia Games and Entertainment an, ein Studio für „Cloud Native"-Inhalte. Anfang 2021 wurde dieses Studio geschlossen. In den darauffolgenden Monaten wechselten viele leitende Angestellte von Stadia, darunter auch der Geschäftsführer, zu anderen Gruppen innerhalb von Google oder verließen das Unternehmen ganz.

In Unternehmen wie Epic Games, Unity und Roblox Corporation können wir bereits Anzeichen für neue Disruptoren sehen. Obwohl ihre Bewertungen, Umsätze und operative Größe im Vergleich zu GAFAM bescheiden sind, verfügen sie über die Spielernetzwerke, die Entwicklernetzwerke, die virtuellen Welten und die „virtuellen Leitungen", um im Metaverse wirklich führend zu sein. Und nicht nur das: Ihre Geschichte, ihre Kultur und ihre Fähigkeiten haben erfrischend wenig mit den aktuellen Tech-Titanen gemein – auch wenn sich alle diese Unternehmen einig sind, dass das Metaverse die Zukunft ist. In den letzten anderthalb Jahrzehnten hat sich GAFAM hauptsächlich mit anderen Themen beschäftigt, darunter Streaming-TV, Social Video und Live-Video, cloudbasierte Textverarbeitungssysteme und Rechenzentren. An diesem Fokus ist nichts auszusetzen, aber den Videospielen wurde vergleichsweise wenig Aufmerksamkeit geschenkt, schon gar nicht der Idee, dass das Beste an Bord des Metaverse Battle Royales, virtuelle Spielplätze für Kinder oder auch nur Spiele-Engines, sind. Die relative Vernachlässigung der Spiele durch die Tech-Giganten steht sinnbildlich für die Herausforderungen bei der Vorbereitung und Vorhersage des Übergangs in eine neue Ära.

Kurz nachdem Mark Zuckerberg 2012 Instagram für eine Milliarde Dollar übernommen hatte, wurde der Deal als eine der brillantesten Übernahmen des digitalen Zeitalters angesehen. Damals hatte der Bilder-Sharing-Dienst kaum 25 Millionen monatlich aktive Nutzer, ein Dutzend Mitarbeiter und keine Einnahmen. Ein Jahrzehnt später liegt sein geschätzter Wert bei über 500 Milliarden Dollar. WhatsApp, das Facebook zwei Jahre später für 20 Milliarden Dollar kaufte und das zu diesem Zeitpunkt 700 Millionen Nutzer hatte, wird in einem ähnlichen Licht gesehen. Beide gelten heute nicht nur als brillante Übernahmen, sondern auch als Maßnahmen, die die Regulierungsbehörden aus kartellrechtlichen Gründen hätten verhindern müssen.

Trotz der weitverbreiteten Verehrung für Zuckerbergs Akquisitionsbilanz haben weder Facebook noch seine Konkurrenten Epic, Unity oder Roblox übernommen, obwohl diese Unternehmen die meiste Zeit des letzten Jahrzehnts mit einem Wert im niedrigen einstelligen Milliardenbereich bewertet waren – weniger als eine Woche Gewinn für die meisten GAFAM-Unternehmen.* Warum? Die Rolle und das Potenzial jedes dieser Unternehmen war einfach zu unsicher. Der Bereich der Videospiele wurde bestenfalls als Nische, schlimmstenfalls als Randgebiet betrachtet. Es sei daran erinnert, dass Neal Stephenson diese Kategorie ursprünglich auch nicht als einzige Rampe zum Metaverse sah – aber 2011 behauptete er, dass sie es sei, und fast jede Führungskraft in der westlichen Welt hatte zumindest von *Second Life* und *World of Warcraft* gehört, wenn nicht sogar gespielt.

Zu Zuckerbergs Ehrenrettung sei gesagt, dass er 2015 seinem Vorstand die Übernahme von Unity vorschlug, das damals noch nicht zu den Einhörnern zählte. Es gibt jedoch keine Berichte über ein offizielles Angebot, obwohl es billig zu haben gewesen wäre: Erst im Jahr 2020 stieg die Bewertung von Unity auf über 10 Milliarden US-Dollar. Facebook hat zwar Oculus VR im Jahr 2014 übernommen, aber die Plattform hat weniger Lebenszeitnutzer als Epic, Unity und Roblox in den nächsten 24 Stunden haben würde. Das bedeutet nicht, dass Oculus ein Fehler war; es könnte sich noch als transformativ erweisen – aber Facebook war nicht auf eine einzige Übernahme beschränkt (in der Tat hat es seitdem Dutzende getätigt). Darüber hinaus ist der angebliche Kern von Facebooks Metaverse-Strategie weder Oculus noch VR und AR, sondern die *Roblox-* und *Fortnite*-ähnliche Horizon Worlds-Plattform für integrierte virtuelle Welten (die auf Unity basiert). Und Roblox hat genau die Kunden, die die Zukunft von Facebook bedrohen – nicht diejenigen, die sich von dem sozialen Netzwerk abwenden, sondern diejenigen, die es noch nicht einmal angenommen haben.

Wenn Facebook der aggressivste Investor im Metaverse ist und Google der am schlechtesten positionierte, sitzt Amazon irgendwo in der Mitte. Amazon Web Services hält fast ein Drittel des Cloud-Infrastrukturmarktes, und wie in diesem Buch beschrieben, wird das Metaverse eine noch nie dagewesene Rechenleistung, Datenspeicherung und Live-Dienste erfordern. AWS profitiert also selbst dann, wenn andere Cloud-Anbieter einen größeren Anteil am künftigen Wachstum haben. Amazons Bemühungen, Metaverse-spezifische Inhalte und Dienste zu

---

* Die meisten der großen Hollywood-Studios haben damit geprahlt, dass sie „Netflix fast gekauft" oder „darüber nachgedacht hätten, Instagram zu kaufen". Bemerkenswert ist, dass, wenn ein Studio Epic, Roblox oder Unity gekauft hätte, diese Übernahme wahrscheinlich heute mehr wert wäre als die Muttergesellschaft selbst.

entwickeln, waren jedoch weitgehend erfolglos und haben im Vergleich zu traditionelleren Märkten wie Musik, Podcasting, Video, Fast Fashion und digitalen Assistenten wohl weniger Priorität. Verschiedenen Berichten zufolge hat Amazon jedes Jahr Hunderte von Millionen für die Amazon Game Studios ausgegeben, die sich auf das Ziel des Amazon-Gründers Jeff Bezos konzentrierten, „rechnerisch lächerliche Spiele" zu entwickeln. Die meisten dieser Titel wurden jedoch vor der Veröffentlichung eingestellt (allerdings erst, als ihre Entwicklungsbudgets die Lebenszeitbudgets der meisten Spielehits überstiegen). *New World*, das im September 2021 veröffentlicht wurde, erhielt gute Kritiken und stieß anfangs auf großes Interesse (unglaublicherweise gingen ihm die verfügbaren AWS-Server aus), aber die monatliche Spielerzahl wird auf wenige Millionen geschätzt. Ein weiteres hilfreiches Beispiel ist *Lost Ark*, das Amazon Game Studios im Februar 2022 unter großem Beifall veröffentlichte. Erfolg ist immer schön, aber *Lost Ark* wurde nicht von AGS entwickelt, sondern nur neu veröffentlicht. Der Titel wurde von Smilegate RPG entwickelt und 2019 in Südkorea veröffentlicht, wobei Amazon ein Jahr später einen Deal für englischsprachige Gebiete abschloss. Weitere Hits werden wahrscheinlich folgen, aber die mehreren Milliarden, die pro Jahr für Amazon Music und Amazon Prime Video ausgegeben werden (und die 8,5 Milliarden Dollar teure Übernahme des Hollywood-Studios MGM), stehen in klarem Kontrast dazu. Einigen Berichten zufolge wird Amazon mehr für eine einzige Staffel seiner *Herr der* Ringe-Fernsehserie ausgeben, als es jährlich für sein Spielestudio ausgibt. Ein ähnliches Beispiel ist Amazons Cloud-Game-Streaming-Dienst Luna, der im Oktober 2020 an den Start ging, jedoch noch weniger Markt fand als Google Stadia und fast keine kostenlosen Inhalte für Abonnenten enthielt (was wiederum einen Unterschied zu anderen Amazon-Inhaltsangeboten darstellt). Vier Monate nach dem Start von Luna verließ die Führungskraft, die die Abteilung leitete, das Unternehmen, um General Manager der Unity Engine zu werden. Amazons Bemühungen, einen Konkurrenten zu Steam aufzubauen, waren ebenfalls erfolglos, trotz der anhaltenden Stärke und des Erfolgs von Twitch, dem Marktführer bei Live-Übertragungen von Videospielen, und dem Prime-Mitgliedschaftsprogramm.

Amazons bemerkenswerteste Gaming-Initiative begann 2015, als das Unternehmen Berichten zufolge 50 bis 70 Millionen US-Dollar für die Lizenzierung der CryEngine ausgab, einer mittelmäßigen unabhängigen Spiele-Engine im Besitz von CryTek, dem Herausgeber hinter dem Spiel *Far Cry*. In den folgenden Jahren investierte Amazon Hunderte von Millionen, um die CryEngine in Lumberyard umzuwandeln, einen vermeintlichen Konkurrenten von Unreal und Unity, der allerdings für AWS optimiert wurde. Die Engine fand nie großen Anklang. Anfang

2021 übernahm die Linux Foundation die Entwicklung, benannte sie in „Open 3D Engine" um und machte sie frei und quelloffen. Amazon mag mehr Erfolg bei AR- oder VR-Hardware haben, aber bisher haben fast alle seine Bemühungen in und um Echtzeit-Rendering, Spieleproduktion und -vertrieb enttäuscht.

Wie ich in den Kapiteln über Hardware und Zahlungsschienen dargelegt habe, ist auch Apple ein unvermeidlicher Nutznießer des Metaverse. Selbst wenn die Regulierungsbehörden viele seiner Dienste entbündeln, werden die Hardware, das Betriebssystem und die App-Plattform des Unternehmens ein wichtiges Tor zur virtuellen Welt bleiben, das ihm Milliarden an hochmargigen Einnahmen bescheren und seinen Einfluss auf technische Standards und Geschäftsmodelle verstärken wird. Das Unternehmen ist auch besser als jedes andere in der Lage, leichte, leistungsstarke und einfach zu bedienende AR- und VR-Headsets sowie andere Wearables auf den Markt zu bringen, was zum Teil auf die Fähigkeit zurückzuführen ist, diese umfassend in das iPhone zu integrieren. Es ist jedoch nicht bekannt, dass Apple seine eigenen IVWP entwickelt, wie z. B. *Roblox*, eine Anwendungskategorie, die das Unternehmen von vielen Nutzern und Entwicklern virtueller Welten abgrenzen könnte. Angesichts der Tatsache, dass Apple nicht viel Erfahrung mit Spielen hat und auch als Hardware- und nicht als Software- oder Netzwerkunternehmen gilt, ist der Aufbau eines führenden IVWP unwahrscheinlich.

Das interessanteste GAFAM-Unternehmen in der Metaverse-Ära dürfte Microsoft sein, eines der führenden Fallbeispiele für die Verdrängung im mobilen Zeitalter. Seit der Veröffentlichung der allerersten Xbox im Jahr 2001 haben Investoren und sogar Führungskräfte des Unternehmens darüber nachgedacht, ob die Spielesparte des Unternehmens unverzichtbar oder eine Ablenkung vom eigentlichen Geschäft ist. Drei Monate, nachdem Satya Nadella das Amt des CEO von Steve Ballmer übernommen hatte, sagte der Firmengründer und Vorsitzende Bill Gates, er würde Nadella „absolut" unterstützen, wenn er die Xbox abspalten wolle: „Aber wir werden eine umfassende Spielestrategie haben, es ist also nicht so offensichtlich, wie man vielleicht denkt." Die erste milliardenschwere Akquisition, die Nadella tätigte, war *Minecraft* – und in einem Schritt, der heute logisch erscheint, aber damals unkonventionell war, entschied er sich dagegen, den Titel exklusiv für seine Xbox- und Windows-Plattformen zu machen (oder sogar noch besser auf ihnen). Darüber hinaus ist die Nutzerschaft des Titels seit der Übernahme um mehr als 500 % gewachsen, von 25 Millionen monatlichen Nutzern auf 150 Millionen, was ihn zur zweitbeliebtesten in Echtzeit gerenderten virtuellen 3D-Welt weltweit macht. Wie wir wissen, stehen Spielerlebnisse heute an der Spitze der Branche – auch bei Microsoft. Der *Microsoft Flight Simulator* ist ein Wunderwerk der Technik und der Zusammenarbeit. Obwohl der Titel von den Xbox Game Studios entwickelt und veröffentlicht wurde, entstand er in Zusammenarbeit mit Bing Maps und nutzte Daten von OpenStreetMaps, einer gemeinschaftlichen und kostenlos nutzbaren Online-Geografie, wobei die künstliche Intelligenz von Azure diese Daten zu 3D-Visualisierungen zusammenführte, Echtzeit-Wetterdaten lieferte und Cloud-Daten-Streaming unterstützte. Die Xbox-Abteilung verfügt außerdem über eine eigene Hardware-Suite, den weltweit beliebtesten Cloud-Game-Streaming-Dienst, eine Flotte von First-Party-Spielestudios und eine Handvoll proprietärer Engines. Obwohl HoloLens von der KI-Abteilung Azure betrieben wird, ist die Nähe zum Gaming offensichtlich. Im Januar 2022 vereinbarte Microsoft den Kauf von Activision Blizzard, dem größten unabhängigen Spieleverlag außerhalb Chinas, für 75 Milliarden US-Dollar (die größte Übernahme in der Geschichte von GAFAM). Bei der Ankündigung des Deals sagte Microsoft, dass „[Activision Blizzard] das Wachstum von Microsofts Spielegeschäft in den Bereichen Mobile, PC, Konsole und Cloud beschleunigen und Bausteine für das Metaverse bereitstellen wird".[1]

In vielerlei Hinsicht verkörperte Nadellas Herangehensweise an *Minecraft* seine allgemeine Umgestaltung von Microsoft. Die Produkte des Unternehmens werden nicht mehr für die eigenen Betriebssysteme, Hardware, Technologie-Stacks oder Dienste entwickelt (oder sogar für deren Verwendung optimiert). Stattdessen sollten sie plattformunabhängig sein und so viele Plattformen wie möglich unterstützen. Auf diese Weise konnte Microsoft wachsen, obwohl es seine Vormachtstellung bei den Betriebssystemen verlor – die digitale Welt wuchs stärker, als der Anteil von Microsoft schrumpfte. Mit der gleichen Philosophie ist das Unternehmen auch für das Metaverse gut aufgestellt.

Sony, das 1946 gegründet wurde, ist ein weiteres interessantes Konglomerat. Gemessen am Umsatz ist Sony Interactive Entertainment (SIE) das größte Spieleunternehmen der Welt, wobei dieses Geschäft sowohl eigene Hardware und Spiele als auch die Veröffentlichung und den Vertrieb durch Dritte umfasst. SIE betreibt außerdem das zweitgrößte kostenpflichtige Spielenetzwerk der Welt (PlayStation Network), den drittgrößten Cloud-Game-Streaming-Abonnementdienst (PSNow) und mehrere Hi-Fi-Spiele-Engines. Das Portfolio des Unternehmens an Originalspielen wie *The Last of Us*, *God of War* und *Horizon Zero Dawn* gilt als eines der lebendigsten und kreativsten in der Geschichte der Branche. Die PlayStation ist außerdem die meistverkaufte Konsole der fünften, sechsten, achten und neunten Konsolengeneration und wird 2022 ihre PS VR2-Plattform auf den Markt bringen. Sony Pictures ist das größte Filmstudio nach Umsatz sowie das größte unabhängige Fernseh- und Filmstudio insgesamt. Die Halbleitersparte von Sony ist mit einem Marktanteil von fast 50 % auch weltweit führend bei Bildsensoren (Apple ist einer der wichtigsten Kunden), während die Imageworks-Abteilung ein führendes Studio für visuelle Effekte und Computeranimation ist. Sonys Hawk-Eye ist ein Computer-Vision-System, das von zahlreichen professionellen Sportligen auf der ganzen Welt eingesetzt wird, um die Schiedsrichter durch 3D-Simulationen und Playblack zu unterstützen (der Fußballverein Manchester City setzt die Technologie auch ein, um während eines Spiels einen digitalen Live-Zwilling seines Stadions, der Spieler und der Fans zu erstellen). Sony Music ist gemessen am Umsatz das zweitgrößte Musiklabel (Travis Scott ist ein Künstler von Sony Music), und mit Crunchyroll und Funimation verfügt Sony über den weltweit größten Anime-Streaming-Dienst. Wenn man sich die Vermögenswerte und kreativen Fähigkeiten von Sony ansieht, kann man nur ein enormes Potenzial für das entstehende Metaverse erkennen. Dennoch bleiben viele Herausforderungen bestehen.

Die Spiele von Sony sind fast immer PlayStation-exklusiv, und SIE hatte nur begrenzten Erfolg bei der Produktion von erfolgreichen mobilen, plattformübergreifenden oder Multiplayer-Spielen. Obwohl Sony bei Spiele-Hardware und -Inhalten stark ist, gilt es als Nachzügler bei Online-Diensten und ist nicht führend bei Rechen- und Netzwerkinfrastrukturen oder bei der virtuellen Produktion. Und trotz der Stärke Japans in der Halbleiterindustrie hat das Land keine großen Konkurrenten in diesem Bereich hervorgebracht – was bedeutet, dass Sonys Umstellung auf das Metaverse wahrscheinlich die Nutzung von GAFAM-Diensten und -Produkten erfordern wird.* Im Jahr 2020 brachte Sony *Dreams* heraus, ein leistungsstarkes IVWP, das das Unternehmen mit vielen professionell produzierten Spielen bestückte, aber nicht viele Nutzer oder Entwickler anziehen konnte. Viele Kritiker argumentierten, dass *Dreams* von Anfang an zum Scheitern verurteilt war und Sonys Unerfahrenheit mit UGC-Plattformen widerspiegelt. Im Gegensatz zu den meisten IVWPs war *Dreams* nicht kostenlos, sondern kostete 40 Dollar. Darüber hinaus bot der Titel den Entwicklern keinen Anteil an den Einnahmen und war auf PlayStation-Konsolen beschränkt,

---

* Im Mai 2019 kündigte Sony eine „strategische Partnerschaft" mit Microsoft an, um seine Azure-Rechenzentren für Cloud-Gaming und andere Content-Streaming-Dienste zu nutzen. Im Februar 2020 sagte der Xbox-Chef: „Wenn Sie über Nintendo und Sony sprechen, haben wir großen Respekt vor ihnen, aber wir sehen Amazon und Google als die Hauptkonkurrenten in der Zukunft ... Das soll nicht respektlos gegenüber Nintendo und Sony sein, aber die traditionellen Spielehersteller sind etwas aus der Position geraten. Ich schätze, sie könnten versucht sein, Azure neu zu erschaffen, aber wir haben im Laufe der Jahre Dutzende von Milliarden Dollar in die Cloud investiert." (Seth Schiesel, „Why Big Tech Is Betting Big on Gaming in 2020", 5. Februar 2020, https://www.protocol.com/tech-gaming-amazon-facebook-microsoft)

während konkurrierende IVWPs auf Milliarden von Geräten weltweit spielbar waren.*

Im Vergleich zu GAFAM erreicht Sony nur einen Bruchteil der Nutzer, beschäftigt nur wenige Ingenieure, und sein jährliches F&E-Budget wird innerhalb von Monaten oder sogar Wochen ausgegeben. Seit Jahrzehnten ist das Unternehmen eine Fallstudie für verpasste Chancen. Obwohl Sony mit dem Walkman der Weltmarktführer bei tragbaren Musikgeräten war und das zweitgrößte Musiklabel besaß, war es Apple, das die digitale Musik revolutionierte. Trotz der Stärke des Unternehmens in den Bereichen Unterhaltungselektronik, Smartphones und Spiele wurde es auch aus dem Mobiltelefongeschäft verdrängt und verpasste die Kategorie der vernetzten TV-Geräte völlig. Sony war zwar der einzige Hollywood-Gigant, der kein altes TV-Geschäft zu schützen hatte, und startete seinen Streaming-Dienst Crackle im selben Jahr, in dem Netflix sich von der DVD abwandte, versäumte es aber, aus dieser Chance Kapital zu schlagen. Um im Metaverse führend zu sein, wird Sony nicht nur beträchtliche Innovationen benötigen, sondern auch eine noch nie dagewesene bereichsübergreifende Zusammenarbeit – eine Herausforderung selbst für die am besten integrierten Unternehmen. Gleichzeitig muss das Unternehmen seine eigenen, eng integrierten Ökosysteme, wie z. B. PlayStation, verlassen und auch Plattformen von Drittanbietern einbeziehen.

Und dann ist da noch Nvidia, ein Unternehmen, das seit über 30 Jahren speziell für die Ära der grafikbasierten Computer entwickelt wurde. Neben den großen Prozessor- und Chip-Herstellern wie Intel und AMD wird Nvidia von der steigenden Nachfrage nach Rechenleistung profitieren. Die High-End-GPUs und CPUs in unseren Geräten sowie in den Rechenzentren von Amazon, Google und Microsoft stammen in der Regel von diesen Anbietern. Nvidia strebt jedoch nach weit mehr. So ist beispielsweise der Cloud-Game-Streaming-Dienst GeForce Now des Unternehmens der zweitbeliebteste der Welt, um ein Vielfaches größer als Sony, um Größenordnungen größer als Amazons Luna oder Googles Stadia und um die Hälfte größer als der Marktführer Microsoft. Die Omniverse-Plattform von Nvidia ist wegweisend für 3D-Standards und erleichtert das Zusammenspiel unterschiedlicher Maschinen, Objekte und Simulationen. Vielleicht werden wir nie Nvidia-Headsets tragen oder von Nvidia herausgegebene Spiele spielen, aber zumindest

---

* Die Beschränkung von *Dreams* auf PlayStation-Geräte ist zum Teil der Grund dafür, dass der Titel technisch so leistungsfähig war, denn mobile Geräte sind natürlich weniger leistungsfähige Computer. Aber dadurch, dass Sony das IVWP ursprünglich für sein eigenes High-End-Gerät entwickelt hat, ist es auch schwieriger geworden, den Titel jemals auf andere Plattformen auszuweiten.

im Jahr 2022 ist es wahrscheinlich, dass wir in einem Metaverse leben, das zum großen Teil von Nvidia betrieben wird.

Es sieht danach aus, dass die Unternehmen und ihre Führungskräfte auf die Zukunft im Metaverse gut vorbereitet sind. Und das liegt daran, dass sie es sind – sie haben Geld, Technologie, Nutzer, Ingenieure, Patente, Beziehungen und mehr. Dennoch wissen wir, dass einige dieser Unternehmen scheitern werden, oft wegen dieser vielen Vorteile (von denen sich einige als Belastungen herausstellen werden). Mit der Zeit wird sich zeigen, dass viele der führenden Unternehmen im Metaverse in diesem Buch nicht einmal erwähnt wurden – vielleicht, weil sie zu klein waren, um Bedeutung zu erreichen, oder weil sie dem Autor zum Zeitpunkt des Schreiben dieses Buches unbekannt waren. Einige waren noch nicht einmal gegründet, geschweige denn erdacht worden. Eine ganze Generation von *Roblox*-Eingeborenen steht gerade erst an der Schwelle zum Erwachsensein, und es ist wahrscheinlich, dass sie und nicht das Silicon Valley das erste große Spiel mit Tausenden (oder Zehntausenden) von gleichzeitigen Nutzern oder einen Blockchain-basierten IVWP entwickeln werden. Ob sie nun durch Web3-Prinzipien motiviert sind, durch die Billionen-Dollar-Chance, die das Metaverse bietet, ermutigt werden oder einfach nicht in der Lage sind, an GAFAM zu verkaufen, weil sie von der Regulierungsbehörde kontrolliert werden, diese Gründer werden letztendlich mindestens ein Mitglied der GAFAM verdrängen.

Warum Vertrauen wichtiger denn je ist

Unabhängig davon, welche Unternehmen sich durchsetzen werden, ist das wahrscheinlichste Ergebnis in der Tat, dass eine Handvoll vertikal und horizontal integrierter Plattformen einen bedeutenden Anteil der gesamten Zeit, der Inhalte, der Daten und der Einnahmen im Metaverse auf sich vereinen wird. Das bedeutet nicht, dass sie die Mehrheit an einer dieser Ressourcen haben – denken Sie daran, dass GAFAM im Jahr 2021 weniger als 10 % der gesamten digitalen Einnahmen ausmacht –, aber es reicht aus, um die Wirtschaft des Metaverse und das Verhalten seiner Nutzer sowie die Wirtschaft der realen Welt und ihrer Bürger gemeinsam zu gestalten.

Alle Unternehmen, insbesondere softwarebasierte, profitieren von Rückkopplungsschleifen – mehr Daten führen zu besseren Empfehlungen, mehr Nutzer bedeuten mehr Nutzer und mehr Werbekunden, höhere Einnahmen ermöglichen mehr Lizenzausgaben, größere Investitionsbudgets ziehen mehr Talente an. Dieser allgemeine Punkt ändert sich auch in einer Blockchain-Zukunft nicht, und zwar aus demselben Grund, aus dem sich das Publikum in den 1990er-Jahren immer noch auf eine Handvoll Websites und Portale wie Yahoo oder AOL konzentrierte, obwohl es Millionen anderer Websites gab. Gewohnheiten sind selbst klebrig, was einer der Gründe dafür ist, dass sogar Blockchain-Dapps von Risikokapitalgebern mit Milliarden bewertet werden – auch wenn ihre Autorität über ihre Nutzer oder deren Daten im Vergleich zur „Web 2.0"-Ära marginal ist.

Für viele ist der wahre Krieg um das Metaverse jedoch nicht der zwischen den großen Konzernen oder zwischen diesen und den Startups, die sie zu verdrängen hoffen. Stattdessen wird der Krieg zwischen „Zentralisierung" und „Dezentralisierung" geführt. Natürlich ist dieser Rahmen unvollkommen, denn keine Seite kann „gewinnen". Entscheidend ist, wo das Metaverse zwischen den beiden Polen liegt, warum, und wie sich seine Position im Laufe der Zeit verändert. Als Apple 2007 sein geschlossenes mobiles Ökosystem einführte, wettete es gegen die konventionelle Weisheit. Der Erfolg dieser Wette hat zweifellos zu einer größeren und ausgereifteren digitalen und insbesondere mobilen Wirtschaft geführt und gleichzeitig das wertvollste und profitabelste Unternehmen und Produkt der Geschichte hervorgebracht. Doch 15 Jahre später ist Apples Anteil an den US-Personalcomputern von weniger als 2 % auf mehr als zwei Drittel gestiegen (und sein Anteil an den Softwareverkäufen liegt bei fast drei Vierteln), und die Dominanz von Apple behindert nun die gesamte Branche, indem sie Entwicklern und Verbrauchern die Wahlmöglichkeiten nimmt. Als er im Rahmen der Klage von Epic Games gegen das Unternehmen aussagte, erklärte Apple-CEO Tim Cook dem Richter, dass selbst die Erlaubnis für Entwickler, einen In-App-Link einzurichten, der sie zu alternativen Zahlungslösungen führt, bedeuten würde, „dass wir im Wesentlichen auf die gesamte Rendite unseres geistigen Eigentums verzichten".[2] Kein Internet der nächsten Generation sollte durch solche Maßnahmen so eingeschränkt werden. Und doch floriert *Roblox*, das bisher beliebteste „Proto-Metaverse", aus vielen der gleichen Gründe wie Apples iOS: strenge Kontrolle über so viele Aspekte wie möglich, einschließlich der erzwungenen Bündelung von Inhalten, Vertrieb, Zahlungen, Kontosystemen, virtuellen Gütern und mehr.

In diesem Sinne sollten wir anerkennen, dass das Wachstum des Metaverse sowohl von Dezentralisierung *als auch von* Zentralisierung profitiert – genau wie in der realen Welt. Und genau wie in der realen Welt ist der Mittelweg kein fester Punkt, noch nicht einmal ein erkennbarer, geschweige denn einer, auf den man sich einigen kann. Aber es gibt einige offensichtliche politische Ansätze, die sich ergeben, wenn die meisten Unternehmen, Entwickler und Benutzer den grundlegenden Punkt akzeptieren, dass es weder das eine noch das andere sein kann.

So ist beispielsweise die Unreal-Lizenz von Epic Games für Entwickler so formuliert, dass sie den Lizenznehmern unbegrenzte Rechte an einem bestimmten Unreal-Engine-Build einräumt. Epic kann seine Lizenz für spätere Builds und Updates wie 4.13 und insbesondere 5.0 oder 6.0 immer noch ändern – und ein solches Recht aufzugeben wäre finanziell unpraktisch und wahrscheinlich schädlich für die Entwickler als Ergebnis. Das Ergebnis dieser Politik ist jedoch, dass Entwickler nicht befürchten müssen, dass sie durch ihre Entscheidung, Unreal zu verwenden, für immer von den Launen, Wünschen und der Führung von Epic abhängig sind (schließlich gibt es im Metaverse weder ein Mietkontrollgremium noch ein Berufungsgericht). Und da die Unreal-Lizenz den Entwicklern nahezu freie Hand bei Anpassungen und Integrationen von Drittanbietern lässt, können sich die Entwickler dafür entscheiden, künftige Updates nicht zu verwenden und stattdessen ihre eigenen zu entwickeln, egal was Epic in 4.13, 4.14, 5.0 und darüber hinaus hinzufügt.

Im Jahr 2021 nahm Epic eine weitere wichtige Änderung an seiner Unreal-Lizenz vor: Es gab das Recht auf, die Lizenz zu kündigen, selbst wenn ein Entwickler eine ausstehende Zahlung nicht geleistet oder die Vereinbarung direkt verletzt hatte. Stattdessen musste Epic den Kunden vor Gericht bringen, um die Zahlung zu erzwingen oder eine einstweilige Verfügung zu erwirken, die es dem Unternehmen ermöglichte, den Support einzustellen. Dadurch wurde es für Epic schwieriger, langsamer und kostspieliger, seine Regeln durchzusetzen, aber die Richtlinie soll das Vertrauen der Entwickler stärken, und Epic hofft, dass sie insgesamt ein gutes Geschäft ist. Stellen Sie sich vor, Ihr Vermieter könnte Sie jederzeit aus Ihrer Wohnung aussperren, indem er behauptet, Sie hätten gegen Ihre Mietvereinbarung verstoßen oder seien mit einer Zahlung einen Tag – oder sogar 60 Tage – im Rückstand. Das wäre nicht nur schlecht für Ihre psychische Gesundheit, sondern würde auch davon abhalten, eine Wohnung zu mieten und überhaupt in der Stadt zu leben. Im Metaverse können Mieter ausgesperrt oder ohne besonderen Grund dauerhaft ausgeschlossen werden, und ihr Besitz kann dauerhaft entzogen werden. Die techniklibertäre Antwort ist Dezentralisierung, wahrscheinlich durch Blockchain. Eine andere, sich nicht gegenseitig ausschließende Antwort besteht darin, die Rechtssysteme der „realen Welt" zu erweitern, um die Materialität des Immateriellen zu reflektieren. Tim Sweeney argumentiert, dass niemand davon profitiert, wenn „mächtige Unternehmen die Fähigkeit haben, als Richter, Geschworene und Henker zu agieren" und ein Unternehmen daran hindern können,

„Produkte herzustellen", „ihr Produkt zu vertreiben" oder "Kundenbeziehungen zu pflegen".

Meine große Hoffnung für das Metaverse ist, dass es zu einem „Wettlauf um Vertrauen" kommen wird. Um Entwickler anzuziehen, investieren die großen Plattformen Milliarden, um es einfacher, billiger und schneller zu machen, bessere und profitablere virtuelle Güter, Räume und Welten zu bauen. Aber sie zeigen auch ein erneutes Interesse daran, durch ihre Politik zu beweisen, dass sie es verdienen, ein Partner zu sein und nicht nur ein Herausgeber oder eine Plattform. Dies war schon immer eine gute Geschäftsstrategie, aber die enormen Investitionen, die für den Aufbau des Metaverse erforderlich sind, und das Vertrauen, das es von den Entwicklern verlangt, haben diese Strategie in den Vordergrund gerückt.

Im April 2021 kündigte Microsoft an, dass für Spiele, die im Windows Store für PCs verkauft werden, nur noch eine Gebühr von 12 % statt der üblichen 30 % (die auf der Xbox beibehalten wurde) erhoben wird und dass Xbox-Nutzer Free-to-Play-Spiele spielen können, ohne den Xbox Live-Dienst der Konsole abonnieren zu müssen. Zwei Monate später wurde diese Politik dahingehend geändert, dass Nicht-Gaming-Apps ihre eigene Abrechnungslösung und nicht die von Microsoft verwenden konnten und daher nur die 2 % bis 3 % zahlten, die von einer zugrunde liegenden Zahlungsschiene wie Visa oder PayPal erhoben wurden. Im September kündigte Xbox an, dass der Edge-Browser auf „moderne Webstandards" aktualisiert wurde, sodass die Nutzer Cloud-Game-Streaming-Dienste von Xbox-Konkurrenten wie Googles Stadia und Nvidias GeForce Now von ihrem Gerät aus spielen können, ohne den Store oder die Live-Dienste von Microsoft zu nutzen.

Microsofts bedeutendste Änderung der Richtlinien erfolgte im Februar 2022, als das Unternehmen eine neue, vierzehn Punkte umfassende Richtlinienplattform für sein Windows-Betriebssystem und die „Marktplätze der nächsten Generation, die [das Unternehmen] für Spiele entwickelt", ankündigte. Dazu gehörte die Verpflichtung, Zahlungslösungen und App Stores von Drittanbietern zu unterstützen (und Entwickler, die sich dafür entscheiden, nicht zu benachteiligen), das Recht der Nutzer, diese Alternativen als Standardoptionen einzustellen, und das Recht der Entwickler, direkt mit dem Endnutzer zu kommunizieren (selbst wenn der Sinn dieser Kommunikation darin besteht, dem Nutzer mitzuteilen, dass er bessere Preise oder einen besseren Service erhalten kann, wenn er Microsofts Store oder Servicesuite ausschließt). Entscheidend ist, dass Microsoft erklärte, dass nicht alle diese Grundsätze „sofort und in vollem Umfang auf den aktuellen Xbox-Konsolen-Shop anwendbar sind", da die Xbox-Hardware so konzipiert wurde, dass sie mit Verlust verkauft wird und ein kumulativer Gewinn durch die über den Microsoft-eigenen Store verkaufte Software erzielt wird. Microsoft sagte jedoch: „Wir sind uns bewusst, dass wir unser Geschäftsmodell auch für den Store auf der Xbox-Konsole anpassen müssen … Wir verpflichten uns, die verbleibenden Prinzipien im Laufe der Zeit zu erfüllen".[3]

Als er im Oktober 2021 die Metaverse-Strategie von Facebook vorstellte, betonte Mark Zuckerberg deutlich die Notwendigkeit, „die Wirtschaft des Metaverse zu maximieren" und Entwickler zu unterstützen. Zu diesem Zweck machte Zuckerberg eine Reihe von politischen Zusagen, die – zumindest im Vergleich zu den Ansätzen anderer Softwareplattformen – den Entwicklern zugute kommen, indem sie die Leistung und den Gewinn von Facebooks VR- (und demnächst auch AR-) Geräten marginalisieren. Zuckerberg sagte zum Beispiel, dass Facebooks Geräte weiterhin zum oder unter dem Selbstkostenpreis verkauft werden (ähnlich wie Konsolen, aber im Gegensatz zu Smartphones) und das Unternehmen den Nutzern erlauben wird, Apps direkt vom Entwickler oder sogar über konkurrierende App Stores herunterzuladen. Er kündigte außerdem an, dass für Oculus-Geräte kein Facebook-Konto mehr erforderlich sei (was im August 2020 zu einer neuen Richtlinie wurde) und dass man weiterhin WebXR, eine Open-Source-API-Sammlung für browserbasierte AR- und VR-Apps, und OpenXR, eine Open-Source-API-Sammlung für installierte AR- und VR-Apps, verwenden werde, anstatt eine eigene proprietäre API-Suite zu entwickeln (geschweige denn zu verlangen). Wie in Kapitel 10 erwähnt, blockieren fast alle anderen Computerplattformen entweder das browserbasierte Rendering und/oder erfordern die Verwendung einer proprietären API-Sammlung.

In den darauffolgenden Wochen begann Facebook auch, mehrere APIs und Integrationen mit konkurrierenden Plattformen zu aktivieren, die früher unterstützt wurden, aber seit mehreren Jahren geschlossen waren. Eines der bemerkenswertesten Beispiele war die Möglichkeit, einen Instagram-Link auf Twitter zu posten, wodurch das entsprechende Instagram-Foto innerhalb eines Tweets angezeigt wurde. Instagram bot diese API kurz nach seinem Start im Jahr 2010 an, entfernte sie aber nur acht Monate nach der Übernahme des Unternehmens durch Facebook im Jahr 2012.

Es ist leicht, die Manöver von Microsoft, Facebook und anderen „Web 2.0"-Giganten zynisch zu betrachten. Im Mai 2020 sagte Microsofts Präsident Brad Smith, dass das Unternehmen „auf der falschen Seite der Geschichte" gestanden habe, wenn es um Open-Source-Software ging, und im Februar 2022 unterstützte er öffentlich einen vom US-Senat verabschiedeten Gesetzentwurf, der Apple und Google verpflichten würde, ihre mobilen Betriebssysteme für App Stores und Zahlungsdienste von Drittanbietern zu öffnen (er sagte, die „wichtige"

Gesetzgebung „würde den Wettbewerb fördern und Fairness und Innovation sicherstellen").[4]

Hätte das Unternehmen wie Apple und Google im Bereich der Mobilgeräte Erfolg gehabt, anstatt von diesen Unternehmen verdrängt zu werden, oder hätte die Xbox unter den Konsolen den ersten und nicht den letzten Platz eingenommen, hätte Microsoft seine Meinung vielleicht nicht geändert. Wenn Facebook ein eigenes Betriebssystem hätte und nicht durch das Fehlen eines solchen behindert würde, wäre es dann so entspannt in Bezug auf Sideloading? Hätte sich Facebook wirklich auf OpenXR und WebXR verlassen wollen, wenn es nicht so spät dran gewesen wäre, eine populäre Spieleplattform aufzubauen? Diese Punkte sind fair, aber sie ignorieren auch die vielen echten (wenn auch unerwünschten) Lektionen, die Plattformhersteller und Entwickler in den letzten Jahrzehnten gelernt haben. Und diese beiden Gruppen sind nicht die einzigen, die heute schlauer sind als im Jahr 2000.

Wie die „vertrauenslose" und „erlaubnisfreie" Natur der Blockchain-Programmierung nahelegt, entspringt ein Großteil der Web3-Bewegung der Unzufriedenheit mit den digitalen Anwendungen, Plattformen und Ökosystemen der letzten 20 Jahre. Ja, wir haben während des „Web 2.0" viele großartige Dienste kostenlos erhalten, wie z. B. Google Maps und Instagram, und viele Karrieren und Unternehmen wurden auf und durch diese Dienste aufgebaut. Dennoch glauben viele, dass der Austausch nicht fair war. Im Gegenzug für den „kostenlosen Service" stellten die Nutzer diesen Diensten „kostenlose Daten" zur Verfügung, die zum Aufbau von Unternehmen im Wert von Hunderten von Milliarden oder sogar Billionen von Dollar verwendet wurden. Schlimmer noch, diese Unternehmen besitzen die Daten praktisch auf ewig, was es dem Nutzer, der die Daten generiert hat, wiederum erschwert, sie anderweitig zu nutzen. Amazons Empfehlungen sind zum Beispiel deshalb so wirkungsvoll, weil sie auf jahrelangen früheren Suchvorgängen und Einkäufen beruhen. Doch selbst bei einem gleichwertigen Warenbestand, niedrigeren Preisen und ähnlicher Technologie wird es für Walmart (oder andere „Emporkömmlinge") immer schwieriger sein, einen Amazon-Kunden glücklich zu machen. Viele Menschen argumentieren, dass Amazon daher den Nutzern das Recht einräumen sollte, ihren Verlauf zu exportieren und zu konkurrierenden Websites zu bringen. Instagram-Nutzer können technisch gesehen alle ihre Fotos in eine herunterladbare Zip-Datei exportieren und sie dann auf einen konkurrierenden Dienst hochladen, aber das ist kein einfacher Prozess, und es gibt keine Möglichkeit, die Likes und Kommentare der einzelnen Fotos zu übertragen. Insgesamt sind viele Menschen zu der Überzeugung gelangt, dass Unternehmen, die „auf ihren Daten aufbauen", die reale Welt dramatisch verschlechtert haben und das psychologische und emotionale Leben derjenigen, die ihre Dienste nutzen, nachteilig beeinflussen. Ein großer Teil der Reaktionen auf Zuckerbergs Ankündigung der Namensänderung in Meta bestand aus Spott. Warum sollte ein Unternehmen wie Facebook noch mehr Einfluss auf unser Leben nehmen? Hat Big Tech nicht schon zu viele der von Gibson, Stephenson und Cline beschriebenen Dystopien geschaffen?

Es sollte daher nicht überraschen, dass die Begriffe „Web3" und „Metaverse" miteinander vermischt wurden. Wenn man mit der Philosophie und der Bandbreite des Web 2.0 nicht einverstanden ist, dann ist es erschreckend, sich die Macht vorzustellen, die den Tech-Giganten verliehen wird, wenn sie eine parallele Ebene der Existenz betreiben – wenn die „Atome" des virtuellen Universums von gewinnorientierten Unternehmen geschrieben, ausgeführt und übertragen werden. Sich das Metaverse nur deshalb als dystopisch vorzustellen, weil der Begriff und viele seiner Inspirationen aus der dystopischen Science-Fiction stammen, ist falsch, aber es gibt einen Grund dafür, dass diejenigen, die diese fiktiven Universen (die Matrix, das Metaverse, die Oase) kontrollieren, dazu neigen, sie zum Schlechten zu nutzen: Ihre Macht ist absolut, und absolute Macht korrumpiert. Erinnern Sie sich an die Warnung von Sweeney: „Wenn ein bedeutendes Unternehmen die Kontrolle über das [Metaverse] erlangt, wird es mächtiger als jede Regierung und ein Gott auf Erden sein."

All dies führt zu einem der wichtigsten Aspekte jeder ernsthaften Diskussion über das Metaverse: wie es sich auf die Welt um uns herum auswirken wird und welche politischen Maßnahmen wir brauchen, um seine Auswirkungen zu gestalten.

Kapitel 15
Die Gesellschaft im Metaverse

Das digitale Zeitalter hat viele Aspekte unseres Lebens verbessert. Nie zuvor gab es einen besseren Zugang zu Informationen, und nie zuvor waren so viele Informationen kostenlos verfügbar. Viele marginalisierte Menschen und Gruppen halten heute große und unüberhörbare digitale Megafone in ihren Händen. Diejenigen, die physisch weit voneinander entfernt sind, können sich einander näher fühlen. Noch nie war es so einfach, Kunst zu finden, und noch nie wurden so viele Künstler für ihre Arbeit bezahlt.

Doch auch Jahrzehnte nach der Einführung der Internet Protocol Suite haben wir als Gesellschaft immer noch mit zahlreichen Herausforderungen in unserem Online-Leben zu kämpfen: Fehlinformationen, Manipulation und Radikalisierung, Belästigung und Missbrauch, eingeschränkte Datenrechte, mangelhafte Datensicherheit, die sowohl einschränkende wie aufpeitschende Rolle von Algorithmen und Personalisierung, allgemeine Unzufriedenheit als Folge des Online-Engagements, die immense Macht der Plattformen bei zahnloser Regulierung und vieles mehr. Und diese Probleme haben sich im Laufe der Zeit vergrößert.

Die Herausforderungen des mobilen Zeitalters sind im Kern menschliche und gesellschaftliche Probleme, auch wenn sie durch die Technologie verursacht, erleichtert oder verschärft werden. Je mehr Menschen, Zeit und Ausgaben online gehen, desto mehr unserer Probleme gehen auch online. Facebook hat Zehntausende von Inhaltemoderatoren; wenn die Einstellung von mehr Moderatoren das Problem der Belästigung, Fehlinformation und anderer Missstände auf der Plattform lösen würde, wäre niemand mehr motiviert als Mark Zuckerberg, dies zu tun. Und doch drängt die Tech-Welt, einschließlich hunderter Millionen, wenn nicht Milliarden alltäglicher Nutzer – man denke nur an all die individuellen Schöpfer von *Roblox* –, auf das „nächste Internet".

Die Idee des Metaverse bedeutet, dass ein Großteil unseres Lebens, unserer Arbeit, unserer Freizeit, ja unserer Zeit, unserer Ausgaben, unseres Wohlstands, unseres Glücks und unserer Beziehungen online stattfinden wird. Sie werden tatsächlich online *existieren*, anstatt nur online gestellt zu werden. Viele der Vorteile des Internets werden dadurch zunehmen, aber diese Tatsache wird auch unsere großen und ungelösten soziologisch-technologischen Herausforderungen verschärfen. Die Vorteile werden sich auch verändern, sodass es schwierig sein wird, die Lehren aus den letzten 15 Jahren des sozialen und mobilen Internets einfach wieder anzuwenden.

Mitte der 2010er-Jahre nutzte die militante sunnitische Gruppe „Islamischer Staat" (ISIS) die sozialen Medien, um ausländische Staatsangehörige zu radikalisieren, die dann zur Ausbildung nach Syrien reisen sollten. Dies führte zu vielen „roten Fahnen", also Warnsignalen bei Personen mit Reiseberichten, die Aufenthalte in Syrien und anderen Ländern des Nahen Ostens enthielten, da verschiedene Länder mit der Gefahr konfrontiert waren, dass ihre Bürger zu Kämpfern werden könnten. Reichhaltige, in Echtzeit gerenderte virtuelle 3D-Welten werden mit Sicherheit die Radikalisierung erleichtern und jenen, die ihr Heimatland nie verlassen, eine bessere Ausbildung bieten (und zwar aus einigen der gleichen Gründe, die auch die Fernausbildung verbessern werden). Gleichzeitig könnte das Metaverse es noch einfacher machen, etwas über Menschen zu erfahren und sie anhand ihrer digitalen Aktivitäten zu verfolgen, sodass vielleicht viel mehr Menschen auf staatlichen Listen landen oder von den Behörden überwacht werden.

Fehlinformationen und Wahlmanipulationen werden wahrscheinlich zunehmen und unsere heutigen Schwierigkeiten mit aus dem Zusammenhang gerissenen O-Tönen, Troll-Tweets und fehlerhaften wissenschaftlichen Behauptungen altmodisch erscheinen lassen. Die Dezentralisierung, die oft als Lösung für viele der von den Tech-Giganten geschaffenen Probleme angesehen wird, wird die Moderation, unzufriedene Personen zu stoppen, schwieriger machen und unerlaubte Geldbeschaffung vereinfachen. Selbst wenn sich die Belästigung in erster Linie auf Texte, Fotos und Videos beschränkt, ist sie eine unaufhaltsame Plage in der digitalen Welt – eine Plage, die bereits viele Leben ruiniert oder geschädigt hat. Es gibt mehrere hypothetische Strategien, um den „Metaverse-Missbrauch" zu minimieren. So müssen die Nutzer beispielsweise anderen Nutzern explizit die Erlaubnis erteilen, in bestimmten Bereichen zu interagieren (z. B. für Bewegungserfassung oder die Möglichkeit der haptischen Interaktion), und die Plattformen werden auch bestimmte Funktionen automatisch sperren („berührungsfreie Zonen"). Zweifellos werden aber auch neue Formen der Belästigung entstehen. Wir dürfen zu Recht darüber erschrocken darüber, wie „Rache-Pornos" im Metaverse aussehen könnten, das von Hi-Fi-Avataren, Deepfakes, synthetischen Stimmen und anderen neu entstehenden virtuellen und physischen Technologien angetrieben wird.

Die Frage der Datenrechte und der Datennutzung ist zwar abstrakter, aber nicht weniger heikel. Dabei geht es nicht nur um den Zugriff privater Unternehmen und Regierungen auf personenbezogene Daten, sondern auch um grundlegendere Fragen wie die, ob die Nutzer verstehen, was sie weitergeben. Schätzen sie es angemessen ein? Welche Verpflichtungen hat eine Plattform, Daten an den Nutzer zurückzugeben? Sollte ein kostenloser Dienst den Nutzern die Möglichkeit bieten, sich aus der Datenerfassung „herauszukaufen", und wenn ja, wie würde dies bewertet werden? Wir haben im Moment weder perfekte Antworten auf diese Fragen noch Möglichkeiten, sie zu finden. Aber das Metaverse wird bedeuten, dass mehr Daten und mehr wichtige Informationen online gestellt werden. Es bedeutet auch, dass diese Daten mit zahllosen Dritten geteilt werden und dass diese Dritten die Möglichkeit haben, die Daten zu ändern. Wie wird dieser neue Prozess sicher verwaltet? Wer verwaltet ihn? Wie ist die Entschädigung bei Fehlern, Ausfällen, Verlusten oder Verstößen geregelt? Und wer sollte eigentlich Eigentümer der virtuellen Daten sein? Sollte ein Unternehmen, das Millionen für die Entwicklung von *Roblox* ausgibt, ein Recht auf das haben, was es aufgebaut hat? Ein Recht darauf, es woanders einzusetzen? Hat ein Nutzer, der in *Roblox* Land oder Waren gekauft hat, dieses Recht? Sollten sie?

Das Metaverse wird das Wesen der Arbeit und der Arbeitsmärkte neu definieren. Zurzeit sind die am häufigsten ausgelagerten Jobs „niedere" Tätigkeiten, wie technischer Support und Rechnungsbearbeitung. Die Gig-Economy hingegen findet zwar oft persönlich statt, ist aber diesen „niederen Tätigkeiten" nicht ganz unähnlich: Mitfahrgelegenheiten, Hausreinigung, Hundeausführen. Dies wird sich mit der Verbesserung von virtuellen Welten, volumetrischen Displays, Live-Bewegungserfassung und haptischen Sensoren ändern. Ein Blackjack-Dealer muss nicht in der Nähe von Las Vegas oder gar in den Vereinigten Staaten leben, um im virtuellen Zwilling eines Kasinos zu arbeiten. Die weltbesten Tutoren (und Sexarbeiter) programmieren und nehmen dann an stündlichen Erlebnissen teil. Ein Angestellter eines Einzelhandelsgeschäfts könnte aus Tausenden von Kilometern Entfernung „anrufen" – und wäre damit besser dran. Anstatt im Laden herumzulaufen und auf einen Kunden zu warten, werden sie kommen, wenn eine Kundenberatung erforderlich ist, und durch Tracking- und Projektionskameras in der Lage sein, Ratschläge zu erteilen, wo z. B. alternative Größen oder eine Schneiderei helfen könnten.

Aber was bedeutet das Metaverse für das Arbeitsrecht und die Mindestlohngesetze? Kann ein Mirror Instructor in Lima leben? Kann ein Blackjack-Dealer in Bangalore arbeiten? Und wenn ja, wie wirkt sich das auf das Angebot an persönlicher Arbeit aus (und auf die Preise, die für persönliche Arbeit gezahlt werden)? Dies sind keine neuen Fragen, aber sie werden an Bedeutung gewinnen, wenn das Metaverse zu einem Teil der Weltwirtschaft wird, der mehrere Billionen Dollar wert ist (oder, wie Jensen Huang erwartet, mehr als die Hälfte davon). Zu den düstersten Zukunftsvisionen gehört eine, in der das Metaverse ein virtueller Spielplatz ist, auf dem das Unmögliche möglich ist, der aber von schuftenden „Dritte-Welt"-Arbeitern für „Erste-Welt"-Freuden betrieben wird.

Hinzu kommt die Frage der Identität in der virtuellen Welt. Während sich die moderne Gesellschaft mit Fragen der kulturellen Aneignung und der Ethik von Kleidung und Frisuren auseinandersetzt, stehen wir in einem Spannungsverhältnis zwischen der Verwendung von Avataren, die eine andere und möglicherweise wahrere Version von uns selbst zeigen, und der Notwendigkeit, sie getreu zu reproduzieren. Ist es akzeptabel, dass der Avatar eines weißen Mannes der einer Aborigine-Frau ist? Spielt der Realismus des Avatars bei der Beantwortung dieser Frage eine Rolle? Oder ist es von Bedeutung, ob er aus (virtuellem) organischem Material oder aus Metall hergestellt ist?

Fragen der Online-Identität wurden beispielsweise kürzlich im Zusammenhang mit der NFT-Sammlung Cryptopunks aufgeworfen. Es gibt 10.000 dieser algorithmisch generierten, 24 × 24 Pixel großen 2D-Avatar-„Cryptopunks", die alle auf die Ethereum-Blockchain gemünzt sind und in der Regel als Profilbilder in verschiedenen sozialen Netzwerken verwendet werden. An einem bestimmten Tag sind die billigsten Cryptopunks, die zum Verkauf angeboten werden, wahrscheinlich diejenigen mit dunkler Pigmentierung. Einige glauben, dass diese Preisdynamik eine offensichtliche Manifestation von Rassismus ist. Andere argumentieren, dass es die Überzeugung widerspiegelt, dass es für weiße Mitglieder der Kryptowährungs-Community nicht angemessen ist, diese Cryptopunks zu verwenden. Diejenigen, die diese Ansicht vertreten, behaupten auch, dass es für Weiße nicht einmal angemessen ist, sie zu besitzen. Wenn dem so ist, spiegelt der Preisnachlass die Tatsache wider, dass die Zahl der weißen Cryptopunks im Vergleich zur Zusammensetzung der Vereinigten Staaten, wo die meisten Cryptopunks gekauft und verkauft werden, und der Crypto Community insgesamt unverhältnismäßig gering ist. Es liegt also nicht daran, dass die Preise für „nicht-weiße" Cryptopunks niedrig sind, sondern daran, dass „weiße" Cryptopunks zu rar sind. Ein Standpunkt ist, dass der „Rabatt" auf erstere vielleicht positiv ist – er macht diese Möchtegern-Avatare und vermeintlichen Mitgliedskarten erschwinglicher für diejenigen, die im Allgemeinen weniger Wohlstand haben.

Andere Bedenken betreffen die „digitale Kluft" und „virtuelle Isolation", die jedoch leichter zu beheben sind. Noch vor einem Jahrzehnt befürchteten einige, dass die Einführung leistungsstarker mobiler Geräte – von denen die meisten Hunderte von Dollar mehr kosten als ein

Kapitel 15: Die Gesellschaft im Metaverse   295

„Dumbphone" – die Ungleichheit verschärfen würde. Das am häufigsten genannte Beispiel war das des iPads im Bildungswesen. Was würde passieren, wenn einige Schüler sich das Gerät nicht leisten könnten und auf „analoge", veraltete und unpersönliche Lehrbücher angewiesen wären, während ihre wohlhabenden Mitschüler (egal ob sie neben ihnen oder in exklusiven, weit entfernten Privatschulen saßen) die Vorteile digitaler und dynamisch aktualisierter Lehrbücher nutzen könnten? Solche Bedenken wurden durch die rasch sinkenden Kosten dieser Geräte und ihren immer größeren Nutzen zerstreut. Im Jahr 2022 kann ein neues iPad für weniger als 250 Dollar erworben werden – und ist damit billiger als die meisten PCs, obwohl es wesentlich leistungsfähiger ist. Das teuerste iPhone kostet dreimal so viel wie das Original von 2007, aber das günstigste von Apple verkaufte iPhone ist 20 % billiger (inflationsbereinigt sogar 40 % billiger) und bietet mehr als die hundertfache Rechenleistung. Und keines dieser Geräte muss für das Klassenzimmer gekauft werden; die meisten Schülerinnen und Schüler besitzen bereits eines. So verhält es sich bei den meisten Geräten der Unterhaltungselektronik: Sie beginnen als Spielzeug für Wohlhabende, aber frühe Verkäufe ermöglichen mehr Investitionen, was zu Kostenverbesserungen führt, die wiederum den Absatz steigern, was eine höhere Produktionseffizienz ermöglicht, was wiederum zu niedrigeren Preisen führt, und so weiter. Bei VR- und AR-Headsets wird das nicht anders sein.

Es ist nur natürlich, sich Sorgen über eine Zukunft zu machen, in der niemand mehr vor die Tür geht und sein Dasein an ein VR-Headset gefesselt verbringt. Doch solchen Befürchtungen fehlt oft der Kontext. In den Vereinigten Staaten zum Beispiel schauen fast 300 Millionen Menschen durchschnittlich fünfeinhalb Stunden Video pro Tag. Außerdem sehen wir uns Videos in der Regel allein an, auf der Couch oder im Bett. Nichts davon ist sozial. Wie in Hollywood oft gepriesen wird, werden diese Inhalte passiv konsumiert (im Branchenjargon: „lean-back entertainment"). Die Verlagerung dieser Zeit auf soziale, interaktive und aktivere Unterhaltung ist wahrscheinlich ein positives Ergebnis, kein negatives, auch wenn wir alle immer noch im Haus sind. Dies gilt insbesondere für ältere Menschen. Der durchschnittliche Rentner in den Vereinigten Staaten verbringt siebeneinhalb Stunden pro Tag vor dem Fernseher. Nur wenige von uns träumen vom Ruhestand und einem langen Leben, um die Hälfte der verbleibenden Tage vor dem Fernseher zu verbringen. Das Metaverse ist vielleicht kein Ersatz für echtes Segeln in der Karibik, aber ein virtuelles Segelboot an der Seite alter Freunde zu steuern, kommt dem wahrscheinlich ziemlich nahe und bietet alle möglichen Vorteile, die es nur in der digitalen Welt gibt – und ist besser als Fox News oder MSNBC am Mittag.

Die Verwaltung des Metaversums

Aus denselben Gründen, aus denen das Metaverse so disruptiv ist – es ist unvorhersehbar, rekursiv und immer noch vage –, ist es unmöglich zu wissen, welche Probleme entstehen werden, wie man die bereits bestehenden am besten löst und wie man es am besten steuert. Aber als Wählerin, Nutzer, Entwickler und Verbraucherin haben wir Einfluss. Nicht nur in Bezug auf unsere virtuellen Avatare, die sich im virtuellen Raum bewegen, sondern auch in Bezug auf die umfassenderen Fragen, beispielsweise wer das Metaverse aufbaut, wie und auf der Grundlage welcher Philosophien.

Als Kanadier glaube ich wahrscheinlich an eine größere Bedeutung der Regierung im Metaverse als viele andere – auch wenn ich einen großen Teil meines Lebens damit verbracht habe, über das zu denken, zu schreiben und zu sprechen, was manche als den Traum eines freien Marktkapitalisten betrachten. Klar ist jedoch, dass eine der größten Herausforderungen des Metaversums darin besteht, dass es neben den Betreibern von Plattformen für virtuelle Welten und den Dienstanbietern keine Verwaltungsorgane gibt. Inzwischen sollten Sie überzeugt sein, dass diese Gruppen nicht ausreichen, um ein gesundes Metaverse zu schaffen.

Erinnern Sie sich an die Bedeutung der Internet Engineering Task Force (IETF). Dieses Gremium wurde ursprünglich von der US-Regierung eingerichtet, um freiwillige Internetstandards, insbesondere für TCP/IP, zu ermöglichen. Ohne die IETF und andere gemeinnützige Gremien, von denen einige vom Verteidigungsministerium gegründet wurden, gäbe es das Internet, wie wir es kennen, nicht. Stattdessen wäre es wahrscheinlich ein kleineres, kontrollierteres und weniger lebendiges Internet – oder vielleicht eines von mehreren verschiedenen „Netzen".

Die IETF ist jüngeren Generationen weitgehend unbekannt, auch wenn ihre Arbeit bis heute andauert. Aber die Beiträge dieser Organisation, die zumeist hinter den Kulissen geleistet werden, sind einer der Gründe, warum viele glauben, dass westliche Länder nicht in der Lage sind, die Technik wirksam zu regulieren oder zu überwachen. Ich beziehe mich nicht auf das Kartellrecht, obwohl das ein dringendes Problem ist. Vielmehr meine ich die Idee einer Rolle der Regierung bei der Entwicklung von Technologie. In Wahrheit ist die scheinbare Kluft zwischen Staat und Technologie ein relativ neues Problem. Während des gesamten 20. Jahrhunderts erwiesen sich die Regierungen mehr als fähig, neue Technologien zu steuern, von der Telekommunikation über die Eisenbahn, das Erdöl und die Finanzdienstleistungen – und natürlich das Internet. Erst in den letzten 15 Jahren haben sie begonnen zu versagen. Das Metaverse bietet nicht nur eine Chance für Nutzer, Entwickler und Plattformen, sondern auch für neue Regeln, Standards und Führungsgremien sowie für neue Erwartungen an diese Gremien.

Wie sollte diese Politik aussehen? Lassen Sie mich mit einem transparenten Geständnis beginnen. Da diese Fragen Ethik, Menschenrechte und die Annalen der Rechtsprechung umfassen, bin ich bewusst vorsichtig und bescheiden. Es gibt eindeutige Fragen der sozialen Gerechtigkeit, die über viele der in diesem Buch behandelten Fragen hinausgehen, wie z. B. die Geräte, die für den Zugang zum Metaverse verwendet werden (und deren Kosten), die Qualität der Erfahrung, die diese Geräte bieten, und die erhobenen Plattformgebühren. Ich bin mir dessen bewusst und weiß, dass andere befugt sind, diese Fragen klarer zu formulieren. Stattdessen werde ich einen Rahmen vorgeben, der meine eigenen Fachgebiete widerspiegelt und auf die in den vorangegangenen Kapiteln des Buches angesprochenen Themen eingeht.

Im Jahr 2022 konzentrieren sich viele Regierungen, darunter die der Vereinigten Staaten, der Europäischen Union, Südkoreas, Japans und Indiens, auf die Frage, ob Apple und Google eine einseitige Kontrolle über die In-App-Abrechnungspolitik und das Recht haben sollten, konkurrierende Zahlungsdienste zu blockieren oder andere Zahlungswege (z. B. ACH und die Überweisung) zu unterbrechen. Die Abschaffung der Hegemonie von Apple und Google wäre ein guter Anfang und würde die Gewinnspannen der Entwickler schnell erhöhen und/oder die Verbraucherpreise senken, neuen Unternehmen und Geschäftsmodellen zum Erfolg verhelfen und die uneinheitlichen Provisionen beseitigen, die Entwickler dazu veranlassen, sich auf physische Waren oder Werbung zu konzentrieren, anstatt auf virtuelle Erlebnisse und Verbraucherausgaben. Aber wie wir gesehen haben, sind Zahlungen nur einer von vielen Hebeln, die Plattformen einsetzen, um die Kontrolle über Entwickler, deren Nutzer und potenzielle Konkurrenten zu behalten. Das Ziel von Apple und Google ist, ihren jeweiligen Anteil an den Online-Einnahmen zu maximieren. Dementsprechend sollten die Regulierungsbehörden die Plattformen dazu zwingen, Identität, Softwareverteilung, APIs und Berechtigungen von ihrer Hardware und ihren Betriebssystemen zu entflechten. Damit das Metaverse und die digitale Wirtschaft florieren können, müssen die Nutzer in die Lage versetzt werden, Eigentümer ihrer Online-Identität und der von ihnen erworbenen Software zu sein. Die Nutzer müssen auch wählen können, wie sie diese Software installieren und bezahlen, während die Entwickler frei entscheiden können müssen, wie ihre Software auf einer bestimmten Plattform vertrieben wird. Letztlich sollten diese beiden Gruppen in der Lage sein, zu entscheiden, welche Standards und neuen Technologien am besten sind, unabhängig von den Präferenzen des Unternehmens, auf dessen

Betriebssystem der resultierende Code läuft. Eine Entflechtung würde die auf Betriebssysteme spezialisierten Unternehmen dazu zwingen, sich klarer an den Vorzügen ihrer einzelnen Angebote zu orientieren. Wir brauchen auch einen besseren Schutz für die Entwickler, die auf unabhängigen Spiele-Engines, integrierten virtuellen Welten und App Stores aufbauen. Sweeneys Ansatz in Bezug auf die Unreal-Lizenz für Entwickler ist richtig, da er die Kontrolle über die Beendigung dieser Lizenz an ein Gericht und nicht an unternehmensinterne Prozesse übergibt. Allerdings sollten gewinnorientierte Unternehmen nicht die einzigen Gruppen sein, die entscheiden, wo ihre „Gesetze" enden und wo gerichtliche Prozesse beginnen. Wir können nicht auf ihren Altruismus zählen, selbst wenn dieser „Altruismus", wie im Fall von Epic, mit besseren Geschäftspraktiken verbunden ist. Solange keine neuen Gesetze speziell für virtuelle Güter, virtuelle Mietverhältnisse und virtuelle Gemeinschaften erlassen werden, ist es wahrscheinlich, dass die Gesetze, die für die Ära physischer Güter, Einkaufszentren und Infrastrukturen entwickelt wurden, am Ende falsch angewendet oder ausgenutzt werden. Wenn die Wirtschaft des Metaverse eines Tages mit der der physischen Welt konkurrieren soll, dann müssen die Regierungen die Arbeitsplätze, Geschäftstransaktionen und Verbraucherrechte in diesem Bereich genauso ernst nehmen.

Ein guter Ansatzpunkt wäre der Erlass von Richtlinien darüber, wie und in welchem Umfang Integrierte virtuelle Weltplattformen (IVWPs) verpflichtet werden sollten, Entwickler zu unterstützen, die die von ihnen geschaffenen Umgebungen, Assets und Erfahrungen exportieren wollen. Dies ist ein relativ neues Problem für die Regulierungsbehörden. Im heutigen Internet kann fast jede „Inhaltseinheit", von einem Foto über einen Text bis hin zu einer Audiodatei oder einem Video, zwischen sozialen Plattformen, Datenbanken, Cloud-Anbietern, Content-Management-Systemen, Web-Domänen, Hosting-Unternehmen und mehr übertragen werden. Auch Code ist meist übertragbar. Trotzdem ist es offensichtlich, dass inhaltsorientierte Online-Plattformen nicht darum kämpfen, ein Milliarden- (oder Billionen-) Dollar-Geschäft aufzubauen. Diese Unternehmen müssen sich die Inhalte der Nutzer nicht „zu eigen" machen, um eine Dynamik zu erzeugen, das auf deren Konsum basiert. YouTube ist das perfekte Beispiel. YouTuber können leicht zu einem anderen Online-Videodienst wechseln – und ihre gesamte Bibliothek mitnehmen –, aber sie bleiben, weil YouTube den Inhalteerstellern eine größere Reichweite und in der Regel auch höhere Einkommen bietet.

Gerade die Tatsache, dass ein YouTuber so leicht zu Instagram, Facebook, Twitch oder Amazon wechseln kann, hat viele andere Plattformen dazu veranlasst, zu versuchen, die YouTube-Inhalteersteller abzuwerben. Dies wiederum zwingt YouTube dazu, innovativ zu sein, härter zu arbeiten, um seine Inhalteersteller zufriedenzustellen, und insgesamt eine verantwortungsvollere Plattform zu sein. Die Tatsache, dass ein Snapchat-Ersteller seine Inhalte genauso einfach auf allen sozialen Diensten von Instagram bis TikTok, YouTube und Facebook veröffentlichen kann, bedeutet, dass er sein Publikum erweitern kann, ohne sein Produktionsbudget zu vervielfachen. Wenn eine Plattform, wie z. B. YouTube, einen bestimmten Creator exklusiv verpflichten möchte, muss die Plattform für diese Exklusivität bezahlen, anstatt sich darauf zu verlassen, dass es für einen Creator zu schwierig und zu kostspielig ist, auf mehreren Plattformen tätig zu sein. Es gibt einen Grund, warum jedes soziale Netzwerk im Laufe der Zeit zu Originalprogrammen, Einnahmegarantien und Urheberfonds übergegangen ist. Leider lässt sich die Dynamik, die für „2D"-Inhaltenetzwerke gilt, nicht ohne weiteres auf IVWPs übertragen. Die meisten Inhalte, die auf YouTube oder Snapchat produziert werden, werden nicht mit den Tools dieser Plattformen hergestellt, sondern mit unabhängigen Anwendungen wie der Kamera-App von Apple oder Photoshop und Premiere Pro von Adobe. Selbst wenn Inhalte auf einer sozialen Plattform produziert werden, wie z. B. eine Snapchat Story, bei der die Filter von Snap verwendet werden, lassen sich die Inhalte in der Regel leicht exportieren (und auf Instagram wiederverwenden), da es sich nur um ein Foto handelt. Umgekehrt werden die für ein IVWP erstellten Inhalte meist in diesem IVWP erstellt. Sie können nicht einfach exportiert oder wiederverwendet werden – und es gibt auch keine „Hacks", die mit der „Screenshot"-Funktion des iPhones vergleichbar wären, um eine Snapchat-Story zu erstellen. Daher sind die auf *Roblox* erstellten Inhalte im Wesentlichen nur für *Roblox* bestimmt. Und im Gegensatz zu einem YouTube-Video oder einer Snapchat-Story sind *Roblox*-Inhalte weder flüchtig (wie ein Live-Stream) noch sollen sie jemals katalogisiert werden (wie bei den Vlogs eines YouTubers). Stattdessen sollen sie ständig aktualisiert werden. Die Folgen dieser Unterschiede sind tiefgreifend. Wenn ein Entwickler mit mehreren IVWPs arbeiten möchte, muss er fast jeden Teil seiner Erfahrungen neu aufbauen – eine Investition, die den Usern keinen Nutzen bringt sowie Zeit und Geld verschwendet. In vielen Fällen wird sich ein Entwickler nicht einmal die Mühe machen, seine Reichweite einzuschränken und sich auf eine einzige Plattform zu konzentrieren. Je mehr ein Entwickler in einen bestimmten IVWP investiert, desto schwieriger wird es für ihn, diesen wieder zu verlassen – er muss nicht nur seine Kunden zurückgewinnen, sondern auch von Grund auf neu aufbauen. Daher werden Entwickler weniger geneigt sein, neue IVWPs zu unterstützen, die möglicherweise eine bessere Funktionalität, Wirtschaftlichkeit oder ein größeres Wachstumspotenzial bieten – und bestehende IVWPs werden weniger Druck haben, sich zu verbessern. Mit der Zeit könnten marktbeherrschende

IVWPs sogar eine Art „Mietwucher" betreiben. In den letzten zehn Jahren wurden die meisten der großen Plattformen für ein solches Verhalten kritisiert. So argumentieren beispielsweise viele Marken, dass sie durch die Änderungen am Newsfeed-Algorithmus von Facebook gezwungen wurden, Anzeigen zu kaufen, um genau die Facebook-Nutzer zu erreichen, die ihre Facebook-Seiten freiwillig „geliked" hatten. Im Jahr 2020 änderte Apple seine App-Store-Richtlinie dahingehend, dass – von einigen Ausnahmen abgesehen – jede iOS-App, die Identitätssysteme von Drittanbietern verwendet (z. B. die Anmeldung über Ihr Facebook- oder Gmail-Konto), auch das Apple-Kontosystem unterstützen muss.

Einige IVWPs unterstützen selektive Exporte. *Roblox* ermöglicht es beispielsweise den Nutzern, in *Roblox* erstellte Modelle in Blender zu übernehmen und das OBJ-Dateiformat zu verwenden. Aber wie wir in diesem Buch gesehen haben, bedeutet die Entnahme von Daten aus einem System nicht, dass es sich dabei um brauchbare Daten handelt. Selbst wenn sie nutzbar sind, ist der Prozess, sie nutzbar zu machen, nicht unbedingt einfach (versuchen Sie einfach, Ihre Facebook-Daten herunterzuladen und in Snapchat zu importieren), und liegt im Ermessen der Plattform (denken Sie daran, dass Instagram die API zum Teilen von Beiträgen auf Twitter abgeschaltet hat). In diesem Sinne haben die Regierungen sowohl die Pflicht zu regulieren als auch die Möglichkeit, die Standards des Metaverse zu gestalten. Indem sie die Exportkonventionen, Dateitypen und Datenstrukturen für IVWPs festlegen, würden die Regulierungsbehörden auch die Importkonventionen, Dateitypen und Datenstrukturen jeder Plattform beeinflussen, die auf diese Daten zugreifen möchte. Letztendlich sollten wir wollen, dass es so einfach wie möglich ist, eine virtuelle immersive Lernumgebung oder einen AR-Spielplatz von einer Plattform auf eine andere zu übertragen – so einfach wie es ist, einen Blog oder einen Newsletter zu übertragen. Zugegeben, dieses Ziel ist nicht vollständig erreichbar, denn bei 3D-Welten und -Logiken sind nicht so einfach wie HTML oder Tabellenkalkulationen. Trotzdem sollte es unser Ziel sein – und ist weitaus wichtiger als die Einrichtung von standardisierten Ladeanschlüssen.

Es mag ungerecht erscheinen, dass die Unternehmen, die das mobile Zeitalter mitgestaltet (wie Apple und Google), sowie diejenigen, die das Zeitalter des Metaverse mitbegründet haben (namentlich, aber nicht ausschließlich *Roblox* und *Minecraft*), gezwungen sein sollten, die Kontrolle über ihre Ökosysteme abzugeben und Konkurrenten an ihrem Erfolg profitieren zu lassen. Schließlich ist es die umfassende Integration der zahlreichen Dienste und Technologien dieser Plattformen, die sie so erfolgreich gemacht hat. Solche Vorschriften wären jedoch am besten als Ausdruck und Reaktion auf diesen Erfolg zu verstehen – und als das, was nötig ist, um einen Markt aufrechtzuerhalten, der kollektiv floriert und in der Lage ist, neue Marktführer hervorzubringen. Als Apple im September 2020 seine Cloud-Gaming-Richtlinien überarbeitete, schrieb *The Verge*: „Darüber zu streiten, ob Apples Richtlinien etwas enthalten oder nicht, ist allerdings ziemlich sinnlos, denn Apple hat die letzte Autorität. Das Unternehmen kann die Richtlinien auslegen, wie es will, sie durchsetzen, wann es will, und sie nach Belieben ändern."[1] Dies ist keine verlässliche Grundlage für die digitale Wirtschaft, geschweige denn für das Metaverse.

Über die Regulierung der großen Plattformen hinaus können wir weitere offensichtliche Gesetze und politische Änderungen identifizieren, die zu einem gesunden Metaverse beitragen werden. Intelligente Verträge und DAOs sollten rechtlich anerkannt werden. Selbst wenn diese Konventionen und Blockchains insgesamt keinen Bestand haben, wird ein rechtlicher Status zu mehr Unternehmertum anregen, viele vor Ausbeutung schützen und zu einer breiteren Nutzung und Beteiligung führen. Die Wirtschaft floriert, wenn dies geschieht. Eine weitere klare Chance ist die Ausweitung der sogenannten KYC-Vorschriften (Know Your Customer) für Kryptowährungsinvestitionen, Wallets, Inhalte und Transaktionen. Diese Vorschriften würden Plattformen wie OpenSea, Dapper Labs und andere große Blockchain-basierte Spiele dazu verpflichten, die Identität und den rechtlichen Status von Kunden zu überprüfen und gleichzeitig die erforderlichen Unterlagen an Regierungen, Steuerbehörden und Wertpapieragenturen zu übermitteln. Es liegt in der Natur von Blockchains, dass KYC-Anforderungen nicht alles zu „Krypto" machen können – letztlich ist es nicht anders als die Tatsache, dass weder das Finanzamt noch die Polizei alle Bargeldtransaktionen überwachen können. Aber wenn fast alle gängigen Dienste, Marktplätze und Vertragsplattformen diese Informationen verlangen, dann werden die meisten Transaktionen unter diesen Anforderungen stattfinden, und diejenigen, die das nicht tun, werden aufgrund des wahrgenommenen Risikos eines möglichen Betrugs abgelehnt (so wie die meisten lieber eBay nutzen und von verifizierten Verkäufern kaufen als über einen Marktplatz ohne Markenzeichen und von einem anonymen Konto).

Ein letzter Vorschlag ist, dass die Regierungen einen weitaus ernsthafteren Ansatz in Bezug auf Datenerfassung, -nutzung, -rechte und -sanktionen verfolgen sollten. Die Menge an Informationen, die Metaverse-fokussierte Plattformen aktiv und passiv generieren, sammeln und verarbeiten werden, wird außergewöhnlich sein. Die Daten werden die Dimensionen Ihres Schlafzimmers, die Details Ihrer Netzhaut, die Gesichtsausdrücke Ihrer Kinder, Ihre Arbeitsleistung und Ihr Gehalt, wo Sie sich aufgehalten haben, wie lange und wahrscheinlich auch warum, übersteigen. Nahezu alles, was Sie sagen und tun, wird von der einen oder anderen Kamera oder dem einen oder anderen Mikrofon aufgezeichnet und manchmal in einem virtuellen Zwilling gespeichert, der einem privaten Unternehmen gehört, das ihn mit vielen anderen teilt. Was heute zulässig ist, hängt oft vom Entwickler oder dem Betriebssystem ab, auf dem dessen Anwendung läuft – und wird vom Nutzer nur unzureichend verstanden. Die Regulierungsbehörden täten gut daran, mit dem Erlaubten zu beginnen und es dann gelegentlich zu erweitern, anstatt nur auf unvorhergesehene Folgen zu reagieren. Zum „Erlaubten" sollte auch das Recht des Nutzers gehören, die Löschung seiner Daten zu verlangen oder sie herunterzuladen und problemlos anderswo hochzuladen. Dies ist ein weiterer Bereich, in dem Regierungen die Standards des Metaversums diktieren können und sollten.

Ebenso wichtig ist, wie Unternehmen ihre Fähigkeit nachweisen, vertrauliche Informationen zu schützen, und wie sie bestraft werden, wenn sie dies nicht tun. Die US-Notenbank führt routinemäßig „Stresstests" für Banken durch, um sicherzustellen, dass sie wirtschaftlichen Schocks, Marktzusammenbrüchen und Massenabhebungen standhalten können, während sie gleichzeitig Führungskräfte für Fahrlässigkeit oder falsche Finanzangaben des Unternehmens individuell haftbar macht. Primitive Versionen solcher Überwachungsmechanismen gibt es heute auch für Nutzerdaten, aber dabei handelt es sich meist um informelle Anfragen und nicht um formalisierte Prozesse – und es ist unwahrscheinlich, dass sich Big Tech freiwillig für Audits zur Verfügung stellt. Geldstrafen für Datenschutzverletzungen und Datenverluste sind besonders zahnlos. Im Jahr 2017 deckte die amerikanische Kreditauskunftei Equifax auf, dass ausländische Hacker seit mehr als vier Monaten illegal auf ihre Systeme zugegriffen und die vollständigen Namen, Sozialversicherungsnummern, Geburtsdaten, Adressen und Führerscheinnummern von fast 150 Millionen Amerikanern und 15 Millionen Einwohnern des Vereinigten Königreichs gestohlen hatten. Zwei Jahre später stimmte Equifax einem Vergleich in Höhe von 650 Millionen Dollar zu – eine Summe, die geringer ist als der jährliche Cashflow des Unternehmens und die den Opfern jeweils nur ein paar Dollar einbrachte.

Mehrere nationale Metaversen

Seit etwa 15 Jahren hat sich das, was wir als „Internet" bezeichnen, zunehmend regionalisiert. Jedes Land nutzt die Internet Protocol Suite, aber die Plattformen, Dienste, Technologien und Gepflogenheiten in den einzelnen Märkten unterscheiden sich, was zum Teil auf das Wachstum nichtamerikanischer Technologiegiganten zurückzuführen ist. Ob in Europa, Südostasien, Indien, Lateinamerika, China oder Afrika – es gibt mehr und mehr erfolgreiche lokale Start-ups und führende Softwareanbieter als je zuvor, die alles von Zahlungen bis hin zu Lebensmitteln und Videos abdecken. Wenn das Metaverse eine immer größere Rolle in der menschlichen Kultur und Arbeitswelt spielen wird, dann ist es auch wahrscheinlich, dass sein Entstehen zu mehr und stärkeren regionalen Akteuren führt.

Die wichtigste Ursache für die Fragmentierung des modernen Internets sind länderspezifische Vorschriften. Das chinesische, europäische und nahöstliche „Internet" unterscheidet sich zunehmend von dem der USA, Japans oder Brasiliens, da die Rechte zur Datenerfassung, die erlaubten Inhalte und die technischen Standards stärker eingeschränkt sind. Da die Regierungen auf der ganzen Welt mit der Notwendigkeit konfrontiert sind, das Metaversum zu regulieren, und gleichzeitig versuchen, die von den führenden Web 2.0-Anbietern angehäufte Macht zu beschneiden, wird die Welt zweifellos mit enormer Unterschiedlichkeit und, ich wage es zu sagen, „Metaversen" enden.

Zu Beginn dieses Buches habe ich die südkoreanische Metaverse Alliance erwähnt, die Mitte 2021 vom südkoreanischen Ministerium für Wissenschaft und IKT gegründet wurde und mehr als 450 einheimische Unternehmen umfasst. Der genaue Auftrag der Organisation ist noch nicht klar, aber sie wird sich wahrscheinlich auf den Aufbau einer stärkeren Metaverse-Wirtschaft in Südkorea und einer größeren südkoreanischen Präsenz im Metaverse weltweit konzentrieren. Zu diesem Zweck wird die Regierung wahrscheinlich die Zusammenarbeit und Standards vorantreiben, die gelegentlich ein bestimmtes Mitglied der Allianz benachteiligen, aber ihre kollektive Stärke erhöhen und vor allem Südkorea zugutekommen werden.

Nach den Trends, die heute im chinesischen Internet zu beobachten sind, kann man davon ausgehen, dass sich das chinesische „Metaverse" noch stärker von dem der westlichen Länder unterscheiden (und im Vergleich zu diesem zentral gesteuert werden) wird. Es könnte auch viel früher kommen und interoperabler bzw. standardisierter sein. Nehmen wir Tencent, dessen Spiele mehr Spieler erreichen, mehr Umsatz generieren, mehr geistiges Eigentum umfassen und mehr Entwickler beschäftigen als jeder andere Hersteller weltweit. In China veröffentlicht Tencent die Titel von Unternehmen wie Nintendo, Activision Blizzard und Square Enix und entwickelt lokale Ausgaben von Hits wie *PUBG* (die sonst in China nicht erhältlich sind). Die Studios von Tencent sind auch für die globalen Versionen von *Call of Duty Mobile*, *Apex Legends Mobile* und *PUBG Mobile* verantwortlich. Tencent besitzt außerdem etwa 40 % der Anteile an Epic Games, 20 % an Sea Limited (dem Hersteller von *Free Fire*) sowie 15 % an Krafton (*PUBG*) und ist Eigentümer und Betreiber von WeChat und QQ, den beiden beliebtesten Messaging-Apps in China (die auch als De-facto-App-Stores dienen). WeChat ist außerdem das zweitgrößte Unternehmen/Netzwerk für digitale Zahlungen in China, und Tencent verwendet bereits Gesichtserkennungssoftware, um die Identität seiner Spieler anhand des nationalen chinesischen Passsystems zu überprüfen. Kein anderes Unternehmen ist besser positioniert, um die Interaktion von Nutzerdaten, virtuellen Welten, Identität und Zahlungen zu erleichtern und die Metaverse-Standards zu beeinflussen.

Das Metaverse mag ein „massiv skaliertes und interoperables Netzwerk von in Echtzeit gerenderten virtuellen 3D-Welten" sein, aber wie wir gesehen haben, wird es durch physische Hardware, Computerprozessoren und Netzwerke realisiert. Ob diese nun von Unternehmen, Regierungen oder dezentralisierten Gruppen von technisch versierten Programmierern und Entwicklern betrieben werden, das Metaverse ist von ihnen abhängig. Die Existenz eines virtuellen Baumes und sein Fall mögen infrage stehen, aber die Physik ist unveränderlich.

Fazit
Zuschauer, wir alle

„Die Technologie bringt häufig Überraschungen hervor, die niemand vorhersehen kann. Aber die größten und fantastischsten Entwicklungen werden oft schon Jahrzehnte im Voraus erwartet." Mit diesen Worten begann mein Buch, und auf den folgenden Seiten konnten Sie hoffentlich dieser Feststellung zustimmen – und auch deren Grenzen verstehen. Vannevar Bush besaß die geradezu unheimliche Fähigkeit, die Geräte der Zukunft und vieles von dem, was sie tun könnten, vorherzusagen, ebenso wie die entscheidende Rolle der Regierung, wenn es darum geht, sie nützlich und zum Wohle der Allgemeinheit einzusetzen. Gleichzeitig hatte sein Memex die Größe eines Schreibtisches und war elektromechanisch – es speicherte und verknüpfte alle Inhalte, die ein Benutzer anfordern konnte. Die heutigen softwaregesteuerten Computer im Taschenformat ähneln dem Memex nur im Geiste. In *2001: Odyssee im Weltraum* stellte sich Stanley Kubrick eine Zukunft vor, in der die Menschheit den Weltraum kolonisiert hatte und eine empfindungsfähige künstliche Intelligenz entstanden war, aber iPad-ähnliche Bildschirme kaum mehr als zum Fernsehen beim Frühstück benutzt wurden und Telefone noch stumm waren und Kabel benötigten. Neal Stephensons *Snow Crash* hat jahrzehntelange Forschungs- und Entwicklungsprojekte inspiriert und leitet heute viele der mächtigsten Unternehmen der Welt. Stephenson glaubte jedoch, dass das Metaverse aus der Fernsehbranche und nicht aus der Spieleindustrie hervorgehen würde, und war überrascht, dass „statt der Leute, die in *Snow Crash* in Bars auf der Straße gehen, wir jetzt Warcraft-Gilden haben", die im Spiel Raubzüge unternehmen.

Ich bin mir über vieles in der Zukunft sicher. Sie wird sich zunehmend um in Echtzeit gerenderte virtuelle 3D-Welten drehen. Sowohl die Bandbreiten, die Latenzzeit als auch die Zuverlässigkeit werden sich verbessern. Die Rechenleistung wird zunehmen und damit eine höhere Gleichzeitigkeit, eine größere Beständigkeit, anspruchsvollere Simulationen und völlig neue Erfahrungen ermöglichen (und doch wird das Angebot an Rechenleistung immer noch weit hinter der Nachfrage zurückbleiben). Jüngere Generationen werden die ersten sein, die das „Metaverse" übernehmen, und zwar in größerem Umfang als ihre

Eltern. Die Regulierungsbehörden werden Betriebssysteme teilweise entbündeln, aber die Unternehmen, denen diese Betriebssysteme gehören, werden weiterhin florieren, weil ihre entbündelten Angebote immer noch marktführend sind, und das Aufkommen des Metaverse die meisten dieser Märkte vergrößern wird. Die Gesamtstruktur des Metaverse wird wahrscheinlich ähnlich sein wie die heutige – eine Handvoll horizontal und vertikal integrierter Unternehmen wird einen erheblichen Anteil der digitalen Wirtschaft kontrollieren, wobei ihr Einfluss sogar noch größer sein wird. Die Aufsichtsbehörden werden sie stärker kontrollieren, aber wahrscheinlich immer noch zu kurz greifen. Einige der großen Marktführer im Metaverse werden sich von denen, die wir heute kennen, unterscheiden, während einige der heutigen Marktführer verdrängt werden, aber dennoch überleben oder sogar wachsen werden. Andere werden untergehen. Wir werden weiterhin viele der digitalen und mobilen Produkte aus der Zeit vor dem Metaverse verwenden; 3D-Rendering in Echtzeit ist nicht der beste Weg, um viele Aufgaben zu erledigen oder alle Arten von Inhalten zu erleben.

Interoperabilität wird langsam, unvollkommen und niemals vollständig oder ohne Kosten erreicht werden. Zwar wird sich der Markt schließlich um eine Untergruppe von Normen herum festigen, doch werden diese nicht perfekt ineinandergreifen, und jede wird Nachteile haben. Und bis dahin werden zahlreiche Optionen vorgeschlagen, angenommen, abgelehnt und angepasst werden. Verschiedene virtuelle Welten und integrierte Plattformen für virtuelle Welten werden sich langsam öffnen, wie es bei der Weltwirtschaft in der Vergangenheit der Fall war, und dabei unterschiedliche Ansätze für den Austausch von Daten und Benutzern verfolgen. Beispielsweise werden viele von ihnen maßgeschneiderte Vereinbarungen mit unabhängigen Entwicklern treffen, so wie die Vereinigten Staaten eine unterschiedliche Politik mit Kanada, Indonesien, Ägypten, Honduras und der Europäischen Union verfolgen (die ihrerseits eine Sammlung von Abkommen ist, die sich über eine begrenzte Anzahl von „Welten" erstrecken). Es wird Steuern, Zölle und andere Gebühren geben, und es werden mehrere Identitätssysteme, Geldbörsen und virtuelle Lagerräume benötigt. Und alle Richtlinien werden sich ändern können. Die Rolle der Blockchain ist der am wenigsten klare Aspekt unserer Metaverse-Zukunft. Für viele ist sie entscheidend für deren Erfolg und strukturell erforderlich, damit das Metaverse überhaupt existieren kann. Andere halten sie zwar für eine interessante Technologie, die zum Metaverse beitragen wird, das aber auch ohne sie und in weitgehend gleicher Form existieren würde. Wiederum andere halten sie für reinen Betrug. Im Jahr 2021 und Anfang 2022 erlebten Blockchains einen (weiteren) Höhenflug und zogen Mainstream-Entwickler, talentierte Gründer, Milliarden an Risikokapital und sogar noch mehr an institutionellen Investitionen in Kryptowährungen an. Dennoch sind die Erfolgsaussichten von Blockchains zum Zeitpunkt der Erstellung dieses Buches noch recht begrenzt, und die damit verbundenen technischen, kulturellen und rechtlichen Hürden sind beträchtlich.

Bis zum Ende dieses Jahrzehnts werden wir uns einig darüber sein, dass das Metaverse angekommen ist* und viele Billionen wert sein wird. Die Frage, wann es begonnen hat und wie viel Umsatz genau es generiert, bleibt hingegen ungewiss. Bevor es aber so weit ist, werden wir die derzeitige Hype-Phase verlassen und wahrscheinlich in eine andere Phase eintreten und diese dann auch wieder verlassen. Der aktuelle Hype-Zyklus wird durch mindestens drei Faktoren verursacht: die Tatsache, dass viele Unternehmen zu viel versprechen, welche Art von Metaverse-Erfahrungen möglich sein werden und wann; die Schwierigkeit, die wichtigsten technischen Barrieren zu überwinden; und die Tatsache, dass es selbst dann, wenn diese Barrieren überwunden sind, Zeit brauchen wird, um herauszufinden, was genau Unternehmen „im Metaverse" bauen sollten.

Erinnern Sie sich an Ihr erstes iPhone (oder vielleicht auch an Ihr erstes iPhone 6). Von 2007 bis 2013 war das Apple-Betriebssystem sehr skeuomorph – die iBooks-Anwendung zeigte digitale Versionen von Büchern in einem digitalen Bücherregal, die Notizen-App sollte wie ein physischer gelber Papierblock aussehen, der Kalender hatte eine simulierte Naht und das Spielecenter sollte einem Filztisch ähneln. Diese Gestaltungsprinzipien sollten uns also an einen vertrauten Gegenstand erinnern. Mit iOS 7 hat Apple diese alten Designprinzipien zugunsten derer des mobilen Zeitalters aufgegeben. Während der skeuomorphen Ära von Apple wurden viele der heute führenden digitalen Consumer-Unternehmen gegründet. Instagram, Snap und Slack haben die digitale Kommunikation neu erfunden – und zwar nicht, um über IP ins Festnetz zu telefonieren (Skype) oder zu simsen (BlackBerry Messenger), sondern um neu zu erfinden, wie wir kommunizieren, warum und worüber. Spotify hat nicht versucht, das Radio über das Internet zu übertragen (Broadcast.com) oder ein reines Internetradio zu produzieren (Pandora), sondern hat stattdessen die Art und Weise verändert, wie wir Musik hören und entdecken. In absehbarer Zukunft werden „Metaverse-Apps" in einem frühen Entwicklungsstadium stecken bleiben – Videokonferenzen,

---

* Da der Begriff „Metaverse" häufig missbraucht wird und möglicherweise negative Assoziationen mit dystopischer Science-Fiction, Big Tech, Blockchains und Kryptowährungen usw. weckt, werden wir für diese Zukunft möglicherweise einen anderen Begriff verwenden. Es sei daran erinnert, dass Tencent im Mai 2021 seine Metaverse-Bemühungen als „hyper-digitale Realität" bezeichnete, bevor es zu „Metaverse" wechselte, nachdem dieser Begriff populär wurde. Eine Art Umkehrung könnte noch eintreten.

aber in 3D und in einem simulierten Sitzungssaal eines Unternehmens; Netflix, aber in einem virtuellen Theater. Langsam werden wir jedoch alles, was wir tun, neu erfinden. Wenn dieser Prozess beginnt, nicht vorher, wird sich das Metaverse bedeutend anfühlen, weniger wie eine fantastische Vision und mehr wie eine praktische Realität. Alle für den Aufbau von Facebook erforderlichen Technologien waren bereits Jahre vor der Gründung des sozialen Netzwerks durch Mark Zuckerberg verfügbar. Tinder wurde erst fünf Jahre nach dem iPhone erfunden, und zu diesem Zeitpunkt besaßen 70 % der 18- bis 34-Jährigen ein Smartphone mit Touchscreen. Technologie ist eine Einschränkung für das Metaverse, aber auch das, was wir uns vorstellen und wann es eintritt.

Die schubweise Entwicklung des Metaversums wird zu Kritik, zu Enttäuschung und Desillusionierung führen. 1995 schrieb Clifford Stoll, ein amerikanischer Astronom und ehemaliger Systemadministrator am Lawrence Berkeley National Laboratory des US-Energieministeriums, das berühmt gewordene Buch *Silicon Snake Oil: Second Thoughts on the Information Highway*. In einem Leitartikel für *Newsweek* anlässlich der Veröffentlichung des Buches erklärte er: „Nach zwei Jahrzehnten im Internet bin ich perplex ... über diese höchst trendige und überverkaufte Gemeinschaft. Visionäre sehen eine Zukunft mit Telearbeitern, interaktiven Bibliotheken und Multimedia-Klassenzimmern. Sie sprechen von elektronischen Stadtversammlungen und virtuellen Gemeinschaften. Handel und Geschäfte werden sich von Büros und Einkaufszentren auf Netzwerke und Modems verlagern. Und die Freiheit der digitalen Netze wird die Regierung demokratischer machen. Blödsinn. Fehlt es unseren Computerfachleuten an gesundem Menschenverstand ... Was die Internet-Händler Ihnen nicht sagen werden, ist, dass das Internet ein einziger großer Ozean unbearbeiteter Daten ist, ohne jeden Anspruch auf Vollständigkeit."[1] Heute liest sich das wie eine Metaverse-Kritik, die noch nicht veröffentlicht wurde. Im Dezember 2000 publizierte die *Daily Mail* einen Artikel mit dem Titel „Internet ‚May Just Be a Passing Fad as Millions Give Up on It'" (Das Internet ist vielleicht nur eine vorübergehende Modeerscheinung, da Millionen es aufgeben).[2] Die Kritik kam nach dem Beginn des Dotcom-Crashs, als der NASDAQ die Hälfte seiner Werte verlor. Es dauerte 12 Jahre, bis die NASDAQ wieder ihren Höchststand aus der Dotcom-Ära erreichte. Zum Zeitpunkt der Drucklegung dieses Buches lag der NASDAQ mehr als dreimal so hoch wie der damalige Höchststand.

Die Zukunft ist schwer vorherzusagen, selbst für Pioniere. Wir stehen jetzt an der Schwelle zum Metaverse, aber denken Sie noch einmal an die letzten beiden Epochen der Computer- und Netzwerktechnik. Selbst die glühendsten Internet-Gläubigen hatten Mühe, sich eine Zukunft vorzustellen, in der es Milliarden von Webseiten auf Millionen von Webservern, 300 Milliarden E-Mails pro Tag mit Milliarden von täglichen Nutzern und ein einziges Netzwerk, Facebook, mit über drei Milliarden monatlichen Nutzern und zwei Milliarden pro Tag geben könnte. Als er im Januar 2007 das erste iPhone ankündigte, bezeichnete Steve Jobs es als revolutionäres Produkt. Damit hatte er natürlich recht. Aber dieses erste iPhone hatte weder einen App Store noch gab es Pläne, Drittentwicklern die Erstellung von Apps zu ermöglichen. Und warum? Jobs erklärte den Entwicklern, dass „die komplette Safari-Engine im iPhone steckt ... Sie können also fantastische Web 2.0- und Ajax-Apps schreiben, die genau so aussehen und sich genau so verhalten wie Apps auf dem iPhone".[3] Doch im Oktober 2007, zehn Monate nach der Vorstellung des iPhone und vier Monate nach dem Verkaufsstart, änderte Jobs seine Meinung. Ein SDK wurde für März 2008 angekündigt, und der App Store wurde im Juli desselben Jahres veröffentlicht. Innerhalb eines Monats hatten die rund eine Million iPhone-Besitzer 30 % so viele Apps heruntergeladen, wie die mehr als 40 Millionen iTunes-Benutzer Songs heruntergeladen hatten. Jobs sagte damals dem *Wall Street Journal*: „Ich würde keiner unserer Vorhersagen trauen, weil die Realität sie so weit übertroffen hat, dass wir zu Zuschauern wie Sie geworden sind, die dieses erstaunliche Phänomen beobachten."[4]

Die Entwicklung des Metaverse wird im Großen und Ganzen ähnlich verlaufen. Wann immer ein technologischer Durchbruch erzielt wird, reagieren Verbraucher, Entwickler und Unternehmer darauf. Schließlich wird etwas, das trivial erscheint – ein Mobiltelefon, ein Touchscreen, ein Videospiel –, unverzichtbar und verändert die Welt auf eine Weise, die sowohl vorhergesagt als auch nie in Betracht gezogen wurde.

Danksagung

Dieses Buch verdanke ich den vielen Familienmitgliedern, Fürsprechern, Lehrern, Freunden, Unternehmern, Träumern, Autoren und Kreativen, die mich in den letzten vier Jahrzehnten inspiriert und gelehrt haben. Hier findet sich nur eine kleine Auswahl dieser Personen: Jo-Anne Boluk, Ted Ball, Poppo, Brenda und Al Harrow, Anshul Ruparell, Michael Zawalsky, Will Meneray, Abhinav Saksena, Jason Hirschhorn, Chris Meledandri, Tal Shachar, Jack Davis, Julie Young, Gady Epstein, Jacob Navok, Chris Cataldi, Jayson Chi, Sophia Feng, Anna Sweet, Imran Sarwar, Jonathan Glick, Peter Rojas, Peter Kafka, Matthew Henick, Sharon Tal Yguado, Kuni Takahashi, Tony Driscoll, Mark Noseworthy, Amanda Moon, Thomas LeBien, Daniel Gerstle, Pilar Queen, Charlotte Perman, Paul Rehrig und Gregory McDonald.

Endnoten

Einführung

1. Casey Newton, „Mark in the Metaverse: Facebook's CEO on Why the Social Network Is Becoming 'a Metaverse Company'", *The Verge*, 22. Juli 2021, aufgerufen am 4. Januar 2022, https://www.theverge.com/.
2. Dean Takahashi, „Nvidia CEO Jensen Huang Weighs in on the Metaverse, Blockchain, and Chip Shortage", *Venture Beat*, 12. Juni 2021, aufgerufen am 4. Januar 2022, https://venturebeat.com/.
3. Daten aus der Bloomberg-Datenbank vom 2. Januar 2022 (ohne ein Dutzend Verweise auf Unternehmen, die „Metaverse" nur in ihrem Namen enthalten).
4. Zheping Huang, „Tencent Doubles Social Aid to $15 Billion as Scrutiny Grows", *Bloomberg*, 18. August 2021, aufgerufen am 4. Januar 2022, https://www.bloomberg.com/.
5. Chang Che, „Chinese Investors Pile into 'Metaverse,' Despite Official Warnings", *SupChina*, 24. September 2021, aufgerufen am 4. Januar 2022, https://supchina.com/2021/09/24/chinese-investors-pile-into-metaverse-despite-official-warnings/.
6. Jens Bostrup, „EU's Danske Chefforhandler: Facebooks store nye projekt 'Metaverse' er dybt bekymrende", *Politiken*, 18. Oktober 2021, aufgerufen am 4. Januar 2022, https://politiken.dk/.

Kapitel 1: Eine kurze Geschichte der Zukunft

1. Neal Stephenson, *Snow Crash* (New York: Random House, 1992), 7.
2. John Schwartz, „Out of a Writer's Imagination Came an Interactive World", *New York Times*, 5. Dezember 2011, aufgerufen am 4. Januar 2022, https://www.nytimes.com/.
3. Joanna Robinson, „The Sci-Fi Guru Who Predicted Google Earth Explains Silicon Valley's Latest Obsession", *Vanity Fair*, 23. Juni 2017, aufgerufen am 4. Januar 2022, https://www.vanityfair.com/.
4. Stanley Grauman Weinbaum, *Pygmalion's Spectacles* (1935), Kindle-Edition, S. 2.

5. Ryan Zickgraf, „Mark Zuckerberg's ‚Metaverse' Is a Dystopian Nightmare", *Jacobin*, 25. September 2021, aufgerufen am 4. Januar 2022, https://www.jacobinmag.com/.
6. J. D. N. Dionisio, W. G. Burns III und R. Gilbert, „3D Virtual Worlds and the Metaverse: Current Status and Future Possibilities", *ACM Computing Surveys* 45, Ausgabe 3 (Juni 2013), http://dx.doi.org/10.1145/2480741.2480751.
7. Josh Ye, „One Gamer Spent a Year Building This Cyberpunk City in Minecraft", *South China Morning Post*, 15. Januar 2019, aufgerufen am 4. Januar 2022, https://www.scmp.com/.
8. Josh Ye, „Minecraft Players Are Recreating China's Rapidly Built Wuhan Hospitals", *South China Morning Post*, 20. Februar 2020, aufgerufen am 4. Januar 2022, https://www.scmp.com/.
9. Tim Sweeney (@TimSweeneyEpic), Twitter, 13. Juni 2021, aufgerufen am 4. Januar 2022, https://twitter.com/timsweeneyepic/status/1404241848147775488.
10. Tim Sweeney (@TimSweeneyEpic), Twitter, 13. Juni 2021, aufgerufen am 4. Januar 2022, https://twitter.com/TimSweeneyEpic/status/1404242449053241345?s=20.
11. Dean Takahashi, „The DeanBeat: Epic Graphics Guru Tim Sweeney Foretells How We Can Create the Open Metaverse", *Venture Beat*, 9. Dezember 2016, aufgerufen am 4. Januar 2022, https://venturebeat.com/.

Kapitel 2: Verwirrung und Umgewissheit

1. Satya Nadella, „Building the Platform for Platform Creators", LinkedIn, 25. Mai 2021, aufgerufen am 4. Januar 2022, https://www.linkedin.com/pulse/building-platform-creators-satya-nadella.
2. Sam George, „Converging the Physical and Digital with Digital Twins, Mixed Reality, and Metaverse Apps", Microsoft Azure, 26. Mai 2021, aufgerufen am 4. Januar 2022, https://azure.microsoft.com/en-ca/blog/converging-the-physical-and-digital-with-digital-twins-mixed-reality-and-metaverse-apps/.
3. Andy Chalk, „Microsoft Says It Has Metaverse Plans for Halo, Minecraft, and Other Games", *PC Gamer*, 2. November 2021, aufgerufen am 4. Januar 2022, https://www.pcgamer.com/microsoft-says-it-has-metaverse-plans-for-halo-minecraft-and-other-games/.
4. Gene Park, „Epic Games Believes the Internet Is Broken. This Is Their Blueprint to Fix It", *Washington Post*, 28. September 2021, aufgerufen am 4. Januar 2022, https://www.washingtonpost.com/video-games/2021/09/28/epic-fortnite-metaverse-facebook/.

5. Alex Sherman, „Execs Seemed Confused About the Metaverse on Q3 Earnings Calls", CNBC, 20. November 2021, aufgerufen am 4. Januar 2022, https://www.cnbc.com/2021/11/20/executives-wax-poetic-on-the-metaverse-during-q3-earnings-calls.html.
6. CNBC, „Jim Cramer Explains the 'Metaverse' and What It Means for Facebook", 29. Juli 2021, aufgerufen am 5. Januar 2022, https://www.cnbc.com/video/2021/07/29/jim-cramer-explains-the-metaverse-and-what-it-means-for-facebook.html. Elizabeth Dwoskin, Cat Zakrzewski und Nick Miroff, „How Facebook's 'Metaverse' Became a Political Strategy in Washington", *Washington Post*, 24. September 2021, aufgerufen am 3. Januar 2022, https://www.washingtonpost.com/technology/2021/09/24/facebook-washington-strategy-metaverse/.
7. Tim Sweeney (@TimSweeneyEpic), Twitter, 6. August 2020, aufgerufen am 4. Januar 2022, https://twitter.com/timsweeneyepic/status/1291509151567425536.
8. Alaina Lancaster, „Judge Gonzalez Rogers Is Concerned That Epic Is Asking to Pay Apple Nothing", *The Law*, 24. Mai 2021, aufgerufen am 2. Juni 2021, https://www.law.com/therecorder/2021/05/24/judge-gonzalez-rogers-is-concerned-that-epic-is-asking-to-pay-apple-nothing/?slreturn=20220006091008.
9. John Koetsier, „The 36 Most Interesting Findings in the Groundbreaking Epic Vs Apple Ruling That Will Free The App Store", *Forbes*, 10. September 2021, aufgerufen am 3. Januar 2022, https://www.forbes.com/sites/johnkoetsier/2021/09/10/the-36-most-interesting-findings-in-the-groundbreaking-epic-vs-apple-ruling-that-will-free-the-app-store/?sh=56db5566fb3f.
10. Wikipedia, siehe „Internet", zuletzt bearbeitet am 13. Oktober 2021, https://en.wikipedia.org/wiki/Internet.
11. Paul Krugman, „Why Most Economists' Predictions Are Wrong", *Red Herring Online*, 10. Juni 1998, Internet Archive, https://web.archive.org/web/19980610100009/http://www.redherring.com/mag/issue55/economics.html.
12. Wired Staff, „May 26, 1995: Gates, Microsoft Jump on 'Internet Tidal Wave'", *Wired*, 26. Mai 2021, aufgerufen am 5. Januar 2022, https://www.wired.com/2010/05/0526bill-gates-internet-memo/.
13. CNBC, „Microsoft's Ballmer Not Impressed with Apple iPhone", 17. Januar 2007, aufgerufen am 4. Januar 2022, https://www.cnbc.com/id/16671712.
14. Drew Olanoff, „Mark Zuckerberg: Our Biggest Mistake Was Betting Too Much On HTML5", *TechCrunch*, 11. September 2022, aufgerufen am 4. Januar 2022, https://techcrunch.com/2012/09/11/

mark-zuckerberg-our-biggest-mistake-with-mobile-was-betting-too-much-on-html5/.
15. M. Mitchell Waldrop, *Complexity: The Emerging Science at the Edge of Order and Chaos* (New York: Simon & Schuster, 1992), 155.

Kapitel 3: Eine Definition (endlich)

1. Dean Takahashi, „How Pixar Made Monsters University, Its Latest Technological Marvel", *Venture Beat*, 24. April 2013, aufgerufen am 5. Januar 2022, https:// venturebeat.com/2013/04/24/the-making-of-pixars-latest-technological-marvel-monsters-university/.
2. Wikipedia, siehe „Metaphysics", zuletzt bearbeitet am 28. Oktober 2021, https://en.wikipedia.org/wiki/Metaphysics.
3. Stephenson, *Snow Crash*, 27.
4. CCP Team, „Infinite Space: An Argument for Single-Sharded Architecture in MMOs", *Game Developer*, 9. August 2010, aufgerufen am 5. Januar 2022, https://www.gamedeveloper.com/design/infinite-space-an-argument-for-single-sharded-architecture-in-mmos.
5. „John Carmack Facebook Connect 2021 Keynote", veröffentlicht von Upload VR, 28. Oktober 2021, aufgerufen am 5. Januar 2022, https://www.youtube.com/watch?v=BnSUk0je6oo.

Kapitel 4: Das nächste Internet

1. Josh Stark and Evan Van Ness, „The Year in Ethereum 2021", *Mirror*, 17. Januar 2022, aufgerufen am 5. Januar 2022, https://stark.mirror.xyz/q3OnsK7mvfGtTQ72nfoxLyEV5lfYOqUfJIoKBx7BG1I.
2. BBC, „Military Fears over PlayStation2", 17. April 2000, aufgerufen am 4. Januar 2022, http://news.bbc.co.uk/2/hi/asia-pacific/716237.stm.
3. „Secretary of Commerce Don Evans Applauds Senate Passage of Export Administration Act as Modern-day Legislation for Modern-day Technology", Bureau of Industry and Security, US Department of Commerce, 6. September 2001, www.bis.doc.gov.
4. Chas Littell, „AFRL to Hold Ribbon Cutting for Condor Supercomputer", Wright-Patterson Air Force Base, Pressemitteilung, 17. November 2010, aufgerufen am 5. Januar 2022, https://www.wpafb.af.mil/News/Article-Display/Article/399987/afrl-to-hold-ribbon-cutting-for-condor-supercomputer/.
5. Lisa Zyga, „US Air Force Connects 1,760 PlayStation 3's to Build Supercomputer", Phys.org, 2. Dezember 2010, aufgerufen am

5. Januar 2022, https://phys.org/news/2010-12-air-playstation-3s-supercomputer.html.
6. Even Shapiro, „The Metaverse Is Coming. Nvidia CEO Jensen Huang on the Fusion of Virtual and Physical Worlds", *Time*, 18. April 2021, aufgerufen am 2. Januar 2022, https://time.com/5955412/artificial-intelligence-nvidia-jensen-huang/.
7. David M. Ewalt, „Neal Stephenson Talks About Video Games, the Metaverse, and His New Book, REAMDE", *Forbes*, 19. September 2011.
8. Daniel Ek, „Daniel Ek – Enabling Creators Everywhere", *Colossus*, 14. September 2021, aufgerufen am 5. Januar 2022, https://www.joincolossus.com/episodes/14058936/ek-enabling-creators-everywhere?tab=transcript.
9. David M. Ewalt, „Neal Stephenson Talks About Video Games, the Metaverse, and His New Book, REAMDE", *Forbes*, 19. September 2011.

Kapitel 5: Netzwerke

1. Farhad Manjoo, „I Tried Microsoft's Flight Simulator. The Earth Never Seemed So Real", *New York Times*, 19. August 2022, aufgerufen am 4. Januar 2022, https://www.nytimes.com/2020/08/19/opinion/microsoft-flight-simulator.html.
2. Seth Schiesel, „Why Microsoft's New Flight Simulator Should Make Google and Amazon Nervous", *Protocol*, 16. August 2020, aufgerufen am 5. Januar 2022, https://www.protocol.com/microsoft-flight-simulator-2020.
3. Eryk Banatt, Stefan Uddenberg und Brian Scholl, „Input Latency Detection in Expert-Level Gamers", Yale University, 21. April 2017, aufgerufen am 4. Januar 2022, https://cogsci.yale.edu/sites/default/files/files/Thesis2017Banatt.pdf.
4. Rob Pegoraro, „Elon Musk: 'I Hope I'm Not Dead by the Time People Go to Mars'", *Fast Company*, 10. März 2020, aufgerufen am 3. Januar 2022, https:// www.fastcompany.com/90475309/elon-musk-i-hope-im-not-dead-by-the-time-people-go-to-mars.

Kapitel 6: Datenverarbeitung

1. Foundry Trends, „One Billion Assets: How Pixar's Lightspeed Team Tackled Coco's Complexity", 25. Oktober 2018, aufgerufen am 5. Januar 2022, https://www.foundry.com/insights/film-tv/pixar-tackled-coco-complexity.

2. Dean Takahashi, „Nvidia CEO Jensen Huang Weighs in on the Metaverse, Blockchain, and Chip Shortage", *Venture Beat*, 12. Juni 2021, aufgerufen am 1. Februar 2022, https://venturebeat.com/2021/06/12/nvidia-ceo-jensen-huang-weighs-in-on-the-metaverse-blockchain-chip-shortage-arm-deal-and-competition/.
3. Raja Koduri, „Powering the Metaverse", Intel, 14. Dezember 2021, aufgerufen am 4. Januar 2022, https://www.intel.com/content/www/us/en/newsroom/opinion/powering-metaverse.html.
4. Tim Sweeney (@TimSweeneyEpic), Twitter, 7. Januar 2020, aufgerufen am 4. Januar 2022, https://twitter.com/timsweeneyepic/status/1214643203871248385.
5. Peter Rubin, „It's a Short Hop from Fortnite to a New AI Best Friend", *Wired*, 21. März 2019, aufgerufen am 1. Februar 2022, https://www.wired.com/story/epic-games-qa/.

Kapitel 7: Maschinen für virtuelle Welten

1. „'The Future – It's Bigger and Weirder than You Think' by Owen Mahoney, NEXON CEO", gepostet von NEXON, 20. Dezember 2019, aufgerufen am 5. Januar 2022, https://www.youtube.com/watch?v=VqiwZN1CShI.
2. Roblox, „A Year on Roblox: 2021 in Data", 26. January 2022, aufgerufen am 3. Februar 2022, https://blog.roblox.com/2022/01/year-roblox-2021-data/.

Kapitel 8: Interoperabilität

1. Josh Ye (@TheRealJoshYe), Twitter, 3 Mai 2021, aufgerufen am 1. Februar 2022, https://mobile.twitter.com/therealjoshye/status/1389217569228296201.
2. Tom Phillips, „So, Will Sony Actually Allow PS4 and Xbox One Owners to Play Together?", *Eurogamer*, 17. März 2016, aufgerufen am 5. Januar 2022, https:// www.eurogamer.net/articles/2016-03-17-sonys-shuhei-yoshida-on-playstation-4-and-xbox-one-cross-network-play.
3. Jay Peters, „Fortnite's Cash Cow Is PlayStation, Not iOS, Court Documents Reveal", *The Verge*, 28. April 2021, aufgerufen am 1. Februar 2022, https:// www.theverge.com/2021/4/28/22407939/fortnite-biggest-platform-revenue-playstation-not-ios-iphone.
4. Aaron Rakers, Joe Quatrochi, Jake Wilhelm und Michael Tsevtanov, „NVDA: Omniverse Enterprise – Appreciating NVIDIA's Platform Strategy to Capitalize ($10B+) on the 'Metaverse'", *Wells Fargo*, 3. November 2021.

5. Chris Michaud, „English the Preferred Language for World Business: Poll", Reuters, 12. Mai 2016, https://www.reuters.com/article/us-language/english-the-preferred-language-for-world-business-poll-idUSBRE84F0OK20120516.
6. Epic Games, „Tonic Games Group, Makers of 'Fall Guys', Joins Epic Games", 2. März 2021, aufgerufen am 2. Februar 2022, https://www.epicgames.com/site/en-US/news/tonic-games-group-makers-of-fall-guys-joins-epic-games.

Kapitel 9: Hardware

1. Mark Zuckerberg, Facebook, 29. April 2021, aufgerufen am 5. Januar 2022, https:// www.facebook.com/zuck/posts/the-hardest-technology-challenge-of-our-time-may-be-fitting-a-supercomputer-into/10112933648910701/.
2. Tech@Facebook, „Imagining a New Interface: Hands-Free Communication without Saying a Word", 30. März 2020, aufgerufen am 4. Januar 2022, https:// tech.fb.com/imagining-a-new-interface-hands-free-communication-without-saying-a-word/.
3. Tech@Facebook, „BCI Milestone: New Research from UCSF with Support from Facebook Shows the Potential of Brain-Computer Interfaces for Restoring Speech Communication", 14. Juli 2021, aufgerufen am 4. Januar 2022, https://tech.fb.com/bci-milestone-new-research-from-ucsf-with-support-from-facebook-shows-the-potential-of-brain-computer-interfaces-for-restoring-speech-communication/.
4. Antonio Regalado, „Facebook Is Ditching Plans to Make an Interface that Reads the Brain", *MIT Technology Review*, 14. Juli 2021, aufgerufen am 4. Januar 2022, https://www.technologyreview.com/2021/07/14/1028447/facebook-brain-reading-interface-stops-funding/.
5. Andrew Nartker, „How We're Testing Project Starline at Google", Google Blog, 30. November 2021, aufgerufen am 2. Februar 2022, https://blog.google/technology/research/how-were-testing-project-starline-google/.
6. Will Marshall, „Indexing the Earth", *Colossus*, 15. November 2021, aufgerufen am 5. Januar 2022, https://www.joincolossus.com/episodes/14029498/marshall-indexing-the-earth?tab=blocks.
7. Nick Wingfield, „Unity CEO Predicts AR-VR Headsets Will Be as Common as Game Consoles by 2030", *The Information*, 21. Juni 2021.

Kapitel 10: Zahlungsschienen

1. NACHA, „ACH Network Volume Rises 11.2 % in First Quarter as Two Records Are Set", Pressemitteilung, 15. April 2021, aufgerufen am 26. Januar 2022, https://www.prnewswire.com/news-releases/ach-network-volume-rises-11-2-in-first-quarter-as-two-records-are-set-301269456.html.
2. Takashi Mochizuki und Vlad Savov, „Epic's Battle with Apple and Google Actually Dates Back to Pac-Man", *Bloomberg*, 19. August 2020, aufgerufen am 4. Januar 2021, https://www.bloomberg.com/.
3. Tim Sweeney (@TimSweeneyEpic), Twitter, 11. Januar 2020, aufgerufen am 4. Januar 2022, https://twitter.com/TimSweeneyEpic/status/1216089159946948620.
4. Epic Games, „Epic Games Store Weekly Free Games in 2020!", 14. Januar 2022, aufgerufen am 14. Februar 2022, https://www.epicgames.com/store/en-US/news/epic-games-store-weekly-free-games-in-2020.
5. Epic Games, „Epic Games Store 2020 Year in Review", 28. Januar 2021, aufgerufen am 14. Februar 2022, https://www.epicgames.com/store/en-US/news/epic-games-store-2020-year-in-review.
6. Epic Games, „Epic Games Store 2021 Year in Review", 27. Januar 2022, aufgerufen am 14. Februar 2022, https://www.epicgames.com/store/en-US/news/epic-games-store-2021-year-in-review.
7. Tyler Wilde, „Epic Will Lose Over $300M on Epic Games Store Exclusives, Is Fine With That", *PC Gamer*, 10. April 2021, aufgerufen am 14. Februar 2022, https://www.pcgamer.com/epic-games-store-exclusives-apple-lawsuit/.
8. Adi Robertson, „Tim Cook Faces Harsh Questions about the App Store from Judge in Fortnite Trial", *The Verge*, 21. Mai 2021, aufgerufen am 5. Januar 2022, https://www.theverge.com/2021/5/21/22448023/epic-apple-fortnite-antitrust-lawsuit-judge-tim-cook-app-store-questions.
9. Nick Wingfield, „IPhone Software Sales Take Off: Apple's Jobs", *Wall Street Journal*, 11. August 2008.
10. John Gruber, „Google Announces Chrome for iPhone and iPad, Available Today", *Daring Fireball*, 28. Juni 2021, aufgerufen am 4. Januar 2022, https://daringfireball.net/linked/2012/06/28/chrome-ios.
11. Kate Rooney, „Apple: Don't Use Your iPhone to Mine Cryptocurrencies", *CNBC*, 11. Juni 2018, aufgerufen am 4. Januar 2021, https://www.cnbc.com/2018/06/11/dont-even-think-about-trying-to-bitcoin-with-your-iphone.html.

12. Tim Sweeney (@TimSweeneyEpic), Twitter, 4. Februar 2022, aufgerufen am 5. Februar 2022, https://twitter.com/TimSweeneyEpic/status/1489690359194173450.
13. Marco Arment (@MarcoArment), Twitter, 4. Februar 2022, aufgerufen am 5. Februar 2022, https://twitter.com/marcoarment/status/1489599440667168768.
14. Manoj Balasubramanian, „App Tracking Transparency Opt-In Rate – Monthly Updates", *Flurry*, 15. Dezember 2021, aufgerufen am 5. Februar 2022, https://www.flurry.com/blog/att-opt-in-rate-monthly-updates/.

Kapitel 11: Blockchains

1. Telegraph Reporters, „What Is Ethereum and How Does It Differ from Bitcoin?", *The Telegraph*, 17. August 2018.
2. Ben Gilbert, „Almost No One Knows about the Best Android Phones on the Planet", *Insider*, 25. Oktober 2015, aufgerufen am 4. Januar 2022, https://www.businessinsider.com/why-google-makes-nexus-phones-2015-10.
3. Wikipedia, siehe „Possession is Nine-Tenths of the Law", zuletzt bearbeitet am 6. Dezember 2021, https://en.wikipedia.org/wiki/Possession_is_nine-tenths_of_the_law.
4. Hannah Murphy und Joshua Oliver, „How NFTs Became a $40bn Market in 2021", *Financial Times*, 31. Dezember 2021, aufgerufen am 4. Januar 2022. Die Summe von 40,9 Milliarden Dollar ist auf die Ethereum-Blockchain beschränkt, die schätzungsweise 90 % der NFT-Transaktionen ausmacht.
5. Kevin Roose, „Maybe There's a Use for Crypto After All", *New York Times*, 6. Februar 2022, aufgerufen am 7. Februar 2022, https://www.nytimes.com/2022/02/06/technology/helium-cryptocurrency-uses.html.
6. Kevin Roose, „Maybe There's a Use for Crypto After All", *New York Times*, 6. Februar 2022, aufgerufen am 7. Februar 2022, https://www.nytimes.com/2022/02/06/technology/helium-cryptocurrency-uses.html.
7. Helium, aufgerufen am 5. März 2022, https://explorer.helium.com/hotspots.
8. CoinMarketCap, „Helium", aufgerufen am 7. Februar 2022, https://coinmarketcap.com/currencies/helium/.
9. Dean Takahashi, „The DeanBeat: Predictions for gaming in 2022", *Venture Beat*, 31. Dezember 2021, aufgerufen am 3. Januar 2022, https://venturebeat.com/2021/12/31/the-deanbeat-predictions-for-gaming-2022/.

10. Ephrat Livni, „Venture Capital Funding for Crypto Companies Is Surging", *New York Times*, 1. Dezember 2021, aufgerufen am 5. Januar 2022, https://www.nytimes.com/2021/12/01/business/dealbook/crypto-venture-capital.html.
11. Olga Kharif, „Crypto Crowdfunding Goes Mainstream with ConstitutionDAO Bid," *Bloomberg*, 20. November 2021, aufgerufen am 2. Januar 2022, https://www.bloomberg.com/news/articles/2021-11-20/crypto-crowdfunding-goes-mainstream-with-constitutiondao-bid?sref=sWz3GEG0.
12. Miles Kruppa, „Crypto Assets Inspire New Brand of Collectivism Beyond Finance", *Financial Times*, 27. Dezember 2021, aufgerufen am 4. Januar 2022, https://www.ft.com/content/c4b6d38d-e6c8-491f-b70c-7b5cf8f0cea6.
13. Lizzy Gurdus, „Nvidia CEO Jensen Huang: Cryptocurrency Is Here to Stay, Will Be an 'Important Driver' For Our Business", CNBC, 29. März 2018, aufgerufen am 2. Februar 2022, https://www.cnbc.com/2018/03/29/nvidia-ceo-jensen-huang-cryptocurrency-blockchain-are-here-to-stay.html.
14. Visa, „Crypto: Money Is Evolving, aufgerufen am 2. Februar 2022, https://usa.visa.com/solutions/crypto.html.
15. Dean Takahashi, „Game Boss Interview: Epic's Tim Sweeney on Blockchain, Digital Humans, and Fortnite", *Venture Beat*, 30. August 2017, aufgerufen am 2. Februar 2022, https://venturebeat.com/2017/08/30/game-boss-interview-epics-tim-sweeney-on-blockchain-digital-humans-and-fortnite/.
16. Tim Sweeney (@TimSweeneyEpic), Twitter, 30. Januar 2021, aufgerufen am 4. Januar 2022, https://twitter.com/TimSweeneyEpic/status/1355573241964802050.
17. Tim Sweeney (@TimSweeneyEpic), Twitter, 27. September 2021, aufgerufen am 4. Januar 2022, https://twitter.com/TimSweeneyEpic/status/1442519522875949061.
18. Tim Sweeney (@TimSweeneyEpic), Twitter, 15. Oktober 2021, aufgerufen am 4. Januar 2022, https://twitter.com/TimSweeneyEpic/status/1449146317129895938.

Kapitel 12: Wann wird das Metaverse kommen?

1. Tom Huddleston Jr., „Bill Gates Says the Metaverse Will Host Most of Your Office Meetings Within 'Two or Three Years'—Here's What It Will Look Like", CNBC, 9. Dezember 2021, aufgerufen am 2. Februar 2022, https://www.cnbc.com/2021/12/09/bill-gates-metaverse-will-host-most-virtual-meetings-in-a-few-years.html.

2. „The Metaverse and How We'll Build It Together—Connect 2021", gepostet von Meta, 28. Oktober 2021, aufgerufen am 2. Februar 2022, https://www.youtube.com/watch?v=Uvufun6xer8.
3. Steven Ma, „Video Games' Future Is More Than the Metaverse: Let's Talk 'Hyper Digital Reality'", *GamesIndustry*, 8. Februar 2022, aufgerufen am 11. Februar 2022, https://www.gamesindustry.biz/articles/2022-02-07-the-future-of-games-is-far-more-than-the-metaverse-lets-talk-hyper-digital-reality.
4. George Smiley, „The U.S. Economy in the 1920s", Economic History Association, aufgerufen am 5. Januar 2022, https://eh.net/encyclopedia/the-u-s-economy-in-the-1920s/.
5. Tim Hartford, „Why Didn't Electricity Immediately Change Manufacturing?", 21. August 2017, aufgerufen am 5. Januar 2022, https://www.bbc.com/news/business-40673694.
6. David E. Nye, *America's Assembly Line* (Cambridge, MA: MIT Press, 2015), 19.

Kapitel 13: Meta-Businesses

1. Wikipedia, siehe „Baumol's cost disease", zuletzt bearbeitet am 2. Oktober 2022, https://en.wikipedia.org/wiki/Baumol%27s_cost_disease.
2. US Bureau of Labor Statistics, aufgerufen im Dezember 2021.
3. Melissa Pankida, „The Psychology Behind Why We Speed Swipe on Dating Apps", *Mic*, 27. September 2019, aufgerufen am 2. Januar 2022, https://www.mic.com/life/we-speed-swipe-on-tinder-for-different-reasons-depending-on-our-gender-18808262.
4. Benedict Evans, „Cars, Newspapers and Permissionless Innovation", 6. September 2015, aufgerufen am 2. Januar 2022, https://www.ben-evans.com/benedictevans/2015/9/1/permissionless-innovation.
5. Gene Park, „Epic Games Believes the Internet Is Broken. This Is Their Blueprint to Fix It", *Washington Post*, 28. September 2021, aufgerufen am 4. Januar 2022, https://www.washingtonpost.com/videogames/2021/09/28/epic-fortnite-metaverse-facebook/.
6. Bob Woods, „The First Metaverse Experiments? Look to What's Already Happeningin Medicine", CNBC, 4. Dezember 2021, aufgerufen am 4. Januar 2022, https://www.cnbc.com/2021/12/04/the-first-metaverse-experiments-look-to-whats-happening-in-medicine.html.

Kapitel 14: Gewinner und Verlierer im Metaverse

1. Microsoft, „Microsoft to Acquire Activision Blizzard to Bring the Joy and Community of Gaming to Everyone, Across Every De-

vice", 18. Januar 2022, aufgerufen am 2. Februar 2022, https://news.microsoft.com/2022/01/18/microsoft-to-acquire-activision-blizzard-to-bring-the-joy-and-community-of-gaming-to-everyone-across-every-device/.
2. Adi Robertson, „Tim Cook Faces Harsh Questions about the AppStore from Judge in Fortnite Trial", *The Verge*, 21. Mai 2021, aufgerufen am 4. Januar 2022, https://www.theverge.com/2021/5/21/22448023/epic-apple-fortnite-antitrust-lawsuit-judge-tim-cook-app-store-questions.
3. Brad Smith, „Adapting Ahead of Regulation: A Principled Approach to App Stores", Microsoft, 9. Februar 2022, aufgerufen am 11. Februar 2022, https://blogs.microsoft.com/on-the-issues/2022/02/09/open-app-store-principles-activision-blizzard/
4. Brad Smith (@BradSmi), Twitter, 3. Februar 2022, aufgerufen am 4. Februar 2022, https://twitter.com/BradSmi/status/1489395484808466438.

Kapitel 15: Die Gesellschaft im Metaverse

1. Sean Hollister, „Here's What Apple's New Rules about Cloud Gaming Actually Mean", *The Verge*, 18. September 2020, aufgerufen am 4. Januar 2022, https://www.theverge.com/2020/9/18/20912689/apple-cloud-gaming-streaming-xcloud-stadia-app-store-guidelines-rules.

Fazit: Zuschauer, wir alle

1. Clifford Stoll, „Why the Web Won't Be Nirvana", *Newsweek*, 26. Februar 1995, aufgerufen am 6. Januar 2022, https://www.newsweek.com/clifford-stoll-why-web-wont-be-nirvana-185306.
2. James Chapman, „Internet 'May Just Be a Passing Fad as Millions Give Up on It'", *Daily Mail*, 5. Dezember 2000.
3. 9to5 Staff, „Jobs' Original Vision for the iPhone: No Third-Party Native Apps", *9to5Mac*, 21. Oktober 2011, aufgerufen am 5. Januar 2022, https://9to5mac.com/2011/10/21/jobs-original-vision-for-the-iphone-no-third-party-native-apps/.
4. Nick Wingfield, „'The Mobile Industry's Never Seen Anything Like This': An Interview with Steve Jobs at the App Store's Launch", *Wall Street Journal,* ursprünglich aufgezeichnet am 7. August 2008, vollständig veröffentlicht am 25. Juli 2018, aufgerufen am 5. Januar 2022, https://www.wsj.com/articles/the-mobile-industrys-never-seen-anything-like-this-an-interview-with-steve-jobs-at-the-app-stores-launch-1532527201.

Index

3D-Internet 48
2001: Odyssee im Weltraum 12

ACH 178
Activeworlds 24
Air Jordan 266
Akonia 153
Alibaba 14
Altberg, Ebbe 119
Amazon 152
– Bedeutung bei Videospielen 187
– Luna 140
Amazon Game Studios 279
Android 218
Apple 285, 297
– App Tracking Transparency 210
– Blockchain und Kryptowährungen 207
– Hardware 153
– Hardware des ersten iPhones 157
– Innovation iPhone 246
– wirtschaftliche Entwicklung 174
Apple Pay 206
App Store
– Umsatzentwicklung 193
Arbeitsrecht 293
Asimov, Isaac 21
Augmented Reality
– Einschränkungen 155
Augmented-Reality-Werbung 266
Avalanche 217
Avatar 24

Ballmer, Steve
– über das erste iPhone 39
Bandbreite
– im Vergleich zu Latenzzeit 90
Baudrillard, Jean 22
Bedeutung offener Standards 30
Bezos, Jeff 12
BGP 65
Bitcoin 215
BlackBerry 159
Blockchain
– Ethereum 216
– Hindernisse 234
– Layer-2- 217
– nach Tim Sweeney 238
– Spiele auf der 227

– über deren Bedeutung nachdenken 235
– und die Richtlinien von Apple 207
– Vorteile 215
Blockchain-basierte Token-Modelle 232
Blockchain-Technologie 213
Blue Origin 20
Border Gateway Protocol 65, 97
Bradbury, Ray 21
Branson, Richard 12
Burroughs 73
Bush, Vannevar 11
Buterin, Vitalik 216
ByteDance 14

Carmack, John 35, 69, 103
CHIPS 177
CityDAO 233
Cloud-Gaming
– Bedrohung für die Beziehung zwischen Apple und Entwicklern 203
Cloud-Rendering-Server 108
Confinity 74
ConstitutionDAO 232
Control Data 73
Core-Stunde 99
Cross-Play 249
Cross-Progression 249
Cross-Purchase 249
CryTek 279
Culling-Lösungen 106
Cyberspace 21

DAOs 231
DApps 216, 219
Datennutzung 293
Datenschutz 301
Datenverarbeitung
– dezentralisierte 109
Daydream 152
Der König der Löwen 259
Dezentrale autonome Organisationen 231
Dicks, Philip K. 21
Digitale Wirtschaft
– Anteil an der Weltwirtschaft 273
Discord 74, 143, 187
Dominanz von Apple und Google 195
Dreams 282

Echo Frames 153
Edge-Server 169
Eigentumsrechte 134, 138
Electronics Arts 187
Emotient 153
Enron 41
Epic Games 27, 126, 146
– Änderung an der Unreal-Lizenz 286
– gegen Apple 193
– mit Steam konkurrieren 188
Ether 216
Ethereum 216
– drei Kritikpunkte 217
EVE Online 58

Facebook 13
– erwirbt Oculus VR 153
– Horizon Worlds 210
– Metaverse-Keynote 69
– Schritt zur nativen App 40
– stellt Metaverse-Strategie vor 288
– Technologieriese ohne Hardware 210
– Übernahme von Instagram 277
Facebook Connect 146
Fedwire 176
Fire Phone 152
Forken 218
Fortnite 27, 142, 250
Free Fire 102
Free-to-Play-Spiele 148
Friends with Benefits 233
Führende Unternehmen in der Metaverse-Ära 275

GAFAM 284
Games-as-a-Service 186
GameStop 42
Gates, Bill 243
GeForce Now 140
Geistiges Eigentum
– Interoperabilität 147
General Electric 73
Gibson, William 21
Gig-Economy 293
Google 152, 297
– Contact-Lens-Projekt 163
– Projekt Startline 165
– Stadia 140
– überholt Microsoft 276
Google Earth 20
Google Glass 151
Grafikprozessoren 107
Grand Theft Auto 122

Habitat 23
Headsets

– und jenseits davon 160
Helium 229
Honeywell 73
Huang, Jensen 13, 78, 103
Hyperrealität 22
Hypertext 12

IBM 73
Identität 60, 136
– im Metaverse 297
Industrial Light & Magic 145, 260
Innovationen
– aus Ökosystemen heraus 246
Instagram
– Übernahme durch Facebook 277
Integrierte virtuelle Weltplattformen 118
Internet-Backbone 96
Internet Engineering Task Force 66, 296
Interoperabilität 131
– NFTs 225
– Umgang mit Codes 51, 52, 135
Interoperables Netz
– Voraussetzungen 52
iPhone 246
– Hardware 157

Jitter 92

Keyhole 20
Kommunistische Partei Chinas 14
Komorebi Collective 232
Konflikt zwischen Spiele-Entwicklern und Plattformen 182
Krafton 14
Kreditkartensysteme 179
Krugman, Paul
– Bedeutung des Internets 38

Latenzzeit 90
„Layer 2"-Blockchain 217
Lean-back entertainment 295
Level of Detail (LOD) 106
Linden Dollar 25
Linden Labs 25
Live-Services-Suiten 117
Lucas, George 260

Magic Leap 20
Mainframe-Ära 73
Manhattan-Projekt 11
Matterport 168
Memex 11
Meta Platforms 13
Metaverse
– Apple hat das Metaverse verboten 192
– Bedeutung 32

Index

- Befürchtungen einer Dystopie 32
- das Wesen der Arbeit 293
- Defintion 70
- der Einfluss auf die Industrie 268
- die Bedeutung der Latenzzeit 94
- die Bedeutung der Videospieleindustrie 76
- die Bedeutung des Gaming 115
- die Bedeutung plattformübergreifender Spiele-Engines 140
- die Bedeutung von Android 218
- die Bedeutung von Bandbreite 84
- die führenden Unternehmen 275
- die Herausforderung mit Apple Pay 206
- die Idee 291
- drei Faktoren für den aktuellen Hype 307
- Eigentumsrechte 138
- Epics Vision 33
- Geschäfte im 253
- kritische Wachstumstreiber 251
- Politik im 297
- regionale 302
- Standards für ein interoperables 134
- und der Einfluss auf das Bildungswesen 253
- und der Einfluss auf die Sexarbeit 263
- und der Einfluss auf Film und TV 258
- und der Einfluss auf Lifestyle-Geschäfte 257
- und der Einfluss auf Werbung 264
- und die Verwaltung 296
- und Web3 33, 61, 71, 79, 153, 162, 166, 196, 235, 298, 301, 305
- wie es Satya Nadella beschreibt 33
- wirtschaftlicher Wert 271
- Woher kommt der Optimismus? 136

Metaverse-Allianz
- die südkoreanische 14

Metaverse-Diskurs 34

Metaverse-Wirtschaft
- Hindernisse 138
- Vergleich mit Internet und Mobilfunk 272

Metcalfesches Gesetz 31

Microsoft 13
- „Embrace, Extend, Extinguish"-Strategie 39
- interessantes Beispiel für die Metaverse-Ära 280

Microsoft Flight Simulator 85, 280

Minecraft 25, 122
- Übernahme durch Microsoft 280

Minting 223

Mojang 124

Multi-User Dungeons (MUD) 23

Multi-User Experiences (MUXs) 23

Multi-User Shared Hallucinations (MUSHs) 23

Musk, Elon 12, 163

Nadella, Satya 13, 33, 151, 243, 280
NCR 73
Neuralink 163
Neuromancer 21
NFC-Chip 206
NFTs 214, 222
- Vorteil Interoperabilität 225
Niantic 154
Nike 266
Non-Fungible Token 214
Nvidia 13, 78, 283
- Omniverse 145

Oculus VR 103, 278
Office of Scientific Research and Development (OSRD) 11
Okklusions-Lösungen 106
Omniverse 145
Online-Erfahrungen
- synchrone 47, 61
Online-Multiplayer-Server 87
Online-Spiele
- Offline-Ansatz 87
OnLive! Traveler 24
Open Handset Alliance (OHA) 218
Otoy 228

PayPal 74
PlayerUnknown's Battlegrounds 14
PlayStation 78
- plattformübergreifendes Spielen 141
Politik
- im Metaverse 297
- Vorschläge für das Metaverse 296
Protokollkriege 139
Proto-Metaversen 23
Pygmalions Brille 20

RCA 73
Ready Player One 36, 123
Rechenleistung
- Sweeney's Law 109
Red Dead Redemption 122
Riccitiello, John 36, 167
Rival Peak 262
Roblox 25, 28
Roblox Corporation 13, 121

Samsung 219
Schaldemose, Christel 15
Scott, Travis 282

Second Life 24, 119
Sidechains 217
Skeuomorphismus 59
Smart Contracts 231
Smartphone
– zukünftige Bedeutung 167
Smartwatches 162
Snow Crash 19, 80
Solana 217, 235
Solidity 216
Sony
– Dreams 282
– Interactive Entertainment 281
SpaceX 20
Spiele-Engines 115
Stadia Games and Entertainment 277
Steam 185
Steamworks 186
Streaming Wars 76
Supercomputer
– PlayStation 78
Sushiswap 228
Sweeney's Law 109
Sweeney, Tim 27, 29, 189, 243
– über die Blockchain 238

Tencent 14, 211, 303
The Matrix 21
The Trouble with Bubbles 21
The Veldt 21
TikTok 14

Uniswap 228
Unity 35, 36, 44, 74, 79
Unity Technologies 13
Univac 73
Universal Scene Description 145

Valve 185
Videospielindustrie
– die Bedeutung für das Metaverse 76
Virtual Reality
– Einschränkungen 155
Virtuelle Welt
– Identität 294
Vrvana 153

Wachowski, Lana und Lilly 21
Wearables 162
Web3 70
– Prinzipien 71
Web World 24
WeChat 211, 304
Weinbaum, Stanley G. 20
Werbung
– Augmented Reality 266
– im Metaverse 264
Wert des Metaverse 271
Wirtschaft 291
– Größe der heutigen virtuellen 181
Wood, Gavin 216
Worldcraft 21

X.com 74

Zahlungssysteme
– ACH 176
– CHIPS 176
– Fedwire 176
– Peer-to-Peer-Zahlungsdienste 176
Zahlungsverkehr
– in der heutigen virtuellen Welt 181
– in der realen Welt 173
Zuckerberg, Mark 13, 243